台馬客家帶的族群關係
和諧、區隔、緊張與衝突

The Ethnic Relations of Hakka Belts in Taiwan and
Malaysia: Harmony, Isolation, Tension and Conflict

蕭新煌、張翰璧◎主編

Edited by Hsin-Huang Michael Hsiao and Han-Pi Chang

本書為科技部領袖學者助攻方案──沙克爾頓計畫（輔導規劃型）

（MOST 108-2638-H-008-002-MY2）研究成果的一部分

中大出版中心 | 遠流
National Central University Press

《海外客家研究叢書》總序

蕭新煌

國立中央大學客家學院獲得李誠代校長的大力支持於2012年底正式成立「海外客家研究中心」，在中心的工作目標裡，明列出版《海外客家研究叢書》，以貫穿教學、研究和出版的學術三大宗旨。

「海外客家」，顧名思義是以原鄉中國和本國台灣以外的客家族群和社會做為研究對象。就客家族群歷史淵源來說，台灣客家也算是中國原鄉的「海外」移民客家，但客家在台灣經歷三百年的本土化、台灣化和國家化之後，已與台灣的新國家社會形成有機體。如此的國家化和「去離散化」的經驗乃構成台灣客家與其他全球客家很不同的族群歷史和政治文化樣貌。基於此，如果將台灣客家與其他海外客家進行比較研究的著作，當然也可以列入此一叢書。

到底「海外客家」有多少人？一直是人人有興趣、大家有意見，但彼此都不太確定的「事實」。偶爾會聽到的猜測竟高達8,000萬到1億，但根據1994年「世界客屬第十二次懇親大會」所公布的統計是6,562萬，似是比較嚴謹和實在的數字。在這6,562萬當中，中國原鄉大概有5,290萬、台灣有460萬，剩下來的812萬客家人口嚴格說來，就是本叢書系列著作要去探討研究的「海外客家族群」對象。

如何在這812萬海外客家裡，去做進一步的分類、理解和比較，恐怕也是見仁見智。我認為，至少也做以下的初步分類嘗試：

第一群是所謂海外華人集中的社會，即香港（125萬）、澳門（10萬）、新加坡（20萬）。在這三個社會裡客家族群（共155萬）如何形成、演變，並與其他華人族群如何相同相異，當是很有意義的研究主題。

　　第二群是亞洲和太平洋的海外客家，其總人數有360萬，僅次於台灣的460萬，包括印尼（150萬）、馬來西亞（125萬）、泰國（55萬）、越南（15萬）、緬甸（10萬）、澳大利亞（4.3萬）、印度（2.5萬）、太平洋各島嶼（1.7萬）、日本（1.2萬）、菲律賓（6,800）和汶萊（5,000）。這些身處少數的亞太客家族群的變貌和如何維繫客家族群認同，及其與在地本土社會、族群和國家的種種生成、矛盾、辯證關係，即是有價值的探討課題。

　　第三群是北美洲和中南美洲的海外客家，共60萬。其中美國有28.4萬、加拿大有8.1萬，其餘的23.5萬則分散在秘魯、牙買加、古巴、圭亞那、巴拿馬和巴西等國。這些算是少數中的少數之海外客家族群經驗中，最難能可貴的恐怕就是如何去延續什麼程度的客家文化傳統和習慣的「微觀族群生活經驗」。

　　第四群是其他的海外客家，共28萬，包括歐洲的20萬和非洲的8萬。其中歐洲的英國有15萬、法國3萬，再次是瑞士、荷蘭、比利時，北歐的瑞典和丹麥也有少數客家人的蹤跡。至於非洲的模里西斯有3.5萬，算是可觀，南非有2.5萬，留尼旺約有1.8萬。

　　本叢書的目的就是計畫陸續出版有關上述這些分散五大洲，多達80個國家和社會海外客家族群之移民史、在地化歷程、「離散經驗」和維繫並延續客家文化認同的奮鬥和努力。

　　以上就是我做為本叢書總主編的出版想法和期許。

作者簡介

蕭新煌

現職： 國立中央大學客家學院講座教授、中央研究院社會學研究所兼任研究員、臺灣亞洲交流基金會董事長、國立暨南國際大學榮譽講座教授、總統府資政

簡歷： 美國紐約州立大學（Buffalo）社會學博士。曾任中央研究院社會學研究所特聘研究員兼所長、亞太區域研究專題中心執行長、國立臺灣大學社會學系教授、傑出人才發展基金會執行長、總統府國策顧問等。研究專長領域包括發展社會學、環境社會學（環境運動、環境史、永續發展、減碳社會轉型）、亞洲中產階級、社會運動、公民社會與民主、非營利組織、台灣與東南亞客家研究等。

張翰璧

現職： 國立中央大學客家語文暨社會科學學系特聘教授、中央研究院人文社會科學研究中心合聘研究員

簡歷： 德國 Bielefeld 大學社會學博士。學術專長為族群與多元文化、性別與客家婦女、族群經濟、東南亞客家研究。曾出版過《東南亞客家及其族群產業》、《東南亞女性婚姻移民與臺灣客家社會》等書。研究領域集中在東南亞客家、客家女性、客家族群產業等議題。

張維安

現職：國立陽明交通大學榮譽教授、人文與社會科學研究中心研究員

簡歷：東海大學社會學博士。曾任國立清華大學社會人類所所長、圖書館館長、人文社會學院院長；國立中央大學客家學院院長；國立交通大學客家文化學院院長、人文與社會科學研究中心主任。學術興趣為社會學理論、經濟社會學、資訊社會學與客家研究。出版過《思索台灣客家研究》、《網路與社會》、《文化與經濟：韋伯社會學研究》、《政治與經濟：兩個中國近世組織之分析》、《經濟與社會：兩岸三地社會文化的分析》及客家研究論文多篇。

劉瑞超

現職：國立中央大學客家學院博士後研究員

簡歷：國立臺灣大學人類學博士。田野地點為臺灣及馬來西亞。研究興趣包括族群研究、觀光人類學、文化產業、臺灣原住民族社會與文化、客家研究、東南亞華人社會與文化等。

劉堉珊

現職：國立暨南國際大學東南亞學系副教授

簡歷：英國愛丁堡大學社會人類學博士。研究領域包含離散與移民人群、族群關係、藏人離散社群與苯教研究、喜馬拉雅及南亞區域研究、東南亞客家等。

蔡芬芳

現職：國立中央大學客家語文暨社會科學學系副教授

簡歷：德國法蘭克福約翰·沃夫岡·哥德大學（Goethe-Univer-sität Frankfurt am Main）文化人類學暨歐洲民族學博士。研究領域主要為族群關係、認同研究、族群通婚、性別與族群之交織性。研究重心則為臺灣客家女性研究、東南亞客家研究。曾出版專書《走向伊斯蘭：印尼客家華人成為穆斯林之經驗與過程》，其他相關研究發表於《思與言》、《客家研究》與《女學學誌：婦女與性別研究》等刊物。

林開忠

現職：國立暨南國際大學東南亞學系副教授兼系主任

簡歷：澳洲 Griffith 大學人類學博士。學術專長為族群關係、華人社會與文化、飲食與文化及東南亞客家研究。出版過《建構中的"華人文化"：族群屬性、國家與華教運動》以及東南亞華人，客家研究等論文多篇。

周錦宏

現職：國立中央大學客家語文暨社會科學學系教授兼客家學院院長、全球客家研究聯盟主席、台灣客家研究學會第9任理事長、客家委員會諮詢委員、台北市政府客家事務委員會委員

簡歷：國立臺灣師範大學工業教育學系博士。曾任國立中央大學客家語文暨社會科學學系系主任、苗栗縣文化局局長。研

究興趣有客家文化產業、客家飲食文化、客家政治與政策。曾出版《客家特色產業之政治經濟分析》、《台灣客家飲食文化的區域發展及變遷》（與賴守誠、江俊龍、丘尚英合著）、《制度設計與台灣客家發展》（主編）、《海脣人：桃園客家漁村田野紀實》（主編）等專書。

黃菊芳

現職： 國立中央大學客家語文暨社會科學學系副教授兼系主任

簡歷： 國立政治大學中國文學系博士。曾任中央研究院語言學研究所博士後研究人員。碩、博士論文均撰寫客家民間文學領域，博士後跨領域接觸語言學及 GIS 的研究，執行國科會（科技部）「數位與人文」相關計畫多年，對數位典藏與數位學習略有涉獵。致力於客家語言與文學的研究多年，歷年於期刊或專書發表相關論文多篇。著有《台灣客家民間敘事文學：以渡台悲歌與渡子歌為例》、《過去恁多年做毋得講个事情：講還我母語運動》、《百年客諺客英解讀》（與彭欽清合著）等書。

陳秀琪

現職： 國立中央大學客家語文暨社會科學學系副教授、教育部本國語文推動會委員、客家委員會諮詢委員、財團法人客家公共傳播基金會常務監察人

簡歷： 國立彰化師範大學國文學系文學博士。曾任國立中央大學客家語文暨社會科學學系系主任。研究領域主要為客語音韻、漢語方言學、歷史語言學，研究的議題包括客語的使

用現況、客語音韻歷史的發展、語音演變的條件與規律、客語的音韻類型與特色、客語的語言接觸現象、客語推廣相關政策。曾出版《台灣住民志──語言篇》（與羅肇錦教授合著）、《客家話的比較研究》、《連城客家話音韻研究》，以及客語音韻、客語推廣相關政策研究論文多篇。

賴維凱

現職：國立中央大學客家語文暨社會科學學系助理教授

簡歷：國立中央大學客家語文暨社會科學學系客家研究博士。研究領域主要為客家方言比較、客語與少數民族語言關係、客語文教學研究。相關論文發表於《客家研究期刊》、《臺灣客家語文研究輯刊》、《第十三屆客家話國際學術研討會論文集》與《在地、南向與全球客家》等書刊。

利亮時

現職：國立高雄師範大學客家文化研究所教授，東南亞暨南亞研究中心主任，新加坡南洋理工大學中華語言文化中心特邀研究員，國立中央大學客家學院海外客家研究中心兼任研究員，高雄市空中大學兼任教授

簡歷：新加坡南洋理工大學博士。研究專長為東南亞客家社團，東南亞客家聚落，東南亞華文教育，東南亞政治制度，新馬歷史與文化演變。曾出版過的專書有：《馬來西亞華文教育的嬗變（1945-1970）》、《一個消失的聚落：重構新加坡德光島走過的歷史道路》、《陳六使與南洋大

學》、*A Retrospect on The Dust-Laden History: The Past And Present of Tekong Island In Singapore*、《立於山和城之間──嘉應五屬公會的昔日、今日與明日》等著作。

林本炫

現職：國立聯合大學文化觀光產業學系教授兼客家研究學院院長、客家委員會諮詢委員、內政部宗教事務諮詢委員會委員

簡歷：國立臺灣大學社會學博士。「台灣客家研究學會」第7任和第8任理事長。2019年榮獲客家委員會頒發三等客家事務專業獎章。曾擔任六年《思與言》人文與社會科學期刊總編輯。學術專長為宗教社會學、客家研究、質性研究方法。和王俐容、羅烈師合編《認識臺灣客家》（南天書局出版），是專為大學生編寫的客家研究入門教科書。

目錄

第 1 章
族群與空間：台馬客家帶族群關係的比較

蕭新煌、張翰璧

摘要

　　過去的海外華人／客家研究的對象，多是抽象的人群團體指涉或是具體的小範圍社區田野調查，較少關注到華人／客家人連續聚落的帶狀分布，類似台灣的台三線、六堆等地的客家聚集區。台灣自 1980 年後期民間求自主的社會運動和政治民主化運動，加上客家運動，形塑出在地化的台灣客家認同。東南亞各國，缺少可促發客家族群運動的大環境，客家在東南亞的族群處境是華人集體認同下的一個被隱形化的「次族群認知和意識」，而非獨立的東南亞客家集體認同。換言之，客家族群認同在台灣和東南亞具有不同建構過程和脈絡，是個值得進行比較的研究課題，亦即兩地客家人各自建構生成的「族群認同」與他們經驗到的「族群互動關係」呈現何種相同與差異的現象。台馬客家的族群關係，是以台灣和馬來西亞的不同「客家帶」（Hakka belt/zone）為研究區域，並以客家帶上的客家族群為基礎，從語言、宗教、產業、家庭、社會組織等面向，觀察客家的「族內」及「族際」互動與關係。雖然是以客家為出發點，但具有跨族群的

比較視野。

關鍵字：族群與空間、台灣、馬來西亞、客家帶、族群關係類型

一、前言：「客家帶」作爲分析客家族群關係的具體空間

　　台灣與東南亞客家族群認同之差異，需要透過「比較研究」才能獲得有意義的結果，過去的海外華人／客家研究的對象，多是抽象的人群團體指涉或是具體的小範圍社區田野調查，較少關注到華人／客家人連續聚落的帶狀分布，類似台灣的台三線、六堆等地的客家聚集區。本書的研究主旨，即在強調客家人在地理上的帶狀分布（稱爲「客家帶」），以及不同「客家帶」因爲所處地理空間、人群分布等不同因素，所產生與不同族群的「族群關係」。

　　在台灣，若沒有1980年後期客家運動及其背後的1980年代民間求自主的社會運動和政治民主化運動，也不可能形塑出在地化的台灣客家認同。而在東南亞各國，也正因爲欠缺任何可促發客家族群運動的大環境，以致客家仍舊停留在既被隱形又自我隱形的離散客家認同。或者說得白一點，客家在東南亞的族群處境是華人集體認同下的一個被隱形化的「次族群認知和意識」，而非獨立的東南亞客家集體認同。

　　在理解客家族群認同在台灣和東南亞的不同遭遇及其建構過程和脈絡之後，自然地就會引發出另一個值得去比較探討的研究課題，亦即兩地客家人各自建構生成的「族群認同」與他們經驗到的「族群互動關係」到底又有什麼相關？所謂族群關係，指的就是一個可辨識的族群團體與其他族群團體的互動接觸後所產生的種種張力及動力關係，這可以包括與同屬一個較大範疇群體內的次群體的互動，也可與其他不屬同類別族群的互動，亦即所謂

「族內」及「族際」關係。其中，當然也應該包括族群之間不公平權力支配關係之形成、維繫和改變（參考王甫昌，2003、2008；Glazer and Moynihan，1975）等。可能最令人感到好奇的是，當兩地客家與其他不同族群互動時，是以什麼樣的「身分」去接觸、互動和交往？我們有意假設台灣客家人應該就是以獨立的「客家身分」去與其他族群（包括原住民、福佬、外省、新住民）互動，以及與客家內部不同腔調和客家亞語言族群（如四縣、海陸、大埔、饒平、詔安）之間的互動。而其他族群也想必清楚他們互動的對象是「客家人」。相對的，在東南亞的客家人與其他族群（如馬來族、印度人、少數原住民）來往時，恐怕是以較寬鬆和籠統的「華人身分」去做族際接觸，而其他族群也恐怕不見得了解甚至不想知道他們是華人中的「客家人」。這當然也會影響到當地客家族群與其他華人內部次族群的交往和接觸。另一方面，台灣客家人族群整體上雖在人數、語言、文化上仍處少數，但在政治權力、經濟實力和社會地位上卻未必是弱勢。而在馬來西亞的東西馬客家族群，除了經濟上不是弱勢之外，他們在人數、政治、社會、文化上恐怕也仍處在弱勢。

本書將以客家人數集中且不屬少數的客家帶做為研究對象，可說是想控制「人數少」此一變項，而進一步想深入探究台馬兩國不同「客家帶」（Hakka belt / zone）的族群關係如何受到兩國客家族群處境的影響。如果這種從自我族群認同到與其他族群互動關係的進一步觀察角度可以拿來做為台灣與馬來西亞客家經驗的比較，那麼下一步就是要確定在什麼空間場域中，和如何去進行當下台馬客家的族群關係的比較。如上述，本書是以台馬客家帶做為族群空間的場域來進行比較分析，並歸納出兩國客家人

當下的族群關係形貌及特色，與已生成的不同客家族群認同兩者之間的辯證關係。

台馬客家的族群關係，是以台灣和馬來西亞的不同「客家帶」為研究區域，並以客家帶上的在地客家族群為中心，去觀察族群內部和族群外部關係的呈現。因此以客家為出發點，但具有跨族群的比較視野。從語言、宗教、產業、家庭、社會組織等面向，觀察客家的「族內」及「族際」互動與關係。

以台灣客委會的客家發展重點區的定義，客家人口超過該鄉鎮區二分之一者，稱之為客家人口集中區，客家人口超過三分之一者，稱為客家文化重點發展區（共 70 個鄉鎮區）。客家人口在近三分之一分布且呈帶狀分布的族群地理空間，可稱之為客家帶。「客家帶」可說明客家在特定地理人文空間的分布與聚集狀態，其概念有部分是源自客委會提出的「廊道」（corridor）。Kuhn（2008：43）在分析東南亞華人前期的歷史時，也同時使用了「廊道」與「經濟利基」（economic niche），就某個意義來說，Kuhn 定義的「廊道」，跳脫了具體的地理空間分析，更強調兩地關係的連結，也因為這個連結，使得早期的移民懷著「落葉歸根」的想望（張翰璧，2020：270）。

回過頭來看台灣現況，客委會產經處從產業和文化的角度，將台灣客家聚落聚集的「廊道」依地理區位和產業特性，劃分下述五個：

（一）台三線：客家慢活廊道
（二）桃竹苗海線地區：客家知識經濟廊道
（三）中部：客家花果廊道
（四）六堆：客家文化廊道

（五）東部：客家米香廊道

上述五個廊道，有三個（一、二、四）其實就是廣義的客家（族群文化）帶，有兩個則是標榜出花果（三）和米香（五）兩種產業文化做爲該客家帶的經濟特色。

由此可見客委會的相關施政方向也考慮到超越鄉鎮區的行政界線，而逐漸趨向以客家聚落區域爲範圍的客家帶做爲推動政策的對象。當然，截至目前爲止，不管是經費補助和績效評估，恐怕仍然是以個別鄉鎮區行政單位做爲對象，但對客家人文社會研究觀點來看，客家帶應該是值得往後去注意和展的研究視角，並可以和當代族群研究進行對話。

以美國南部「黑人帶」（Black Belt）爲例，最初的概念是由阿拉巴馬州塔斯基吉學院校長Booker T. Washington（1901）提出，之後社會學家W. E. B. Du Bois（1935）和Arthur Raper（2004）也相繼描述了黑人帶的特徵，它包括人口、歷史、經濟活動及特定的區域描述等四個特徵，亦即，（一）分布著大量的黑人人口，（二）有棉花農業種植的歷史，（三）位在農村地區，（四）有高貧窮率。

簡言之，「客家帶」是一個有一定的客家人口密度與客家歷史文化特色的帶狀分布區域。因此客家帶內的族群關係指標即建立在必須超越單一個別行政鄉鎮區單位的較大「區域空間」，其具有可觀察的理論性課題有下面三點：

（一）客家與其他族群的互動關係，可從和諧、緊張、衝突與區隔等四個類型去理解。

（二）客家和其他族群在不同領域的互動關係，亦可從語言、家庭、社團、產經、宗教等五個面向去探討。

（三）客家的族群關係的辯證動力，更受到客家在該國家所處的族群地位和認同所影響。

二、台馬客家帶的比較

本書是集體的研究成果，以台馬的三個客家帶做爲族群空間的場域來進行比較分析。分別爲：台灣北部台三線客家帶、西馬柔佛州河婆客家帶、西加里曼丹客家帶。這三個客家帶計畫的經費來源，分別爲科技部和客委會計畫。台灣的「台三線」沿線隨歷史與政經發展而住有相當數量與密度的客家人口，且具有客家歷史文化特色，因此，台三線客家地區之研究可稱台三線客家帶研究。馬來西亞的客家帶最初則因錫礦的開採或經濟作物的種植而成形。

（一）台灣北部台三線客家帶

此一客家帶從桃園大溪開始，直通桃園、新竹、苗栗、台中、南投五個縣市，客家人口在各鄉鎮區均在65%以上。時至今日，台三線沿線鄉鎮居住有相當數量與密度的客家人口，以《客家基本法》定義的客家人口來看，2016年台灣客家人口比例最高的前五個縣市依序爲：新竹縣（73.6%）、苗栗縣（64.3%）、桃園市（40.5%）、新竹市（34.5%）及花蓮縣（32.4%），其中新竹縣及苗栗縣有近三分之二的縣民是客家人。近來客家人口調查亦顯示桃、竹、苗、中依舊是北台灣客家人口重點區域（客家委員會也因此提列其爲客家文化重點發展區）。在這個客家社群聚落呈帶狀分布的空間中，無論是語言、

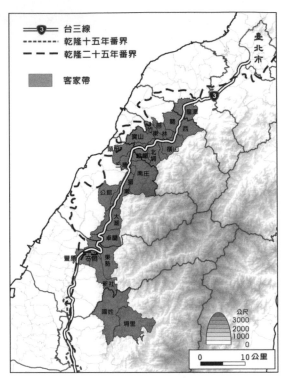

圖1 台灣北部台三線客家帶

資料來源：張翰璧，2020：273（白偉權繪製）

宗教、產業或其他文化面向，多呈現出顯著的客家歷史與文化特色，亦是觀察族群關係發展、文化接觸與變遷的極佳場域。

　　台灣台三線因其沿山且適宜樟腦和茶業發展的地理環境，加上政權輪替與政策制度形塑出各族群相異的移民路線與聚落發展。圖1顯示的國家行政界線與土地開墾、土地產權（如番租地、土地契約等）、產業經濟分工更影響著族群關係，一如柯志明（2001）《番頭家：清代台灣族群政治與熟番地權》提出的

「三層制族群分布構架」，說明土地權的轉換，加上漢墾民與熟番的合作和競爭過程中，土地（族群）界線逐步往生番的維生空間推進。從漢番交易時所使用的語言，亦可看出在地的族群關係類型。

本書的第4至11章對台三線客家帶的研究都以竹苗地區為主，並分別從社會文化（第4章、北台灣客家帶浪漫台三線的浮現；第7章、台三線客家帶客原關係的再探與重構；第11章、新竹客家與東南亞文化的相遇）、宗教（第8章、苗栗客原通婚中的性別與宗教）、語言（第9章、族群語言空間分布：苗栗卓蘭；第10章、語言接觸中的族群關係：泰安、南庄的族語式客家話）、產業經濟（第6章、隘勇線、蕃產交易所到雜貨店：經濟行為中的族群關係）、政治（第5章、台三線客家帶客原族群政治：苗栗泰安）等制度化文化生活層面切入。

（二）西馬柔佛州河婆客家帶

圖2是西馬柔佛州的客家帶，包括士乃、古來等地。柔佛州的內陸地區大多是平原與丘陵地區，因雨量豐富、土壤肥沃而適合農業種植。早期，柔佛蘇丹為了開發他的國土，創造「港主制度」，從新加坡引入種植甘蜜和胡椒的潮州人，提供河岸讓他們開發。當時在潮州的河婆客應該對柔佛州也有所知。隨著英國殖民者的鐵路交通建設擴展到柔佛州地區，許多來自原鄉以及馬來半島其他地方的河婆客隨之遷移到柔佛州，並依鐵路發展呈南北分布。這些移民多數都來自原鄉的同一村落，並以他們專精的農耕進行開墾，而在此區形成河婆客家帶。本書第12章、柔佛客家帶河婆客家家庭和社區的族群關係；第13章、客家社團的族

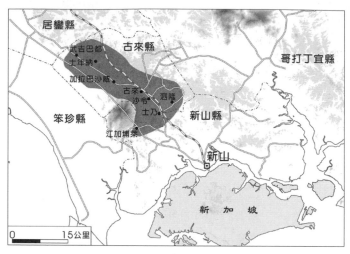

圖 2 西馬河婆客家聚集的客家帶

資料來源：張翰璧，2020：280（白偉權繪製）

群關係：以柔佛客家帶爲例；第14章、柔佛客家帶河婆客家人宗教信仰與族群關係，認爲客家移民在此客家帶形成聚落之後，其所仰賴的宗教信仰（洪仙大帝、三山國王和基督教）、社會組織（因同爲潮州人，故此區多爲姓氏宗會）以及家庭教育（族群－種族社會化）可呈現出歷史與當前的族群關係演變與結果。

　　根據馬來西亞人口統計資料，在 2010 年，柔佛州的人口總數有近335 萬人，是全馬人口第二多的州屬，僅次於雪蘭莪州。在這335 萬人中，馬來穆斯林及非穆斯林的原住民佔了181 萬人（54%，其中馬來人佔了97%，其餘爲非穆斯林的原住民），華人有103 萬人（31%），印人則有約22 萬人（6.6%），其他有1.3 萬人（0.4%）以及非馬來西亞公民的27 萬人（8.0%）（Banci Penduduk dan Perumahan Malaysia，2010：18，Jadual

2.2）。從馬來西亞全國的人口來看，柔佛州的馬來穆斯林與非穆斯林原住民的人口遠少於其在全國人口所佔的比例（約64%）；而這裡的華人人口則遠比全國的華人人口比例（24%）來得高。

本書第12章、柔佛客家帶河婆客家家庭和社區的族群關係；第13章、客家社團的族群關係：以柔佛客家帶為例；第14章、柔佛客家帶河婆客家人宗教信仰與族群關係，所研究的客家帶位於古來縣（Kulaijaya），2010 年的人口統計中，總人口數有251,650 人，在柔佛十個行政縣裡排名中間。其中馬來穆斯林與非穆斯林原住民有113,905 人，約佔45.3%（其中97%是馬來穆斯林）；華人共有84,058 人（33.4%），印度人24,208（9.6%），其他身分者1,135 人（0.5%）以及28,344（11.2%）個非馬來西亞公民（Banci Pendudukdan Perumahan Malaysia，2010：62，Jadual 3.1）。而在84,058 位華人中，河婆客家人即佔了近八成或以上。

（三）西加里曼丹客家帶

最後一章的「西加里曼丹客家帶」則是以田野紀要的方式呈現，闡述印尼西加里曼丹因為開採金礦需要大量勞力，從18世紀開始客家人自中國廣東陸續移出，希冀擺脫在原鄉的貧困，前往當地尋求新生活。在異鄉，雖有「公司」鄉團組織協助並凝聚彼此力量，但亦須面對群體內部衝突，同時因受到當地歷史脈絡、政治制度、經濟活動影響，在與周邊其他群體的互動所形成的關係之中可觀察到客家人在當地的社會形成「自治但邊緣的群體」。雖然當地客家人的經濟狀況欠佳，仍與其他華人容易被視

為「自私的經濟動物」。由於西加里曼丹客家人之前述特質，可從坤甸到三發所構成的客家帶中，觀察到客家人透過孔教總會、義塚、羅芳伯事蹟、廟宇、宗教信仰與文化實踐等建構客家／華人族群認同，以在長期被視爲「他者」的環境中定位「我群」。

三、「客家帶」內部的族群關係

本書所集結的14篇論文與1篇研究紀要，就是在台灣與東南亞的客家帶所進行之研究的成果，作者們嘗試在政治、經濟、社會、文化四個領域，區辨出不同類型的族群關係。

（一）政治層面

討論政治主題的有周錦宏的〈台三線客家帶客原族群政治：苗栗泰安〉和利亮時的〈客家社團的族群關係：以柔佛客家帶爲例〉。周錦宏從政治權力與制度安排的觀點來探究客原族群間之政治關係，其中桃竹苗地區部分路段早在清代時就是原住民族與客家族群生活圈的界線，也是原客族群政治與經濟權力角力的場域。此篇以台三線客家帶的苗栗縣泰安鄉爲分析案例，並從歷史脈絡下的客原族群關係，客原族群人口、經濟結構下的政治權力關係，以及相關治理機制和制度安排下對客原族群政治的影響等，來勾勒台三線客家帶客原族群政治的圖像，族群關係呈現衝突、和諧、區隔、緊張。

相對於台灣原客的政治角力所呈現的政治不平等的權力關係，利亮時以馬來西亞南部古來的客家社團作爲研究對象，可以看到客家組織內部又以祖籍來區分，如河婆人、惠州人、梅州人

等。而河婆人佔多數，他們在面對客家內部之時，就會產生一些刻板印象，亦產生階級的觀念。從河婆人作爲出發點，看到的是語言、祖籍、階級的存在。近代由於棕櫚油價格上升，河婆人從事種植棕櫚樹的小園主獲利甚豐，這也使得他們出錢出力，推動建立地方與全國的社團，以及籌辦客家文物館，河婆人積極建立本身的社團與推動文化工作，相當值得關注，從中我們可以看到經濟、政治等因素，影響著族群內部與互動之關係，族群關係呈現和諧與區隔。

張維安、劉堉珊、劉瑞超的〈北台灣客家帶浪漫台三線的浮現〉，則以台灣北部地區客家帶的台三線爲討論對象，這個帶狀分布區域中，除了客家之外還有不少原住民族，除了客家歷史文化特色之外，也有許多原住民族與漢人互動的族群故事。該文著重在台三線客庄浪漫大道浮現的歷史，族群關係呈現衝突、和諧、區隔、緊張。

（二）經濟層面

以族群經濟爲研究對象的是張翰璧的〈隘勇線、蕃產交易所到雜貨店：經濟行爲中的族群關係〉，以及張翰璧、蔡芬芳、張維安的〈印尼西加里曼丹客家帶田野紀要〉。

張翰璧以大湖鄉和南庄鄉的客家聚落爲例，分析上述地理空間，如何從治理上「蕃界」、「隘勇線」轉換到經濟上的蕃產交易所，以及現在的雜貨店。自清朝末期漢人入墾後，各種國家力量的介入，不但使得客原族群空間多所變動，也逐漸累積成爲日後族群互動中的刻板印象。歷史上地理空間的推移，從「蕃界」到「隘勇線」國家政策的主導，以及居住在蕃界邊客家族群的移

墾，族群空間不斷往內山推展。最後藉著國家力量、資本家的經濟力量，鄰近大湖各鄉鎮的客家墾民將原屬於泰雅族各社、賽夏族的狩獵空間，轉變爲客家族群生活的地方。上述的歷史資料，呈現本文研究區域如何轉變成爲客家爲主的族群空間。從當代的社會切入，以雜貨店爲基礎，分析經濟行爲中的族群關係，族群關係呈現和諧、區隔、緊張。

（三）社會層面

關於社會領域中族群關係的探討，有劉瑞超、張維安和劉堉珊的〈台三線客家帶客原關係的再探與重構〉、劉堉珊、劉瑞超、張維安的〈新竹客家與東南亞文化的相遇〉和蔡芬芳〈苗栗客原通婚中的性別與宗教〉，討論馬來西亞的則有林開忠的〈柔佛客家帶河婆客家家庭和社區的族群關係〉和林本炫的〈柔佛客家帶河婆客家人的宗教信仰與族群關係〉。

劉瑞超、張維安和劉堉珊從當代客家委員會的政策作爲分析起點。2019 年年底在台三線沿線鄉鎮推出爲期兩個月的「浪漫台三線藝術季」，策展團隊以台三線公路爲經，穿龍圳水路與樟之細路爲緯，邀請國內外藝術家投入創作，企圖在台三線客家帶營造客家「文藝復興」的新風貌。該文透過對浪漫台三線藝術季中的各種藝術創作，思考政策傳達的族群關係（如客原關係）與創作者展現的族群互動意象、歷史故事，並檢視策展團隊的理念構思、藝術家參與過程與族群身分背景，並分析相關作品形成的過程、其與當代國家政策的關聯性，以及創作者如何思考過去、當代與未來的族群關係，族群關係呈現衝突、和諧、區隔、緊張。

劉堉珊、劉瑞超、張維安的文章則聚焦東南亞新住民在新竹縣客家地區（以竹東上坪為例）參與的社區文化活動，以及在學校場域教授語言文化課程的經驗，以個案敘事的方式，呈現「客家」與「東南亞」在家庭場域外相遇、接觸與互動理解的過程。透過受訪者的敘事與個案討論，該文希望回應台灣客家研究發展的限制與議題開創的可能性，也試圖提出「新住民」議題在台灣族群關係研究與族群政策發展上面臨的困境與挑戰。這些在政策、地方組織協會及個人主動的推動下，於社區聚落及學校場域搭建的文化接觸平台，不但是理解這些移民社群在台社會生活的重要部分，在客家社會的脈絡裡，也觸動了東南亞文化與客家文化的交流與對話，甚至產生新的連結關係，族群關係呈現和諧、區隔、緊張。

　　跨族通婚係觀察族群關係之重要指標（王甫昌，1993），而「種族」與「宗教」相當程度上影響著婚配對象的選擇（Murstein，1986：47）。蔡芬芳在族群通婚架構下，以透過婚姻產生關係的客家人、賽夏人為研究對象，檢視雙方在通婚過程中，其宗教文化知識與實踐所受到的影響與變化。研究對象除了常見的賽夏女性與客家男性之外，亦包含客家女性與賽夏男性的組合，以及賽夏客家混血與客家的通婚，信仰上亦有不同的類型，該文以性別、族群與宗教之交織作為理論以及主要的方法論考量，並藉由宏觀之歷史與國家制度、中介社群與微觀個人生活層次，探究跨族通婚與宗教文化之關係，族群關係呈現衝突、和諧、區隔、緊張。

　　同樣是談宗教現象所呈現出的族群關係，林本炫的〈柔佛客家帶河婆客家人宗教信仰與族群關係〉，探討河婆客家帶的客家

宗教信仰之認同形成和變化過程。過去認為三山國王是客家人的保護神，客家人都拜三山國王。台灣的經驗告訴我們，三山國王是河婆客家人的信仰，有其特定歷史地理條件，並非所有客家人都拜三山國王。但柔佛州南部「河婆客家帶」的客家人，不是以三山國王為主要信仰，而是以新馬本地誕生的神格洪仙大帝為主要信仰。緣起於新加坡的洪仙大帝信仰，因為開墾的信仰需求，以及洪仙大帝對民眾而言的靈驗性，跨越不同的幫群，一路傳播到柔佛州南部，成為主要的宗教信仰，族群關係呈現和諧、區隔、緊張。

林開忠從家庭進入到客家場域的社會，他想回答的是：「在以客家為主的地區裡，客家族群認同與族群關係如何？這些族群認同與族群關係於個人、家庭與社區中的表現又如何？」該文以馬來西亞柔佛南部（簡稱柔南）的客家帶為研究場域，進行此地帶城鄉區河婆客家人的客家族群認同與族群關係之探討。柔南客家帶鄉區河婆人的客家認同，大多保留在家庭與社區中；而城區河婆人的客家認同則少部分在家庭中維持，卻在社區裡逐漸消失，河婆客家認同變成一種象徵性族群性。至於族群關係，柔南客家帶河婆人的族群關係與其他客家或非客家華人群體的關係是和諧的，而與馬來人的關係則是既和諧又緊張且區隔；與原住民的關係是區隔的，與新移民的關係是和諧的；與移工的關係則較為區隔。

（四）文化層面

文化領域的族群關係研究，集中在語言分布與接觸，有陳秀琪和賴維凱的〈語言接觸中的族群關係：泰安、南庄的族語式客

家話〉和黃菊芳的〈族群語言空間分布：苗栗卓蘭〉。前者在族群互動的社會基礎上，從語言接觸（language contact）及語言習得（language acquisition）的研究視野出發，針對族語式客家話的特色，觀察原住民在說客家話的時候，將族語的語言習慣帶入客家話的情況，即第一語言對第二語言的負遷移現象（Negative transfer），並觀察其語言轉用的方式；以及在雙語的環境裡，兩種不同語系在說話者的語言中樞調整磨合後，所說出的族語式客家話，在語音、詞彙及語法上的表現形式與四縣、海陸客家話的差別。此外，關於賽夏族人之間何時會使用到族語式的海陸客家話，以及生活習俗中，如：逢年過節、生老病死和宗教信仰是否會受客家人影響，進而有客家人的禮俗導入，答案是肯定的，透過受訪者親身的經歷，對照「文化合成」理論，再一次印證了「文化合成與合成文化」模式。在泰雅族、賽夏族與客家人之間語言、文化接觸中不斷交融的結果，延續、斷裂、重組和創新四個變貌起著微妙作用，族群關係呈現和諧、區隔、緊張。

　　黃菊芳除了繪製卓蘭鎮微觀的語言空間分布地圖之外，將同時進行語言變異的相關研究。該文透過田野調查，運用 GIS 工具，繪製卓蘭鎮的語言空間分布地圖，著重在客語不同腔調的分布描寫，視覺化本地語言接觸的實際空間現象。不同語言的使用者聚居於相同空間，又各自維持著本族語言的使用。研究發現，卓蘭鎮的優勢語言為大埔客語，四縣客語居次，饒平客語的使用戶數略少於閩南語，海陸客語居最弱勢。從大埔客語的優勢以及與饒平客語的空間分布鄰近，饒平客語的語音變化明顯與大埔客語的密切接觸相關，形成了有大埔客語特色的卓蘭饒平客語，最明顯的特色就是沒有小稱詞綴，陰平調出現了上升調的小稱變

調，與大埔的上升小稱變調類似，族群關係呈現和諧、區隔、緊張。

　　表1詳列本書所包含12篇文章的不同分析層面、族群互動指標、族群關係類型，和主要理論取向與概念。空間上的研究地點主要在馬來西亞（南部）和台灣（台三線），時間的範圍含括三個客家帶形成的歷史過程，四個當代族群關係的類型，五個社會結構中的族群關係互動場域：語言、家庭、社團、產經、宗教。基本上是從時間、空間、社會空間三個維度，進行客家、華人內部、客家與原住民族的族群關係研究。

　　對於族群關係的相關研究理論，可從人類學的「族群」（ethnicity）談起。人類學的「族群」意指那些自認且也被他人認為在文化上（尤其是制度化的文化行為模式）有顯著不同的群體之間的關係。「族群」的存在必須奠基在群體之間要有最起碼的接觸，兩者也都認為對方的文化不同於自己的文化，且這樣的差異認知必須具有社會學意義才行（Eriksen，1993）。本書所要研究的族群關係，乃以客家為中心對內（族內）與對外（族際）接觸互動後所產生，台灣與馬來西亞的客家群體又因不同時期的歷史文化與政經脈絡，做出不同的應對行為策略，而產生不同的族群認同與族群關係。如前述，族群關係可以從微觀的族群接觸互動模式來觀察，也可以從宏觀的族群不平等權力宰制關係模式來透視。如同建構論所強調的，主體的認同是由外在環境（如政治民主化）與族群內部對話產生的結果，而此建構過程是一個移動與可修正的狀態，並不是固定和不變的。它符合情境論（又稱工具論）所認為的，族群關係是因後天的共同相處經驗以及情境需要所選擇的結果。但是這種理論也是預設族群關係（包

括微觀和宏觀層次）影響和決定涉及（少數）族群的自我集體意識和認同（參閱王甫昌，2008）。

就算不標榜是建構論的最近一些有關客家族群關係的歷史研究論文，也都大致持此見解（如全球客家研究第 5 期（2015 年 11 月）的「族群關係與客家認同」專題三篇文章以及民族學界第 39 期（2017 年 4 月）的「客家研究」專題四篇文章）[1]。就此而言，台馬兩國存在著兩種不同的客家認同，一是在地、國家化的獨立客家意識，一是停留離散和依附在華人認同下的隱性客家意識。這兩種客家認同也可說是過去戰後兩國客家族群所經歷、承受和改變其族群關係的辯證後果，其對於族群研究的參考，在於說明了「族群關係→族群認同」為建構論的「前半段解釋」，而進一步要探討它的「後半段理解」，亦即「族群認同→族群關係」，也就是不同族群認同又如何繼續影響後續的族群關係？這種辯證族群認同和族群關係相互影響、相互促成的辯證分析看法，即是本書的共同理論視野。但各篇文章基於各自特定的研究課題和目的，亦會發展出同中有異的理論分析關懷。

本書各章在比較台灣與馬來西亞不同客家帶在語言、家庭、社團、產業及宗教等五個制度化、文化生活面向的族內（不同的

---

1 《全球客家研究》（第 5 期）的族群關係與客家認同專題三篇論文分別是：洪馨蘭、徐孝晴〈台灣屏東市頭分埔北客的聚落化過程及其能動性〉，姜貞吟〈法屬玻里尼西亞客家族群邊界與認同在地化〉，柯朝欽〈台灣客家現代族群想像的三種類型：民族認同、公民權利以及認知框架〉。而《民族學界》（第 39 期）的客家研究專輯四篇論文則分別是：林正慧〈日治台灣的福客關係〉，陳逸君〈從民間信仰看雲林詔安客的族群文化複合性〉，傅寶玉〈跨越與邊界：桃園霄裡及銅鑼圈為中心的地域社會與族群關係〉，洪馨蘭〈當代台灣六堆農業地景變遷與其「客家性」研究〉。

客家亞群）和族際（客家語其他非客家族群）的關係模式後，更想在過去研究的基礎上（蕭新煌，2017），勾勒台馬兩國客家族群在不同的政治與社會文化等制度脈絡下，所發展出來的四種族群關係：「和諧」（Harmony)、「緊張」（Tension)、「衝突」（Conflict）和「區隔」（Separation）。基本上，這四種類型的族群關係，在不同時間、空間架構中，即使是相同的領域或是議題都呈現不斷變化的過程，並非固著不變的關係。

　　所謂和諧的族群關係指的是台馬兩國客家族內或族際之間的不同制度化文化生活層面的互動是平和、平等和相互涵化的經驗。所謂緊張的族群關係指的是台馬兩國客家族內或族際之間的不同制度化文化生活領域交往是呈現焦慮、不平和的隱性矛盾經驗。所謂衝突的族群關係指涉台馬兩國客家經驗到族內或族際在不同制度化文化生活層面上有外顯的矛盾、不公平的排斥關係。而所謂區隔的族群關係指涉台馬兩國客家經驗到族內或族際在不同制度化文化生活層面基本是存在著有意識的阻隔和孤立的關係。換言之，本書的基本論述，認為台馬客家族群認同及其族群關係相互生成、相互衝擊，也相互辯證。而其目的是藉此釐清台灣與馬來西亞客家族群在五個面向所呈現不同的認同及其族群關係究竟是如何相互影響。

　　由於本書的各篇文章的書寫架構和採取的研究方法不盡相同，有的文章爬梳相關領域的歷史脈絡，例如第1章和第6章，採取年鑑學派的觀點，運用許多歷史性族群政策的資料，所呈現的原客族群關係較多呈現衝突類型，但是不代表任何歷史時期、空間、互動領域的原客關係都是衝突的。如果分析架構是當代社會，分析的議題屬文化領域，大多屬於和諧、區隔或是緊張的族

群關係類型，例如9、10、11章討論台灣族際間語言接觸學習，討論馬來西亞河婆客家的12、13、14三章。這些研究成果所提出的族群關係類型（參見表1），也提供一個整體性的角度，來思考族群關係的發展過程，並做為第二章「族群關係」理論性內涵的建構基礎。

表1 「台馬客家帶的族群關係」章節一覽表

章數與篇名	作者	研究領域	族群互動指標	互動關係類型	主要理論概念名稱
第4章北台灣客家帶浪漫台三線的浮現	張維安劉堉珊劉瑞超	□政治 □經濟 ■社會 □文化 □語言 ■其他：歷史	1.歷史脈絡下的原客族群關係	衝突：1 和諧：1 區隔：1 緊張：1	年鑑史學
第5章台三線客家帶客原族群政治：苗栗泰安	周錦宏	■政治 ■經濟 □社會 □文化 □語言 □其他：＿＿＿	1.歷史脈絡下的客原族群關係 2.族群人口、經濟結構下的族群政治權力關係 3.制度安排（身分認定、山地原住民地區、選舉制度）對族群政治參與的影響	衝突：1、2 和諧：2、3 區隔：1 緊張：1、2、3	族群政治族群資本族群互動制度安排

第6章 陋勇線、蓄產交易所到雜貨店：經濟行為中的族群關係	張翰璧	□政治 ■經濟 ■社會 ■文化 □語言 □其他：＿＿	1. 產業環境與族群政策 2. 族群分工與僱傭關係 3. 經濟行為中的族群互動	衝突：無 和諧：1、2 區隔：1、2 緊張：1	族群經濟 族群刻板印象 族群資本 社會資本
第7章 台三線客家帶客原關係的再探與重構	劉瑞超 張維安 劉堉珊	□政治 □經濟 ■社會 ■文化 □語言 □其他：＿＿	1. 族群部會產業政策與環境政策 2. 產業史中的族群現象 3. 當代族群關係新想像	衝突：2 和諧：1、2、3 區隔：1、2 緊張：1、2	族群關係 族群經濟 合成文化
第8章 苗栗客原通婚中的性別與宗教	蔡芬芳	□政治 □經濟 ■社會 ■文化 □語言 □其他：＿＿	1. 宏觀之歷史與國家制度 2. 中介之社群文化與族群意識 3. 微觀之人際互動	衝突：1 和諧：3 區隔：1、2 緊張：1、2、3	族群通婚 性別、族群與宗教之交織
第9章 族群語言空間分布：苗栗卓蘭	黃菊芳	□政治 □經濟 □社會 □文化 ■語言 □其他：＿＿	1. 語言地理分布 2. 語言態度 3. 語音變異	衝突：無 和諧：1 區隔：1、2、3 緊張：2	語言接觸

第10章 語言接觸中的族群關係：泰安、南庄的族語式客家話	陳秀琪 賴維凱	□政治 □經濟 ■社會 ■文化 ■語言 □其他：＿＿＿	1.族語式客家話中第一語言對第二語言的負向遷移現象 2.原住民的雙語現象及語言轉用方式 3.族語式客家話的語言特色（包括語音、詞彙、語法） 4.族語式客家話所呈現的客、原族群在生活上的互動	衝突：無 和諧：2、3、4 區隔：1 緊張：3、4	語言接觸 語言轉用 雙語現象 語言習得 負向遷移
第11章 新竹客家與東南亞文化的相遇	劉堉珊 劉瑞超 張維安	□政治 □經濟 ■社會 ■文化 □語言 □其他：＿＿＿	1.新竹縣客家地區（以竹東上坪為例）與東南亞文化相關的社區活動 2.學校的語言文化課程	衝突：無 和諧：1、2 區隔：1、2 緊張：1	族群關係 族群刻板印象 族群融合與區隔
第12章 柔佛客家帶河婆客家家庭和社區的族群關係	林開忠	□政治 □經濟 ■社會 ■文化 □語言 □其他：＿＿＿	1.婚姻史與婚姻關係（主要針對跨族內之通婚家庭） 2.家庭內不同成員間溝通語言之使用情形	衝突：無 和諧：1、2、3、4、5、6（1.婚姻的部分是指跟新住民的通婚；	族類與族群 族群互動 族群刻板印象 族群融合與區隔 文化涵化與混雜

| | | | 3. 家庭宗教信仰與例行性節慶禮儀活動
4. 家庭日常與節慶禮儀飲食料理
5. 社區內的族群互動狀況
6. 社區內不同場合的語言溝通情形（特別在市場交易及社區活動） | 2、3、4是指河婆與非河婆華人之間；5、6的社區內族群互動是指以柔佛州為參照）
區隔：1、5（主要是指國家族群政策所造成的族群關係、跟原住民的地理區隔，以及跟移工的心理區隔）
緊張：5（國家族群政策所造成的族群關係） | |
| 第 13 章 客家社團的族群關係：以柔佛客家帶為例 | 利亮時 | ■政治
■經濟
■社會
■文化
□語言
□其他：_____ | 1. 南馬會館史的發展和會館的類型（血緣與地緣組織）
2. 河婆客家社團的內部關係
3. 河婆客家社團與其他客家社團的關係 | 衝突：無
和諧：1、2、3、4
區隔：4、5
緊張：無 | 族群互動
族群刻板印象
族群融合 |

			4. 客家社團與華人社團之間的關係 5. 客家社團與政治及新加坡因素的影響		
第14章 柔佛客家帶河婆客家人宗教信仰與族群關係	林本炫	□政治 □經濟 ■社會 ■文化 □語言 □其他： ＿＿＿	1. 南馬主要宗教信仰的分布及其相互融合 2. 各群客家人的族群內關係和宗教信仰之關係 3. 南馬河婆客家人的宗教信仰和認同形塑 4. 南馬非客華人的宗教信仰和族群間關係	衝突：無 和諧：1、2、3、4 區隔：4 緊張：3	宗教認同 宗教資本 族群刻板印象
第15章 印尼西加里曼丹客家帶田野紀要	張翰璧 蔡芬芳 張維安	■政治 ■經濟 （產業） ■社會 ■文化 （宗教） □語言 □其他： ＿＿＿	1. 歷史脈絡 2. 政治權力 3. 產業經濟 4. 社會互動 5. 文化實踐	衝突：1、2、3、4、5 和諧：4、5 區隔：4、5 緊張：1、2、3、4、5	族群關係

資料來源：筆者整理。

參考文獻

王甫昌，2003，《當代台灣社會的族群想像》。台北：群學出版社。

————，2008，〈由若隱若現到大鳴大放：台灣社會學中族群研究的崛起〉。頁447-521，收錄於謝國雄編，《群學爭鳴：台灣社會學發展史，1945-2005》。台北：群學出版社。

柯志明，2001，《番頭家：清代台灣族群政治與熟番地權》。台北：中央研究院社會所。

陳朝圳、張瑋尹，2006，〈淺談廊道結構及其生態功能〉。《台灣林業》，32（1）：84-91。

Raper, Arthur, 2004, *The Black Belt*. Southern Spaces.

Du Bois, W. E. Burghardt, 1935, *Black Reconstruction in America 1860-1880*. Harcourt, Brace and Co.

Eriksen, Thomas Hylland, 1993, *Ethnicity and Nationalism: Anthropological Perspectives*. London: Pluto Press.

Glazer, Nathan and Daniel P. Moynihan (eds.), 1975, *Ethnicity: Theory and Experience*. Cambridge: Hawward University Press.

Kuhn, Philip, 2008, *Chinese among Others*. NUS Press.

Malaysia. Jabatan Perangkaan, 2014, *Banci penduduk dan perumahan Malaysia 2010*. Jabatan Perangkaan Malaysia.

Washington, Booker T., 1901, *Up From Slavery: An Autobiography*. Garden City, New York: Doubleday & Co.

第 2 章
當代族群關係的理論取向與分析層面

張翰璧、蔡芬芳、劉堉珊、蕭新煌

摘要

「族群」（ethnic group）詞彙與概念的出現，是非常晚近的。社會科學約在 1960 年代，才開始把「族群意識／族群性」（ethnicity）視爲一個獨立的研究範疇。族群理論相當多樣，一般說來，可包括原生論、工具論、情境論與建構論。族群性指的是在特定歷史、政治、社會與經濟脈絡下產生之人群分類的範疇，會依互動的場域、權力的不對等關係，產生動態的族群關係。若從社會整體性的角度來思考族群關係的發展，族群關係的呈現，既隱含了歷史上制度性安排的結果，又指向社會團體間的不對等關係，而且這種不對等關係，幾乎和政治與經濟力量的優劣勢有著平行性的發展。因此，族群關係理論需要同時強調「脈絡」和「過程」的分析，並體認族群認同並非僵化不變。當代族群關係的研究，一方面可以區分政治、經濟、社會、文化四個領域進行研究，一方面是在研究時，要強調其發展的脈絡性，分析族群關係的運作和呈現。族群關係並非持續不變的，而是具有「脈絡性」和「流動性」的特質，往往需要在時間中修補不平衡

的互動關係。

關鍵字：族群關係類型、族群互動場域、客家帶、民族國家、多
　　　　元族群國家

一、前言：當代社會發展與族群關係的四個基本問題

「族群」（ethnic group）詞彙與概念的出現，是非常晚近的。社會科學約在1960年代，才開始把「族群意識／族群性」（ethnicity）視為一個獨立的研究範疇（Glazer & Moynihan，1975；Chapman et al.，1989；Vermeulen & Govers，2000）。那個時期也因為各地反殖民及「族群」運動的崛起，許多研究者開始關注「族群」作為一個有凝聚力與行動力的社會組織及其出現的脈絡、構成、認同特質及邊界的維持動力。

族群理論相當多樣，一般說來，可包括原生論、工具論、情境論與建構論。族群性指的是在特定歷史、政治、社會與經濟脈絡下產生之人群分類的範疇，會依互動的場域、權力的不對等關係，產生動態的族群關係。因此，族群關係理論的發展，是建立在跨學科研究的基礎之上，包括社會學、政治理論、政治哲學、社會人類學與歷史學（Rex，2001）。Martin Marger（2015）從社會學的角度，提出了族群關係的四個基本問題。

（一）多族群社會形成的歷史過程：在多族群社會（multi-ethnic societies）中群體之間關係的性質為何？多族群社會意指包含眾多種族、宗教與文化群體之社會。族群關係通常關注的焦點則是多族群社會中不同群體之間在一段長時間內如何互動的方式。一般說來，族群關係的性質以衝突與競爭居多，然亦非總是如此，有些則為合作與調適。

（二）多族群社會的制度安排與資源分配：不同的族群的社會位置為何？不同的位置構成的體系所產生的結果與影響為何？在所有多族群社會中，不同群體往往受到不同對待，而且以不均

等的方式獲得社會資源，如財富、尊嚴與權力。值得注意的是，不平等並非任意隨機產生的，而是經歷若干時間發展成穩固的結構，並且歷久不衰。在不平等結構中，受惠於國家與經濟等社會體制之群體為優勢群體，其他群體則處於劣勢，成為少數族群。而多族群社會的制度安排與資源分配的討論，就是要處理因為群體的不同位置所構成的階層性，以及族群不平等的體系產生的權力不對等關係。不同的位置涉及族群層化──多數與少數、支配與被支配的問題，其後果可見於政治、經濟、社會與文化層面，如在政治上則有政治權力結構分配、公民權之問題；經濟層面則有誰主導經濟發展的權力、特定族群產業、與族群分類相關的僱傭關係；在社會層面則會影響通婚、交友的選擇；在文化層面則為主流文化與非主流文化之間的勢力消長而影響文化是否得以保存延續，或是文化是否因此被賦予價值判斷而有「高級」與「低俗」文化之別。

（三）不平等制度安排的維持與延續：在多族群社會中的優勢群體如何維繫其在族群階層中的頂端，以及被支配群體如何改變其地位？在優勢群體運用直接或間接方式（不同形式之偏見與歧視）維持其權力與特權的同時，被支配群體並非完全處於被動接受不平等的對待，反而可能透過組織性的運動挑戰現存的族群階層。因此，這個研究議題關心的重點，在於了解族群不平等之體系如何維繫以及如何被改變。

（四）族群政治的社會結果：族群關係所產生的長期結果為何？有可能是逐漸趨同，但亦有可能愈見分歧，不同的結果都有可能，從不同群體間可能透過通婚達到文化或血緣上的完全同化，到因為彼此歧異而採用極端的手段，驅逐或消滅某個族群群

體。不過，極端形式通常較少存在，因爲群體之間的整合與分離都會表現在社會生活的不同層面上。

　　以上四個基本問題，提供我們從整體性的角度來思考族群關係的發展。然而，族群關係的產生是在歷史過程中，受到政治、經濟結構影響之下所形成的；而族群關係又是多族群社會中，如何面對與處理因爲種族、宗教、文化所帶來的多樣性之展現，結果可能在不同社會層次，發展出不同類型的族群關係。基本上來說，在長時間的發展之下，有兩大面向：首先爲社會排除（social exclusion），包括種族主義、歧視、隔離、仇外、種族中心主義、不平等與不正義。但也可能是社會包容（social inclusion），如合作、通婚、涵化、同化、整合，甚至是吸收。換言之，族群關係一方面是群體之間國族、文化、宗教界線的固守，另一方面則是文化發展、創新與社會轉型的過程（Westin，2010）。

　　換言之，族群關係的呈現，既隱含了歷史上制度性安排的結果，又指向社會團體間的不對等關係，而且這種不對等關係，幾乎和政治與經濟力量的優劣勢有著平行性的發展。然而，「族群關係」不能僅從巨觀的政治經濟角度分析，還必須強調「社會互動」或是「社會交往」的特性，唯有放在不同的歷史情境和社會層次中加以分析，才能凸顯族群關係的流動性與變異性，找出當代社會發展或是社會轉型的歷史動力。

　　自1960年開始族群理論的被重視，幾乎是回應當代民族／民主國家建立與移民的問題，不論是否屬於近期形成的族群衝突，大多數的群體都是在殖民統治時期首次遭逢（Horowitz，1985：98）。因此，族群性或是族群關係必須放在現代化的脈絡

下來理解。在多族群社會中，不同族群因爲處在族群階層中的不同位置，影響其獲得社會制度安排與資源分配的機會，支配族群因其擁有較爲強大的政治、經濟、文化權力而能夠獲得絕大多數有利的資源。當然，並非僅是掌握權力就能夠取得優勢，我們必須了解在族群層化體系之中，支配與從屬關係是如何被維持與穩定的（Marger，2015：49）。

　　針對當代的族群關係進行討論時，就不能忽略資本主義社會中國家統治與資本主義經濟間的關聯性，這正是影響當代族群關係發展的重要制度性框架。因爲，社會互動必須內在於某種社會結構中進行。在資本主義發展過程中，國家（政治系統）的勢力範圍，不僅擴展到經濟系統，也逐漸擴展到社會文化系統。在《合法性危機》書中，Habermas（1973）指出當代社會的運作機制和內在矛盾，以及可能產生的衝突和危機，並企圖建立一個具有實踐意向的經驗社會理論。書中以「系統／生活世界」的雙元架構，重建當代社會的危機概念。自由資本主義的時代，社會整合的功能轉化至系統整合的功能之中。因此當系統整合出現危機時，就會轉變成社會整合的問題。系統與生活世界的區分，除了是靜態的社會結構分析，也是分析社會變遷的動態過程，運用到族群關係的領域，不僅是靜態的族群關係類型的呈現，也需要分析族群關係的動態發展。換言之，當代社會結構的不同層面的族群關係，可以結合現有的族群理論進行相關研究，以呈現出不同的族群關係類型與內涵，及其隨著整體社會制度的發展，呈現整合或是衝突的過程（參見表1）。

表1 當代社會中的族群關係內涵與概念

系統危機	政治系統（合理性危機）：理性決策	族群政治與政策
	經濟系統（經濟危機）：足夠的消費價值	族群經濟與分工
生活世界危機	社會系統（合法性危機）：足夠的支持動機	族群距離（通婚、朋友等）族群連帶（歸屬感）
	文化系統（動機性危機）：足夠的行動動機與意義	族群文化（規範與道德性）族群自我認同

　　本研究所分析的族群關係互動的五個場域：語言、家庭、社團、產經、宗教（參見表1），可再區分成四個族群互動場域：政治系統、經濟系統、社會系統、文化系統，並在社會互動的脈絡下，認知到與對方有文化差異的群體之間所具有的某種形式的關係（Eriksen，1993）。一個充分的族群性理論應該要能夠解釋，民族國家中族群性與其他認同形構的過程中，歷史與當代意識形態的連結。歷史、政治、經濟與社會脈絡，成為理解族群關係的重要面向，以當代台灣為例，民主作為當代政治系統的運作邏輯，因此沒有明顯的族群政治來區分族群的權利，加上戰後現代化過程中社會流動的平等性，逐漸淡化族群經濟與職業的壟斷性（但原住民的弱勢議題恐是另一課題），而生活世界中的通婚頻繁，顯示族群距離更可能逐漸發展到文化同化或是族群融合的最高階段。

　　從巨觀的「族群關係類型」的呈現，可以分為和諧（harmony）、緊張（tension）、衝突（conflict）和區隔（separation）四個類型。在分析其動態過程時，必須先清楚說明族群互

動的時間和場域，再將主要的運作邏輯標示出來。歧視與偏見不僅反映政治和經濟系統中的族群位置，也部分反應、影響或形塑生活世界中的「少數群體」。當少數群體因為受到外在結構限制而影響其認同形塑時，少數群體會透過共享文化特徵建構集體認同，並以受壓迫的族群位置作為抵抗外來侵略之策略。在此意義下，族群性乃具有政治意涵，經由有意識地維持族群認同，達到爭取權力的社會目的。這種集體意識的建構所揭示的就是大規模層次的族群動員，在公領域中生產與再製「我群意識」。因此，族群性可說是組織層面與人際互動中複雜交錯的文化特質。

從社會關係的角度來看，「群體之間的對抗似乎是不可避免的，當兩個可區隔其特徵（不論是天生的或是文化上的）群體接觸時，這兩個群體就成為實然或潛在的競爭者」（Marger，2015：79），雖然族群關係不一定皆以明顯或極端的形式出現，但權力與衝突乃是族群不平等的根本面向；權力的不對等涉及到的是資源分配。在「系統／生活世界」的雙元架構中，生活世界的族群關係受到系統政治與經濟的絕對影響，所產生的衝突類型端視國家對社會掌控的程度而定。

本書各章分析的區域，分別以台灣和馬來西亞的「客家帶」為對象。「客家帶」指的是客家人聚集的人文地理空間，是個族群人文地理的概念，由歷史（時間）、地理環境和政策形塑族群空間。包括以下幾個要素（蕭新煌，2018；張翰璧，2020）：

（一）歷史：類似的客家遷移歷史。

（二）族群人口：一定數量或密度的客家人口。

（三）經濟生活：大部分人採取特定的維生方式。

（四）政治與社會關係：族群互動的場域。

（五）客家文化現象的在地性。

其具有可觀察的理論性課題有下面三點：

（一）客家與其他族群的互動，可從和諧、緊張、衝突與區隔等四個類型去理解。

（二）族群關係的探討，可從語言、家庭、社團、產經、宗教等五個場域著手。

（三）客家與其他族群關係的辯證發展過程，受到客家在該國家、區域所處的族群位置和認同所影響。

台馬客家帶族群關係研究的重要前提在於了解台馬兩地客家人如何自我定義，這與歷史過程息息相關並且是受到政治、經濟與社會互動的影響。既然是受到不同條件所形塑，因此它具有明顯的動態性質；其中不只牽涉到近代國家形成，更因為在此之前因為資本主義擴張，殖民統治將不同人群（包括在地人民與移動人口）捲入全球資本體系之內。在此過程中，不同族群因為殖民統治開始相遇與互動，而形成族群意識。換言之，族群性是在互動的關係中產生（Gluckman，1958 [1940]；Leach，1954；Douglas，1966；Barth，1969；Cohen，1978）。「只有在互動的過程中製造差異，文化差異在產生族群邊界中才是重要的」（Eriksen，1993：39）。族群關係的衝突顯示生活世界中有關族群互動的共識和認同，已不足以為新的社會情境提供足夠且具有意義性的資源，新的互動模式必須重新調整。

二、展現族群關係的四個層面及其內涵

本文在處理族群關係理論時，希望從「脈絡」和「過程」去

理解族群之間的互動以及族群性的出現，並體認族群認同並非僵化不變，而是在族群互動中才得以產生，因此族群認同呈現多重面貌。然而，族群差異並非只是在特定情形下任意產生的事件與結果（Cohen，1978：389），也並非只觸及文化的層面，有時不同層面的族群關係發展的類型也相當不同。因此，當代族群關係的研究，一方面可以區分四個領域進行研究，一方面是在研究時，要強調其發展的脈絡性。社會的脈絡可區分成政治、經濟、社會、文化四個領域，從其中可以找尋族群關係的運作和呈現。

（一）政治層面

Cohen（1969，1974）將族群性視爲競爭稀有資源的工具。在此意義下，族群性則具有政治意涵，而且文化邊界被標示出來以致於群體資源是受到保護之非正式政治組織。Cohen認爲，族群認同會因爲呼應政治動員與功能化組織而發生變化。這也是A. Cohen與R. Cohen 批判Barth（1969）所忽視的外在壓力與壓迫對於個人族群認同的影響（Eriksen，2004：162），Worsely（1984）亦持相同觀點。雖然Barth認爲人們會爲了互動目的，透過認同歸類自己與他人，但較少針對群體之間的權力關係加以著墨（Jenkins，1994）。

當少數群體因爲受到外在結構限制而對其認同形塑有所影響，少數群體會透過共享的文化特徵去建構其集體意識，將族群性和認同應用成爲抵抗外來侵略之策略。在此意義下，族群性具有政治意涵，因爲少數群體將之應用爲有意識地穩定自身族群認同，以實踐其社會目的。集體意識的建構所揭示的是大規模層次的族群性，在公領域的我群意識之生產與再製，這也就涉及族群

動員與族群衝突。因此，族群性可說是組織層面與人際互動中複雜之交錯。如Fredrik Barth在其1994年"Enduring and Emerging Issues in the Analysis of Ethnicity"所提出以三個相互影響的層面分析族群性之建構（1994：20-30），該篇文章以Barth於1969年主編的 *Ethnic Groups and Boundaries* 為基礎所做的增修。

1. 微觀層面：個人與人際之間的互動這個層次是需要的，以形塑影響經驗與認同形構的過程。在此層次，個體會受到其他層次的干預而受到限制，外在限制與參數為個體的活動與詮釋構成了一個生活環境。

2. 中介層次：透過各種方式且為了不同目的，打造出集體以及進行動員。在這個層次上，領導階層透過行動與修辭打造屬於群體的既定形象，集體因而動員起來，不同族群之間的界線與劃分因而產生。中介層次對於微觀層次人際互動中的表達與行動產生限制與強迫的效果。

3. 宏觀層次：這個層次處理的是國家政策。政府根據正式的法律與規範分配權利並限制少數族群發展，但也可能任意專斷地使用武力，這些都是支撐許多政權存在的力量。此外，也會將意識形態強加在人民身上並且控制公共訊息與操縱論述。宏觀層次的主要行為者為官僚、全球論述、跨國與國際組織，這與中介層次的關懷與目的緊密相關。

上述微觀、中介與宏觀三個層次互有關聯與互相影響，提供本書作者了解台灣與馬來西亞客家人如何建構族群性的過程。值得注意的是，政治領域中族群性的產生，具有最明顯的界線，指涉民族國家建構的過程中，國族主義與族群性間的動員關係。「轉化主義霸權」指的是，國家透過含括與排除國族成員身分的

過程，在政治上合併弱勢與邊緣群體，並挪用其文化產出與實踐，以此維持其文化宰制的位置。目標在於將多族群社會本來存在的異質性，進行同質化的操作，以建構（我們皆屬同一個國族）共同分享的神話，將非主流群體文化所帶來的雜質去除，鍛造出專屬「同質」國族之純度（Williams，1989：429）。支配群體則成了創造純度之相關議題的「真正的生產者」，以及國家族群分類中「千真萬確」的成員（Williams，1989：429）。此外，在鍛造「國族」過程中，透過將無法與「主流」具有共通性的成員推至「邊緣」，以確保國家的成員是純種人民（Williams，1989：439）。在如此情形之下，「共通性」（commonality）被形塑為規範，被標示為差異的「族群性」則被突顯，清晰可見（visibility）。

（二）經濟層面

當以經濟層面觀察族群關係時，須考慮到階級與族群性之間的關係。階級與族群性（或族群身分）雖皆屬社會類別，然而族群性（或族群身分）通常比社會階級更具有強制（compelling）與先發制人（preemptive）的性質，且較階級更能夠引發具有熱情的忠誠度（Horowitz，1985：89-90）。雖然，每個族群內部具有不同的階級，族群與階級兩個變項會在體制內互相影響，族群因素卻會讓不同族群壁壘分明。在不同族群之間，相同階級背景與社會地位者，常有橫跨族群的互動。橫跨族群壁壘的階層，以橫向角度觀之，實為一個社會階層（Syed Husin Asli，2015：25-26）。

一般而言，經濟利益在族群衝突中扮演重要角色，在族群衝

突的相關研究中具有持續的影響力（Horowitz，1985：106）。特別是「少數中間人」（middleman minorities）與「客居國」（host societies）之間的緊張關係（Bonacich，1973；van der Berghe，1981），「少數中間人」的主要特徵來自於其在經濟領域的中介角色。相對於少數族群或多居於社會底層的階級，「少數中間人」扮演經濟中介的角色，例如代理商、勞力承包者、收稅員、借貸者、當鋪經營者；所在位置介於生產者與消費者之間、業主和員工之間、所有者與租賃者之間、菁英以及大眾之間（Bonacich，1973：583）。少數中間人與其他族群產生衝突的原因，並非僅是一般生意上的競爭，有時更是因為移民，能夠透過自己的信貸機構、同業組織、雇用便宜勞力（通常是親友），而削弱對手的競爭力（Horowitz，1985：106-107）。少數中間人所面對的敵意不只來自生意對手，還有與消費者、承租人、客戶之間產生的矛盾與衝突。例如，英國殖民統治之下的馬來半島，華人是居於殖民政府與馬來人中間的少數人團體，其中，客家的商人，更是處於華人內部的中間少數人團體（張翰璧，2013）。

幾乎在所有多元族群社會中，族群身分可說是影響人們政治與經濟階級位置的重要因素，而且族群與階級在很大的程度上是並行且交織（Marger，2015：38-39），一如職業、教育、收入與財富等的社會階級，皆與族群性緊密相關。除了能夠在社會階級中佔據優勢地位的支配族群，那些與支配族群在文化上與在外觀上最為接近的族群團體，亦可能取得有利地位。例如在美國，相對於位在族群階層中底層的非裔美人，其膚色有別於主流盎格魯·薩克遜人，位居族群階層中較高地位的愛爾蘭裔美人，其外

表與膚色並不會與主流群體格格不入，因此族群性對於他們所能達到的社會階級不具太大的影響力（Marger，2015：39）。雖然如此，我們不能就此論斷，少數族群必然位居社會底層，少數團體在社會階層中的位置，與其在族群光譜中被擺在何種位置上有關。此外，支配族群與少數族群的社會位置，可能因為個人能力、天分、動機而翻轉階級，並促進階級流動與變化。而當大多數的少數族群，因為難以取得社會報償的平等機會，繼續留在少數族群的位置時，這種現象在經濟領域便形成族群分工（Marger，2015：41）。

由於族群階層化的所有面向皆有賴於社會菁英的權力來決定的，因此在分析介於決策權力與族群性之間的關係時，關鍵問題是權力菁英對於其他族群成員的開放程度為何，在所有多元族群社會中，族群性與重要權力位置的獲得有明顯的關係（Marger，2015：40）。以美國為例，雖然在2009年中出現了首位美國非裔總統歐巴馬（Barack Obamah），可被稱為「歐巴馬傳奇」（Murji & Solomos，2015），然而美國的政治與經濟高層，基本上依舊是以白人男性作為支配群體，主宰了支配系統（Batur & Feagin，2018）。

（三）社會層面

針對族群關係在社會互動的展現，目前已有許多研究者提出不同場域的研究成果與分析指標，其中，學校作為一個學生們接觸不同族群、學習社會化過程的場域，常成為研究者觀察與探討族群認同形塑與社會關係的對象（見Hashim, Bakar, Mamat, Razali，2016； Özdikmenli-Demir，2014；Vedder，1999等）。

例如，Hashim及Bakar等人，在探討馬來西亞中等學校中不同族群身分學生的互動模式時，從功能論與理性選擇的觀點，提出學生在此經歷的社會化過程：包括從學校生活中學習自己的社會角色與相互之間的關係模式，以及從中發展出競爭、合作等符合利益取向的選擇，作為理解族群社會互動與模式化的場域。除了學校，不少研究者則強調都市生活的族群接觸，認為多族群在此的移動、生活接觸與往來，使其成為一個觀察族群互動與認同形塑的重要場域。

　　族群認同僅是形塑社會關係（或社會認同）的其中一個面向，作用於其中的，還包括了文化、宗教、公民、世代、性別等認同與經驗。也因此，在探討族群關係的社會意義時（或者從社會互動觀察族群身分在其中的作用），族群性如何被建構與理解，族群認同如何與其他認同產生（或不產生）互動與連結，社會關係又如何在這個過程中展現合作、交換、競爭或衝突等意義，都是必須探討的面向。

　　Llimkhanova等人（2014）以哈薩克的Almaty市為例，針對族群文化認同與多族群間關係的討論，指出族群認同與其他指標（包括性別、宗教、公民等），會在不同層級間產生不同的關聯性。該研究以同心圓的模式，解釋認同所包含的面向及彼此間的關係。根據這個同心圓的認同圖像，最核心的部分為個人特質（personality），向外擴散分別是微群體（micro groups，如家庭等）、小型團體（small groups，如社團、學生團體、協會等）及大型群體／組織（large groups，如族群、政治組織等），最外圈則是社會（society）（Llimkhanova等，2014）。這個圖像呈現了族群與其他社會身分、社群認同是鑲嵌在一起的關係，也點

出了影響（形塑）族群經驗的多種社會關係，這包括合作關係、交換關係、競爭關係和衝突關係（族群間的衝突關係在社會生活的展現，如族群仇恨）。

因此，在一個多元族群的社會環境中，往往會潛在著族群間緊張或衝突的關係，這樣的關係通常來自於多種可能，包括如歷史記憶形塑的族群情感與對立、社會關係（社會身分、階級差異等）、文化差異或政治結構等，其根植的脈絡也包含了地方、國家，甚至國際層面不同因素的影響（Goga，2013）。

（四）文化層面

在人類學的脈絡中，「族群」（ethnic group）不必然與少數或邊緣化的群體有關，它也用於分析主要或優勢的群體；至於「族群意識」或「族群性」（ethnicity），則是一種群體關係的表現，指各人群團體對彼此文化差異與區辨性的認知與表述（Eriksen，1995：262）。人類學的族群研究，早期偏向於從文化概念探討族群的存在與差異，自60年代末起，Barth、Cohen等研究者的論著，讓人類學開始關注族群關係與族群意識形成的過程，並由此發展出不同面向的討論。在這些多角度的發展中，多數研究者都同意，族群意識或族群性的認知與表述，牽涉到群體間接觸與互動的經驗；在這個過程中，當差異（文化、社會、經濟或政治權力）的感受愈深、區辨性的指標愈多，族群意識的顯現也愈強烈。因此，要理解族群認同與族群性，需要了解的並不是族群間文化差異有哪些是真實存在的，而是去探討如何運作這些差異認知的文化邏輯，以及讓差異界線持續具有意義的社會互動與社會關係（Barth，1969；Bateson，1979； Eriksen，

1995：262-3）。

　　早期的人類學研究者，多將族群視為一個「文化團體」，族群意識或族群性則為該團體文化特徵的展現，也因此，與族群有關的討論，多半是從特定的文化面向，如語言、宗教、習俗等，呈現各族群之特色與差異。直到 Barth（1969）提出互動、邊界與關係脈絡作為族群意識存在的基礎時，人類學對族群意識或族群認同的理解，才逐漸脫離僅將其視為一個「文化」現象，轉而從族群作為一種社會組織、族群意識作為一個社會過程的角度，探討其所關聯的社會脈絡與社會關係（Vermeulen & Govers，1994：2）。

　　Barth 在 1969 年出版的論文集（*Ethnic Groups and Boundaries: the Social Organization of Culture Difference*）導論中，質疑過去從文化特徵（cultural traits）理解族群的研究角度，提出族群作為一種社會現象的重要性。他認為，族群意識本身即具有「關係」的指涉，應被視為一個動態、彈性、可協商的社會過程。Barth 的論述把過去研究者從「文化內容」與「文化特質」解讀族群的角度，推向一個更具互動性、實踐性與脈絡情境的取徑。這樣的「族群」概念，深刻影響了族群研究的發展，許多研究者開始從行動者主觀認知的層次探討「我群」與「他群」界線的形成，或將族群視為一種象徵性的社會分類，認為其目的在建構或強化社會秩序（Camaroff，1992 [1987]）。此外，也有研究者從族群「刻板印象」的角度，探討人群如何透過分類與文化刻板印象，把彼此之間的社會差異轉化為文化特徵的區別，並透過重述與實踐，強化界線的有效性、合理性與持續性（Layng，1975；Chock，1987 等）。

1960 年代以降，除了 Barth 提出的邊界理論，亦有學者（如 Abner Cohen）注意到族群意識中隱含的權力關係，提出從行動者認知與實踐策略的角度，理解族群意識如何不斷在回應情境變化的過程中，修正其界線的定義。Abner Cohen 的討論聚焦在都市的移民社群（Cohen，1969；1974；1981；1993），他認為，主導人群認知與行為的層面主要有兩個：1. 象徵層面（展現在親屬、儀式、宗教等部分）；2. 政治與經濟層面（展現在權力關係與利益的認知上）。認同的展現即是在這兩個層面的作用中，回應情境脈絡，並考量是否修正其實踐的策略。以居住在倫敦的不同移民族群為例，Cohen 發現，舊有的族群意識在面臨政治與經濟環境的改變時，尤其當權力與經濟地位受到多數／主流社群的威脅或排擠時，常會發生策略性的改變，包括結盟成為一個新的族群團體（Cohen，1993）。針對這樣改變，Cohen 強調，舊的族群認同並非消失不見，而是透過其他方式（如婚姻、親屬關係、宗教與儀式的實踐等）持續產生意義，並在實踐過程中，與新的族群認同（建立在政治與經濟活動的實踐上）相互作用。

　　值得注意的是，雖然 Barth 與 Cohen 皆嘗試將研究者對族群的理解，從「文化」帶向更具社會性與政治、經濟層面的討論，他們仍然沒有忽視「文化」作為理解族群關係與族群互動的重要性。Barth 在晚期的著作中，即提出主觀的文化經驗、文化邏輯與邊界概念，與社會行動之間存在著關聯性（Barth，1994；2000）。這樣的轉變，一方面來自人類學在 80 年代後對「文化」的反省：從文化作為一個客觀存在的事實，轉向將其視為一套象徵意義的體系，提供行動者認知與實踐的邏輯框架；另一方面，也顯現出對 Barth 而言，族群邊界的概念，仍有賴文化觀或

文化邏輯的支持。

　　1980年代人類學對「文化」的反省，讓許多研究者重新回到「文化」的角度，探討文化與族群的關係（見Abner Cohen，1974；Anthony P. Cohen，2000；Vermeulen & Govers，1994：2），尤其是針對族群意識是否與其他社會認同有所差別、文化在族群概念的角色等。Vermeulen & Govers在 *The Anthropology of Ethnicity: beyond "Ethnic Groups and Boundaries"* 一書的導論中，對族群與文化的關係有以下定義。他們認為，文化提供了「族群意識分類」的邏輯與意義內涵，族群意識在展現的過程中雖然會試圖將「文化」客體化（展現出對「文化事實」的認知與運用），但其本身仍是文化的一部分（1994：3-4）。

　　除此，許多研究者也開始從認知體系的角度，探討不同文化觀如何經驗與解釋人群的接觸與互動。如，Anne-Christine Tremon（2005）以大溪地Raiatea島的鬥雞活動為例，觀察到當地華人（Tahiti Chinese）與大溪地土著（Raiatean Tahitians）透過這個社會場域的「關係」展演，把歷史過程的接觸經驗以及現實生活中的差異感受（信貸關係造成的不平等經濟地位），用各自認定的解讀方式，轉化為可接受、理解的人群差異。

　　整體而言，當代人類學的族群研究，不論是將族群視為一個社會群體、政治團體、擬親屬社群，或是一個共享社會記憶與歷史經驗的想像共同體，多數仍同意「文化」做為族群概念的載體，是理解族群的分類邏輯與認知詮釋的重要角度。然而，如何進一步理解或觀察人群接觸過程中「文化」邏輯（認知、分類架構與象徵體系）產生的互動與變化，以下依照研究者們所提出的族群理論視角，分別從同化（assimilation）、涵化（acculturation）、互化／跨文化接觸（transculturation），以及「文化合成」／「合成文化」之概念進行討論。

1. 同化與涵化

「同化」與「涵化」是探討文化發展歷程的流行概念，常被用來理解族群接觸後發生的文化變遷。在族群關係的討論中，「同化」通常用來指不同文化群體透過接觸，較弱的一方逐漸趨近於較強的群體，而失去了作為一個獨特文化、具有可辨識界限（如語言、宗教、飲食、價值觀、習俗特色等）的過程。這個過程有時是自發、主動的改變，有時則是在壓力下形成的結果，如人數或經濟、社會與政治位置較弱勢的族群被迫接受主流和優勢族群的文化（Scupin & DeCorse，2012：522）。

在早期移民理論的發展中，不少研究者偏向從「同化」概念理解移民群體在新社會的適應與改變，如，Robert E. Park 關於美國境內歐洲新移民的研究，尤其是針對都市地區不同社群社會生活發展的討論（見 Park，1914；1922；Park & Burgess，1924）。Park 將移民人群在新社會經歷的人群接觸過程分為四個階段（race relations cycle）：接觸（contact）、競爭（competition）、適應或調適（accommodation），與同化（assimilation）。對 Park 而言，「同化」是一個相互滲透與融合的過程，在這個過程中，移民人群透過與新社會共享記憶、情感、經驗與歷史，被逐漸納入一個共同的文化生活中（Park & Burgess，1924：735）。此外，Park 也注意到語言與社會禮儀的學習（同化），往往讓移民者更容易被移居社會接納（Park，1930：281）。

Park 及當時芝加哥學派所提出的「同化」與「大熔爐」

（melting pot）理論（Hirschman，1983），成為美國早期族群研究非常重要的基礎，許多研究者持續針對移民人群在美國的「同化」過程提出更細緻的討論，探討移民社群間、或移民群體與移居社會主體人群間經濟、社會與政治關係的變化，是否會從不同層面影響同化的過程。整體而言，「同化」理論在 Park 之後，雖然還是許多研究者探討移民社群文化變化的觀點之一，但也逐漸發展出更強調其動態性與多面向的分析角度（Teske & Nelson，1974；Hirchman，19831）。然而，在 60 年代之後多元文化主義（multiculturalism）取代同化論（Hirschman，1983；王甫昌，2002），逐漸成為移民研究與族群關係討論中，較多人使用的分析觀點。

相較於「同化」指涉一個文化群體往另一個文化群體趨近的改變，「涵化」（acculturation）現象則較偏向於強調文化群體在接觸過程中，交互影響而發生的內部變化；如，文化元素的採借與轉化。人類學者中較早對「涵化」概念進行較有系統梳理及討論的，大概就是 Redfield 等人於 1936 年出版的 "Memorandum for the Study of Acculturation" 一文。該篇文章試圖對文化接觸的不同類別、脈絡與過程進行比較討論，並提出分析「涵化」現象的基礎架構與方法。Redfield 等人強調，「涵化」的發生與文化群體直接、持續且長久的接觸有關，在這個過程中，相接觸的群體皆會發生文化的改變。該文也指出，研究者在分析「涵化」現象時，必須注意到文化接觸的「情境」，如，文化元素的採借是發生在自然互動的過程中，還是透過一方強加於另一方的過程。他們認為，研究者應特別注意人群團體間政治與社會位置的權力不平等關係（power differences），是否及如何影響接觸過程中

的關係互動。該文章也提出了三個「涵化」過程可能導致的結果：1.「接受」（acceptance），即，舊文化被新的文化取代，形成類似「同化」的現象；2.「適應」（adaptation），指新、舊文化元素交融混雜，形成一個新的文化整體（接近hybridity的概念）；以及 3.「反作用／反動」（reaction），指在不均等的互動過程中較弱勢文化對較強勢的文化產生反抗（例如，對失去或逐漸被邊緣化的舊有文化產生自豪感），或因接觸雙方的文化差異過大而產生負面影響（例如，對其中一方的文化產生歧視的現象）。

　　除了 Redfield 等人的 Memo，涵化理論在近代透過許多人類學者的民族誌案例，持續發展出更細緻的觀點，包括強調涵化過程的多向與脈絡性，以及歷史縱深角度與權力動態關係在其中的重要性。如，Melville Herskovits 從海地巫毒儀式（"voodoo" cult）的研究，提出文化間的涵化作用常會導致不同元素搓揉成一個新的文化整體。Herskovits 認為海地的巫毒儀式，即是非洲與法國文化元素相互搓揉而成的結果，是在非洲苦力與法國殖民者將他們的文化帶到海地後，經過特定歷史過程的文化互動與交換，才形成的新的文化形式（Herskovits，1937；1938；1941）。也因此，他提出了歷史觀點（對歷史過程的分析）作為理解文化混雜過程（cultural hybridization）的重要角度。同樣強調歷史過程的重要性的，還有 Ralph L. Beals，Beals 認為，文化涵化是一個持續動態的過程，必須從一定深度的時間尺度，才能理解作用於其中的細節變化，他並提出，語言是觀察涵化過程的重要指標，因此建議研究者應更注重語言在涵化過程中的角色（Beals，1951；1962）。直至今日，「涵化」仍然是許多研究

者用來解釋族群接觸與文化變遷過程的有用概念。

2. 跨文化接觸與文化過程

　　跨文化（transculturation）的概念，最早由古巴人類學者 Fernando Ortiz 提出（Ortiz，1995 [1940]），用來理解古巴所經歷的多種文化接觸、交織與融合的歷史過程。Ortiz 所提出的跨文化概念，強調多種文化在歷史過程中的相遇，以及彼此持續不斷的互動、相互轉化與融合，這個「文化過程」作用在社會生活的各個層面，深入且全面。透過這個概念，Ortiz 強調文化接觸是一個持續（無盡）且多面向（超越單向、雙向以及單層面結構影響）的互動過程，是一個不斷在創造新的文化現象的過程（Ortiz，1995 [1940]），對所有參與其中的文化都具有影響，而非如「同化」僅是強勢文化對弱勢文化的片面影響，參與的文化之間也不僅是如「涵化」論所強調的具有支配性的對立、吸納／適應或抵抗等關係（見 Ortiz，1995 [1940]；林文玲，2012：103-104）。

　　以 Ortiz 的跨文化概念為基礎，Angel Rama（2012 [1982]）進一步提出「敘述跨文化」（narrative transculturation）的概念，以此檢視拉丁美洲文學作品中所呈現的多文化元素及語法相互嵌合與轉化的發展過程。在其論述中，Rama 強調參與互動接觸的文化間，在互動過程中所具有的「創造性」，包括創造出新的連結、語彙與意義。

　　值得注意的是，不論是 Ortiz 所提出的跨文化，或是 Rama 的「敘述跨文化」，兩者在論述異質文化的遭遇與接觸過程時，仍傾向於將古巴文化、拉丁美洲文化以及參與其中的不同文化，視為單一、各別的同質整體，而忽略了底層所蘊含的地方、人群與

階層等既有差異，以及這些差異如何在文化過程中持續複雜化其文化樣貌。

3.「文化合成」與「合成文化」

在台灣的族群研究中，早期許多研究者偏向「同化」或「涵化」的觀點，從較為單向、強勢族群影響弱勢族群的角度，理解非主流／弱勢文化在族群互動過程中產生的變化。如，針對原住民與平埔族的「漢化」研究，強調漢人信仰、節慶祭儀及文化價值觀被較弱勢族群採納，甚至取代原有儀式、習俗與認知體系的過程。或如，針對夾處於泰雅與客家兩大人群間的賽夏社群，較早期的研究者多偏向從「泰雅化」與「客家化」之角度理解其文化與信仰呈現的特色（陳春欽，1966；1968；鄭依憶，2004）。

直到1990年代中、後期，愈來愈多研究者才開始從更具動態與相互性的角度，重新思考文化接觸的過程與變化。如在黃應貴與葉春榮編著的《從周邊看漢人的社會與文化：王崧興先生紀念論文集》（1997）中，研究者們從人群邊界形成的多種角度，省思漢人社會與文化的意義。除此，平埔族研究的發展，包括針對其分類歸屬、「漢化」現象、與原住民社群及漢人社會的連結關係，或是其身處於原住民與漢人社會間之「邊界」空間與處境的討論，也促使許多台灣當代研究者重新思考文化接觸、社會變遷、族群互動與族群界線的概念，潘英海的「文化合成」與「合成文化」之概念，即是在這個脈絡中提出。而「沿山地區」、「邊區社會」等文化接觸空間的概念，也是在平埔族的研究中逐漸發展而成，促使許多研究者開始將這些空間視為具有獨特社會文化意義的場域，以此重新理解族群接觸、互動與文化形成的歷史過程（陳秀卿，2010；洪麗完，2011；鄭螢憶，2014等）。

潘英海在1994年一篇針對頭社太祖年度祭儀的討論中，提出了「文化合成」與「合成文化」的概念，以此解釋文化群體接觸產生「新的文化」之過程。他認為，文化在接觸往來的過程中，會持續地相互影響及相互涵化（「文化合成」的過程），彼此相互採借的觀念、儀式信仰與價值觀，也會在持續互動的過程中，發展出新的意義與文化形式（即形成「合成文化」），因而不再具有可清楚區分的原生樣貌，他並以此解釋台灣文化的多元性質。

潘英海所提出的「文化合成」與「合成文化」，非常類似Ortiz及Rama對於跨文化的看法，他們都認為文化接觸是一個持續、開放，不斷吸納新元素、重組與重構的過程。以前述的賽夏族為例，許多近期的研究者，也開始從「文化合成」與「合成文化」的概念，檢視賽夏如何在延續其文化價值觀及宇宙觀的過程中，持續納入新的元素。如，在長期與客家族群接觸的過程中，將泛漢人（客家）的信仰文化（包括伯公信仰、三山國王、設立祖先牌位、清明掃墓、燒紙錢等）一步步納入其信仰系統，並以新的形式展現於日常生活實踐當中（日婉琦，2003；雅衛依‧撒韻，2008；江湉君，2015）。雅衛依‧撒韻（2008）的碩士論文，聚焦苗栗頭份鎮「賽夏五福龍神宮」，探討賽夏的龍神信仰，如何從氏族信仰轉化為族群信仰，並在發展過程中融合漢人民間信仰，呈現出各元素混雜共存的現象。並進一步指出，從神壇到宮廟的發展，即是從文化相互轉化及變化的過程。江湉君（2015）針對南庄賽夏與客家人兩個宗教宇宙觀與文化系統相遇的討論，則發現即使在長期的互動過程中，表面上賽夏是從客家文化中習得了祖先、伯公、天公、普渡、掃墓及到廟裡祈福等

信仰概念與儀式，但以祖先牌位的設立與祭拜為例，賽夏報導人仍然是從賽夏祖靈的概念來理解「祖先」、「阿公婆」及有關的祭拜儀式。換句話說，賽夏人僅是在稱呼與解釋上借用了客家的詞彙（2015：80-84），祖靈仍然刻印在其信仰體系之中。

另外，洪馨蘭與徐孝晴（2015）針對屏東頭分埔北部客家再移民聚落的研究，也是從庄頭公廟（萬福宮）的興建、發展與重建過程中，觀察到了展現在聚落生活中不同族群（包括來自北部不同地方的客家移民、在地福佬社群、周邊平埔部落等）長期以來既合作又競爭的關係，展現於廟中逐步納入的多樣神祇、儀式，以及信眾與執事人員（包括最初的推動者、委員會與乩童的族群身分等）的多族群身分與關係角力。

三、從民族國家（nation state）到多族群國家（multi-ethnic state）的族群關係

自 1960 年代以來，族群意識與認同的相關研究與理論開始出現，東西冷戰的結束和經濟全球化的發展，更為族群研究加入新的能量。族群意識的形成是相對於另一個族群團體而存在，族群「他者」是族群認同的基礎（Kottak，1997：50）。族群認同永遠需要族群「他者」的存在，然而族群「他者」的存在，不必然會形成「族群認同」。基本上，族群認同的形成需要兩個要素的同時作用：一是基於血統、宗教、語言等出生所決定的賦予性情感（primordial feeling）（Geertz，1973：109），第二則在社會實踐中與他族互動所發展的社會關係，兩者經由個體的主觀詮釋，建立族群關係的界限（Barth，1969：15-16）。這種強調主

觀詮釋的理論發展，加上全球化人口的移動的影響，使得族群認同越來越強調「社會建構」的面向，強調族群團體間的歷史互動過程和個人的主動性，是族群認同發展的重要機制，原生的文化特質只是詮釋的材料，而社會互動的過程更是啓蒙族群認同的觸媒，社會互動所累積的經驗與記憶，會在不同的社會脈絡中建構成族群界限。換言之，族群文化或許是具有本質性的特質，族群認同則並非本質性的存在，而是族群團體與族群團體、人與人族群身分之間的互動與敘事。這需形成族群關係的互動場域就具有「空間」的特性。理論上，「族群空間」涉及世界經濟、殖民政權、民族國家、族群互動等在不同領域（政治、經濟、社會、文化、家庭等）之權力運作與結構變遷，分析不同權力結構中各種類別交互發生的作用，以及牽涉其中的人們如何在不同社會位置和族群類別的交織之中自處的問題。「族群空間」做爲一個族群分析與研究的概念，是採取族群人文地理做爲理解客家歷史的工具。它探討其他群、自然環境和經濟活動如何與客家文化互動，和產生相互的影響。客家帶內的族群關係，其分析架構包括三個層面：一是特定地理環境的社會空間；二是具體時間的歷史過程；三是上述空間和時間經由人類與自然、族群間互動所產生的文化特質與族群關係（張翰璧，2020），客家帶（Hakka cultural zones）就是此一族群化空間的最具體的描述。

族群團體或不同族群個人間的接觸，在台灣和馬來西亞地區，都受到制度文化的影響，包括前殖民時期（在台灣是清朝統治，在馬來西亞因爲尙未有華人大量移民，因此不會上溯到前殖民時期的統治政策）、殖民時期（日本、英國）、民族國家三個階段。因此，溯及族群政治史（第4章、北台灣客家帶浪漫台三

線的浮現；第5章、台三線客家帶客原族群政治：苗栗泰安；第7章、台三線客家帶客原關係的再探與重構），台灣客原通婚（第8章、苗栗客原通婚中的性別與宗教），華人社會結構發展歷史（第13章、客家社團的族群關係：以柔佛客家帶為例）等，希望回答1.多族群社會形成的歷史過程，2.多族群社會的制度安排與資源分配，3.多族群的通婚互動與宗教，其所呈現的多為衝突的族群關係。衝突的族群關係雖是政策所致，但卻影響社會人群的互動，經由時間的積累與國家政策的影響，形成族群刻板印象或族群偏見（例如第6章、隘勇線、蕃產交易所到雜貨店：經濟行為中的族群關係）。此外，政治對經濟領域的影響，所產生的衝突型族群關係，會出現在馬來西亞英國殖民時期的產業政策，錫礦產業發展史受到英國殖民政府操縱族群分工的影響。

除了歷史上族群政治的影響，台馬的族群關係還受到現代民族國家建構國族文化過程的直接影響。台灣和馬來西亞國族文化建構的過程具有高度異質性，民主化的發展過程亦有不同。以台灣為例，長期在族群差異中尋求政治整合的可能時，伴隨著1980年代原住民運動與客家運動的萌芽，多元文化政策於1990年代開始出現，建立了「社會主體性」，朝向多元族群社會發展。因此，在討論當代台灣社會的族群關係，尤其在文化語言領域，多呈現「和諧型」、「區隔型」或「緊張型」，沒有「衝突型」的族群關係（例如第9章、族群語言空間分布：苗栗卓蘭；第10章、語言接觸中的族群關係：泰安、南庄的族語式客家話）。相對於台灣語言研究呈現的族群關係，馬來西亞因為是多語言的社會，在家庭內部的語言使用多呈現「和諧型」的族群關

係（例如第12章、柔佛客家帶河婆客家家庭和社區的族群關係）。幾乎所有文章都指出「區隔型」的族群關係，指向過去族群經濟政策不平等制度安排和在當代族群經濟的維持，但是更多是趨向在地化以後的職業流動。宗教的部分則是傾向「和諧型」和「區隔型」的族群關係，呈現這樣的社會結果，主要是研究的領域多在「華人」內部，未涉及馬來西亞華人和馬來人的宗教研究。

綜合上述分析，政治與經濟的族群政策是直接造成「衝突型」族群關係的主因，因為公共政策永遠會產生社會資源的不對等分配，不平等制度的安排與維持會影響到社會層面的族群團體互動，以及文化層面的族群認同。不同社會層面（政治、經濟、社會、文化）、不同場域（語言、家庭、社團、產經、宗教等）、不同人群（華人內部、華人與馬來人、漢人與原住民等）在不同時間的互動，會呈現不同類型（衝突、和諧、區隔、緊張）的族群關係。此外，族群關係並非持續不變的，相反的，族群關係具有「脈絡性」和「流動性」的特質，往往需要在時間中修補不平衡的互動關係。

如果我們將台灣視為多元族群（multi-ethnic）所組成的社會，時時針對不同族群所面臨的問題提出反省性的修補，不僅將不同族群團體的處境或是弱勢議題納入政策考量，更以跨族群的角度增加公共政策對於「差異政治」的敏感度，並進行政策修復，就是一種維持族群團體間平衡關係的結構力量，可以促使社會達到平等的目標，而不是延續過去的不平等。

參考文獻

日婉琦，2003，《族群接觸與族群認同：以賽夏族 tanohila: 氏族日阿拐
派下為例》。台北：國立政治大學民族學系碩士論文。

王甫昌，1993，〈族群通婚的後果：省籍通婚對於族群同化的影響〉。
《人文及社會科學集刊》，6（1）：231-267。

———，2002，〈台灣族群關係研究〉。頁 233-274，收錄於王振寰主
編，《台灣社會》。台北：巨流圖書公司。

江湉君，2015，《賽夏遇見客家：當代賽夏族宗教神靈觀之探究》。苗
栗：國立聯合大學客家語文與傳播研究所碩士論文。

林文玲，2012，〈跨文化接觸：天主教耶穌會士的新竹經驗〉。《考古
人類學刊》77：99-144。

洪麗完，2011，〈清代台灣邊區社會秩序之考察：以濁水溪、烏溪中游
之「亢五租」為中心〉。《台灣史研究》20（4）：1-50。

洪馨蘭、徐孝晴，2015，〈台灣屏東市頭分埔北客的聚落化過程及其能
動性〉。《全球客家研究》5：35-84。

張翰璧，2013，《東南亞客家及其族群產業》。桃園：國立中央大學出
版中心、台北：遠流出版公司。

———，2020，〈「客家帶」的歷史與空間形成：以台灣和馬來西亞為
例〉。頁 269-282，收錄於張翰璧、楊昊主編，《進步與正義的時代：
蕭新煌教授與亞洲的新台灣》。台北：巨流圖書公司。

陳秀卿，2010，〈嘉南沿山地區平埔研究之回顧〉。《崑山科技大學人
文暨社會科學學報》2：206-226。

陳春欽，1966，〈向天湖賽夏族的故事〉。《中研院民族學研究所集
刊》21：157-192。

———，1968，〈賽夏族的宗教及其社會功能〉。《中研院民族學研究
所集刊》26：83-119。

雅衛依・撒韻，2008，《賽夏五福宮——一個合成文化的研究》。新

北：輔仁大學社會科學院宗教學系碩士論文。

黃宣衛，2010，〈從認知角度探討族群：評介五位學者的相關研究〉。《台灣人類學刊》8（2）：113-136。

黃應貴、葉春榮（編），1997，《從周邊看漢人的社會與文化：王崧興先生紀念論文集》。台北：中央研究院民族學研究所。

潘英海，1994，〈文化合成與合成文化〉。頁235-256，收錄於莊英章、潘英海編，《台灣與福建社會文化研究論文集》。台北：中央研究院民族學研究所。

鄭依憶，2004，《儀式、社會與族群：向天湖賽夏族的兩個研究》。台北：允晨文化。

鄭螢憶，2014，〈通事制度、信仰與沿山邊區社會──清代台灣吳鳳信仰的形成〉。《歷史人類學學刊》12（2）：51-84。

蕭新煌，2018，〈族群與空間：台馬客家帶族群關係的比較〉。科技部整合型研究計畫書。

Barth, Fredrik, 1969, *Ethnic Groups and Boundaries: the Social Organization of Cultural Difference.* Oslo: Scandinavian University Press.

───, 1994, "Enduring and Emerging Issues in the Analysis of Ethnicity." Pp. 11-33 in *The Anthropology of Ethnicity─Beyond Ethnic Groups and Boundaries*, edited by Hans Vermeulen and Cora Govers. Amsterdam: Het Spinhuis.

───, 2000, "Boundaries and Connections." Pp. 17-36 in *Signifying Identities: Anthropological Perspectives on Boundaries and Contested Values*, edited by A. C. Cohen. London: Routledge.

Bateson, Gregory, 1979, *Mind and Nature.* Glasgow: Fontana.

Batur, Pinar & Joe R. Feagin, 2018 (eds.), *Handbook of the Sociology of Racial and Ethnic Relations.* Cham: Springer International Publishing.

Beals, Ralph L., 1951, "Urbanism, Urbanization and Acculturation," *American Anthropologist* 51 (1): 1-10.

───, 1962, "Acculturation." in *Anthropology Today: Selections*, edited by Sol Tax. Chicago: University of Chicago Press.

Bonacich, Edna, 1973, "A Theory of Middleman Minorities." *American

Sociological Review 38 (5): 583-594.

Chapman, Malcolm, Maryon McDonald and Elizabeth Tonkin (eds.), 1989, *History and Ethnicity*. London & New York: Routledge.

Chock, Phyllis Pease, 1987, "The Irony of Stereotypes: Toward an Anthropology of Ethnicity." *Cultural Anthropology* 2 (3): 347-368.

Cohen, Abner, 1969, *Custom and Politics in Urban Africa*. London: Routledge.

————, 1974, *Two-dimensional Man*. London: Tavistock.

————, 1981, *The Politics of Elite Culture*. Berkeley: University of California Press.

————, 1993, *Masquerade Politics: Explorations in the Structure of Urban Cultural Movements*. Berkeley: University of California Press.

Cohen, Anthony P., 2000, "Discriminating Relations: Identity, Boundary and Authenticity." Pp. 1-13 in *Signifying Identities*, edited by Anthony P. Cohen. London; New York: Routledge.

Cohen, Ronald, 1978, "Ethnicity: Problem and Focus in Anthropology." *Annual Review of Anthropology* 7: 370-403.

Comaroff, John, 1992 [1987] , "Of Totemism and Ethnicity." Pp. 49-67 in *Ethnography and The Historical Imagination*, edited by John Comaroff and Jean Comaroff. Oxford: Westview Press.

Douglas, Mary, 1966, *Purity and Danger. An Analysis of the Concepts of Pollution and Taboo*. London: Ark.

Eriksen, Thomas Hylland, 1993, *Ethnicity and Nationalism: Anthropological Perspectives*. London: Pluto Press.

————, 2001 [1995], *Small Places, Large Issues: An Introduction to Social and Cultural Anthropology* (second edition). London, Sterling, Virginia: Pluto Press.

————, 2004, *What Is Anthropology?* London and Ann Arbor, MI: Pluto Press.

Geertz, Clifford, 1973, *The interpretation of cultures*. New York: Basic Books.

Glazer, Nathan Glazer & Daniel Patrick Moynihan (eds.), 1975, *Ethnicity:*

Theory and Experience. Cambridge: Harvard University Press.

Gluckman, Max, 1958 [1940], *Analysis of A Social Situation in Modern Zuzuland*. Manchester: Manchester University Press.

Goga, Aida, 2013, "The Dimensions of a Conflict: the Case of Macedonia." *Mediterranean Journal of Social Sciences* 4 (10): 16-21.

Habermas, Jürgen, 1973, *Legitimationsprobleme im Spaetkapitalismus*. Frankfurt am Main: Suhrkamp.

Hashim, Abdul Talib, Noor Insyiraah Abu Bakar, Nordin Mamat, & Abdul Rahim Razali, 2016, "Social Interactions among Multi-Ethnic Students." *Asian Social Science* 12 (7): 47-58.

Herskovits, Melville J., 1937, "African Gods and Catholic Saints in New World Negro Belief." *American Anthropologist* 39 (4): 635-634.

────── , 1938, *Acculturation: the Study of Culture Contact*. New York: J. J. Augustin.

────── , 1941, "Some Comments on the Study of Cultural Contact." *American Anthropologist* 39 (4): 635-643.

Hirschman, Charles, 1983, "America's Melting Pot Reconsidered." *Annual Reviews* 9: 397-423.

Horowitz, Donald L., 1985, *Ethnic Groups in Conflict*. Los Angeles: University of California Press.

Jenkins, Richard, 1994, "Rethinking Ethnicity: Identity, Categorization and Power." *Ethnic and Racial Studies* 17 (2): 197-223.

Kottak, Conrad P., 1997, *Anthropology: the exploration of human diversity*. New York: McGraw-Hill.

Layng, Anthony, 1975, "Stereotypes and Ethnic Relationships in the Caribbean." *Caribbean Studies* 15 (1): 130-134.

Leach, Edmund, 1954, *Political Systems of Highland Burma: A Study of Kachin Social Structure*. Cambridge: Harvard University Press.

Llimkhanova, Lyazzat, Mukhan Perpenbetov, Gulmira Topanova, Bagzhanat Kairbekova, Kuralai Alina, Natalia Fessenko & Zhanat Ussin, 2014, "Civic Identity as a Determinant of Cultural Identity in a Multicultural Society:

Almaty as a Model." *Mediterranean Journal of Social Sciences* 5 (20): 2543-2549.

Marger, Martin, 2015, *Race and Ethnic Relations: American and Global Perspectives*. Stamford, CT: Gengage Learning.

Murji, Karim & Solomos, John (eds.), 2015, *Theories of Race and Ethnicity: Contemporary Debates and Perspectives*. Cambridge: Cambridge University Press.

Murstein, Bernard I., 1986, *Paths to Marriage*. Beverly Hills: Sage.

Ortiz, Fernando, 1995 [1940], *Cuban Counterpoint: Tobacco and Sugar*. Harriet De Onis, trans. Durham: Duke University Press.

Özdikmenli-Demir, Gözde, 2014, "Ethnic Identities of University Students: The Relationship Between Community Violence, Ethnic Discrimination, and Aggression." *SAGE Open* 4 (3): 1-13.

Park, Robert E., 1914. "Racial assimilation in secondary groups with particular reference to the Negro." *The American Journal of Sociology* 19 (5): 606-623.

———, 1922, *The Immigrant Press and its Control*. New York: Harper & Brothers.

———, 1930, "Assimilation, Social." Pp. 281-283 in *Encyclopedia of the Social Sciences,* Volume II. New York: Macmillan.

Park, Robert E., & Wenest W. Burgess, 1924, "Assimilation." Pp. 734-783 in *Introduction to the Science of Sociology*. Chicago: University of Chicago Press.

Rama, Angel, 2012 [1982], *Writing Across Cultures: Narrative Trans-culturation in Latin America*. Durham: Duke University Press.

Redfield, Robert, Ralph Linton, & Melville J. Herskovits, 1936, "Memorandum for the Study of Acculturation." *American Anthropologist* 38: 149-152.

Rex, John, 2001, "The Basic Elements of a Systematic Theory of Ethnic Relations." *Sociological Research Online* 6 (1). Retrieved from http://www.socresonline.org.uk/6/1/rex.html.

Scupin, Raymond R., & Christopher R. DeCorese, 2012, *Anthropology: A Global Perspective* (7th Edition). New Jersey: Pearson.

Syed Husin Ali, 2015, *Ethnic Relations in Malaysia*. Selangor: Strategic Information and Research Development Centre (SIRD).

Tremon, Anne-Christine, 2005, "Credit and Gambling Relations: The Articulation of Different Rationalities between Tahiti Chinese and Raiatean Tahitians." *Taiwan Journal of Anthropology* 3 (2): 23-44.

Van den Berghe, Pierre L., 1981, *The Ethnic Phenomenon*. New York: Elsevier.

Vedder, Paul & Mina O'dowd, 1999, "Swedish primary school pupils' inter-ethnic relationship." *Scandinavian Journal of Psychology* 40: 221-228.

Vermeulen, Hans & Cora Govers, 1994, "Introduction." Pp.1-9 in *The Anthropology of Ethnicity: Beyond "Ethnic Groups and Boundaries"*, edited by Hans Vermeulen & Cora Govers. Amsterdam: Het Spinhuis.

————, 2000, *The Anthropology of Ethnicity: Beyond "Ethnic Groups and Boundaries."* Amsterdam: Het Spinhuis.

Westin, Charles, 2010, "Identity and inter-ethnic relations." Pp. 10-51 in Charles Westin, José Bastos, Janine Dahinden & Pedro Góis (eds.), *Identity Processes and Dynamics in Multi-Ethnic Europe*. Amsterdam: Amsterdam University Press.

Williams, Brackette F., 1989, "A Class Act: Anthropology and the Race to Nation Across Ethnic Terrain." *Annual Review of Anthropology* 18: 401-444.

Worsely, Peter, 1984, *The Three Worlds: Culture and World Development*. London: Weidenfeld and Nicholson.

第 3 章
台馬族群政策及其對族群關係的影響

林開忠、周錦宏、蕭新煌

摘要

　　客家與其他族群的關係是鑲嵌在社會中更大的族群關係模式中，而大社會的族群關係則與國家的族群政策息息相關，因此，欲了解客家在某個國家內的族群概況，或客家與他族之間的族際關係，就得對大社會的族群關係的形成、發展與狀況有所掌握。本文以台灣及馬來西亞的族群政策為經，探討從殖民時期至今，兩國的族群政策如何影響其國內族際關係。從台馬的比較中，可以看到兩者在殖民時期有著極為類似的殖民意識形態、種族分類以及階層化的現象。惟在後續的發展中，兩者開始分道揚鑣：台灣從殖民的種族主義逐漸走向民主化、族群主流化的道路；而馬來西亞則深陷在延續並發揚光大殖民所帶來的種族主義並「種族化」社會文化的方方面面。透過比較可以讓我們掌握台馬當今族群關係的面貌，理解其演變過程，並可將兩國客家的族群關係予以脈絡化處理。

關鍵字：殖民主義、種族化、民主化、族群主流化

一、前言

　　客家是個高度流動的群體，他們不只在中國的原鄉流動遷徙，更離鄉背井地南渡到台灣與馬來西亞。雖然系出一源，但在他們所定居的地方，因地理、歷史、政治、社會等等環境條件差異之下，產生了不一樣的適應結果，構建出兩個國家不一樣的客家樣貌。在這些環境條件中，台馬兩地族群政策影響下的族群關係更是框限兩國客家族群覺醒、意識以及認同的重要因素，因此，談客家族群、客家認同、客家意識等等，都應該置入兩國個別的族群關係脈絡之中。族群關係深受歷史與政治的影響，因此談族群關係務必放回在地的歷史脈絡與政治現實裡。本文針對台灣及馬來西亞兩國的族群關係進行整理與剖析，以歷史脈絡為經，族群政策為緯，勾勒出兩國族群關係在歷史過程中的各種樣態，探究殖民／後殖民國家的族群政策與族群關係的相互關聯，以及當今台馬兩國族群關係的形成與未來可能的發展方向。

　　首先從台灣的歷史來看，殖民者或統治者、原住民[1]與移民者[2]是構成台灣社會的主體，但因為他們進入台灣社會的目的不同，語言文化存在著差異，權力也不平等，以致彼此間衍生不少的紛爭、衝突和競爭（陳東升，2009：250）。本文自荷西、明鄭到清領及日治的殖民台灣開始，說明各時期族群政策與族群關

---

[1] 本文所稱之原住民，係指外來殖民者、統治者進入台灣前，原已居住在台灣的南島語族群。而文中使用「番」（清領時期對原住民的稱呼）或「蕃」（日治時期對原住民的稱呼）係援引歷史文獻使用的文字，不帶有貶義之意。

[2] 台灣移民者包括早期來自中國福建省、廣東省的漢人移民，戰後的中國各省、少數民族移民，以及晚近的跨國婚姻及工作移民。

係之雛形；之後再進入戰後國民黨威權政體對台灣族群關係之再形塑；最後導入台灣民主化運動下族群意識與族群認同的百家爭鳴狀況。進入到馬來西亞的部分則從英屬馬來亞殖民政策開始，闡明種族主義與殖民資本主義的共謀發展，牽制了英屬馬來亞的多元但互斥社會的成形；然後進入後殖民時期政治菁英沿用英國種族主義政策，以鞏固威權政體之統治正當性，並衍生成馬來至上與伊斯蘭主義，僵化了原本可相互滲透的族群關係；最後則以當今馬來西亞族群關係研究說明族群關係的現況。本文結論部分則是綜合比較台馬族群政策，以凸顯客家以及客家認同如何在兩種不同族群關係情境中生存與展現。

二、台灣經驗

（一）清朝、日本殖民統治的種族隔離與分治手段

　　17世紀荷西、明鄭統治之前，台灣已是南島語系多語族群（我們現在稱他們為原住民族）的社會。在荷蘭統治時期，為執行荷蘭東印度公司殖民地的貿易及商業經濟利益，以拓殖農業作為主要手段，但當時原住民的農業技術仍極為原始，為解決農業勞動力的問題，乃招募中國福建、廣東一帶漢人來台墾殖，亦提供資本（如耕牛和資金），進行農業生產（劉翠溶，1995）。台灣就在荷漢相互依賴下「共構殖民」（歐陽泰，2007），但荷蘭人仍是領主，透過建立統治者與被統治者的臣屬關係，侵佔原住民族資源和製造原漢分立，以確保荷蘭人與漢人、原住民的殖民封建關係（歐陽泰，2007；鄭維忠，2004）。

　　1684年（清康熙23年）台灣納入清朝版圖後，由於中國閩

粵地區人口過剩，漢人紛向海外移墾、貿易，台灣由於地廣人稀逐漸成為漢人移入墾殖的地區。當時漢人開墾荒埔必須向政府申請墾照或墾單，若所開墾荒埔為原住民所有，則需透過通事與原住民訂立合約，形成「番產漢佃」的關係。而且政府為防止漢人越界開墾和窩藏於番地，也為防生番逸出為害，採土牛、土牛溝或土牛紅線的分疆劃界方式，做為一條劃分漢、番權利與義務的界線（施添福，2001）。後來由於在台漢人人口增加，平地耕作面積不足，漢人越界開墾、建立聚落，逐漸成為常態。再加上，樟腦在當時是世界性的重要工業原料，是台灣出口收入的重要經濟來源，而原住民族居住的山區環境是樟腦最主要的生產地。因此，清朝政府為維護官方和漢人的巨大利益，於1885年（清光緒11年）劉銘傳擔任台灣巡撫時，透過「開山撫番」政策，招募隘丁、隘勇，建立隘寮防線（即隘勇線），以武力鎮壓、誘勸歸附的手段，強佔土地、掠奪資源，掌控樟腦產業經濟開發權力。同時也設立「撫墾局」，來掌管山地開墾和山林資源開發，以及「訓教」、「撫育」原住民，但原漢為爭奪山林資源的族群衝突，卻從未停歇。

清領時期漢人向社番取得墾批，是承認歸化熟番的土地所有權，而土牛溝劃界是隔離漢人和生番的領域空間，這些作為與其說是為了保障原住民的權益，倒不如說是為維持邊疆社會的治安，減少漢人與原住民族間的衝突（劉翠溶，1995；施添福，2001）。而土牛溝、隘勇線的邊界劃分將漢與番的種族做了分類，區隔原／漢生活、生產空間，是一種種族隔離主義的統治手段，原住民族「被排除」在相關規範制度保障之外。雖將「被漢化」或「被歸順」情形分成「生番」、「熟番」，但這仍是以

「漢人中心」的種族觀點來做分類，熟番也還是番。當時的《渡台悲歌》就有這樣的描述：「台灣本係福建省，一半漳州一半泉；一半廣東人居住，一半生番併熟番；生番住在山林內，專殺人頭帶入山；帶入山中食粟酒，食酒唱歌喜歡歡；熟番元係人一樣，理番吩咐管番官。」

甲午戰爭後，台灣於1895年（日明治28年）割讓給日本。日治初期的原住民族政策，仍是沿襲清末的隘勇線、撫墾局等隔離統治手段。由於樟腦產業的龐大利益，強力推行「殖產興業」、「樟腦專賣」及「蕃地國有」等相關政策，並在隘勇線上加設「駐在所」，加強邊境的警備力量。讓原本是原漢間的衝突，在日本商人和警察積極介入後，釀成原／漢／日間更大規模的武裝事件，日阿拐的南庄事件即是其中代表之一。事件發生後，日阿拐在南庄的墾地被沒收，且被編入普通行政區，南庄的原住民管理則與台灣本島人無異。而南庄事件凸顯了原住民族地區採樟製腦、山林伐採及耕地開墾等管理問題。1903年（日明治36年）台灣總督府制定以追求經濟利益為主的「理蕃大綱」，推行「蕃地警務」，將警察本署的蕃務掛（蕃務組）升級為「蕃務課」，掌管蕃人、蕃地及隘勇線等相關事務，並介入監控蕃地事業。之後的「理蕃五年計畫」，則展開更為嚴厲的鎮壓、討伐行動，擴張隘勇線不斷往內山移動，除掠奪各種山林資源外，並期望能達到原住民「主動歸順」的目的（藤井至津枝，1997）。理蕃政策也從隘勇線的劃界圈地爭搶經濟利益，到以教育同化原住民為目標。

「蕃童教育所」和「蕃人公學校」是日治時期原住民族同化和教育的主要機構，透過修習國語（日語）、修身（德育）、實

科（農業或技藝）……等科目，來教化、管理原住民。同時藉由「集團移住」和「授產」政策，獎勵原住民從事「水田定耕」農業，取代過去採集狩獵和耕種旱作的方式，當時民間就流傳一句話：「吃米的蕃人不反抗」。可是農作從小米變水稻，狩獵的槍枝也被沒收管制，擾亂了原以狩獵和小米爲歲時的祭儀；另爲改善衛生和風俗習慣，嚴禁巫醫、紋面、穿耳、拔齒……等「陋習」，使得原住民的語言、文化、慣習、生活空間受到極大壓迫（周錦宏，2001）。但由於執行這些教化和建設措施的機關，主要還是維護治安的警察機關和發展經濟的殖產部門，而這些單位人員良莠不齊，尤其是日本警察對原住民的勞役剝削、文化輕蔑及婦女的羞辱和歧視等問題，爆發了理蕃政策施行後最大的武裝事件——霧社事件。事件前，霧社是日本政府理蕃政策的樣板部落；事件後，1931年（日昭和6年）提出的新「理蕃政策大綱」第一條：「理蕃乃教化蕃人，以圖謀其安定的生活，一視同仁地沐浴於聖德之下爲目的。」即明白揭示新政策目的在徹底執行蕃人的教化工作；而第四條蕃人的教化：「乃在矯正不良的習俗，培養良好的習慣，涵養國民的思想，重視實科的教養，並授予日常生活的簡單知識爲主旨。」更進一步灌輸原住民的國家、國民意識。

至於在台漢人的管理，因清領時期台灣屬福建的一府，從福建來台的移民自始就站在「土著」的立場，將廣東移民歸爲「隔省流寓」之「客」，排斥粵籍移民在台編籍，也讓粵籍人士無法申請開發和登記土地，而形成「閩主粵佃」的現象（李文良，2011：23；林正慧，2013：95；許維德，2015：43）。但由於清朝政府採放任不作爲態度，以致吏治敗壞、貪瀆腐敗，官逼民

反，引發朱一貴、林爽文、戴潮春等民變事件，粵籍客佃藉著協助官府平亂有功，透過國家封賞的「義民」身分，來改變原本相對於福佬人的邊緣社會位置。閩粵兩籍也常因方言群、祖籍地的差異，意識到我群與他群的文化差異，也為爭奪土地開墾、水利資源、產業利益，而引起閩客、漳泉的分類械鬥。除此之外，科舉考試學額也是依地區來分配。清代台灣開科取士始於1687年（清康熙26年），但粵籍學童要到1741年（清乾隆6年）才可以參加台灣的科舉考試，而粵籍學童不得報考的主要理由是：閩省移民指稱粵人是客民（施添福，2013：12）。1887年（清光緒13年）台灣獨立設省時，同樣各府仍保留閩粵分籍學額制度。李文良（2011）就認為，台灣的學額依漢人祖籍區分閩粵兩籍的結果，是日後台灣漢人社會長期維持閩粵祖籍認同框架的制度性基礎。

日本殖民台灣存在著兩條路線之爭，第一條路線是日治初期的「特別統治主義」，係採殖民主義中關於殖民地的統治方針，將台灣等新附領土視為不同於日本內地的殖民屬地，不適用內地法律，必須以獨立、特殊方式統治；第二條路線是日本大正時期的「內地延長主義」，則是主張將新附領土視為「雖與內地有稍許不同，但仍為內地的延伸」，直接適用本國法律，其目的在於使台灣民眾成為日本臣民，效忠日本朝廷的同化政策（矢內原忠雄，2014）。在特別統治時期，後藤新平秉持「生物學原則」的殖民政策，大規模進行台灣舊慣、土地、人口等調查，沿用清朝「蕃與漢」兩大種族的分類，蕃一樣分成生蕃和熟蕃。也將台灣漢人分成閩族／粵族、閩籍／粵籍、福建人種／廣東人種、福建種族／廣東種族或福建人／廣東人等多種用語，閩與粵兩籍被視

為台灣民族或種族的區分，而這所謂的種族一詞，是指台灣社會擁有「異種殊俗的人類」，同時包含了「原籍地」和「語言」兩種判準（施添福，2013：22-23、28；林正慧，2013：174；許維德，2015：54），廣東族（人）和廣東語即指客家人和客家話，福建族（人）和福建語則是福佬人和福佬話，是一種超越省界的文化概念。

詹素娟（2019）認為，分類種族不完全是根據體質、血緣或社會文化差異與階序的定義，而是更寬廣的、視為一種表達差異的語彙，揉雜兩種概念的產物：一是反映血緣或文化差異，如不同省籍的漢人或原住民族；二是「來源地」概念，如地區或國家。也因此，日治時期的人口與國勢調查中列有「種族欄」，使用的分類有：內地人（日本人）／本島人（分台灣漢人、熟蕃，台灣漢人又分福建人和廣東人）／生蕃人／支那人（中國其他各省人）等。推動種族分類其實是為了殖民者執行種族分治，像是日治時期的教育政策就有種族分治和差別待遇的情形。例如初等教育就分為：日本人、本島人、原住民三個系統，小學校是由總督府出資設置，為專供通日語的學童（幾乎為日籍學童）所唸，科目與日本內地的小學校完全相同；公學校則是各庄街役所自行籌措，入學對象是台灣本島人，教材較淺；蕃人公學校、蕃童教育所則是原住民的學校，都是由官方出資，免費讓原住民學童入學，但學校老師全部由當地警察兼任，實質上為行政控制及治安管制，教育目的則是其次（吳文星，2000：163-165；矢內原忠雄，2014）。直到1941年（日昭和16年）才廢除差別待遇，全部改稱「國民學校」，並實施六年國民義務教育。

（二）戰後國民黨威權體制的國族化政策

　　1937年（日昭和12年）中日戰爭爆發，為配合日本國內「國民精神總動員」而展開「皇民化運動」，其目的在抹去台灣人的中國認同，全面日本化和「皇國臣民化」。皇民化運動的同化政策主要有：1.要求說國語（日語）和推動國語家庭，禁止漢文課程和報紙漢文欄；2.要求參拜神社和家庭奉祀「神宮大麻」（神符），禁止傳統信仰活動和裁併地方寺廟；3.廢漢姓改日本姓名（蔡錦堂，2007）。而原住民的皇民化更早於漢人，這從「蕃人」稱呼改名為「高砂族」就可見一斑。傅琪貽（2007）指出「高砂族」命名的由來有三：1.以古老「蓬萊仙島」神話，結合日本人的高砂傳說，強調原住民族與日本人的「同祖先論」；2.又以15世紀豐臣秀吉接見「Takasan」（高砂）國使節的史事，說明原住民族在歷史上早已與日本有關聯；3.強調「理蕃」政策成功，讓「生蕃」邁向「文明」之路，並成為「日本臣民」。而這命名意義的建構就如Anthony Smith（1999）所言，國族主義與其說是一種發明或想像，不如說是在諸多歷史傳統選項中選擇，並重新組合、詮釋和建構其神話、象徵、記憶。到了1941年（日昭和16年）推動的「皇民奉公會」[3]運動，則將皇民化運動內涵從國民精神的涵養層次，轉為忠君愛國的行動實踐層

3　皇民奉公會的組織可分成中央本部、地方組織、外圍團體三部分，中央本部和地方組織是由各級官員兼任首長，外圍團體則包括以年齡區分的奉公青年團、壯年團，以職業區分的商業奉公團、醫師奉公團、美術奉公團、演劇挺身隊等，並於各州廳設有支部，郡市設有支會，街庄設有分會，透過「台灣一家」的理念下，進行社會動員，將民間與各階層領導者網羅其中，來達成政府推行的各項工作和目標（許雪姬，1999；蔡錦堂，2007）。

次（蔡錦堂，2007），徹底要求台灣全島島民要貫徹「皇國精神」，要竭盡己力、職分為國家奉公，並因應戰時「非常時經濟」，要協助國家擴充生產及建設軍事、防衛設施等。另因太平洋戰事吃緊，進一步強制灌輸本島人、高砂族為皇國「聖戰」的觀念，實施特別志願兵制度，被徵調為「志願軍伕」，亦慫恿原住民組成遠赴海外作戰的「高砂挺身報國隊」、「高砂義勇隊」。

　　戰後初期國民黨政府對原住民管理沿襲日治末期的同化政策，但為「去日本化」，強力推行國語政策，只是這時的國語是將日本話改成北京話，強制將原住民姓名改為中文姓名，並將高砂族改稱「山地同胞」（或簡稱山胞）。稱台灣原住民族為「同胞」的目的，就是在建構和形塑他們的中國國族意識，和灌輸他們做為大中華民族共同體的想像。Michael Billing 認為國族認同（national identity）形塑過程的重要關鍵，在於國族的「我們」（the national "we"）是如何被建構而成，而這個被建構的「我們」又被賦予何種意義（轉引自楊瑞松，2016：112）。這樣的「我們」反映在原住民「抗日史觀」意識形態的操弄。國民黨政府於1953 年為紀念霧社事件被殺的原住民而建立紀念牌坊，是基於表彰他們的抗日情操，認為霧社事件是官逼民反的結果，而日軍對待起義的原住民是殘害「中華民族」的行為（曾榮華、張雯秋，2011：14）。至於冠上「山地」是為實施特別的山地行政，將原舊有的蕃地改劃為「山地鄉」，轄內原住民稱之「山地山胞」，其他普通行政區比照一般鄉鎮管理，當地原住民則稱為「平地山胞」。同時在1948 年台灣省政府民政廳設山地行政處，負責山地行政區域內的民政、財政、建設、教育、衛生、農

林、地政及其他有關山地行政事宜。

　　然而，爲促使原住民與大社會合流同化，台灣省政府在1951年頒布「山地施政要點」，該要點的前言是這麼說：「山地行政爲省政的重要部門，它的施政最高原則，與一般省政宜趨一致，而適應實際的人地關係。目前的設施，應以特殊方法爲過渡。根據三民主義與政府基本決策，針對現實，本平等原則，增進山胞智能，扶植山胞進步，俾能享受一切平等權利，以達全民自治爲鵠的。」（詹素娟，2019）之後，1953年訂定「促進山地行政建設計劃大綱」，進一步提出「山地平地化」的目標及分期分區逐漸撤銷山地特殊措施之政策（周錦宏，2001）。1954年《台灣省山地教育實況調查報告書第一期》就提到：「光復後，我們站在民族主義立場，……對山胞所患著的『貧』、『愚』、『弱』三大症狀予以診治。」救貧，即是解決山地經濟問題，當從山地耕地問題和改進耕種技術著手，解決山地耕地則應劃定和整頓山地保留地；而發展山地農業則應改善山地交通、水利和農產交易等問題，並要獎勵育苗、造林、發展副產業，以及推動分期集中移住，以化零爲整或由深山遷往山腳交通便利之處（周錦宏，2001；葉高華，2017：148）。救愚，應加強山地兒童教育和普及山地成人教育，並應對落後地區屬行強迫教育、持續推行國語文教育、山地國民學校採平地課本、調派平地教師到山地任教……等。救弱，則聚焦於改造山胞適應現代生活，推動「山地人民生活改進運動」，從改進衣著、飲食、居住環境、生活習慣、信仰習俗等著手，以及改善山地衛生保健設施和加強培育衛生保健人才，以符合現代國民的形象，服膺主流社會的價值觀。

「山地平地化」政策的「平等」，其實是統治者所論述的平等想像，目的是要把落後、不文明的「山地性」從山胞身上移除，而這「去山地化」論述也是統治者所建立的「高山＝落後 vs. 平地＝文明」的二元架構，運用文明願景來推行同化政策，強迫原住民放棄被汙名化的族語文化和居住土地，讓他們被迫在主流社會中選擇自我放棄、隱藏（官大偉，2014：183；謝世忠，2017；詹素娟，2019）。對原住民來說，國民黨政府政權是另一個陌生的異族政權，而且山地平地化的政策讓他們完全失去主人[4]的地位。1960年代，山地特殊措施逐漸解除，在農業培養工業政策的發展下，使得原住民族的土地又再接連地流失，傳統的部落社會系統逐步瓦解；1970年代，台灣城鄉差距擴大，工業化對就業機會的創造，促使原住民離開部落，在他鄉形成新的人群──「都市山胞」（詹素娟，2019）。但移居都市的原住民由於教育程度與經濟能力的落差，多數是從事高度危險性行業，也多是社會底層被剝削的勞動者。當居住土地、語言文化、個人姓名、教育體制、日常實作都異化（entfremdung），以及早期教科書中的「吳鳳神話」的刻板印象，到原住民升學考試可以加分和就業、經濟能力不足都是要靠政府救濟的貶抑，以及原住民愛喝酒、做事隨興、講話腔調很特別等標籤化的歧視，使得原住

---

4 謝世忠（2017）認為，在荷蘭、西班牙殖民政權尚未據台的1620年前，南島語系的原住民是台灣唯一的主人，當不同政權的外來勢力進入台灣後原住民變成主人之一（1624-1661荷西時期是大部分主人，明鄭到清末的1661-1875年是半個主人，清末到日治後期的1875-1930年是少部分主人），1930年霧社事件後代表外來力量的完全勝利，以及國民黨政府遷台後的山地行政，原住民在台灣已經完全失去主人的地位。

民族在國家政策制度下，完全地喪失其自我身分的認同，也難以擺脫汙名化的傷害。

戰後，國民黨政府來台的軍政人員多抱持勝利者的姿態，對還保有日本化的台灣人存在著排斥和歧視的心態，而台灣民眾對當時來台人員「亂無章法」的軍紀和治安及「無法忍受」的衛生和生活習慣，與日治時期形成明顯對比，開始對國民黨政府的觀感從期待到失望。加上在中國的國共內戰加劇，國民黨政府更是無心也無暇重建台灣，造成官吏貪腐、經濟衰退、物價飛漲、民不聊生。當時就流傳一首歌謠：「台灣光復真吃虧，餓死同胞一大堆，物價一日一日貴，阿山一日一日肥。」深刻地描寫民眾的生活困境和心情。1947 年 2 月 27 日因查緝私菸不當使用公權力造成民眾死傷，隔日（28 日）民眾上街請願，卻遭行政公署衛兵開槍掃射，引爆積壓已久的龐大民怨，在各地發起反抗行動，但國民黨政府並未適時改正紓解民怨，卻是派軍隊鎮壓和後來的清鄉，進而造成大量傷亡的軍民衝突，即「二二八事件」。二二八事件形塑了台籍菁英反中國、反外省的意識，造成本省人與外省人對立和衝突的族群關係，台灣也進入戒嚴和白色恐怖時期，全台的人都遭受威權體制的壓迫和黨國化的政治迫害。

二二八事件後，行政長官陳儀多次指出皇民奉公會人員是背後的煽動者，特製發「台灣省各縣市不良份子及流氓調查表」、「台灣省各縣市過去皇民奉公會職員及其他日本御用紳士調查表」造冊控管，就如丘念台所言：「如逐一清算台人在日治時期的行為，將使台省人才無一可用，各機關非全用外省人不可！」（邱欣怡，2009）。因此，台灣的公務機構就必須維持以外省人支配的指導（tutelage）性質，不可以開放給本省人（吳叡人，

2016：54）。就如公務人員高普考試依省籍來錄取名額，憲法第85 條明定：「公務人員之選拔，應實行公開競爭之考試制度，並應按省區分別規定名額，分區舉行考試。非經考試及格者，不得任用。」1949 年遷台後，第一次在台北市舉行全國性公務人員高普考試，亦明定應按省區分定錄取名額；1956 年起，分定錄取名額之省區除原 1948 年公告之 36 個省區外，增加蒙古、海南島、華僑，合計 39 個省區。不過，雖定有各省區定額比例，但錄取名額仍依考試成績及實際需要之總名額，按分區錄取定額原則比例增減；對於無人達到錄取標準之省區，得降低錄取標準，擇優錄取一人，但降低錄取標準十分，仍無人可資錄取時，任其缺額（張麗雪，2011）。而此規定直到 1992 年才停止適用，這也是為什麼 1990 年代以前公務機關人員多為外省人。

　　1946 年台灣行政公署為肅清日本留下的殖民文化，強化「台灣同胞」的中華民族意識，喊出「語言不統一，影響民族團結，說國語才是愛國」來禁止日語和方言的使用，進行語言統一運動，也在台灣省及各縣市設立「國語推行委員會」，並發行「國語日報」。之後，更明訂禁止各級學校使用方言，校內要組糾察隊，學生說方言被抓到要罰款一元，還要「掛狗牌」體罰示眾。也要求機關學校辦公時間，必須使用國語，電影院禁播方言電影，廣播、電視台節目語言，以國語為主，方言節目要逐年減少到全部以國語播出為止。除了國語政策外，1966 年中國共產黨發動文化大革命，國民黨政府藉由推動復興中華文化運動，強調其為中國正統的象徵，並樹立其為中華文化承繼者、捍衛者的形象。遂於 1967 年成立「中華文化復興運動推行委員會」，以總統為會長，黨政要員兼任重要幹部，主要推動的工作有：加強

民族精神教育，傳達三民主義、愛國意識與擁戴領袖的信念；以推行國語運動等方式，壓抑地方文化，塑造官方同意的國有標準文化；推動古籍今註今譯，弘揚儒家及中華道統文化，營造景仰中國文化博大精深的氛圍（林果顯，2005）。事實上，推動國語政策和復興中華文化運動，除了要去日本化外，也藉著強化反共意識，來維持中華文化的國族性。同樣也是刻意營造「方言、本土文化＝落後 vs. 國語、中華文化＝文明」的二元架構，導致本省的客家人、福佬人因擔心被歧視，被迫放棄原有的母語和本土文化，也因語言及文化的不利因素，造成本省人與外省人不公平的社經階級及不對等的政治權力關係，種下了省籍的情結。

　　還有任期長達43年多的「萬年國會」，是由大陸各省區選出的中央民意代表組成，被視為「法統」象徵，國民黨政府以「淪陷區無法改選」為由停止改選，除了辭職、死亡外不斷延任任期。1991年通過《憲法增修條文》和廢止《動員戡亂時期臨時條款》後，才正式於台灣舉行第二屆國會的全面改選，這是台灣威權體制崩解和民主轉型的一個重要轉捩點，也增加了原住民和本省知識分子、政治菁英投身參與政治的機會，進而帶動台灣政治朝向本土化和民主化方向發展。

（三）1980年代後民主轉型的多元族群治理

　　1960、70年代，歐美國家在種族衝突和民權、婦女運動抗爭的背景下，逐漸興起「多元文化」（multicultural）的思潮，以反抗優勢團體、主流文化的宰制和霸權，強調肯認（recognition）文化和族群差異存在的事實，並藉由彼此間的相互尊重與包容，來建立群體間的對等關係。而台灣在1970年代蔣經國

的「吹台青」政策和1980年代本土化運動興起，原住民與本省籍政治和知識菁英有了更多參與政治的機會和場域，驅動了對威權體制反抗的力量，進而帶動社會運動的蓬勃發展。原住民族和客家族群也在這樣的政治氣氛下，發起了身分認同、權益保障、還我母語的自覺運動。

原住民族運動的開端，是從1984年發行《高山青》雜誌喚醒原住民對自身處境的反思，到1984年成立「台灣原住民族權利促進會」，讓原住民族運動朝向組織化發展，並提出原住民的「正名運動」。該運動除了要求修改原以中華民族為中心的「山地同胞」命名外，也包括恢復傳統姓名使用和傳統部落命名等。正名運動終在1994年憲法第三次增修時將「山胞」修正為「原住民」，之後於1997年憲法第四次增修以「原住民族」做為原住民各群體的集體性統稱。再者，原住民的土地歷經不同政權統治者或殖民者的掠奪和侵佔，限縮了原住民的生存空間，也失去了保障生計、謀求溫飽的能力，還讓原本由土地所承載的傳統語言文化，面臨快速流失和消逝的危機。更因土地流失被迫移住而流離他鄉，同時還要面對其他族群歧視性和標籤化的眼光，將他們視為社會邊緣人、異族人。原住民族遂於1988年成立「台灣原住民族還我土地聯盟」，先後在1988、1989、1993年發起「還我土地運動」，以實際的陳抗行動訴求社會大眾、政府部門正視原住民土地正義問題。政府後續也自1990年起實施增編和劃編原住民保留地的計畫，1997年憲法第四次增修條文也明定，應依原住民意願就其經濟土地予以保障扶助並促其發展，後來訂定的《原住民族基本法》，進一步承認原住民擁有自己的土地及自然資源權利，讓原住民總算重新擁有自己的生存尊嚴。

原住民族運動的目是為了爭取原住民族權益的法制化，1988年原權會的「台灣原住民族權利宣言」就主張政府應賦予原住民自治權，亦在1991年修憲時提出廢除蒙藏委員會成立原住民委員會的意見。90年代初，原住民立委就已針對原住民族在憲法定位，以及與原住民族相關法令修訂等問題提出質詢，但長期以來國會的原住民立委，在政黨與多數決的政治現實環境下，很難起任何作用。1995年第三屆立委選舉國會生態丕變，國民黨、民進黨、新黨三黨實質不過半，提供原住民立委對民進黨與新黨「大和解」做出回應，成功運用1996年「二月政改」的契機，通過成立「行政院原住民委員會」[5]（黃鈴華，2005）。原住民族委員會的成立，是原住民族運動的階段性成果。後來，原住民族委員會依據1997年憲法第四次增修條款第十條第九項：「國家肯定多元文化，並積極維護發展原住民族語言及文化。」及第十二項：「國家應依民族意願，保障原住民族之地位及政治參與，並對其教育文化、交通水利、衛生醫療、經濟土地及社會福利事業予以保障扶助並促其發展，其辦法另以法律定之。」之規定，也陸續頒訂相關推動原住民族事務和保障原住民族權益的法律，如1998年的《原住民族教育法》、2001年的《原住民身分法》和《原住民族工作權保障法》、2005年的《原住民族基本法》、2016年的《原住民族語言發展法》等，來確保原住民族的生存權、文化權、財產權、自決權。

　　客家族群的草根性動員與1980年代的社會力浮現，取得相

5　2002年更名為「行政院原住民族委員會」，2014年因應行政院組織改造，更名為「原住民族委員會」。

對自主性有密切相關，像是由客家人主導的工農運動，以及原住民運動中客家人也都扮演著一定的角色（蕭新煌、黃世明，2008）。1987年解除戒嚴之際，客籍知識分子與媒體菁英創辦《客家風雲》雜誌，代表台灣客家人為提升自身的地位、尊嚴、權益和意識的覺醒，並訴求客家人的聲音要被聽到。《客家風雲》雜誌的發行，除了抗議政府獨尊國語、打壓客語政策外，也希望打破原先客家人被歸入「漢人」及「本省人」之兩組人群分類的兩元論，導致客家、福佬的差異被刻意淡化或模糊，還有反對福佬人在語言使用上，因人口比例優勢而流露的「福佬沙文主義」傾向（蕭新煌，1988：70-71；張茂桂1997：61；施正鋒1997：83）。1988年《客家風雲》雜誌一周年慶時，與「六堆旅北同鄉會」共同舉辦「六堆客家之夜」，並宣告為了爭取應有的語言和文化權益，決定走上街頭。同年12月28日《客家風雲》雜誌發起「還我母語運動」大遊行，提出全面開放客語電視節目、修改《廣電法》第20條對方言限制條款為保障條款及建立多元開放的語言政策等三大訴求。

但大遊行後政府回應的態度卻是消極的，1990年底「台灣文學之母」鍾肇政先生發起成立「台灣客家公共事務協會」，主張客家族群應積極參與公共事務，爭取客家族群權益，並強調做為「新个客家人」，應建立「台灣客家」為主體性的論述，客家人應展現對台灣客家的認同和自信（台灣客家公共事務協會，1991、1993）。1994年，該協會為了推動客家政策，在陳水扁競選台北市長期間，特別成立「新客家助選團」，並撰寫客家政策白皮書，這是客家運動首次以選舉政見和公共政策做交換；陳水扁當選台北市長後，亦落實政見承諾，如成立台北市客家文化

基金會、設置客家文化會館、舉辦客家文化節、捷運增加客語廣播、推動母語教學……等（宋學文、黎寶文，2006：519；丘昌泰，2007：539）。2000年的總統選舉各候選人都將客家議題作為競選主軸之一，而成立中央層級的客家事務委員會是共同的競選政見。2001年成立行政院客家委員會後，陸續於2003年設立「客家電視台」，回應客家運動爭取客家語言、文化的媒體近用議題；2003年起輔導大學校院設置客家學術機構，推動台灣客家研究及建構客家知識體系；《客家基本法》於2010年制定和施行，2018年進行第一次修正，代表著客家事務在台灣有一明確的法律地位，也勾勒了台灣客家發展的藍圖，像是「客家人」的定義、明定客語為國家語言、推動客語復振措施、設置客家文化重點發展區、國家考試增加客家事務相關類科、保障客家族群傳播及媒體近用權、訂定全國客家日等。

在威權體制時期，族群間的分歧暫時受到抑制，但也掀起了民族主義與國家認同的對立；當解嚴、國會全面改選、總統直選等一連串台灣民主化轉型的過程中，族群變成政治動員和操作的工具，在「省籍、族群、國家認同」等分裂性議題的激化下，形成了「政治的族群化」現象，並延伸提出「四大族群」（原住民、客家、福佬、外省）論述，代表著台灣的族群政治，從原本「原／漢」、「本省／外省」、「閩／客」對偶性二分法的人群分類，進入到四大族群間客觀差異和主觀認同的討論（蕭新煌，2002：20；施正鋒，2007：4；張茂桂，1997：42、61；王甫昌，2018：64-65）。而這四大族群的分類，跳脫原以祖籍地文化特質的人群分類，改以群體的社會位置做族群分類，且這四個群體是放置在同一平面，並認為每個人都有一個固定名稱，也是

單一的「族群身分」之現象（王甫昌，2018：63、65）。王甫昌（2003、2016：183）並指出，就不同族群運動建構的弱勢族群意識出現的時程來說，1970年代是「本省人」、原住民為1980年代初期、1980年代末期為客家人，外省人則是在1990年代才浮現「外省人弱勢論」的政治運動論述，特別是在國會全面改選後，外省人身分認同才充分發展為族群認同。而且，原住民和客家的族群運動過程中，不但豐富了台灣本土文化的多樣性，也讓福佬人和外省族群正視「其他族群」的文化差異（蕭新煌，2002：20）。

　　雖然憲法中有關於「民族平等」、「種族平等」的文字，也有針對蒙古、西藏及邊疆民族的國大代表／立法委員有保障名額，但並無其他具體保障少數族群或是原住民族權利的條文；一直要到1997年憲法第四次增修時，才出現關於多元文化主義的宣示（施正鋒，2007：8）。2004年陳水扁總統在面對大選後的政治不信任與本省／外省矛盾的族群問題，提出「族群多元、國家一體」的主張，強調以「多元文化主義」的精神，來建立一個尊重差異、共存共榮的多元族群新社會，因為各族群都是台灣的主人，各族群母語都是台灣的語言，任何族群歧視的語言和行動，都應該受到譴責與制裁。而台灣國家的一體性是由多元族群交織而成，只有保障不同族群文化的發展空間，才能建立彼此認同的和諧社會，鞏固憲政民主，實現「多元中的一體」。也在這個主張的基礎下，開啓了多元族群、多元文化治理的政策窗（policy window），陸續通過了《原住民族基本法》、《客家基本法》、《文化基本法》、《國家語言發展法》等，像是《客家基本法》的立法意旨：為落實憲法平等及保障多元文化精神及建

立共存共榮的族群關係；《文化基本法》則主張：國家應肯認多元文化，保障所有族群、世代與社群之自我認同，建立平等及自由參與之多元文化環境；《國家語言發展法》就強調：爲尊重國家多元文化之精神。

1990年代後，台灣外籍配偶人數激增，大多數是來自中國和東南亞國家的外籍女性配偶，民間通稱他們是「外籍新娘」。因外籍新娘或配偶的稱呼帶有偏見歧視的刻板印象，後來改以「新移民女性」來替代。2012年內政部移民署則用「新住民」來統稱所有與台灣人有婚姻關係的男性和女性外籍人士，以及其他歸化取得身分證的外籍人士，「新住民」也就成爲閩南、客家、外省、原住民等「四大族群」之外的「第五大族群」。但這些新住民來到台灣之後，卻遭遇了語言文化的藩籬、難以突破的經濟困境、無所不在的污名、受綑綁的家庭與社會生活，以及法令政策的壓迫等各種困境（夏曉鵑，2005）。政府乃於2005年設置「外籍配偶照顧輔導基金」，以附屬單位基金之方式設立於內政部，來推動外籍配偶整體照顧輔導服務。2015年行政院因應婚姻移入人口發展需求，建構友善多元文化社會，並統整各項資源運用，以厚植國家人力資本優勢，布局國際接軌，設立「新住民事務協調會報」，負責新住民事務相關政策之規劃、諮詢、協調及整合，以及新住民事務相關措施之執行、督導及推動。同年亦將「外籍配偶照顧輔導基金」更名爲「新住民發展基金」，照顧輔導服務對象也從新住民擴及其子女，並辦理相關社會安全網絡服務與更適切之輔導及培力工作，如「新住民社會安全網絡服務計畫」、「新住民家庭學習成長及子女托育、多元文化推廣及相關宣導計畫」、「家庭服務中心計畫」及「新住民創新服

務、人才培力及活化產業社區計畫」等。但夏曉鵑（2018：346）認為，「第五大族群」分類的意義從「社會問題」轉變為「社會資產」，隨著新自由主義全球化下中國和東協各國在世界體系位置的上升，來自東南亞的人不再被看做是「低劣他者」（inferior other），相反地，他們被視為「南向尖兵」的新夥伴，可以幫助我們對抗「邪惡他者」（evil other）的中國。

三、馬來西亞經驗

（一）英國殖民統治下多元互斥及種族兩極化的社會形成

　　馬來西亞的組成包含婆羅洲的東馬（有砂拉越與沙巴兩州）與馬來半島的西馬（有11個州屬），雖合組成一個國家，但由於地理、歷史發展、人口組成等因素的差異，東西馬之間的族群類屬、人群互動、族群關係等都有著顯著的差異。即便在馬來半島，不同州屬、城鄉、地區等也會因人口組成、歷史發展、政治經濟水準等差異而顯現出不一致的族群關係圖像。誠如Salfarina Abdur Gapor等人（2009）指出的：在以馬來人為多數的吉蘭丹州，華人作為少數族群傾向於為了經濟與政治生存而向馬來人靠攏；但在以非馬來人為多數的霹靂州，華人則比較肯認他們自身社會文化根源而少跟其他族群建立網絡關係。因此，討論馬來西亞的族群關係，除了應考慮整體馬來西亞社會與政治經濟發展框限下的群體互動外，同時亦應處理州屬區域、城鄉之間所可能呈現的多元族群關係樣貌。

　　在比較研究英屬緬甸與荷屬東印度的殖民政策過程中，Furnivall指出幾乎所有熱帶殖民地的社會結構都因殖民而呈現一

些共同的特徵,第一個特徵是雙元經濟(dual economy),即同時存在兩種獨特的經濟體系:西方現代的資本主義和傳統的前資本主義經濟(1956 [1948]:303-4);另外一個特徵則是多元的族群,只是他們之間「混合但不融合」(mix but do not combine)。

每個群體都以自身宗教、文化和語言、觀念以及生活方式結合在一起。作為個體,他們就只有在市場上碰面,即只有買賣的關係。這就是在一個共同的政治單元下,有著不同的社群各自聚族而居的所謂多元但相斥的社會(plural society),甚至在經濟面向上也存在按種族區分的勞力分工(1956 [1948]:304)。

更甚者,Furnivall將這樣的社會結構視為一種無宗教基礎的種姓制度,這種社會難以形成共同的社會意志(social will)(1956 [1948]:305)。但Furnivall的這個概念有三個侷限性:1.它是描述而非分析性概念,因此,欠缺對特定因素因果關係之解釋與了解;2.這個概念強調社會文化群體或ethnic bloc是個同質與不可分割的實體,因而忽略了殖民地的社會文化群體內部之社會、經濟和文化的差異;3.它低估了殖民地社會的階級問題(Abraham,2004:12)。

透過研究英殖民馬來亞時期的各種政治經濟與文化政策,Collin Abraham(2004)進一步指出英國殖民時期的政治經濟政策形塑了馬來亞的多元互斥社會結構,惟這樣的社會結構基本上符合英國殖民意識形態。他進一步闡述殖民前馬來人雙層社會結構──上層的統治──貴族與下層的鄉民階級,英殖民者為了統治的便利,以利誘及武力(紅蘿蔔和棍棒)收服了馬來上層統治──貴族階級,並將他們納入英殖民行政體系裡,成為殖民行政

體系的中低階層官員，負責稅收等行政事務；同時，英殖民者保留馬來蘇丹在伊斯蘭教及馬來習俗維護及權威的象徵性地位，因而維持甚至增強了馬來上層階級的統治地位，並鞏固了馬來社會的傳統封建價值觀，使得政府行政公務體系成爲馬來社會流動的重要且唯一途徑。而下層的馬來鄉民則持續以所居住的村落（kam-pung）、親屬網絡、宗教和習俗實踐作爲社會凝聚力基礎。在殖民統治下，傳統馬來社會的強制勞役、蓄奴以及苛捐雜稅措舉都一一被廢止，並設法讓馬來鄉民無法形成階級意識：他們在殖民體系所遭遇的問題如土地、灌溉等，只能求助於馬來統治階級的協助。換句話說，英國殖民造成了部分馬來社會結構的變革，但同時維持了馬來鄉民保留在傳統經濟領域，以務農維生，基本的馬來社會雙層結構並沒有更動。隨著殖民政權導入資本主義市場經濟，大量外來亞洲移民被引入馬來亞殖民地的現代經濟部門，使得馬來鄉民發現他們一方面在政治與社會上持續受馬來統治階級支配；而另一方面，在經濟上又受制於移民中間商剝削，求助無門的他們只能轉向馬來統治階級尋求保護，使得後者得以保護前者利益的名義下動員前者的支持，以強化他們原本就存在的傳統封建宰制——被宰制關係。訴諸於伊斯蘭以及作爲整體的「馬來人」的族群就此誕生，而掩蓋或超越了社會結構中的統治者與鄉民間的階級差異。

　　總的來說，Abraham 認爲以下三個因素促成了馬來人族群意識的形成：1. 殖民統治造成馬來社會結構的變革，一方面強化了原本的傳統封建雙層社會結構；另一方面使得馬來統治貴族階級權威得以正當化，並讓他們成爲馬來鄉民不可或缺的保護者；2. 由於殖民政策欲維持馬來社會結構最少變革，因此必須將馬來

鄉民綑綁在土地上，讓他們繼續從事傳統農耕經濟活動，這使得馬來人跟土地的關係異常密切，有利於維持馬來傳統村落、親屬、宗教與習俗，是馬來統治貴族階級進行族群動員的文化符號基礎；最後則是3.大量亞洲移民群體的出現，雖然在經濟活動上跟馬來鄉民是分開的，但移民中間商成為殖民經濟結構重要的一環，使得馬來鄉民對於移民群體的認知大致上不離經濟剝削的印象，因此，更促成他們轉向馬來人內部，尋求馬來統治貴族階級的協助和保護（Abraham，2004：77、117、171-174）。

對Farish A. Noor來說，殖民政策所促成的馬來（也適用於其他族群）群體凝聚和產生一種集體認同，是同時抹除了馬來社會文化中曾經存在的文化重疊、跨文化交合及文化混雜化的歷史與進程。殖民前的「馬來」（或其他族群）社會本身就是多元歧異的，他們可能是馬來人、米南加保人、爪哇人、阿拉伯人、土生淡米爾以及歐亞人等，彼此之間在語言、文化、藝術以及宗教信仰上存在著明顯的差異。換言之，殖民統治讓馬來亞社會從一個混雜、多樣，朝一個個單一、純粹的含括性種族方向進展（2009：68-69）。

「馬來人」如此，「華人」也不遑多讓。誠如Maurice Freedman所言，19世紀新加坡（涵蓋馬來亞）華人移民社會是個奠基於商業且主要由中國鄉民所構成，因此，華人移民社會的分化主要跟財富息息相關（1979：64）。而之所以如此，Collin Abraham提供了我們一個歷史與社會的解釋。Abraham認為在英國殖民時期，為開發工業革命所需要的原物料（在馬來亞殖民地主要是錫與橡膠），殖民政府需要大量廉價勞動力，中國與印度移民成為首選。以中國移工而言，其招募得靠活躍於新馬及中國

東南沿海各省的祕密會社（secret societies），透過各種合法或非法、正式或非正式的手段，取得貧困中國鄉民作爲勞動力輸出，將他們輸往東南亞或南洋地區。這是一門獲利豐厚的生意，爲掌控祕密會社的新馬地區的華商累積了大量經濟資本，鞏固了他們作爲資本家—雇主階級的地位，和無產階級的華工苦力之間形成剝削關係。但在馬來亞殖民地裡，華人社會內部也「缺乏階級意識」。Abraham認爲這可以從殖民地局勢與華人社會組織兩個結構因素來說明。後者指的是由於華人移民到一個陌生以及充滿危險的地方，他們在面臨敵對環境時就必須盡可能消除內部的分歧，團結起來應對，以維護整體的社會經濟利益。再者，在華人移民當初就業的錫礦產業中，始終存在著垂直社會流動的可能性。也就是說，人人都可以透過資本的積累以使自己也成爲頭家或企業家，畢竟在移民社會中，財富就是社會經濟身分的表徵，因此，這也抑制了華人社會內部的階級意識發展。前者則是由於錫礦開發初期，是個人力密集的產業，因此，控制勞動力等同控制這個產業。勞力的募集靠的是基於親屬關係、地域或商業的網絡，因此，殖民當局只能認可祕密會社爲合法的勞力仲介組織，代表整體華人社群的最高權威，在此情況下，華人苦力只能求助於祕密會社以尋求協助，形成資本家──雇主與無產階級苦力之間是一體的；特別是在毫無政治權力的情況下，更進一步加速兩者間必須消除內部階級、方言或地域的差異，而形成一種共同的「華人性」（Abraham，2004：233、236、238-9、251）。

　　換句話說，Abraham認爲正是英國殖民的政治與資本主義經濟發展需要，造成馬來人與華人的種族極化（racial polarization）。種族極化並沒有因爲馬來亞獨立而消失，一方面是日軍

擊敗英國殖民者，在日據初期，日軍戰時政府對一般馬來人並沒有具體的政策，因此大部分馬來鄉民繼續住在鄉村裡，且對日軍統治沒有作爲。1942年，當戰爭局勢開始對日軍不利後，軍政府才轉而積極拉攏馬來大眾的支持：一方面善待蘇丹以及伊斯蘭宗教領袖；另一方面則招募馬來人成爲地方行政人員及參加自由軍（Giyugun），同時合法化印尼半島人民聯盟組織（Kesatuan Rakyat Indonesia Semenanjung，簡稱KRIS），此舉間接提升了戰後馬來人愛國主義與民族團結的決心，同時也讓他們對獨立有所渴望。馬來女性也被動員進行勞動及參與鄰里組合（Tonari-gumi），把馬來婦女從家庭雜務中解放出來，參與了戰後的政治活動，對於提升馬來女性地位至爲重要（Akashi Yoji，2008：17）。

而華人則因支援中國對日抗戰而備受日軍惡待，許多華人遭到殺害或藏匿起來；也有的被迫或自願成爲日軍的共犯。面對這樣的局勢，讓一些華人參與了共產黨支援的抗日組織——馬來亞人民抗日軍（Malayan People's Anti-Japanese Army，簡稱MPAJA）。日軍投降後，馬來亞人民抗日軍處決了部分被視爲日軍共犯的馬來警察及村民，馬來人對華人社群展開報復，雖然這沒有演變成大規模的族群衝突，但也爲馬來（西）亞[6]的族群

---

6 在英國殖民時期，馬來亞（Malaya）係由海峽殖民地（Straits Settlements，1826-1946年間爲英國直轄的檳城、馬六甲和新加坡組成，後來增加天定與納閩兩地，在1946年組成馬來亞聯邦（Malaya Union）時，新加坡是被排除的）、馬來聯邦（Federated Malay States，1895-1946年間由受英國保護的四個馬來州屬，即雪蘭莪、霹靂、森美蘭及彭亨所組成，四州有統一的治理機構），以及馬來屬邦（Unfederated Malay States，由五個州屬，即玻璃市、吉打、吉蘭丹、登嘉樓和柔佛所組成，彼此間沒有統一的治理機構）。直到1957年馬來半島從

關係埋下了歷史陰霾（Akashi Yoji，2008：18）。日軍入據也造成部分華人紛紛走避，逃往比較內陸或偏鄉的地區居住，形成華人居住形態的大轉變，即從原來聚族而居的村鎮，轉變成分散到馬來村落或印度人為主的膠園周遭。如果這樣的居住形態持續的話，則應有利於之後的族群互動，但歷史的發展似乎並非如此。

（二）戰後馬來主義與伊斯蘭主義：從自由放任到國家干預

　　獲得更大自信的馬來民族主義，使得戰後回歸的英國殖民者在提出意圖消滅馬來政權、賦予移民公民權的馬來亞聯邦計畫（Malayan Union）時面對強大的抗拒，並促成後來馬來菁英創立巫統（United Malay National Organization，簡稱UMNO）的基礎。對馬來大眾而言，他們擔心的是無差別賦予移民公民權將造成馬來政權的崩解，但對馬來菁英來說，他們更擔心的則是華人會僭越到他們自身的經濟利益。殖民情境所留下來的矛盾衝突，考驗著各族菁英。獨立前的吉隆坡自治選舉，提供了巫統與馬華公會（Malayan Chinese Association，MCA）共同合作的機會，雖然這樣的組合乃權宜之計，沒有任何政治意識形態可言，但卻為後來的菁英協商政治模式之原型。換句話說，各族菁英們選擇了維持現狀以解決殖民所留下的族群矛盾和衝突，如此似乎最能同時滿足英國殖民者、馬來統治貴族階級以及華族商人的政治與

英國手中獨立，至1963年前，國名還是馬來亞聯合邦（Federation of Malaya）。1963年9月16日，馬來亞聯合邦、北婆羅洲（即沙巴）、砂拉越與新加坡合組成馬來西亞聯合邦（Federation of Malaysia），新加坡於1965年被迫退出馬來西亞聯合邦。在行文中，當論及殖民前後時，會使用馬來（西）亞來表示，其餘則按照所討論的歷史時期使用馬來亞或馬來西亞來稱呼。

經濟利益。因此，是各族菁英維持了不平等與歧視的殖民社會結構，犧牲了馬來鄉民及華工階級的利益（Abraham，2008：4-5）。各族政治菁英領袖成立了以各自族群為基礎的政黨，延續英國殖民所留下來的分而治之的種族遺緒。也就是說，在馬來族群內部，由統治與貴族階級掌控或繼承英國殖民所留下的行政體系，並理所當然成為一般馬來大眾的領導者兼保護者；而華人內部則由商人把持，籌組政黨，並成為一般華人大眾政治、經濟利益所付託的對象。可見族內社會互動強化了各族菁英的支配地位，但也持續維持族內的社會不平等，各族菁英因此得以將族內關係的不平等（inequalities in intra-racial relation）轉化為族際的緊張關係（inter-racial intense relations）：即馬來鄉民的經濟落後變成是華人掌握經濟實力所致；而華人政治權力的邊緣化則可歸咎於馬來人獨掌政治大權的結果，以消解族內的不平等與剝削關係，同時強化了馬來人與華人的「我們」vs.「他們」的族群意識，如此，族群間的語言、宗教和「文化」差異，在之後的政治和經濟情景中，相互交織並逐漸變成具有生物性差異的「種族」認知（Abraham，2008：133-134）。

上述馬來（西）亞族群極化的探索，指涉的是一種政治意識形態從殖民時期持續延續並制度化的過程，底下將按照幾個不同的層面來說明影響當今馬來西亞族群關係的幾個制度化與歷史的過程。首先是馬來西亞憲法，這部憲法是在1946年英國殖民者意圖推動馬來亞聯合邦計畫失敗後，與馬來統治者以及巫統代表所共同協商草擬，並經由憲政調查團蒐集各方意見後制定的一部憲法。憲法於1948年在立法議會通過。在此憲法中，除了規範三權分立的事務外，也置入了許多跟馬來文化語言宗教有關的條

款。這些條款應是當時的蘇丹——巫統代表所在意的以維持馬來人的政治權力，並保障馬來人在文化、經濟與政治領域的不墜有關。譬如憲法第3條指出：伊斯蘭教是聯邦宗教，但在聯邦任何地方，其他宗教都可以和平及和諧地實踐，各州蘇丹為伊斯蘭教首長，最高元首則是聯邦、沒有蘇丹的檳城、馬六甲、砂拉越與沙巴四州，以及聯邦直轄區的伊斯蘭教首長（Legal Research Board，2005：13-14）。伊斯蘭教在這裡獲得了憲法的保障，雖然並沒有明言伊斯蘭教為國教。另外一個跟馬來文化有關的規定是第152條的國家語言（national language），該條文第一款就開宗明義指出本國語言應為馬來語，並應採用議會根據法律所規定的文字，惟不得禁止或阻止任何人使用（除官方目的外）或教或學任何其他語言；所謂「官方目的」指的是聯邦或州政府有關的任何目的（Legal Research Board，2005：133-134）。

除了跟馬來宗教語言息息相關的元素被寫入憲法外，憲法還規範了一些馬來人的特殊權力，譬如憲法第89條說明馬來保留地（Malay Reservation），即延續英國殖民者的土地政策，規定在獨立日前已為法律制定的馬來保留地者應繼續維持，直到州議會另有規定為止；州政府亦可以就尚未開發與耕作的州土地，依法制定成馬來保留地，惟其土地總面積不得超過該州可普遍轉讓的土地面積。在該條文第六款中闡明「『馬來保留地』是指為移交給馬來人或居住地所在州的土著而保留的土地；『馬來人』包括根據其居住州法律在保留土地方面被視為馬來人的任何人」。馬來保留地不得轉讓給非馬來人（Legal Research Board，2005：73-75）。馬來保留地政策一則保護了馬來人免於土地流失，一則將馬來人與非馬來人在居住地、耕作地上有所區隔，影

響了後來的族群居住與分布型態。

　　另外一個跟權益保護有關的憲法條文是第153條，該條文指出最高元首必須負責維護各州馬來人和土著族[7]在有關公共服務職位、聯邦政府獎學金、展覽與其他教育或培訓特權或特殊設施的職位，以及經營任何行業的執照。最高元首可以按照憲法賦予的權力，對負責的當局發出指示，以保留合理的上開職位或獎學金或執照之配額給馬來人及土著族（Legal Research Board，2005：134-136）。最後聯邦憲法也在第160條的釋義中，對於「馬來人」有以下的界定：即指信仰伊斯蘭教、習慣性使用馬來語並遵循馬來風俗者（Legal Research Board，2005：141）。從對馬來人、土著的定義，到有關伊斯蘭教以及馬來語言文字，以及馬來人及土著族在土地擁有權、執照、公共服務職位及政府獎學金等方面的特殊地位，都在在說明馬來西亞親馬來（pro-Malay）政策是從一開始的憲法制定上就已經存在的事實，只是執行的程度如何則會隨不同政府當權而不一樣。憲法為國家大法或基本法，就憲法在這幾個層面上的規定，可以了解馬來西亞政治從開始就是：1. 延續英國殖民者對馬來人特殊地位的保護，以及賦予馬來蘇丹作為馬來政治經濟與宗教保護者的角色；2. 之後政策的發展與制度化，基本上逃不過憲法上的規範。

　　就在憲法擬定的那段期間，事實上也是馬來亞政治動盪不安

7　土著或土著族在馬來西亞係指非馬來穆斯林亦非移民群體的其他原住民少數族群，英文作natives，中文翻譯則以「土著」為主，並無任何貶義。到了1970年代，開始出現另外一個字眼，即馬來語的Bumiputera，這是泛指所有馬來穆斯林與非馬來穆斯林土著的字眼，在中文裡有兩個不同的翻譯，即「土地之子」或「土著」。

的時代，主要是受到反殖民主義的馬來亞共產黨的挑戰。英國人從戰時與共產黨合謀，共同打擊日軍；戰後則因共產黨轉入武裝革命而開始對其展開剿滅的工作。因此，從1940年代末起，爲打擊共產勢力在馬來亞偏鄉獲得鄉民的醫藥、食糧、衣物及日常用品等的援助，殖民政府於1948年宣布馬來亞進入緊急狀態，也就是戒嚴。從1950年起，將散布各處偏僻地方、靠近森林區域之華人聚落，迫遷到政府所劃設的新區域，即新村（new village）。他們被迫放棄自身的農耕地與居住地，人群搬空後，政府立即將該地區劃爲「黑區」（black areas），軍警進入巡邏並可直接射殺任何在那裡出現的可疑人物。新村居民也被嚴格控管食物配給，以杜絕他們繼續支援共產份子。馬來亞的戒嚴持續到1958年才陸續解嚴。根據馬來亞基督教理事會（Malayan Christian Council）於1958年出版的新村調查報告，從1950-1958年，有大約582個大大小小的新村分布在馬來半島，大部分新村都是在1951-1953年成立，總共涉及人數爲76萬3千6百人。其中約四分之三（407個）是華人超過73%的新村，其餘的144個則是以印度人、馬來人、爪哇人、暹羅人以及原住民爲主的新村。在華人的新村中有三分之二（272個）爲單一族群（華人）新村，其餘的（135個）則是華人爲多數，參雜馬來人與印度人的族群混合新村。其調查也發現很多華人新村都是單一語言群的華人所組成，其中福建人的新村有90個，客家新村則有74個，廣東新村有20個，潮州人11個，海南人4個，福州人9個，廣西人16個，故單一語言群的華人新村總共是224個；其餘183個則是兩種或以上的華人語言群混居的新村（Atkinson，1958：1-21）。Judith Strauch（1981）在霹靂州一個新村的研究，提到

新村計畫讓大部分華人鄉民被集中起來，在新村計畫前，這些鄉村華人聚落散布在印度人爲主的橡膠園坵及馬來村落周圍，遷村計畫破壞了華人可能因此與非華人之間的互動與交流的機會，進而強化了 Enos（2017）所言的族群隔離的社會地理感（social geography），對馬來（西）亞族群關係有著負面的影響。

　　1957年馬來亞取得獨立，執政的聯盟政府（Alliance government）延續英國殖民政策，對文化、經濟與政治採取自由放任態度，也就是未激進地詮釋憲法所賦予馬來人在語言文字、伊斯蘭教、馬來人特殊地位等條文，中庸地規劃與執行其政策。因此，從獨立至1960年代末，雖然有著憲法上闡明的馬來人及土著的特殊地位和權利，以及華人被集中到新村的地理區隔；但馬來西亞的族群關係基本上仍處於和諧與穩定的狀態：華人跟馬來人在日常生活中有所互動，他們可以玩在一起、同桌共食等（Lee，2000：4）。

　　但聯盟政府的自由放任政策引起一些馬來菁英的不滿，導致巫統內年輕的馬來菁英對貴族和官僚領導的鬥爭，認爲後者沒有在政策上強化憲法上賦予馬來人的特別地位，導致馬來人經濟上不如其他移民族群、教育上落後於他族的窘境，易言之，馬來人在自己的國家淪爲弱勢民族。激進派的馬來菁英如馬哈迪就撰文書寫《馬來人的困境》，極盡批判馬來傳統政治菁英、梳理馬來人的政經困境及其解決之道。書中充滿優生學及殖民者留下的種族主義意識形態。因書中大力批評巫統政治權貴，使得他被東姑逐出巫統，並將此書列爲禁書。1969年馬來西亞大選，選民對聯盟的整體支持度下滑，總得票率不到半成的47.9%，反對黨的總得票率提升到43.4%，但由於馬來西亞不公平的選區劃分或傑

利蝾螈（Gerrymander）的效果，在總數103個國會議席中，聯盟取得66席（64%），反對黨33席（32%），其餘為獨立人士所囊括，聯盟首次失去國會三分之二的席次優勢，對於未來政策推動或憲法增修等都可能形成阻礙。同時有四屬，即檳城、霹靂、雪蘭莪和吉蘭丹州議席為反對黨掌控多數，即反對黨將因此成立該四州的州政府（Searle，1999）。這樣的選舉成果，更增添馬來菁英對失去馬來土地政權之恐懼，反對黨則因為勝選而大肆遊行慶祝，並在吉隆坡的一場遊行中出言羞辱馬來人。部分馬來菁英累積的不滿，透過這次選舉所創造出的恐懼，乃成功動員馬來群眾在吉隆坡展開反遊行，使得馬來人與華人的族群流血衝突一發不可收拾。失控的衝突在吉隆坡蔓延開來，根據後來政府出版的513調查報告書，衝突造成的死亡人數只有196人，另有439人受傷，死者以華人居多，惟根據不同的資料，死傷人數遠比官方的統計來得多。重點是513事件引爆巫統內激進派對親英與提倡自由放任態度的馬來菁英之政治鬥爭：時任首相的東姑阿都拉曼（Tunku Abdul Rahman）遭到巫統黨內逼宮，最後黯然下台，由其副手阿都拉薩（Abdul Razak Hussein）繼位（Kua，2007）。[8] 馬來西亞因族群衝突而進入戒嚴狀態、國會運作停止、成立由軍警政聯合執政的國家行動理事會（National Operation Council）以掌臨時政府職能。聯盟最終解散，另外創立國民陣線（Barisan Nasional，簡稱BN或中文的國民陣線或國

8　因此Kua根據英國解密檔案指出這是一場精心策畫的政變，由巫統內部激進派，透過族群衝突流血事件，以將保守的東姑拉下台。拉薩在緊急狀態後順利組成大聯盟政府，重新恢復馬哈迪的黨員身分，並將他納入內閣中委以教育部長官職。

陣），擴大陣線內的族群政黨，吸納一些反對黨組成大聯盟政府，平息此次的族群衝突與政治危機。

拉薩政府檢討了513事件的原因，將暴動的責任歸咎於共產黨的煽動，以及馬來西亞經濟按族群分配的結果，後者讓馬來人產生極大的相對剝奪感。因此，為了防堵未來發生族群流血衝突，國家便介入進行經濟的重分配，其分配原則主要為：1.不分族群進行除貧的工作；2.平衡族群的經濟分配，也就是必須扶持經濟弱勢的馬來人，以讓他們能夠跟華人在經濟上平起平坐，這就是所謂的新經濟政策（New Economic Policy，NEP）。這樣的政策的立論點其實就來自憲法第153條，即保障馬來人及土著在這土地上的就業、經商執照取得、教育機會等等。同時，在文化的推動上，過去聯盟政府的無為而治，也讓馬來文化菁英所詬病，他們發起馬來文化大會，並做成馬來西亞國家文化原則，為拉薩政府接受，成為之後國家文化政策（National Culture Policy，NCP）的基礎。根據馬來西亞文化與藝術部（Jabatan Kebudayaan dan Kesenian Negara）的官方網站，敘明國家文化政策的三大原則如下：

（1）國家文化必須奠基於此區域（region）的土著文化（indigenous culture）。這裡所謂的區域指的是包含島嶼東南亞及部分大陸東南亞、大洋洲以及東非馬達加斯加的南島語族分布區域，這區域被認為是馬來文明和文化的發源及傳播地。從這樣的角度來看，廣義的馬來文化為約兩億人口所遵循認同，因此，這個區域的土著文化是馬來西亞國家文化的基礎。

（2）其他文化適當的元素或可被納入國家文化中：由於文化是動態的持續變遷過程之產物，且亦考量到馬來西亞的多元族

群與文化之現實，因而擬定將適當的其他非馬來文化元素也納入國家文化中。惟所謂可接受的（adaptable）及適當的（suitable）其他文化元素必須符合憲法條文和國家原則，同時還必須考量國家利益、道德價值及伊斯蘭作為官方宗教地位的各種因素。

（3）伊斯蘭為國家文化構成的重要部分：宗教或信奉上蒼對國家發展及國民個人發展至關重要，伊斯蘭指引人類方向及滿足人類身心需求，因此，作為官方宗教地位的伊斯蘭也必須是國家文化重要組成元素之一（參考馬來西亞文化與藝術部網站，網址：http://www.jkkn.gov.my/en/national-culture-policy）。

在評估了 1970 年代的 NEP 與 NCP 後，Sumit K. Mandal（2008）指出它們都展現了種族化（馬來化）及排他特質，一方面造成非馬來甚至非穆斯林土著族群的反彈跟抗議；另一方面，則因文化政策的結果，造成原本多樣與混雜的「馬來文化」也遭單一化和標準化之殃；且也讓馬來文化語言藝術的發展更為依賴政府補助與扶持，失去了文化的創新性和彈性等等。換句話說，國家文化政策採取的是一種排外的文化態度，將馬來穆斯林文化定於一尊（Mandal，2008：274-5）。除了馬來文化菁英主張馬來文化應該成為馬來西亞公共領域的文化公約數外，1980 年代開始的伊斯蘭復興運動也對馬來西亞政治和文化產生巨大影響，主要是因為在馬哈迪首相任內，他面對了來自泛馬伊斯蘭黨（Parti Agama Islam Se-Malaysia，PAS）的巨大挑戰，後者受到北馬地區馬來鄉民的青睞，成為馬哈迪領導的巫統之強大挑戰者。為了一爭馬來穆斯林政治上的支持，馬哈迪政府除了拉攏當時活躍的伊斯蘭青年運動的安華（Anwar Ibrahim），並予與政府內閣職位外，他還設立了伊斯蘭發展局（Jabatan Kebangunnan

Islam Malaysia，簡稱JAKIM）、建立全球第一個伊斯蘭銀行體系、伊斯蘭法庭（Syariah Court）等，透過這些機構，一方面將伊斯蘭教義融入馬來西亞金融和法律中；另一方面，則強制政府部門、公立學校的馬來教職員工生務必符合伊斯蘭的服裝儀容，或是依照伊斯蘭的禮儀頒布機構的服裝儀容，譬如馬來穆斯林女性戴頭巾（hijab）即是從此時開始普遍化。

1970-1990年代，國家推行馬來主義（Melayuism）與伊斯蘭主義（Islamism），對馬來西亞族群關係影響深遠。根據Lee Hock Guan在一篇討論馬來西亞族群關係的文章中，提到華人在這樣的情境下，逐漸感受到其文化自主性的喪失、對未來華人文化的消失感到無比的焦慮。加上馬來人從鄉村移入城市，使得城市中華人跟馬來人的文化角力更為明顯及激烈。為展示華人文化，一種表演／展示性質的藝術形式（performing art）逐漸成為華人文化的主流，也是公開場合下華人文化的展演方式，以對抗國家在公共領域的馬來文化展示。原本在菜市場裡隨處可見的豬肉攤，除了在華人新村繼續大剌剌的示眾外，在很多新開發的市場或住宅區，於伊斯蘭主義下必須被隱藏在某個不起眼的角落，以照顧馬來穆斯林的感受；同時華人廟宇的建地、墓地的申請、華文學校的遷建或新建都不易獲得州或聯邦政府的首肯（2000：11-12）。

林開忠曾指出513事件對馬來西亞華巫族群關係的影響有以下三點：

（1）新經濟政策實施30年後，並沒有帶來族群間的統合，雖然理論上認為重分配經濟資源有助於縮減族群間的經濟差距。但在執行過程中，資源的分配還是集中在少數華人跟馬來人手

中，使得族群間的相對經濟差距持續，這也是巫統政府合理化政權並獲得多數馬來選民支持的藉口。新經濟政策不只沒有縮減族群間的經濟差距，更擴大了族群內的經濟差距。

（2）在獨尊單一族群文化與教育政策下，國家傾全力發展馬來語言與文化，犧牲或忽略了非土著的文化發展。……隨著1970年代後的國語政策，絕大部分的華人家長都將孩子送到華校，而馬來家長則選擇馬來語小學。換句話說，九成以上各族群的馬來西亞人，在小學六年期間是在單一族群為主的環境下受教育，在這樣的環境裡，族群間的互動幾近於零。雖然大家都使用部編教材，只是教學媒介語言不盡相同，卻也讓各族群孩子從小就缺乏對彼此的了解，而在單一族群／文化環境中社會化的孩子，到了中學之後就開始增加更多族群接觸與互動機會，但在各種以族群為基準的配額制度下也讓他／她們逐漸感受到相對剝奪感，更因此讓族群間的不了解甚至誤解更形具象化，形成具體的族群刻板印象。

（3）在國陣統治下，伊斯蘭教持續坐大且也越來越朝阿拉伯化的方向發展。在馬來亞獨立初期，族群間在日常生活上並沒有太多的禁忌，譬如飲食上，大家可以同桌吃飯，只是各自遵守自身宗教的飲食戒律；但在伊斯蘭化的影響下，部分的馬來穆斯林不再能夠忍受各族群同桌共食的習慣，甚至使得過去節慶時家庭招待日（open house）活動也深受影響……是否能夠「一起同桌吃飯」成了馬來西亞族群關係日常實踐的重要指標。除此之外，一些極端的伊斯蘭宗教導師更在學校內傳播不能跟非穆斯林或異教徒在一起，否則死後無法上天堂的想法。這些都大大地影響了日常生活層面的族群交往和互動，長此以往，穆斯林與非穆

斯林的關係只會更為惡化而已（2020：340-343）。

正因為這些因513事件而極端發展出的政治、經濟、社會與文化教育政策，並沒有弭平該事件所帶來的傷痛跟族群間的隔閡，反而進一步擴大或惡化族群關係的發展。雖經歷50年，但513事件的影響及其陰魂繼續籠罩在馬來西亞的上空，久久徘徊不去。

（三）互動緊密但未必擁抱彼此的族群關係

1990年後，國家對文化與經濟的干預逐漸鬆綁。究其原因，有一，在經歷20年的政策推動後，國陣政府認為馬來語言、文化及伊斯蘭已經取得相當的進展，馬來文化和宗教在公共領域的能見度大幅提升，且華人在反抗無效下，也逐漸接受馬來語言文化的國家地位，雖然在宗教上彼此之間還存在著隔膜。再者，因新經濟政策而促成的馬來新中產階級也在全球化之下，發現多元族群文化共存的必要性；且中國經濟的「崛起」，讓他們轉而支持華文教育的發展，許多馬來家長甚至將小孩送入華文小學接受六年的華文教育，以期他們的後裔能夠具備雙語優勢來面對全球化挑戰。在全球化下，國家也不得不鬆綁嚴格的大專法令，允許私立學院的設立，造成各種專業的私立學院如雨後春筍般建立起來。這些學院有的是本地資本所創設，有的則是國外大學的分校，但絕大多數以英語作為媒介語。私立學院的成立讓以族群配額制進行國立大學招生名額下無法進入本地大學，也沒有經濟能力前往海外深造的華人學生，有了一條出路，消解了部分華人對國家教育政策的不滿（Lee，2000：13-14）。

1990年代後馬來西亞的族群關係，基本的範式沒有改變，

即延續1970年代以來的越來越區隔的關係，雖然1990年代後，國家的文化和經濟政策開始有鬆綁的跡象，但誠如前述，一方面伊斯蘭主義基本上還是巫統與伊斯蘭黨相互競爭的主軸，似乎並沒有跟著鬆綁，反而更朝偏狹和不容忍的方向發展。譬如馬來評論家Mariam Mokhtar在一篇 "How did Malaysia become so intolerant?" 的評論中提到馬來社會晚近的一些現象：

> 一名馬來朋友向她的家人介紹其美籍丈夫時，為避免跟他實際接觸，她阿姨的手裹了頭巾後才敢和他握手……另外一位馬來朋友的先生是猶太教徒，她的親戚拒絕跟他握手，冷落他們。他們頗有後見之明地說在80年代末每次從海外回來都會給家裡一些小伴手禮，但如今這些人像和圖畫已經為伊斯蘭書法所取代、過去養狗的家庭不再把狗當寵物、國外旅遊蒐集的雕像被丟棄、甚至芭比娃娃亦被丟掉，她們說因為伊斯蘭不允許偶像崇拜。一些非馬來朋友也意識到馬來朋友的改變：他們曾經是鄰居，一起成長，上同一所學校並共享很多少年的祕密，譬如到華人墓園求樂透數字……上學期間，非馬來朋友會在祈禱室外等待馬來朋友做完他們週五的禮拜，然後再一起到小販中心用餐，馬來人並不介意他們的非馬來朋友吃豬肉。今天，彼此的友情仍在，但親近性已經不再。其中一位【非馬來】朋友說他的馬來友人會帶孩子來家裡慶祝聖誕節，但這馬來孩子拒絕跟他握手也不飲用任何東西，即便是罐裝飲料，他爸爸說小孩的學校灌輸他們這種偏狹的態度。另外一個【非馬來】朋友遷離莎亞南因為擔心她養的寵物狗。在過去，跨性別者不用擔心他們的生命安

全，但現在就要了。獨立63年來，很多馬來人對狗、豬、
華人、民主行動黨、共產黨、十字架、說英語、燈籠、書
籍、自由主義者以及理性思考產生了恐懼。（2020.6.26）

　　Mokhtar認爲這一切應該追溯到1979年，當時伊朗發生革
命，伊斯蘭教興起改革運動，爲馬來西亞伊斯蘭黨注入一股政治
強心劑，讓它更堅持以伊斯蘭法治理國家的政治目標，此時馬哈
迪擔任副首相。爲了鞏固巫統統治地位，馬哈迪在1981年成爲
首相後，立志擊敗伊斯蘭黨，他的其中一個策略是招納當時伊斯
蘭青年運動的魅力領袖安華到巫統：一方面斷掉安華組織學生抗
議吉打州貧窮和飢荒的運動；同時由於安華在伊斯蘭運動的表現
會讓馬來選民對巫統的伊斯蘭立場有所改觀。擔任教育部長的安
華將伊斯蘭和馬來中心議題引入學校教育裡，爲後來馬來西亞的
伊斯蘭化、伊斯蘭教發展局的興起，以及馬來人的阿拉伯化
（Arabinization）發展貢獻良多，因而埋下今日部分馬來穆斯林
偏狹之伏筆。
　　Fa Abdul（2019.12.29）在一篇談論容忍的評論文章裡，則
提出另外一個層面的觀察。她指出馬來西亞人的容忍反而是弱
點，因爲當一個社會的某些群體被片面要求對不當行爲容忍時，
容忍就成了問題。她提到自己執導的舞台劇Sex in Georgetown
City，雖然開幕式非常成功，但在一些穆斯林非政府組織向警方
報案及抗議後，於2019年2月被迫停辦。抗議者指責這齣舞台劇
會讓濫交、棄嬰、毒品濫用等不道德活動增加。即便她試圖將劇
名中的sex換成love，或邀請警方人員親臨劇場觀劇，還是遭到
穆斯林非政府組織的威脅抗議，認爲這場表演冒犯了穆斯林的敏

感神經。警方以無法保障大眾安全爲由，要求她下架舞台劇，更正主題後擇日再演出。這等於是警方強迫表演單位人員必須容忍，但卻對破壞海報的抗議者視而不見。所以，她認爲對偏狹份子容忍最終會變成一個社會問題。

Mariam Mokhtar 與 Fa Abdul 點出了 1990 年代後的馬來西亞社會問題：在伊斯蘭主義的蓬勃發展下，宗教偏狹份子對伊斯蘭教教義無限上綱，開始攻擊「狗、豬、華人、民主行動黨、共產黨、十字架、說英語、燈籠、書籍、自由主義者以及理性思考」；另一邊廂，被攻擊者（如華人、基督教、民主行動黨、華文教育等等）又在警方無法保障安全的情況下，等於變相被要求容忍這些宗教偏狹言論和行爲，造成這些偏狹份子更爲狂妄。在這樣的情況下，族群關係又會有怎樣好的發展呢？

底下以幾個晚近的族群關係研究來說明在國家文化與經濟政策逐漸鬆綁，但伊斯蘭主義卻持續增強的情況下，對於馬來西亞族群關係的影響如何？首先是 Zaleha Khalilur Rahman（2017）對私立學院不同族群學生的互動和認同的調查。眾所周知的事實是馬來西亞中學生深受國家與族群標誌的政治標籤影響，使得他們身處在一個種族化論述充斥的教育環境裡。到了大學，Holst（2012）的研究顯示，由於新經濟政策的族群配額制依舊，國立大學的學生族群比例嚴重往馬來人傾斜，因此族群偏見在大學校園內有增無減；但 Holst 的研究發現社會階級、與他族接觸經驗、語言能力以及宗教背景，是跨族互動的重要因素，這些因素加上情境（即學生的社會地位和政治脈絡）會顯著決定跨族群界線之意願和能力。而 Zaleha Khalilur Rahman 的研究則鎖定 1990 年代大量開設的私立學院學生，主要是一方面私立學院比較不受

國家教育政策族群配額制影響；另一方面則是私校收費較高，因此學生的家庭社經地位也會較高及一致。他的研究結論是受訪者從年輕開始就受到族群化（ethnicization）的影響甚深，在他們的就學經驗中，他們還是會以特定的族群認同為依歸，但到了私校後，很多受訪者開始跨越族群界線做朋友，作者認為促成這種跨族群現象的因素有：1. 這些學生都來自較高社經背景家庭；2. 他們都是城市居民；以及，3. 他們擁有不同程度的英文溝通程度。他認為由於私校對於文化多樣性的態度開放，引用 Allport（1954）的群際理論來說明當互動情境中的族群地位越是平等時，群際接觸是可以有效達成族群偏見的消除。

　　Jayanath Appudurai 與 Lian Kwen Fee 以巴生 Pendamaran 區的兩個都市住宅區，對居民進行了調查，在他們的調查中，族群關係也被涵蓋在他們的討論裡。他們研究的起點是由於馬來西亞於1960-1970年代開始都市化，以及馬來西亞從農業社會轉型到都市工業經濟的1980-1990年代，這樣的時代變遷，也造成原本居住在農村的馬來人和橡膠園坵的印度人開始往都市遷移，形成都市周圍的非法墾殖聚落，也讓他們跟都市華人有了更多的接觸。隨著都市發展，政府強制徵收非法墾殖土地，拆除他們的聚落，並以組屋或國宅來安置這些墾殖民。也因都市發展，使得都市土地寸土寸金，都市人的住宅區逐漸往都市周圍拓展，因應都市人口增加，發展商開始興建排屋以滿足需求。Appudurai and Lian 的研究就是組屋和排屋兩類住宅裡的居民。就這兩種住宅居民的族群關係，他們的調查結果如下：就整體的族際關係而言，不同族群居民間關係友好但表面，彼此互動少，小孩子都聚族玩樂，加上社區休閒設施不好或缺乏，因此也無助於彼此的互動；惟排

屋比組屋居民好一些。雖然這些社區裡都有居民協會組織，但居民的參與不高，造成居民協會的功能不彰。總體來說，他們的調查指出兩點成果：1. 族群意識並沒有因爲混合居住而消失，且族群關係還是深受馬來西亞整體社會政治的影響；族際關係依循「我們vs. 他們」爲框架，在公共論述裡充斥著國家所倡導的土著vs. 非土著（Bumiputera vs. non-Bumiputera）分類，更甚者，訴諸於馬來主權（ketuanan Melayu）與外來者（pendatang）的二分法；2. 伊斯蘭教越發成爲馬來認同的標誌，這可以從宗教節慶與儀式、清眞食品以及服裝打扮上看出來（2015：61）。

最後一項研究是Lee Hwok Aun根據馬來西亞近年來五個大規模的民衆態度、認知與意見調查，他比較與分析這些調查以找出其中的缺點，但也同時讓我們對馬來西亞的族群關係及政策意涵的各種面向有所了解。其結論指出：首先，馬來西亞人跨族間進行友好的互動，但友情關係主要還是在我族中保持。也就是說馬來西亞族群間緊密互動但未必能擁抱彼此（people closely interact but do not necessarily embrace），因此，馬來西亞社會呈現出表面寧靜但卻有著潛在張力（surface serenity and underlying tensions）的族群關係。第二，人們對種族和宗教的態度與觀念會影響其群際關係。越多的跨族交往和友誼會增進人們對他族的了解與正向之態度，但在宗教的問題上，即便缺乏對他族宗教知識的了解，在態度上卻表現出對他族宗教的排斥，特別是馬來穆斯林的排斥態度最高。第三，關於土著優惠政策和特殊權利，馬來土著表達支持的比例遠大於華人或印度人，但有關政策所涉及的面向相當廣，因此還很難從調查中推定大衆對個別面相的意

見。第四，人們對待族群基底的政治（ethnic-based politics）[9]態度不一定反映他們對族群基底政策（ethnic-based policies）之態度。儘管多數人不同意以單一族群作為政治運作的基礎，但以單一族群為框架的公共政策卻仍然獲得多數人的支持（2017）。

四、結語：台馬兩國個案的比較

台灣族群政策的演變，分別從殖民的種族主義、威權的國族主義到民主化的多元文化主義之歷程。以原住民族政策來看，殖民者的種族階序和生物決定論，以劃界看似互不侵犯的隔離方式，實則將原住民族視為「化外之民」，並採武力鎮壓、撫育教化手段，來擴張掠奪土地和山林資源，於是形成了族群對立衝突和不對等族群關係，而殖民者或統治者隱身於後，坐享其成、坐收其利。之後，皇民化、黨國化、平地化的國族同化政策，使得原住民族的土地、語言、文化、姓名和人權，受到大規模的制度性侵害和汙名化，而逐漸失去了自我身分的認同，變成社會中最弱勢且邊緣的族群。直到2016年8月1日「原住民族日」，蔡英文總統代表政府正式向原住民族道歉，其道歉文指出：「二十二年前的今天，我們憲法增修條文裡的『山胞』正式正名為『原住民』。這個正名，不僅去除了長期以來帶有歧視的稱呼，更突顯了原住民族是台灣『原來的主人』的地位。……荷蘭及鄭成功政

9　Ethnic-based politics 是指由各個單一族群組成的族群政黨運作下的政黨政治；ethnic-based policies 則是指以單一族群為對象的公共政策，譬如新經濟政策在落實上就被視為一個族群為基底的公共政策。

權對平埔族群的屠殺和經濟剝削，清朝時代重大的流血衝突及鎮壓，日本統治時期全面而深入的理蕃政策，一直到戰後中華民國政府施行的山地平地化政策。四百年來，每一個曾經來到台灣的政權，透過武力征伐、土地掠奪，強烈侵害了原住民族既有的權利。為此，我代表政府向原住民族道歉。」[10]。接著也宣布成立「總統府原住民族歷史正義與轉型正義委員會」，藉由泰雅族的Sbalay[11]儀式，就400年來台灣原住民族所承受的苦痛和不公平對待，政府與原住民族各族代表在面對「真相存在和解之中」的信任基礎下，共同釐清歷史真相和追求正義，建立對等對話和協商政策的平台。

2007年聯合國大會通過的《聯合國原住民族權利宣言》第3條：「原住民族享有自決權。依此權利，原住民族可自由決定其政治地位，並自由追求其經濟、社會及文化的發展。」及第4條：「原住民族行使自決權時，於其內政、當地事務，及自治運作之財政，享有自主或自治權。」雖《原住民族基本法》第4條：「政府應依原住民族意願，保障原住民族之平等地位及自主發展，實行原住民族自治；其相關事項，另以法律定之。」第20條：「政府承認原住民族土地及自然資源權利。……原住民族或原住民所有、使用之土地、海域，其回復、取得、處分、計畫、管理及利用等事項，另以法律定之。」來呼應原住民族土地

---

10 資料來源：總統府新聞：總統代表政府向原住民族道歉，https://www.president. gov.tw/NEWS/20603，取用日期：2021年4月30日。

11 泰雅族語，Sbalay儀式是泰雅族人為解決部落內、部落間衝突、尋求和解的機制，原意是在共同面對「真相存在和解之中」的基礎下，來和諧處理彼此間的紛爭。

正義和自治權益的法制化，也都是原住民族運動一直以來非常關心的政策議題，但《原住民族自治法》、《原住民族土地及海域法》兩個法律草案，因牽涉層面廣泛，且問題複雜具爭議，加上朝野無共識，原住民族內部意見也有很多分歧，一直都沒有通過立法，這也是原住民族企盼能真正達成所謂的「歷史正義和轉型正義」之重要里程碑。

事實上，台灣民主化後各個族群的集體意識仍存在著差異。蕭新煌（2002：41-46）指出，福佬人勇於認同自己是台灣人，也承認民主化後得到最多利益，所以集體信心是上揚的；外省人認為民主化後在政治上比較沒有勢力，也比較沒有自信，因而浮現集體焦慮感；客家人的政治態度傾向多介於福佬人和外省人間，自信程度也低於其他族群，反映出一種被漠視和邊緣化的不平感；而原住民族意識到自己的政治實力不如其他族群，但他們有自信透過參與政治改變不利處境，同時顯露不滿和疏離的問題。而台灣的「多元文化」是一種由政治力量主導的文化工程，為了確立多元文化的代表性與正當性，政策就常以「再現」方式來呈現文化多樣性，因而忽略了族群關係中的歷史經驗與宰制面向（李廣均，2008：105-106）。像是「誰是台灣人？」，「台灣人就是福佬人」、「福佬語等於台語」等以「福佬為中心」的爭議性「自稱」，而「排他」台灣其他族群，也引起族群間的爭議。

所以從轉型正義的角度，對個別族群語言文化復振運動的支持，是民主國家符合族群正義的應有作為。因為每一個族群都不是生存在各自的封閉系統中，相反地，少數或弱勢族群必須生存在主流族群主導的社會或國家中，而必須被迫扭曲或壓抑自己文

化特質，以適應主流族群所認定的普遍價值或一般標準，這樣就產生了族群權利的不平等問題（楊長鎮，2015）。台灣目前雖有原住民族和客家的族群代表性機關、法律及政策，也有輔導新住民發展的基金，但這些措施仍囿限於個別的族群支持範疇，也很零散，整體社會亦未意識到族群平等的價值。怎麼讓族群政策和議題「回歸主流」，2011年民主進步黨的《十年政綱——族群篇》提出「族群主流化」的概念。族群主流化乃參考「性別主流化」的思維，主張政府規劃和制定國家的各項法律、政策時，應該要有族群視角和敏感度去思考，並重新檢驗既有的法律、政策是否符合族群平等的目標，以促使政府資源配置能讓各個族群達到實質的平等。也就是檢視正式制度（如法律、政策、契約等）與非正式制度（如日常習慣、文化傳統等）中，是否有對少數族群不合理的與非正當的排斥性內容或行為，以及限制和拒絕少數族群獲得機會與平等的權利等制度性歧視（institutional discrimination），才能真正消弭族群間的不平等及歧視問題。而且，台灣在未來面對年輕世代的族群邊界意識漸趨模糊，族群認同也趨向多重化，如何建立一個多元族群共享共構的主流化社會，沒有人是局外人。

在英國殖民下的馬來（西）亞，因應殖民的經濟需要與殖民統治的正當性而強化了「多元但互斥」的社會形成，殖民的分而治之政策讓不同族群各司其職與發展，抑制了各族內的階級意識發展，以促進殖民經濟的蓬勃，進而有利於殖民母國。獨立後的馬來西亞延續了殖民政策的遺緒，並巧妙地將各族內階級關係的緊張，透過族群極化的手段，轉化為族際的緊張關係，以維持統治階級的合法性。

馬來（西）亞獨立初期的前十年，弱勢的聯盟政府採取了自由放任的經濟與文化政策，國內族群關係維持殖民時期的樣態：馬來人與華人一起玩耍共食，一塊歡度各族節慶。這種表面寧靜的族群關係，事實上卻也潛藏著緊張的暗流，其中獨立前的憲法制定就已經預示了這股暗流的走向，那是當時的馬來民族主義者所堅持的馬來聯邦土地為馬來人所有（Tanah Melayu）、伊斯蘭是聯邦宗教（但沒有闡明它就是國家宗教，state religion）、馬來語為國家語言（national language）、界定馬來人為信仰伊斯蘭教，行馬來習俗及說馬來語的人，以及規範馬來統治者為馬來特殊地位（special position）及權利（大學配額、獎學金、經商等執照）的保護者。

　　仗著國家大法賦予馬來人的語言、宗教、文化、政治和經濟的權利及地位，1960年代末，不滿聯盟政府自由放任無為作法的馬來菁英，趁著1969年選舉聯盟輸掉部分州政權及國會議席的情勢下，展開了政治大反撲。透過族群流血衝突轉移了馬來政治危機，史稱五一三事件。擴大的政治聯盟（國陣，Barisan Nasional）成形，馬來政治重返政治舞台，同時推出新經濟政策與國家文化政策，重新詮釋憲法所賦予的馬來人各種權利，邊緣化非馬來人的經濟與文化。這些政策乃是基於兩大意識形態，一為馬來主義；另一則是伊斯蘭主義，此時，國內族群關係轉趨緊張。到了1990年代後期，由於全球化、中國「崛起」、馬來新中產階級興起等，使得馬來主義與伊斯蘭主義在政策上開始隱形化。出現在不同場域的族群關係有著不同的樣貌，譬如在國立大學的族群關係因馬來優惠政策、配額制、獎學金等而持續影響著馬來人與非馬來人的緊張關係；但在私立學院則因不受政府政策

影響，馬來人與非馬來人之間的關係則趨和諧、友好，甚至發展出馬來西亞的國民意識，而不再強調各自的族群性。其他族群互動場域尚有工作場合、市場、辦公室、政府機構等等，都有著不同的族群關係樣貌。這些樣貌也可能受到所在區域的族群人口、族群互動經驗、族群彼此的認知、居住的形態等因素的影響。

總的來說，第一，台灣從西荷及日本殖民的種族主義、國民黨的威權國族主義到民主化的多元文化主義族群政策發展。反觀馬來西亞則從英國殖民的種族主義，在威權的國陣執政之下持續延續英國的分而治之的族群政策，只是從英國白人優勢轉化為以馬來主義及伊斯蘭主義為後盾的差別而已。第二，台灣在民主化後，各族群的集體意識持續存在著差異，但還有協商以及重塑的可能。馬來西亞則因為採納英國殖民者的種族主義，使得族群、語言、文化等都有日趨「種族化」（racialization）的現象，即一切都是生物及不變的事實，如此各族群的集體意識最後將走向死胡同中而無法自拔。第三，台灣社會整體尚未意識到族群平等的價值，惟族群主流化的方向將使各族群在正式與非正式制度間都逐漸能夠得到平等的對待。馬來西亞國家政策則相反，不但沒有族群主流化的政策，反而是一種主流族群化的制度化各種不平等對待少數族群的政策，即便在短命的民主化後[12]也無法一舉推翻根深柢固的不平等制度。

客家族群在面對這兩個完全不同的族群關係脈絡時，其實也

---

12 指由反對黨組成的希望聯盟（Perikatan Harapan）在2018年的第14屆全國大選中，首次擊敗國民陣線，正式掌權組成聯邦政府。在執政不到兩年，即因盟黨間的叛變倒戈而瓦解，史稱喜來登行動（Sheraton Move）。

發展出了大異其趣的適應結果。民主化的台灣釋放出殖民及威權時期被宰制的各種文化與族群運動，1988年起的客家族群運動喚醒了「隱形」於社會中的客家意識，以具體行動爭取客家族群的語言、文化和政治上的平權。這些族群運動催生了台灣客家事務的制度化、客家研究的學術化、以及持續並積極推出的各種客家族群政策，讓客家族群認同且願意「顯性化」地表達自己的身分。換句話說，台灣的客家從「社會理解」差異性到「制度肯認」族群性，「後運動制度轉型」的台灣客家族群，儼然已提升轉變成為一個有集體意識和行動能量的「自為客家」（Hakka for itself）。反觀馬來西亞，由於從殖民到後殖民的威權體制，持續以種族主義的排他政策對待少數族群，客家人以及各種其他的華人語言群，必須持續保持他們的隱形狀態：隱沒在一個以華人作為號召及族群認同的大傘之下，以跟排他的種族主義對抗。在種族主義有增無減之下，於可見的未來，馬來西亞的客家人只能繼續維持隱形，形塑出一種對客家有認知但無法形成客家集體意識或行動能力的「自在客家」（Hakka in itself）。

參考文獻

王甫昌，2003，《當代台灣社會的族群想像》。台北：群學出版社。

───，2016，〈由「地域意識」到「族群意識」：論台灣外省人族群意識的內涵與緣起，1970-1989〉。頁 23-82，收錄於蕭阿勤、汪宏倫主編，《族群、民族與現代國家：經驗與理論的反思》。台北：中央研究院社會學研究所。

───，2018，〈群體範圍、社會範圍、與理想關係：論台灣族群分類概念內涵的轉變〉。頁 59-141，收錄於黃應貴主編，《族群、國家治理、與新秩序的建構：新自由主義化下的族群性》。台北：群學出版社。

丘昌泰，2007，〈政策篇〉。頁 534-562，收錄於徐正光主編，《台灣客家研究概》。台北：政院客家委員會、台灣客家研究學會。

矢內原忠雄著，林明德譯，2014，《日本帝國主義下之台灣》。台北：財團法人吳三連台灣史料基金會。

吳文星，2000，〈日治時期台灣的教育與社會流動〉。《台灣文獻》51（2）：162-174。

吳叡人，2016，〈三個祖國：戰後初期台灣的國家認同競爭，1945-1950〉。頁 23-82，收錄於蕭阿勤、汪宏倫主編，《族群、民族與現代國家：經驗與理論的反思》。台北：中央研究院社會學研究所。

宋學文、黎寶文，2006，〈台灣客家運動之政策分析〉。《人文及社會科學集刊》18（3）：501-540。

李文良，2011，《清代南台灣的移墾與「客家」社會（1680-1790）》。台北：國立臺灣大學出版中心。

周錦宏，2001，《泰雅族北勢群傳統工藝變遷之研究》。台北：國立臺灣師範大學工業教育研究所博士論文。

官大偉，2014，〈空間秩序、地理再現與生態政治：台灣山地資源利用／保育的歷史地理回顧〉。《台灣原住民族研究》7（1）：159-197。

林正慧，2013，〈華南客家形塑歷程之探究〉。《全球客家研究》1：

57-122。

林果顯，2005，《「中華文化復興運動推行委員會」之研究（1966-1975）》。台北：稻鄉出版社。

林開忠，2020，〈五一三事件與馬來西亞華巫族群關係之種族化〉。頁323-345，收錄於洪泉湖主編，《當代亞洲民族問題》。台北：五南圖書。

邱欣怡，2009，〈從「皇民」到「走狗」〉。《國史館台灣文獻館電子報》40。https://www.th.gov.tw/epaper/site/page/40/513。

施正鋒，1997，〈台灣的族群政治〉。頁73-108，收錄於施正鋒編，《族群政治與政策》。台北：前衛出版社。

———，2007，〈台灣民主化過程中的族群政治〉。《台灣民主季刊》，4（4）：1-26。

施添福，2001，《清代台灣的地域社會：竹塹地區的歷史地理研究》。新竹：新竹縣文化局。

———，2013，〈從「客家」到客家（一）：中國歷史上本貫主義戶籍制度下的「客家」〉。《全球客家研究》1：1-56。

夏曉鵑，2005，《不要叫我外籍新娘》。台北：左岸文化。

———，2018，〈解構新自由主義全球化下的「第五大族群——新住民」論述〉。頁311-353，收錄於黃應貴主編，《族群、國家治理、與新秩序的建構：新自由主義化下的族群性》。台北：群學出版社。

張茂桂，1997，〈台灣的政治轉型與政治的「族群化」過程〉。頁37-71，收錄於施正鋒編，《族群政治與政策》。台北：前衛出版社。

張麗雪，2011，〈公務人員高普考試按省區定額錄取制度沿革〉。《考選論壇季刊》1（2）：53-60。

許雪姬，1999，〈皇民奉公會的研究——以林獻堂的參與為例〉。《中央研究院近代史研究所集刊》31：167-211。

許維德，2015，〈國家政策與「人群分類範疇」的形成：從「客」、「義民」、「粵人」、「廣東族」、「廣東祖籍」到「客家」〉。頁23-68，收錄於張維安等作，《客家族群與國家政策：清領至民國九〇年代》。南投：國史館台灣文獻館、新北：客家委員會。

陳東升，2009，〈台灣社會組織原則的轉換：衝突或自然演化？〉。

《長庚人文社會學報》2（2）：247-274。

傅琪貽，2007，〈台灣原住民族的近代日本國家認同（1935-1945）〉。論文發表於「東亞世界中日本社會的特徵國際研討會」，台北：中央研究院人文社會科學研究中心。

曾榮華、張雯秋，2011，〈台灣社會教科書中的霧社事件——從多元觀點分析〉。《教科書研究》4（2）：1-23。

黃鈴華，2005，《台灣原住民族的國會路線》。台北：翰蘆圖書。

楊長鎮，2015，《台南市族群主流化政策建構之研究》。台南：台南市政府民族事務委員會。

楊瑞松，2016，〈從「民吾同胞」到「我四萬萬同胞之國民」：傳統到近現代「同胞」符號意涵的變化〉。《國立政治大學歷史學報》45：109-164。

葉高華，2017，〈從山地到山腳：排灣族與魯凱族的社會網絡與集體遷村〉。《台灣史研究》24（1）：125-170。

詹素娟，2019，《典藏台灣史（2）台灣原住民史》。台北：玉山社。

台灣客家公共事務協會，1991，《新　客家人》。台北：台原出版社。

———，1993，《台灣客家人新論》。台北：台原出版社。

劉翠溶，1995，〈漢人拓墾與聚落之形成：台灣環境變遷之起始〉。頁295-347，收錄於劉翠溶、伊懋可主編，《積漸所至：中國環境史論文集》。台北：中央研究院經濟研究所。

歐陽泰著，鄭維中譯，2007，《福爾摩沙如何變成台灣府？》。台北：遠流出版公司。

蔡錦堂，2007，〈再論「皇民化運動」〉。《淡江史學》18：227-245。

鄭維中，2004，《荷蘭時代的台灣社會》。台北：前衛出版社。

蕭新煌，1988，〈客家意識〉。《客家風雲雜誌》14：70-71。

———，2002，〈台灣民主轉型中的族群意識變化〉。《香港社會學報》3：19-50。

蕭新煌、黃世明，2008，〈台灣政治轉型下的客家運動及其對地方社會的影響〉。頁157-182，收錄於張維安、徐正光、羅烈師主編，《多元族群與客家：台灣客家運動20年》。新竹：台灣客家研究學會。

謝世忠，2017，《認同的污名：台灣原住民的族群變遷》。台北：玉山

社。

藤井志津枝，1997，《理蕃──日本治理台灣的計策》。台北：文英堂。

Abraham, Collin E. R., 2004, *The Naked Social Order: The Roots of Racial Polarisation in Malaysia.* Subang Jaya: Pelanduk.

Abraham, Collin E. R., 2008, *Speaking Out Loud for National Unity: Social Change and Nation-building in Contemporary Malaysia.* Petaling Jaya: Gerakbudaya Enterprise.

Akashi Yoji and Yoshimura Mako, 2008, "Introduction." Pp. 1-20 in *New Perspectives on the Japanese Occupation in Malaya and Singapore, 1941-1945.* Singapore: National University of Singapore Press.

Atkinson, J. B., 1958, *A Survey of the New Villages in Malaya.* Petaling Jaya: Malayan Christian Council.

Enos, Ryan D., 2017, *The Space Between Us: Social Geography and Politics.* Cambridge: Cambridge University Press.

Fa Abdul, 2019, "Our tolerating nature is our weakness". in malaysiakini news and views that matter. 29 December. https://www.malaysiakini.com/columns/505192. (Date visited: September 16, 2020).

Farish A. Noor, 2009, *What Your Teacher Didn't Tell You.* vol. 1. Petaling Jaya: Matahari Books.

Freedman, Maurice, 1979, "Immigrants and Associations: Chinese in Nineteenth-Century Singapore." Pp. 61-83 in *The Study of Chinese Society: Essays by Maurice Freedman*, edited by G. William Skinner. Stanford: Stanford University Press.

Furnivall, J. S., 1956 [1948], *Colonial Policy and Practice: A Comparative Study of Burma and Netherlands India.* New York: New York University Press.

Jayanath Appudurai and Lian Kwen Fee, 2015, *Social Change in an Urban Neighbourhood in Klang: A Case Study.* Petaling Jaya: Strategic Information and Research Development Centre.

Kua Kia Song, 2007, *May 13: Declassified Documents on the Malaysian Riots of 1969.* Petaling Jaya: Suara Rakyat Malaysia.

Lee Hock Guan, 2000, E*thnic Relations in Peninsular Malaysia: The Cultural and Economic Dimensions.* Singapore: Institute of Southeast Asian Studies.

Lee Hwok Aun, 2017, "Fault Lines – and Common Ground – in Malaysia's Ethnic Relations and Policies." *Perspective – Researchers at ISEAS-YUSOF ISHAK INSTITUTE Analyse Current Events* 63.

Legal Research Board compiled, 2005, *Federal Constitution (As at 1st August 2005).* Petaling Jaya: International Law Book Services.

Mandal, Sumit K., 2008, "The national culture policy and contestation over Malaysian identity." Pp. 273-300 in *Globalization and National Autonomy: The Experience of Malaysia,* edited by Joan M. Nelsom, Jacob Meerman and Abdul Rahman Embong. Singapore: Institute of Southeast Asian Studies.

Mariam Mokhtar, 2020, "How did Malaysia become so intolerant?" in malaysiakini news and views that matter. 26 June. https://www.malaysiakini.com/columns/531819. (Date visited: September 26,2020).

Salfarina Abdul Gapor, Mohd. Zaini Abu Bakar and Azeem Fazwan Ahmad Farouk, 2009, "Explaining Ethnic Relations in Malaysia Through the 'Concentric Circle Model': Case Studies of the States of Perak and Kelantan, Malaysia". *European Journal of Social Sciences* 12 (2): 252-258.

Searle, Peter, 1999, *The Riddle of Malaysian Capitalism: Rent-seekers or Real Capitalism?* Honolulu: University of Hawai'i Press.

Smith, Anthony D., 1999, *Myths and Memories of the Nation.* New York: Oxford University Press.

Strauch, Judith, 1981, *Chinese Village Politics in the Malaysian State.* Cambridge, Mass.: Harvard University Press.

Wikipedia, "Early Malay Nationalism." https://en.wikipedia.org/wiki/Early_Malay_nationalism. (Date visited: September 28, 2020).

Zaleha Khalilur Rahman, 2017, "'I am Malaysian First': Ethnicisation and Ethno-religious Identities among Private University Students in Malaysia." Pp. 7-24 in *Malaysians and their Identities,* edited by Yeoh Seng-Guan. Petaling Jaya: Strategic Information and Research Development Centre.

第 4 章
北台灣客家帶浪漫台三線的浮現[1]

張維安、劉堉珊、劉瑞超

摘要

　　本文以台灣北部地區客家帶的台三線爲討論對象。這個帶狀分布區域中，除了客家之外還有不少原住民族，除了客家歷史文化特色之外，也有許多原住民族與漢人互動的族群故事。2016年蔡英文當選總統之後這個帶狀區域中的公路——台三線，轉身成爲國家級台三線客庄浪漫大道，由行政院成立整合平台推動相關政策。縱貫桃園市到台中市，跨越了四個行政區南北的客家文化廊帶，成爲一個分析單位。在諸多議題中，本文著重在台三線客庄浪漫大道浮現的歷史。全文分爲五個段落，一、從原住民的生活道路到客籍漢人的拓墾：分析漢人入墾以前此處爲原住民自若自在的蹊徑，如何轉變爲充滿漢人入墾的景觀。二、連結國際市場及戰備道路：近一步分析台三線如何連結國際市場與在地山林經濟，以及在作爲戰備道路的角色。三、縱貫內山與生態旅遊

1　本文爲科技部計劃（MOST 107-2410-H009-039-MY2）成果之一。

區：與戰備道路的發展有關，後來併入台三線中豐公路，終於成為縱貫南北的社區道路，在週休二日的政策實施之後，因應政府各種政策的推行，台三線朝生態旅遊方向發展。四、民選總統的浪漫大道：由於深受總統候選人的肯定，最終轉身成爲國家級浪漫大道。

關鍵字：客家帶、台三線、台灣北部

一、前言

本文所分析的台灣北部地區「客家帶」是一個客家人口密度高，具有濃厚客家歷史文化特色的帶狀分布區域。從桃園市到台中市跨越了四個行政區，是一個南北縱貫的客家文化廊帶（圖1）。客家人口調查顯示桃、竹、苗三縣市為北台灣客家人口重點區域（客家委員會也因此提列其為客家文化重點發展區）。在這個客家社群聚落呈帶狀分布的空間中，無論是語言、宗教、產業或其他文化面向，多呈現出顯著的客家歷史與文化特色，亦是觀察族群關係發展、文化接觸與變遷的極佳場域。縱貫這個文化廊帶的台三線，在2016年蔡英文當選總統之後，成為國家級台三線客庄浪漫大道。

關於台三線這個名稱，公路總局在「走在台三線」特展中指出，它是在民國51年7月完成全省公路編號時誕生，係將台灣西部內陸靠近丘陵及山麓的路段串連起來，因此又有「內山公路」之稱。現今的台三線全長436.959公里，北起台北市忠孝西路和中山南路口，南迄屏東市與台一線交會，為全台第三長之省道公路，僅次於台一線、台九線，屬於縱貫公路系統之一環（交通部公路總局，2017）。[2] 本文所討論的部分僅限於桃園市龍潭平鎮，經新竹、苗栗，到台中市新社路段部分，全長約150公里，具有豐富多元的歷史人文，是台灣北部地區重要的客家聚落。

2016年蔡英文當選總統，「國家級台三線客庄浪漫大道政

---

2 依照公路總局的說明，嚴格來說在1962年之前，並沒有所謂台三線這個名稱。本文的討論將包括尚未命名之前的歷史部分。

策」成爲政府的政策，浪漫台三線（Romantic Route 3）一詞逐漸成爲新聞媒體的關鍵詞。其想像源頭「羅曼蒂克大道」（Romantische Straße）也漸漸進入台灣人的生活世界，不同的是客庄浪漫大道是一個選舉的產物，不是由下而上發展出來的地方社會。國家級台三線客庄浪漫大道由行政院建立跨部會的推動平台，就人文形塑、環境準備、產業發展三個面向，分別擬定具體措施，分別執行。

關於客庄浪漫大道的政策及其執行的分析，將另文討論，本文僅就長時段的視角，來解讀客庄浪漫大道的誕生。在這個長時段的歷史發展中，許多互相交錯的因素，逐漸的形成或逐漸地退去。本文將藉由這些因素的興替過程來解讀客庄浪漫大道逐漸浮現的身影。通過閱讀及資料的消化說明今日客庄浪漫大道，如何從原住民生活中所存在的日常生活道路，不斷蛻變、轉型的過程。

二、從原住民的生活道路到客籍漢人的拓墾

（一）自若自在的原民蹊徑

今天我們討論的台三線客家帶地區，很早以前就有原住民居住，在苗栗縣的南端鯉魚潭水庫曾經發現多處史前時期遺址。

1984 年（民國 73 年）台灣省水利局辦理苗栗縣鯉魚潭水庫計畫環境影響評估，在水庫計畫範圍內，即大湖鄉新開村 12 鄰網形地區的東南側、三義鄉鯉魚潭村 13 鄰、苗 52 號道路附近，共發現伯公壠、三櫃坑等十二處史前時期遺址。依據考古學家的研究，苗栗地區在史前時期已有先民在此地生活，並留下許多歷

史遺跡。一千多年以前，台灣原住民移居此地，苗栗地區成爲平埔族道卡斯族的生活範圍。自17世紀中葉起，漢人開始移入屯墾，原住民被迫同化或向高山遷移（維基百科，2021）。《三義鄉志》對於三櫃坑史前文化遺址的調查有完整的說明（三義鄉公所，2009：393-496）。

漢人進來是比較後期的歷史，苗栗銅鑼的客家文化館曾經以「遇見新開」（新開莊）爲題，[3] 對這個村落的歷史做過展覽：

清代漢人來台開墾，大多是由沿海平原往近山平原和山麓丘陵地帶移動。先來到苗栗的漢人是從海線順著重要河口駐墾，然後才逐漸深入大湖、卓蘭山區，最後進入新開聚落屯墾。因此，新開聚落拓墾成庄的時間，較苗栗其他地區爲晚（客家文化發展中心，2021）。在苗栗縣境內，除了苗栗地區的平埔族道卡斯族之外，竹苗段台三線上的泰安、獅潭、南庄、北埔、關西的賽夏族、泰雅族、阿美族、排灣族和平埔族都是先於客籍漢人定居於此。歷史上在台三線走廊的原住民居住情形，從各鄉鎮志的敘述可以獲得若干知識背景。[4]

地形上來看台灣的西部河流主要是由東向西流，以新竹縣爲例，鳳山溪、頭前溪爲東西走向，苗栗的中港溪、獅潭溪、後龍溪、大安溪，及台中市的大甲溪，都是東西走向。過去談到漢人的開墾，大多也都是沿著溪流往內陸發展。內山的這些原住民族之間彼此來往的情形，就如涂爾幹所描述的環節社會（Segmen-

---

3　新開莊，從名稱可知是從漢人角度的命名。漢人的新開莊，同時也意味著原住民族的新失地。

4　請參考《台灣方志網站》http://county.ntl.edu.tw/co_page/index.php（取用日期：2021.7.6）。

tal Society）。環節社會的內部同質性高，具有較強烈的集體意識，基本上是以氏族為基礎，而這些氏族的形成也有家族和政治基礎。這些氏族具有獨特的特徵且內部有其同質性，凝聚是通過某些相似之處實現的，這是機械連帶（mechanical solidarity）所相對應的社會結構。本文以機械連帶想像此時此地的社會型態。就地形地貌來看，南北走向的通道，在早期應該還沒有得到發展，最多只是部落之內或部落之間，用腳走出來的道路。我們暫且稱之為自若自在的原住民蹊徑，用腳走出來的路，相當程度受到地理客觀環境的影響，不過也可能構成未來主要道路的參考架構。

這條貫穿南北的台三線並非天成。早期自若自在的原住民順著地形走出台三線片斷的蹊徑，基本上並不形成一條南北貫通的道路。正如涂爾幹所說，在人口數量不多、人口密度不高的時期，環節化（segmental）的部落時代，部落和部落之間的溝通，以狩獵、挑擔和步行「走出來的道路」，東西南北路網雖然聯繫著彼此，可以想像的是早期原住民族走出的生活蹊徑，和台三線的許多段落也許有所重疊，但是南北縱貫也不一定是當務之急。

（二）漢人拓墾的族群地景

漢人移民到台灣拓墾開始，漢原族群關係可以看到許多內山發展的機轉，特別是隨著清政府在台灣擴大版圖，內山區域便相對縮小，正如同每當清政府的番界政策（係指土牛紅線、藍線、紫線、綠線）愈發往東移時，也代表內山區域隨之改變，所以內山的範圍會因時空情境和指認對象而有所不同。客籍漢人和這個

地區的原住民之間，上演著一幕又一幕的攻防關係，有和「平埔熟番」合作開墾的現象，也有和「生番」你死我活的互動衝突。以台三線縱谷獅潭的開發為例，黃郁舒在〈家族、茶廠與地方派系：以苗栗縣獅潭鄉北四村為例之探討〉一文中，提到多個拓墾獅潭的家族，黃南球、劉緝光、黃棋信、傅其蘇、李阿苟、劉乞清……蟹老梅家族等（黃郁舒，2011：23-49）。

在漢人未大量入墾獅潭前，即有幾股勢力盤據其中，北邊有下樓社、西潭社等賽夏族，南邊有汶水社等泰雅族，接著少許漢人與新港社人到來，其中新港社人向尚未漢化的賽夏族訂立給墾契約入墾獅潭後，落腳獅潭中部新店村，之後在清政府「開山撫番」治台政策以及樟腦成為台灣重要經濟產業的背景下，獅潭豐富樟腦之利吸引大批漢人入墾，然而引起的漢番衝突，讓資金充裕、擁有私人武力組織的豪傑之士有發展的機會，其中以黃南球、劉緝光最為人知。兩人進入獅潭做大規模的開墾，可分為兩個階段進行，第一階段始於光緒2年（1876），此為清政府「開山撫番」的初期；另一階段則遲至光緒10年（1884）才積極展開，正是「開山撫番」銳意進行的蓬勃期。雖同屬著名拓墾家，但兩人拓墾範圍和方向有所不同，黃南球由北向南兩次拓墾直至新豐村，勢力範圍包含百壽、永興、新店、和興、新豐、豐林六個村落，劉緝光由南向北拓墾竹木村（黃郁舒，2011：16）。

其中以黃南球最為有名，苗栗有一句俗諺叫「痢屎嚇番」，就講這位黃滿頭家[5]的傳說，據說「當年在墾殖時期，番人常襲

---

5 黃滿頭家為黃南球之別名，因其乳名阿滿故得此稱呼。

擾屯墾區，因此黃南球就在番人常經過的路旁用香蕉及糞便做成一堆很大的『黃金便便』，然後在便便旁印了很多大腳印，並放出流言說漢人中有天神大巨人來助陣，一向敬天畏祖的番人驚嚇之餘，趕快退走八卦力後山，讓黃南球取得獅潭縱谷的掌控權」。《台灣大百科全書》記載，黃南球先後集股創辦「金萬成」、「金協成」等墾號，抱隘拓殖。曾被委以招撫「生番」的任務，並以「新竹總墾戶」名義專辦內山墾務。1889年與姜紹祖等合組「廣泰成」墾號，墾闢大湖、南湖、獅潭等處（曾品滄，2009）。如今在獅潭義民廟與獅潭川之間的小公園，還可以看到黃南球的紀念雕像。

獅潭之南的大湖，「在漢人入墾前，東部山區為泰雅族聚居之地。早期原住民以馬凹（Ma-Ao），或巴價拉崎（Baga-lagya）稱呼此地區。咸豐6年（1856），苗栗一堡新雞隆庄人吳立傳，出獵觀音山附近高地受困，侄吳定新聞訊馳援，見此處四面環山，中成一盆地，茅葦花齊放，微風吹遇處如湖面波狀，因此稱之為『大湖』，咸豐11年（1861），吳家叔侄率56名隘丁入墾大湖，而後組成金和成墾號，奠定拓墾大湖的基業」（文化部文化資產局，2019）。台三線上著名的法雲寺之建立，據說與劉緝光、吳家（吳定新、吳定連），以及原住民衝突相關。而法雲寺後方所建之「大湖開闢紀念碑」，內容為緬懷吳氏家族成員吳定新、吳定連、吳定貴、吳定來等人在地方拓墾上的貢獻（文化部文化資產局，2019）。這些記載著漢人拓墾史同時也是原住民族失去土地的血淚史的歷史記憶，及其所建構的族群關係地景，相關程度的說明了台三線浮現的歷程。

本文所討論的當代台灣公路網絡中省道台三線，從桃園大

溪、龍潭到新竹關西、橫山、竹東、北埔、峨眉，以及苗栗頭份
珊珠湖、三灣、南庄、獅潭、大湖、卓蘭，再到台中的東勢、石
崗、新社等區域之開墾，多數與客籍和閩人有關，其中苗栗地區
在清代的道路開發，多由閩粵人士渡海來台開拓和修建，道路的
修築依循入墾的方向由西部沿海沿著流域逐漸往東開展。以苗栗
為例，閩人以後龍為中心向南北發展。乾隆 12 年（1747）粵人
從白沙屯、後龍進入苗栗，當時的道路均是泥土路，粵人在嘉慶
年間由中港進入頭份開拓，因而修築「中港—頭份道」，道光
13 年（1833）時延長至南庄，咸豐末年大湖的人口開始往南發
展。光緒初年，吳定新等地方人士集資修築大湖卓蘭道，由南湖
行經壢底寮、校栗林、新開庄，渡哆囉固溪（今鯉魚溪）到壢西
坪，再到卓蘭。光緒 10 年（1884）黃南球為了開墾大河底、獅
潭、桂竹林，所以修建了由三灣經大河底入獅潭百壽，再經永
興、新店、和興、八角林到桂竹林與「蛤仔市（公館）」、「大
湖道」相接，據《重修苗栗縣志交通志》所載前述在光緒年間所
築的大湖卓蘭段和汶水三灣段即是如今省道台三線在苗栗地區所
行經的路段（宋國英，2005：5-10、14；轉引自何家齊，
2019）。客庄浪漫大道的雛形，至此已經大致完成其輪廓。客家
委員會大力推動的樟之細路古道，應該是在前述原住民族原有生
活蹊徑的基礎上，在漢人入墾及山林產業發展的過程中逐漸的成
型，漢人入墾不是一件單純的土地開發，它和下一節的國際經貿
有密切的關聯。山林中的樟之細路路網，漸漸和南北縱貫的交通
孔道關聯在一起。

三、連結國際市場及戰備道路

（一）國際經貿的剝削鍊索

　　這條道路從漢人入墾開始就不是以偏鄉的面貌獨自存在，而是和全球經貿聯繫在一起，「茶、糖與樟腦，是1860至1895年間，台灣的三大出口品。」台三線即是重要的茶產地，對照林滿紅的《茶、糖、樟腦業與台灣之社會經濟變遷》一書，茶的產地幾乎是沿著今天台三線的中北部丘陵段而展開，產業的運輸需求，促使地方聯絡道路初步形成，終成今日台三線的前身（陳世慧，2009：72）。從世界體系的角度來看這條路，實際上就是一條剝削的鍊索（林滿紅，2008；轉引自何家齊，2019）。台灣在西元1863年開港通商以後，因為茶和樟腦出口的關係，逐漸踏實了這條道路。由於樟腦主要產地為大料崁溪（今大漢溪）、大甲溪、大安溪、鳳山溪、後龍溪上游的內山區域，所以大料崁（大溪）、三角湧（三峽）、鹹菜甕（關西）成為當時重要的樟腦集貨中心，清政府亦將「腦館」設於艋舺、竹塹、後龍、大甲等處，因此開發樟腦如同開發內山（溫振華，2015）。客籍漢人入山焗腦的漢原互動，已經有很多論文，倒是「樟之細路」（Raknus Selu Trail）在客委會與千里步道聯手推出之後，勾勒出台三線周邊像微血管一樣的路網，提供我們關於這條路上往來人士，及各式場景的想像。

　　台灣的西北部山麓地帶，早期是平埔族道卡斯族、巴宰族，與賽夏、泰雅等族群的居住地，自漢人入墾以來，堆置土牛，畫界設隘，招募隘勇巡防。隨著移民日增，與對山區資源的需求，這條區隔不同族群的界線，逐漸往東側推移。

三百多年來，這條帶狀邊境上的人民，不時上演著漢人越界拓墾、原漢衝突，和同屬漢人的閩客籍移民械鬥的事件。然而，為了生活與生存，仍舊有原住民與漢人進行物資交易，閩客移民共同組成墾號、銷售物產，客家人與平埔族合作開墾、採樟製腦、擔任隘丁，民亂之際合組義軍守護家園，客家人與原住民聯手反抗日本統治，日籍學者深入調查民族與山林資源，西方人士深入村落行醫與宣教等等情事（台灣千里步道協會，n. d.）。

　　樟之細路不等於台三線，比較像台三線向周邊延伸的小路、是台三線的支流，國際經貿的剝削鍊鎖本地端的微血管。鄧慧純（2018）在〈樟之細路：浪漫與慢行的大道〉一文中說：「2018年，全長四百多公里的國家級長程步道『樟之細路』正式被命名，這條之前不曾出現在地圖上的路徑，主要沿著以客家聚落為主的台三線，縱向串連舊有的古道、農路、郊山步道而成。此地域昔日是大片的天然樟樹林，先民入山伐採煉腦，成就台灣樟腦王國的名號，也是帶領台灣通往 19 世紀大航海時代與世界連結的路徑。」台三線和周邊的小路共同構成了一個將在地山林經濟物資送往貿易港口的鎖鏈。

　　台三線經濟作物和國際經貿的連結中，茶葉也扮演著非常類似的角色，茶業的發展連動了台灣島內的交通發展，黃卓權（2006：14；轉引自何家齊，2019）更將台三線從峨眉經北埔、竹東、橫山，轉入芎林，經五龍鹿寮坑，越過飛鳳山古道通往關西，再從關西越過銅鑼圈柯子崎古道，經龍潭到三坑仔稱為「茶路」中的陸路。董昱指出在這個運轉中，龍潭具有重要的地理位置，是舊時茶葉運送古道的終點，也是水路運輸的起點。過去桃竹苗的茶葉產量佔全台 60%，經由古道運送至龍潭，再轉往三坑

的古渡船頭送到大溪，乘著大漢溪的水流至台北大稻埕、外銷各地，形成綿密的運輸網絡（董昱，2017）。茶葉的種植和生產與樟腦一樣，一直和國際市場聯繫在一起。正如陳板所言，「台灣日本時代，台灣最大的茶區在關西，第二大茶區在銅鑼圈，全部在台三線上面，所以在台三線上面，非常多種茶的，種出來的茶大部分都賣茶菁，就是說茶摘下來，稍微晒一下再去到大稻程，再重新分類賣出去。」（陳沿佐、徐榮駿，2016）茶葉的生產和國際貿易的關係是無庸置疑的，而台三線在茶貿易的國際連結上扮演著重要角色。關西台紅茶業文化館展示的台灣茶葉輝煌外銷歷史：「我們的茶出口到過全世界八十六個港口」，「從歐美、肯亞、伊朗到智利，台紅茶葉的足跡遍布五大洲」：另外東方美人茶的故事內容，也是茶葉國際貿易的佐證：傳說是1960年左右，膨風茶在英國舉辦的世界食物博覽會上得銀牌獎，而獻給英國女王伊麗莎白二世品嘗。女王品嘗後，讚不絕口，賜名「東方美人茶」（維基百科，2021）。[6]

除了焗腦、茶葉之外，焗香茅、蠶絲、竹林資源也扮演相似的角色，這些產業都是以國際貿易項目的身分存在，促進了這條道路進一步蛻變和發展。

（二）治政權的戰備道路

如同布勞岱爾（Braudel，2002：339）在《地中海史》說到：「如果沒有暢通的道路，地中海也就談不上有統一性」。道

---

6 關於東方美人茶的來源，雖然依然在民間流傳著，不過並沒有可靠的根據。

路建設是國家加強空間統治的手段，從中國歷史上的驛道、前哥倫布時代的美洲道路、古羅馬帝國的路網，皆說明了道路除了具備經濟功能外，也與政治功能密切相關（周永明，2015）。清代、日本時代和民國時期的國家政策都分別促進了台三線上長寬不一，規模不同的各段道路之轉型。作爲鞏固國防戰備道路的角色，從日本時代以來逐漸具有其重要性。

　　日本總督府於明治28年（1895）將台灣納入日本版圖後，爲了迅速拓展權力和政治控制，所以派兵修築南北縱貫道路，而前述路段大多是依循著清代的既有道路進行的道路工程，由於這些路段是爲了方便軍隊前進，所以基底是否穩固、路面是否平坦皆非工程考量因素，此外也礙於完工時間短暫以至於道路十分精簡（陳俊，1987：217-220；轉引自何家齊，2019）。第16任台灣總督（中川健藏）於昭和8年（1933）興建中豐公路作爲戰備道路，是因爲「接下來又發動戰爭，眞正發起戰爭是民國26年（1937）、27年（1938）。1933年中川健藏總督意識到很重要，建了這一條方便運輸，而且發現台一線很容易受到攻擊，所以建一條戰備道路。」（受訪者，E2019.03.08）[7]

　　關於台三線上的戰備道路，前公路總局局長嚴啓昌認爲省道台三線「最初修築的目的，正是爲了促進內山偏遠鄉鎮的經濟」，其任內所實施的台三線拓寬案在剛提出時，經建會曾以不合乎經濟效益進行攔阻，當拓寬案確立時前國防部長宋長志則曾詢問：「台三線的載重，能否支撐美製的M60戰車？」台三線

7　這是何家齊（2019）碩士論文所訪問的對象。

其中一段的中豐公路即是一條建於日本時代的戰備道路，「從作戰的角度而言，台三線是所謂的『最後確保線』；也就是說，當敵軍從海上登陸後，一定會往東邊進犯、壓迫，這時要是位於平原的台一線被炸毀，身處內地的台三線就成爲唯一能承擔重任，提供戰車行走的機動道路了」（陳世慧，2008：70-71；轉引自何家齊，2019）。關於戰備道路部分，公路總局在「走在台三線」特展中特別介紹「澐密戰備道路」的發展歷史。澐密戰備道路是指台三線從嘉義澐水到台南密枝的這一路段，是台三線最後建成的路段。這條全長65公里戰備道路的開闢，主要目的是作爲戰時台一線遭敵人破壞後之備用道路（交通部公路總局，2017）。這段文字說明了台三線具有戰備道路功能的事實，但也說明了這一段戰備道路，並不在本文所討論的「浪漫大道」路段。

在張澎編著的《台灣公路建設紀要》中，對於台三線的戰備道路時指出，「中豐公路是基於戰備構想擬定貫通內陸之路線，北起中壢，經龍潭、關西、竹東、三灣、汶水、大湖、東勢，至豐原，全長146公里。其中三灣至汶水段尚未開闢，僅有小路可通。已成路線，多有崩坍淹沒，以中壢至龍潭及東勢至豐原較佳」。此處所討論的中豐公路，自龍潭以南已併入今台三線（張澎，2017）。可見浪漫台三線在選定爲戰備道路之前，雖然已成路線，但是整體的建設還不完備，只有中壢至龍潭，以及東勢至豐原較佳，其他路段之整治，似乎是因爲基於戰備構想擬定貫通內陸路線之故。

四、縱貫內山與生態旅遊區

（一）聯繫南北城鄉的中豐公路

　　作為戰備道路和作為社會治理的公路交通需求，目的雖然不同，但也不全然相背。作為社會治理，聯絡城鄉之間的關係，中豐公路扮演了重要的角色。日本時代，第五任台灣總督（佐久間左馬太）來台後著重於「理蕃政策」，因此於明治44年（1911）起進行「理蕃五年計畫」，與理蕃政策相關的理蕃道路，便是在此一時期新建與修築了通往桃園、新竹、苗栗和台中山區的道路，其中包含桃園復興—新竹關西、新竹五峰—橫山、新竹五峰—苗栗汶水、苗栗大湖—苗栗泰安等路段（陳俊，1987：252-255；轉引自何家齊，2019）。昭和8年（1933）總督府著手修建一條相對於海岸縱貫線的山邊縱貫道路，該路段係自台北州三峽起，經新竹州管轄內之大溪、龍潭、關西、竹東、北埔、珊珠湖、三灣、獅潭、大湖、卓蘭等地至台中東勢之道路，而該道路即是後來的中豐公路，可以說是台三線的前身。雖然到了民國時期，還有許多路段容易崩坍，不過此時浪漫台三線所涵蓋的路基結構，似已成型。

　　編纂苗栗縣內多本鄉鎮誌的資深文史工作者說：「民國20年日本要把這條道路拓成國防用的陸軍通道，才拓寬成可以通行大型車輛的道路，對南北貨物的運輸就比較方便。日治中期之後有汽車，民國28、29年大湖到苗栗才有公共汽車，交通工具的改變是道路拓寬很重要的因素。」（受訪者，D2019.03.07）[8]省

8　這是何家齊（2019）碩士論文所訪問的對象。

道台三線在民國初期仍是碎石級配路面，道路寬約10公尺至12公尺，1950年代中期才漸次鋪設瀝青路面（即柏油路），1970年代基於山區客貨運輸的需要，將台三線拓寬工程列入國建6年計畫，而苗栗段是全線最後完成四線道工程的一段，遲至民國86年（1997）底才完成，台三線雖然有些路段還有改善的空間，但往來的車輛已方便許多，對農產品的外運也具有莫大助益（宋國英，2005：14-15；轉引自何家齊，2019）。作為連結城鄉的四線道中豐公路，差不多就是今天所看到的台三線公路了。

（二）週休二日的生態地景

1970年代的台灣產業結構逐漸改變，在農業經濟轉型為工商業發展的過程中衝擊了許多傳統農業，而以傳統農業為主的客家鄉鎮，也因此面臨到青壯年人口大量外移至都會區的危機（謝世忠、劉瑞超，2012）。不過西元1998年實施「隔週休二日」後觀光產業便逐漸發展（張維安、謝世忠，2004）。隔週休二日制度是每隔一週，60多萬公務員及部分勞工，可享一次週六、週日連續假日。1998年實施後，文化觀光產業的興起，傳統農業也逐漸轉型為文化產業，尤其輔以「文化產業化、產業文化化」為目標的社區總體營造政策，至西元2001年又進一步實施「週休二日」，「對提升生活品質、激勵公務員士氣、活絡觀光休閒事業、增加休閒性消費，均具正面功能」（許毓圃，2007）。一連串的政策發展不僅帶動了竹苗內山聚落的文化產業，也為當地帶來發展文化觀光的契機（李威霆，2008；轉引自何家齊，2019）。

台三線相關的生態因素，成為都市人想像的後花園。相應的

其他政策是，經濟部在1989年推動，一鄉鎮一特產地方特色產業輔導計畫，行政院農業委員會自1990年起以「改善農業結構、提高農民所得」為目標發展「休閒農業計畫」，2001年再推行「一鄉一休閒農漁園區計畫」，並以「提振國內農業產業活力，創造就業機會及協助農業轉型」為目的，而在加入WTO的背景下「鼓勵舉辦園區創意大賽，藉以吸引消費者前往購買成品與參訪園區，並提高園區農民收入，增強農民轉型經營休閒農業之意願」，將原本的一鄉一休閒農漁園區計畫更名為「休閒農漁園區計畫」（謝世忠、劉瑞超，2012；朱錦龍等，2006：373），2002年推出「休閒農業園區」，並將該年訂為「台灣生態旅遊年」，2003年開始實施「國民旅遊卡」，2005年要建置完成50個健全的生態旅遊地，積極推動觀光客倍增計劃。

在這樣的政策背景及社會脈絡中，此一時刻台三線，不只是一條公路，而是一個個生態區域，是週休二日生態旅遊的重要去處。台三線上，推出許多休閒產業，南庄的小木屋、山芙蓉；內灣的螢火蟲、北埔的東方美人茶、獅潭的貓頭鷹、打鹿坑的油桐花坊，大多是以在地的生態特質為基礎。客委會還推出「客家地區文化生態旅遊之基礎調查」。當時我們把這種以生態為基礎發展的台三線，稱為客家新經濟園區。這條客家文化經濟走廊，就是後來的浪漫台三線。

五、民選總統的浪漫大道

關於「 國家級台三線客庄浪漫大道」發展成民選總統的政

見背景，[9] 2011年楊長鎮參選苗栗縣山區選區立委時，曾經成為紙上的「台三線客家漫遊走廊」，後來直接轉化成蔡英文的總統選舉政策。劉慧真（2017：2）指出：楊長鎮「在2000年民主進步黨執政期間，曾任行政院客委會主秘，是客家桐花祭的重要推手，以節慶行銷為主軸，思考如何將觀光客引入客庄，成功帶動桃竹苗地區餐飲、民宿、客家美食品牌等觀光產業的蓬勃發展，一度造成空前的成功，產出數百億產值。但在客家桐花祭走過多年以後，不論是地方人士或是產官學者，都在思考下一階段的客庄文化經濟新方向。楊長鎮於2011年7月、8月在苗栗縣十鄉鎮密集舉辦『大家來講政見』的政策座談會後，發現客家鄉鎮普遍存在著文化與經濟空洞化的問題。因此，提出了『台三線客家慢遊走廊』的競選承諾作為解決方案」。

2012年大選結束至2016年蔡英文再次參選總統期間，同一政策再次被提出來：此期間「財團法人小英教育基金會」以及民進黨政策會，持續研議相關政策內容。當時擔任民進黨客家部副主任的劉慧真參與了蔡英文客家政策相關研擬工作的行政幕僚，負責政策文件的匯稿，陸續完成「2016總統大選蔡英文客家政策主張」，以及「國家級台三線客庄浪漫大道政策」（劉慧真，2017）。[10] 嚴格來說「國家級台三線客庄浪漫大道」的政策正式拍板，至於其形成過程，可參考劉慧真（2017）本人的博士論文：〈「浪漫台三線」的想像：影像、性別與文化治理〉。

---

9 關於其過程，劉慧真（2017）有近距離的資料，甚至於親身參與其中。本節主要以其博士論文觀點為主。

10 請參考劉慧真（2017：166）的博士論文附件四：「國家級台三線客庄浪漫大道政策」（2015年8月15日，楊長鎮、劉慧真匯稿）。

在2016年新任總統蔡英文「打造國家級台三線客庄浪漫大道，建構客家經濟政策新思路」下，自若自在的原民蹊徑，於焉蛻變為台三線客庄浪漫大道，成為國家的政策和社會新聞媒體報導的關鍵字。

六、結語

台灣北部客家帶中的台三線，經過歷史上多次的蛻變，終於浮現出國家級台三線客庄浪漫大道。在這個過程中，有許多族群互動的歷史需要處理，客家委員會甚至推動逆寫客家與原住民的歷史，有待繼續深入。作為內山公路的台三線，如何在世界山林經濟貿易中扮演重要的角色，這牽涉到許多山林經濟的分析，以及客家和原住民之間的互動，漢人的拓墾對應著原住民的流離失所，作為台三線周邊路網的樟之細路所蘊藏的意義，非常值得和今天所謂浪漫的氣氛進行對話。

隨著社會的改變，六零年代工業發展造成台灣鄉間人口的流失，離農人口逐漸增加，留下的好山好水，在台灣觀光人口增加之後，逐漸成為都市的後花園，特別是所留下的生態環境，成為許多人假日心怡的地方。農業時代的低度發展，轉身成為當代的生態產業，長時期累積下來的這些基礎，終於蛻變成一條浪漫大道。

參考文獻

三義鄉公所，2009，《三義鄉志》——〈三櫃坑〉，頁393-496。https://www.sanyi.gov.tw/News.aspx?n=3584&sms=10723（取用日期：2021年7月3日）。

文化部文化資產局，2019，〈大湖開闢紀念碑〉。https://nchdb.boch.gov.tw/assets/overview/historicalBuilding/20190530000004（取用日期：2021年7月3日）。

社團法人台灣千里步道協會，n. d.，〈樟之細路 Raknus Selu Trail〉。https://www.tmitrail.org.tw/roadmap/1434（取用日期：2021年7月3日）。

交通部公路總局，2017，〈公路總局幸福公路館邀請大家一起來探尋台3秘境！〉。https://www.thb.gov.tw/sites/ch/modules/news/news_details?node=eeb33aa6-58a1-4d5d-b6aa-28dd4d5270b0&id=27b56493-5cec-4e60-afb7-a440f5408244（取用日期：2021年7月7日）。

何家齊，2019，《國家與「浪漫台三線」的浮現：關西到卓蘭》。新竹：國立交通大學客家文化學院碩士論文。

宋國英，2005，《重修苗栗縣志交通志》。苗栗：苗栗縣政府。

李威霆，2008，〈客家節慶的文化意涵與發展策略：由各國發展「文化觀光」經驗看苗栗火旁龍文化〉。頁127-145，收錄於胡愈寧主編，《文化與產經的對話：戀戀後龍溪論文集》。台北：華立圖書。

林滿紅，2008，《茶、糖、樟腦業與台灣之社會經濟變遷（1860-1895）》。台北：聯經出版公司。

客家文化發展中心，2021，〈遇見‧新開〉展覽回顧（第二特展室：新開聚落的變遷暨鯉魚潭水庫開發史）。https://thcdc.hakka.gov.tw/1241/1258/7373/8061/post（取用日期：2021年7月4日）。

張泍編著，2017，《台灣公路建設紀要》。台北：財團法人中華顧問工程司（106年度研發計畫成果）。https://www.ceci.org.tw/Upload/

Download/AE06BCBE-E203-4227-94BD-BA3BA7B49FEA.pdf（取用日期：2021年7月7日）。

張維安、謝世忠，2004，《經濟轉化與傳統再造：竹苗台三線客家鄉鎮文化產業》。台北：行政院客家委員會、南投：國史館台灣文獻館。

許毓圃，2007，〈政府機關全面實施週休二日成效之評析〉。國家政策研究基金會，https://www.npf.org.tw/1/455（取用日期：2021年7月7日）。

陳世慧、林日揚、蔡文村，2008，〈穿越豐饒丘陵　內山縱貫公路台三線〉。頁70-80，收錄於《台灣脈動：省道的逐夢與築路》。台北：經典雜誌。

陳沿佐、徐榮駿，2016，〈浪漫台三線開發史，藏著先民辛苦血淚〉。客家新聞，http://www.hakkatv.org.tw/news/207157（取用日期：2021年7月6日）。

陳俊，1987，《台灣道路發展史》。台北：交通部運輸研究所。

曾品滄，2009，〈黃南球〉。《台灣大百科全書》。文化部，https://nrch.culture.tw/twpedia.aspx?id=5744（取用日期：2021年4月23日）。

黃卓權，2006，《客路：古道古橋關西路》。台北：行政院客家委員會。

黃郁舒，2011，《家族、茶廠與地方派系：以苗栗縣獅潭鄉北四村為例之探討》。新竹：國立交通大學客家學院碩士論文。

董昱，2017，〈轉來打拼台三線：年輕人為地方奮鬥的浪漫〉。《桃園志》，Vol. 27。https://www.fountain.org.tw/article/taiwan-provincial-highway-3（取用日期：2021年7月6日）。

維基百科，2021，〈東方美人茶〉。https://zh.wikipedia.org/wiki/東方美人茶#東方美人茶（取用日期：2021年7月7日）。

維基百科，2021，〈苗栗縣〉。https://zh.wikipedia.org/wiki/苗栗縣（取用日期：2021年7月1日）。

劉三旅遊日記，2011，〈痟屎嚇番黃南球〉。https://blog.xuite.net/artliou/twblog/140212610（取用日期：2021年7月4日）。

劉慧真，2017，《「浪漫台三線」的想像：影像、性別與文化治理》。

花蓮：國立東華大學族群關係與文化學系博士論文。

潘美玲，2015，〈國家政策與客家族群產業經濟的發展與變遷〉。頁70-116，收錄於張維安等主編，《客家族群與國家政策：清領至民國九〇年代》。台北：行政院客家委員會、南投：國史館台灣文獻館。

鄧慧純，2018，〈樟之細路：浪漫與慢行的大道〉。《台灣光華雜誌》，https://www.taiwan-panorama.com/Articles/Details?Guid=24D65FC7-9734-4F56-8881-631881738D17&CatId=10（取用日期：2021年7月4日）。

謝世忠、劉瑞超，2012，《客家地方典慶和文化觀光產業：中心與邊陲的形質建構》。台北：行政院客家委員會、南投：國史館台灣文獻館。

Braudel, F., 2002, *The Mediterranean and the Mediterranean World in the Age of Philip II*. Taipei: The Commercial Press.

第 5 章
台三線客家帶客原族群政治：苗栗泰安

周錦宏

摘要

　　台三線俗稱內山公路，其中桃竹苗地區部分路段早在清代時就是原住民族與客家族群生活圈的界線，也是原客族群政治與經濟權力角力的場域。檢閱台灣關於客原族群關係的研究較多從歷史脈絡下探討族群邊界之形塑，或者是從通婚、信仰、語言接觸等社會文化互動下族群身分的認定與認同之轉變，而相關族群政治研究也多聚焦於單一族群內、省籍間或閩客間之政治權力分析，較少從政治權力與制度安排的觀點來探究客原族群間之政治關係。本研究選擇台三線客家帶的苗栗縣泰安鄉為分析案例，係因泰安鄉既是山地原住民地區，也是客家文化重點發展區之「客原複合行政區」。本研究以 1945 年作為時間分期，1945 年以前聚焦於日治時期理蕃政策下的客原族群政治樣貌，1945 年之後則是討論實施山地平地化、地方自治後的客原族群政治之互動。並從歷史脈絡下的客原族群關係，客原族群人口、經濟結構下的政治權力關係，以及相關治理機制和制度安排下對客原族群政治的影響等，來勾勒台三線客家帶客原族群政治的圖像。

關鍵字：台三線客家帶、山地原住民地區、族群政治。

一、前言

　　台三線俗稱內山公路，其中桃竹苗地區部分路段早在清代時就是客家人與原住民[1]生活圈的界線，也是客原族群政治與經濟權力角力的場域。清康熙56年（1717）的《諸羅縣志》這樣描述：「凡山之綿渺阻絕，人跡不到者，統稱內山」，又：「內山峻深幽邃，生番之所居」；也就是說，所謂「內山」是人跡不到之處，且是生番所居之地；而所謂「人跡不到」的「人」，乃僅指漢人而言，生番並未包含在內（黃卓權，2004）。所以清代治理台灣時，為防止漢人越界開墾和窩藏於番地，也為防生番逸出為害，以土牛、土牛溝或土牛紅線做為一條劃分漢、番權利與義務的界線（施添福，2001），採取原漢分疆劃界的族群管理策略。清乾隆26年（1761）所築土牛溝，以及因應墾拓之需於乾隆55年（1790）新劃番界，台三線仍是位於新番界以東的內山地區，亦是「輿圖定界之外」的地區。1874年「牡丹社事件」後，清末光緒年間推動「開山撫番」政策漸次將番地納入官方版圖，加上土地開發、伐木採樟等經濟誘因，官府和墾殖者不斷地設隘擴張、衝突掠奪，而原本原漢分治界線不斷地向內山推進，使得原住民的生活空間逐漸縮小，以致原漢間的衝突加遽。

　　泰安鄉位於苗栗縣東南方、台三線東側，是全縣面積最大的鄉鎮市，約佔全縣總面積的三分之一；北及東北方與新竹縣五峰

1　本研究所稱之原住民，係指外來殖民者、統治者進入台灣前，原已居住在台灣的南島語族群。而文中使用「番」（清領時期對原住民的稱呼）或「蕃」（日治時期對原住民的稱呼）係援引歷史文獻使用的文字，不帶有貶義之意。

鄉、尖石鄉接壤，西北方連接苗栗南庄鄉、獅潭鄉，西鄰苗栗大湖鄉、卓蘭鎮，南與東南方與台中市和平區為鄰。在日明治37年（1904）的《台灣堡圖》及大正5年（1904）的《蕃地地形圖》中，泰安鄉仍屬蕃地，漢人移入的時間相對其他原住民鄉鎮而言是較晚地區，也是苗栗縣唯一的山地原住民地區。[2] 根據戶籍資料記載，客家人移入始於日大正5年（1916），該年3月劉阿慶、饒運火率家人入籍南洗水（今清安村），曾進欽、謝阿運入籍北洗水（今清安村），傅阿石、吳阿宗入籍打必曆社（今錦水村），是第一批進入泰安鄉的客家人（泰安鄉志編纂委員會編輯，2008）。

　　桃竹苗內山的開發與客家人息息相關，因此要了解客家族群與原住民族群間政治權力關係，台三線客家帶是很重要的研究場域。檢閱台灣關於客原族群關係的研究較多從歷史脈絡下探討族群邊界之形塑，或者是從通婚、信仰、語言接觸等社會文化互動下族群身分的認定與認同之轉變，而相關族群政治研究也多聚焦於單一族群內、省籍間或閩客間之政治權力分析，較少從政治權力與制度安排的觀點來探究客原族群間之政治關係。因此，本研究以1945年作為時間分期，1945年以前聚焦於日治時期理蕃政策下的客原族群政治樣貌，1945年之後則是討論實施山地平地化、地方自治後的客原族群政治之互動。並從歷史脈絡下的客原

2　「原住民地區」係指原住民族傳統居住，具有原住民族歷史淵源及文化特色，經原住民族委員會報請行政院核定之地區。目前已核定的地區包括24個山地鄉、6個直轄市山地原住民區及25個平地原住民鄉（鎮、市），共55個鄉（鎮、市）。

族群關係，客原族群人口、經濟結構下的政治權力關係，以及相關治理機制和制度安排下對客原族群政治的影響等，來勾勒台三線客家帶客原族群政治的圖像。

二、1945年前客原族群政治之樣貌

清代的土牛溝到日治的隘勇線，其目的是要將原住民隔離於官方管轄界之外；不過就現在的觀點來看，也可視為當時的政府劃定了原住民的「保護區」或「自治區」，也同意原住民保有傳統的生活領域。但隨著隘勇線推進，原本分隔客原政治區域的界線變得模糊且不具約束力，泰安鄉客原族群政治的樣貌亦將隨之改變。

（一）部落組織與隘防團體：原客分界的政治實體

在殖民統治者和國家力量尚未進入泰安鄉之前，泰安鄉主要的族群為原住民族的泰雅族（Atayal）。泰雅族分為賽考列克（Seqoleq）、澤敖列（Tseole）兩個語群，分布於台灣中北部山區：南投縣仁愛鄉、台中市和平區、苗栗縣泰安鄉和南庄鄉、新竹縣五峰鄉、尖石鄉和關西鎮、桃園市復興區、新北市烏來區、宜蘭縣大同鄉和南澳鄉等。泰安鄉的泰雅族語群包含有賽考列克的石家路群，澤敖列的汶水群、北勢群、鹿場群、大湖群等（廖守臣，1984）。

泰雅族社會以部落（alang／qalang）為基本單位，傳統部落以一個或多個血緣親族為基礎，部落的領導人為頭目，對內處理部落公共事務，對外代表部落與其他部落間的締結、宣戰與媾

和。頭目的產生可採世襲制，也有是由前任頭目從族人中挑選富領導能力，又熟記gaga[3]者擔任。若是族人對頭目領導不滿意，可以帶領部落部分族人離開另組一個部落組織，形成泰雅族多部落的現象，但部落亦可能殲滅或合併其他部落成為較大部落組織。泰雅族頭目雖是部落的代表，具領導權，但頭目沒有部落事務獨自決定的權力；當部落有重大事情要決定時，頭目會召集各家族長舉行長老會議共同研商，來形成部落的集體決定（周錦宏，2001）。換言之，泰雅族部落可謂是平權的社會，也是集體決定的政治組織，且是依據gaga的規範賦予部落頭目、長老會議之政治權力。

早期墾殖者為防「生番滋擾」，和阻止漢人越界私墾、私採，會在原漢分界線外緣地區「設隘防番」。所謂「隘」，就是以圍牆或障礙物所構成的防禦設施，這種隘防設施，通常是由隘寮、隘首、隘丁和隘糧（或稱隘租）所組成，近似一種自治性質的鄉庄民防保安團體，對內是負責警察性質的工作，對外則是軍事性的防衛功能（黃卓權，2004）。苗栗地區在清末即為重要的隘墾區域，初期隘勇線的隘防多為「民隘」，是由大墾戶私募隘丁來伐樟焗腦，像是三灣與獅潭一帶由黃南球等人所成立的「廣泰成」墾號（鄭安晞，2012：142、180）。然而，民隘團體其實是地方擁有財力、人脈的仕紳透過官府授權，增加了他們在地方

3　gaga是泰雅族生活、信仰與社會體制及權力結構的最高準則，泛指祖先的訓示，也是部落的宗法制度，舉凡部落的狩獵、農耕、歲時祭儀、征戰出草、權力繼承，到泰雅族人從出生、命名、學習狩獵與織布、紋面、結婚、生育、死亡的生命禮俗等都受到gaga的規範（馬騰嶽，1998）。

事務上的參與權與控制權；是一種「家產官僚制」概念，這些被官員委任的地方仕紳表面上是官僚，但事實上卻是把官職當作自己的家產，在爲官方執行任務的同時，努力擴大自己的社會經濟利益，並提升自己在社會上的領導權（林文凱，2014：162）。而苗栗的隘防團體在客家籍墾殖者與地方官府合作下，招募客家人擔任開墾佃人、隘丁或製腦工人，進入內山設隘開墾。

（二）警察力量介入後原客政治實力之消長

日明治 35 年（1902）發生「南庄事件」，因該事件有生蕃、隘勇等人參與，日本官方將主管隘勇線的機關改爲警察本署，將警察本署的蕃務掛（蕃務組）升級爲「蕃務課」，掌管「蕃人」、「蕃地」及隘勇等相關事項，並將隘勇全部改爲官派，不但便於統一調度，更可做爲隘勇線推進及蕃地經濟開發之後盾（藤井志津枝，1997）。日本政府以優勢的軍警力量推進隘勇線來包圍「生蕃地」，最後再變成由國家所掌控下的「蕃地」（鄭安晞，2012：154-155），而屬於蕃地的泰安鄉在漸爲國家管控時，客家人才開始進入墾殖，泰安鄉也進入客原族群競爭與衝突場域。

泰安鄉自日大正5年（1916）到日昭和20年（1945）計移入305戶1,108人，最多的三個村爲清安村693人（62.5%）、錦水村206人（18.6%）、梅園村164人（14.8%）（泰安鄉志編纂委員會編輯，2008）。日本人爲開採樟腦會雇用客家籍腦丁在泰安鄉製腦，在客家人較多的清安村就有一處「腦寮坑」的地名，日本人也會雇用客家人充任隘勇。之後隨著蕃情平穩，隘勇需求慢

慢降低，最後以「警手」[4]一職在日治時期繼續扮演蕃界警戒、補給、庶務的工作（鄭安晞，2015：14）。在地原住民耆老口述就說：「泰安鄉共設置了22個警察駐在所，除設置在人口較多的部落外，其餘大概每隔4公里或步行1小時的距離，設置1個駐在所，每個所雇用5-10位客家人當警手；而人口較多的駐在所，設有醫護室、交易所、蕃童教育所，也雇用客家人當搬運物資的輸送隊伕役。」（台灣省文獻委員會採集組編，1999）之後，日昭和後期移入的客家人，則是因為日本政府鼓勵種植苧麻和確保戰備物資，而進入泰安鄉的州有或國有土地從事種植苧麻、雜糧及伐木等工作（泰安鄉志編纂委員會編輯，2008）。蕃地作為特殊空間，在警察系統掌控下，依循特定的法令運作，讓蕃地警察掌握治安、行政、衛生、教育及經濟權（陳慧先，2020：25；鄭安晞，2015：14）。泰安鄉警察駐在所的日本警察才是在蕃地擁有政治權力者，除監督隘勇（警手）外，更監視原住民一舉一動，而客家人則是依恃統治者的授權，為爭奪山林資源和土地資產與原住民發生衝突，進而改變客原族群政治的角色和地位。

　　1930年「霧社事件」後，日本政府為了有效管理和教化原住民，以及擴大山林資源的開發，於日昭和6年（1931）提出新的「理蕃政策大綱」，其中第5條明示：「蕃人經濟生活的現狀，雖以農為主，但大多為輪耕，其方法極其幼稚，將來應獎勵

4　大正4年（1915），隘勇線名稱改為警戒線，廢除部分監督所與分遣所後，改稱警戒所，也把隘勇寮裁掉；大正6年後，皆無隘寮；大正9年（1920），「隘勇」轉變成警察的最低階警員「警手」，「隘勇」一詞正式消失於官方文書（鄭安晞，2015：14）。

定地耕作，或施行集團移住，作為改善他們的生活狀態，並共同努力經營其經濟自主獨立。」所謂獎勵「定地耕作」，乃是有計畫地將原住民傳統狩獵燒墾的生產型態，改變為「水田定耕」的農作方式，透過「授產」一定土地鼓勵原住民從事定耕，並將原住民移住到適合水稻種植的山腳地區。這大規模、系統性的推動「授產指導」、「獎勵定耕」、「集團移住」等理蕃措施，散解了原本部落組織的功能，削弱了部落的勢力範圍。除此之外，泰雅族傳統土地產權概念除私有外，尚存在「共有共用」的關係，彼此分享土地利用與管理的權利，當部落共有的土地變成國家所有，而土地使用權私有化，亦導致部落族人為爭奪土地使用權產生紛爭，撕裂部落內部的情感與凝聚力（陳亭伊、顏愛靜，2011：53），更讓原住民沒有辦法集結力量對統治者作出反抗。

三、1945年後客原族群政治之互動

戰後，原本在泰安鄉的客家人大部分仍留下來從事農耕或雜貨買賣工作，也有部分客家人因原來居住的地方沒有田產、沒有工作，為了解決生計問題，只好到山裡謀生。1950-70年代間，泰安鄉因伐木林班增加、煤礦開採，以及香茅、桃、李的盛產，吸引更多的客家人移入，從事種植、勞動、買賣等工作。這從民國40-60年度泰安鄉原住民人口數才約佔二分之一而已，民國50年平地人還多過原住民（詳見表1），可以得到驗證。

事實上，從日治到原住民自覺運動間，客家人在泰安鄉因為有較好的農耕技術，教育程度也比較高，有不少人是擔任公職人員，相對地擁有較好的社經地位。然而，當國家力量與制度性機

表 1 民國40-90年度泰安鄉人口數及原住民人口比例表

（單位：人）

年度	總人口數	原住民族人口數	原住民族比例
40	5,177	2,637	50.9%
50	6,562	3,162	48.2%
60	7,494	3,842	51.2%
70	6,274	3,852	61.4%
80	5,630	3,686	65.5%
90	5,600	3,821	68.2%

資料來源：泰安鄉志編纂委員會編輯，2008，《泰安鄉志》。

制介入後，客原族群在土地使用被限縮，在生活型態被同化、現代化，政治運作被民主化，以致客原族群在人口、政治與經濟結構不對等的狀態下，衝擊著客原族群政治互動的方式。

（一）「山地平地化」政策讓原住民流離、失根

　　1953年台灣省政府訂頒的「促進山地行政建設計劃大綱」提出「山地平地化」施政目標，其目的在於促使原住民與大社會合流同化（周錦宏，2001；詹素娟，2019）。該政策中有兩大部分讓原住民完全失去其主人的地位。第一個部分是，取消山地保留地制度並實施放領。1960年公布的「台灣省山地保留地管理辦法」規定，山地保留地屬國有，可供非原住民之公私企業及個人申請墾殖開礦，甚至優惠公教人員無償使用保留地栽種；之後，迫於原漢之間保留地買賣的事實，將原屬漢人非法佔用保留地改採「就地合法化」給予承租權（顏愛靜、陳亭伊，2012：8-9）。這使得泰安鄉的原住民將較平坦土地轉租給客家人，有的還可能被客家人佔用，並引進資本主義的生產方式，原住民被迫遷移到更深山的地區生活，客家人也逐步掌控泰安鄉土地開發

和產經資本的權力。

　　第二部分則是原住民教育。在國語推行運動的壓迫下，讓原本只有語言沒有文字的原住民文化，快速消失。由於原住民的教科書、就學與升學納入一般學制，政府雖藉由各項優待措施來改善原住民受教機會和學習環境，但也讓原住民文化的傳承產生了斷層。不過，原本在泰安鄉的客家人為了其子女能接受較好的教育機會，選擇遷居到大湖鄉、公館鄉、苗栗市區；也有極少部分原住民有能力者，同樣選擇遷居到讓其子女能接受較好教育的地區。表1就顯示，自民國60年起泰安鄉總人口數也開始下降，除了是因為天然林禁伐、煤礦枯竭、天然災害，以及工業化發展地區有較好、較多的就業機會外，土地流失、受教機會也是促使原住民離開部落的原因。

　　山地平地化政策標籤化的歧視，使得原住民在國家制度下被迫離開居住的土地，使用自己陌生的語言，接收同化思想的教育，從事社會底層的工作，以致完全地喪失自我身分的認同，原住民不但流離且失根，還不能擺脫汙名化的傷害。

（二）原住民政治平地社會化

　　傳統泰雅族是以頭目為部落政治、社會的領導者，部落裡大大小小的事情都是頭目在處理、裁決；但戰後實施地方自治後，縣議員、鄉長、鄉民代表、村長等公職、民意代表是經由選舉產生的，使得原為部落族人發聲、傳承部落文化的頭目，慢慢失去其價值與地位，頭目文化不但未得到延續，反而就此消沉沒落，最後變成只是一種象徵性代表，實際上擁有政治權力和資源是由選舉產生的行政公職、民意代表。自治選舉的行政領導取代傳統

部落的頭目領導，徹底讓原住民的政治運作「平地化」。

特別的是，泰安鄉鄉長、山地原住民縣議員不少當選者多有軍警公教的相關公職經歷。由於從事公職的原住民知識菁英較頭目、村落或社區的領導者能了解政治如何運作，較容易在政治實踐活動中獲取政治知識和能力，也較能接觸和連結相關政治人物和組織。這也可以說，有公職歷練的知識菁英受到平地「政治社會化」（political socialization）影響之現象。不過，相對地也較會受到地方派系、政治家族，以及掌控地方經濟發展權力者或利害關係人所屬派系網絡的影響。就以當選泰安鄉鄉長或山地原住民議員來看，幾乎沒有是從鄉民代表、村長更上一層樓選上的，多須仰賴地方政治家族和派系支持的結構網絡，才可能有機會。至於，鄉民代表、村長的小選區選舉，則與當地社會或社區組織、文化團體間的互動程度較有關連，較傾向情感互動的關係網絡。

（三）選舉制度保障下的客原共治運作模式

依據《地方制度法》第57條第2項規定，山地鄉鄉長以山地原住民為限。泰安鄉為山地原住民地區，鄉長依法須具有山地原住民身分者才能擔任，是由全鄉選民選舉決定。又《地方制度法》第33條第2項第2款第2目規定，縣（市）有山地鄉者，於縣議員總額內應有山地原住民選出之縣議員名額。因此，苗栗縣需選出一名山地原住民縣議員，被選舉者和選舉者均要具備山地原住民身分。泰安鄉的客家人則是和獅潭鄉、大湖鄉、卓蘭鎮納入同一選區，但因人口數差距懸殊，是選不出泰安鄉客家籍的縣議員。

表 2 第19、20、21屆泰安鄉民代表之族群類屬

第 19 屆（2010 年）			第 20 屆（2014 年）			第 21 屆（2018 年）		
職稱	姓名	身分別	職稱	姓名	身分別	職稱	姓名	身分別
主席	楊政孝（3）	山原	主席	劉興殷（1）	區域（客）	主席	簡義成（2）	山原
副主席	張明輝（2）	區域（客）	副主席	簡義成（2）	山原	副主席	葉純輝（1）	區域（客）
代表	張貴忠（2）	區域（客）	代表	盧光明（1）	山原	代表	賴哲明（3）	山原
代表	張進水（1）	山原	代表	陳道光（3）	山原	代表	陳道光（3）	山原
代表	簡義成（2）	山原	代表	吳雅各（3）	山原	代表	林昭興（1）	山原
代表	葉純輝（1）	區域（客）	代表	張貴忠（2）	區域（客）	代表	林文祥（2）	山原
代表	陳道光（3）	山原	代表	張明輝（2）	區域（客）	代表	何玉珍（2）	區域（客）

資料來源：內政部地方公職人員資訊服務網，https://cand.moi.gov.tw/of/index.jsp ，本研究整理。

註： （1）指第1選區，泰安鄉民代表選舉分3選區，第1選區爲八卦村、錦水村，第2選區爲清安村、大興村、中興村，第3選區爲象鼻村、士林村、梅園村。

　　不過，泰安鄉的鄉民代表選舉並無山地原住民鄉民代表的保障機制。除第21屆泰安鄉民代表會（見表2）外，在七席代表中客家人至少三席，原住民代表至少有四成。且除第13、14、19、21屆鄉民代表會主席爲泰雅族人擔任外，其餘都由客家人擔任，呈現出泰安鄉客原政治生態平衡的共治模式。而且泰安鄉民代表會亦有主席與副主席的客原共治模式，也就是主席是客家人，副主席多爲原住民，若主席是原住民，副主席就會是客家人。

表 3 泰安鄉2020年12月各村人口數及原住民人口比例表

村名		總人口數	原住民人口數	原住民比例
北五村	中興村	602	458	76.1%
	大興村	531	428	80.6%
	八卦村	376	223	59.3%
	清安村	942	274	29.1%
	錦水村	1,238	844	68.2%
	小計	3,689	2,227	60.4%
南三村	象鼻村	774	733	94.7%
	士林村	699	658	94.1%
	梅園村	620	590	95.2%
	小計	2,093	1,981	94.6%
總計		5,782	4,208	69.7%

資料來源：苗栗縣戶政服務網，https://mlhr.miaoli.gov.tw/index.php，本研究整理。

　　依據苗栗縣戶政資料統計，泰安鄉2020年12月各村人口數及原住民人口比例（見表3）。泰安鄉原住民有4,208人，佔總人口數的69.7%，以南三村比例最高，約佔有九成五，中興、大興兩村也都超過七成六，而客家人較早移入的清安村則不到三成，為最低。泰安鄉客家人較多的清安、八卦兩村，在鄉民代表選舉結果（見表2），客家籍的鄉民代表都是由這兩村的選區選舉出來。客家籍鄉民代表選舉結果也反映了各選區客原族群人口的結構，第一選區兩席會有一席是客家人，第二選區客家人則較具優勢，三席中客家人最多會有兩席，至少也會有一席（如表2所示）。

表 4 2005-2020年泰安鄉人口數及原住民人口比例表

（單位：人）

年	總人口數	原住民族人口數	原住民族比例
2005	5,650	3,958	70.1%
2010	5,982	4,264	71.3%
2015	6,045	4,316	71.4%
2020	5,782	4,208	69.7%

資料來源：苗栗縣戶政服務網，https://mlhr.miaoli.gov.tw/index.php，每年人口數係採當年12月之統計數字，本研究整理。

（四）客家認同的多重性與高流動性

　　泰安鄉2005-2020年原住民人口數約莫4,200-4,300人，佔總人口數比例七成左右（詳見表4）。又依據客家委員會2004-2016年《全國客家人口基礎資料調查研究》指出，泰安鄉客家人口比例從最低的2008年「自我單一認定」之29.5%，到最高的2016年「客家基本法定義」之74.43%，高達近45%比例的變動（詳見表5）。究其因，原住民人口係依《原住民身分法》第二條：「本法所稱原住民，包括山地原住民及平地原住民，其身分之認定，除本法另有規定外，依下列規定：（1）山地原住民：台灣光復前原籍在山地行政區域內，且戶口調查簿登記其本人或直系血親尊親屬屬於原住民者。（2）平地原住民：台灣光復前原籍在平地行政區域內，且戶口調查簿登記其本人或直系血親尊親屬屬於原住民，並申請戶籍所在地鄉（鎮、市、區）公所登記為平地原住民有案者。」以血緣為基礎的身分登記認定。客家人口係根據《客家基本法》第二條規定：「客家人：指具有客家血緣或客家淵源，且自我認同為客家人者。客家人口：指客家委員會就客家人所為之人口調查統計結果。」是從血緣、淵源且自我

表 5 2004-2016年泰安鄉客家人口比例變化

行政區別	2004 年			2008 年			2010 年	2016 年
	廣義認定	自我單一認定	多重認定	廣義認定	自我單一認定	多重認定	客家基本法定義	客家基本法定義
泰安鄉	60.9%	45.7%	53.8%	35.6%	29.5%	34.2%	40.9%	74.43%

資料來源：行政院客家委員會，2004；行政院客家委員會，2008；行政院客家委員會，2011；客家委員會，2017；本研究整理。

認同等三個面向來認定。

　　由於原住民與客家人身分認定標準的不同，原住民是採明確戶籍登載資料的人口統計數據，而客家人口數是依調查統計推估而得的概數，但因推估概數會受抽樣調查研究之限制，就可能會有偏誤（周錦宏、王保鍵，2018：6-7），所以泰安鄉客家人口比例有明顯起伏的變動性。但不管哪種認定方式，可以確定的是，採身分登記的原住民人口中，在客家委員會以「多重自我認定」來認定客家人身分調查時，選擇認同其客家血緣或淵源，而納入客家人口數中，可見泰安鄉原住民與客家人間族群認同的多重性和流動性。從歷年客家人口調查結果顯示，泰安鄉客家人口比例達三分之一以上，也讓泰安鄉成為既是原住民族委員會公告的山地原住民地區，也是客家委員會公告的客家文化重點發展之「客原複合行政區」。

（五）現行保留地、社會福利制度造成客原族群關係的緊張

　　「還我土地」和「恢復傳統領域」是原住民族追求正義、找回尊榮和重拾認同極其重要的元素，也是原住民族運動和推動自治所訴求的根本課題。這個問題，除針對原住民保留地缺乏法律

位階的保障，及對政府取締非法轉讓不力等問題表示不滿外，也表達原住民族對其傳統居留地土地權、領土權及資源權喪失的現況（林淑雅，2000）；強調政府必須承認原住民族對台灣這塊土地的權利是絕對的、優先的，統治者與後來移民者所巧取豪奪佔去的土地，與先後不同政府透過公權力所佔有的土地應歸還給原住民（林淑雅，2000；田哲益，2010）。政府為實現轉型正義，並回應原住民族運動的期待，著手修改相關法令、措施，除擴編保留地還地給原住民外，並設定保留地所有權取得途徑和移轉限制。如《山坡地保育利用條例》第37條規定，山坡地範圍內山地保留地，輔導原住民開發並取得耕作權、地上權或承租權。其耕作權、地上權繼續經營滿五年者，無償取得土地所有權，除政府指定之特定用途外，如有移轉，以原住民為限。

　　但泰安鄉的客家人則是感受到「不平等」，他們認為世代（三代以上）居住在原住民地區，除了極少部分是繼承祖先留下的私有地外，不論是居住或耕作的農地都是租來的，只有地上的使用權卻沒有所有權，而且還要繳稅。有的原住民私下訂定契約將土地轉賣給客家人，可是下一代不承認買賣關係，引發許多客原土地爭議的糾紛。不過，由於泰安鄉適合種植高經濟蔬果作物，又有溫泉觀光產業的資源，吸引不少外來投資者進入，客家人又掌控在地產業經濟的權力，而且這些事業開發需要專業的知識和龐大的資金，也成為原住民進入障礙。客家人與企業主透過「借名登記」、「設權登記」等契約，來取得土地的實質權利，並雇用原住民為員工。這也表示，原住民土地的流失並未停歇，客原土地爭奪的緊張關係，持續在發生。

　　再者，則是關於原住民的社會福利制度問題。泰安鄉的客家

人常自嘲他們是「邊緣的邊緣」，他們住在原住民地區也沒離開過，但卻不能比照原住民享有同樣的社會福利。像是老人津貼原住民55歲就可以領，客家人要到65歲才領得到；原住民還有住宅、房屋整建的優惠貸款，公務機關的採購也是原住民廠商優先……等。雖然，泰安鄉也是客家文化重點發展區，但礙於屬原住民地區，客家委員會相關計畫補助或客家活動舉辦也較被動，似乎陷入「爹不疼、娘不愛」的窘境。該如何平衡和分享客原族群的資源與福祉，消弭彼此所認定的「不公平」關係，也才能共生、共存。

四、結論

　　族群普遍存在著分歧的現象，而這分歧除了源於彼此間的文化差異外，社會位置和政治權力的不對等才是左右族群關係的關鍵。在日治大正初期前，土牛溝、隘勇線的人為「劃界」，區隔（separation）了客原的生活和政治領域，泰安鄉仍為原住民泰雅族人的天下。原住民的部落組織和客家人的隘勇團體分治界線兩邊的領地，彼此為了保護各自的財產與生計，還是時常發生相互對峙的緊張局勢。但是，當警察駐在所深入部落，客家人依附統治者進入內山掠奪土地和山林資源，客原族群間的衝突（conflict）加劇也加大，而原住民被迫遷往更深山處，客原族群的政治經濟版圖也重新洗牌。當山地平地化侵蝕部落，原住民被迫流離都市，失去了連結身分與文化認同的臍帶，同時承受威權體制下的族群歧視與壓迫，原住民被隔離在社會的底層，客家人選擇離開先前「開山打林」的安身之地。

台灣民主化轉型、原住民族自覺運動後，原住民在獲得土地資產、行政資源及制度性支持，重新取得治理泰安鄉的機會；而客家人則憑藉專業技能、經濟資本及非制度性網絡，持續左右發展泰安鄉的路徑。原住民擁有行政權、客家人掌握立法權，彼此互補角色與功能，形成客原共治的和諧（harmony）關係。不過，在面對客原族群在政治資源及經濟機會分配不均的情形時，客原族群權益保障制度安排的「不公平感」會擴散渲染，使得現今客原族群和諧中仍存在著些許的緊張（tension）。Young（1990）就強調任何文化都有其特殊性，並無優劣之分，藉由差異的認識和了解，有助於不同族群間的相互尊重、包容、和平共存；但也要檢討並批判現行制度的缺失，去除優勢團體宰制的規範和法令。

參考文獻

台灣省文獻委員會，1999，《耆老口述歷史（二十一）苗栗縣鄉土史料》。南投：台灣省文獻委員會。

田哲益，2010，《台灣原住民社會運動》。台北：台灣書房。

行政院客家委員會，2004，《全國客家人口基礎資料調查研究》。台北：行政院客家委員會。

行政院客家委員會，2008，《97年度全國客家人口基礎資料調查研究》。台北：行政院客家委員會。

行政院客家委員會，2011，《99至100年全國客家人口基礎資料調查研究》。台北：行政院客家委員會。

周錦宏，2001，《泰雅族北勢群傳統工藝變遷之研究》。台北：國立臺灣師範大學工業教育研究所博士論文。

周錦宏、王保鍵，2018，〈客原複合行政區之族群與政經關係：以苗栗縣泰安鄉與南庄鄉為場域〉。《客家公共事務學報》17：1-28。

林文凱，2014，〈晚清台灣開山撫番事業新探：兼論十九世紀台灣史的延續與轉型〉。《漢學研究》32（2）：139-174。

林淑雅，2000，《第一民族：台灣原住民族運動的憲法意義》。台北：前衛出版社。

客家委員會，2017，《105年度全國客家人口暨語言基礎資料調查研究》。新北：客家委員會。

施添福，2001，《清代台灣的地域社會：竹塹地區的歷史地理研究》。新竹：新竹縣文化局。

泰安鄉志編纂委員會，2008，《泰安鄉志》。苗栗：苗栗縣泰安鄉公所。

馬騰嶽，1998，《泰雅族文面圖譜》。台北：攝影天地。

陳亭伊、顏愛靜，2011，〈二次大戰後台灣原住民族土地制度變遷之分析——誘發型制度創新模型的應用（1945至2008）〉。《政大民族

學報》29：45-84。

陳慧先，2020，〈從番地到蕃地特別行政區〉。《台灣學通訊》116：24-25。

黃卓權，2004，〈清代桃竹苗地區內山開墾史的族群關係〉，收錄於周錦宏主編，《2003再現百年客家風雲系列活動——客家先賢淡水同知李愼彝與內山開發研討會論文集》。苗栗：苗栗縣文化局。

廖守臣，1984，《泰雅族的文化——部落遷徙與拓展》。台北：世界新聞專科學校。

鄭安晞，2012，〈日治時期隘勇線推進與蕃界之內涵轉變〉。《中央大學人文學報》50：131-208。

鄭安晞，2015，〈從隘勇、警手到蕃地警察〉。《台灣學通訊》88：12-14。

顏愛靜、陳亭伊，2012，〈原住民族土地制度變遷及課題與對策之研析〉。《台灣原住民族研究學報》2（2）：1-25。

藤井志津枝，1997，《理蕃——日本治理台灣的計策》。台北：文英堂。

Young, Iris Marion, 1990, *Justice and the politics of difference.* Princeton, New Jersey: Princeton University Press.

第 6 章
隘勇線、蕃產交易所到雜貨店：
經濟行為中的族群關係

張翰璧

摘要

「族群意識」或「族群性」（ethnicity），是群體關係的具體呈現，指各人群團體對彼此文化差異與區辨性的認知與表述（Eriksen，1995：262）。換言之，族群性隱含族群互動的前提，而族群互動的場域可以是在日常生活中、社會組織層面、也可以是在政策制定的過程。如果族群互動指涉的是不同層面中族群個人／團體接觸過程的交錯與經驗所形成的不同類型的關係性累積，族群性就必須返回不同的時空脈絡，探討其實質內涵以及族群關係的類型。

本文主要的田野區域在北部台三線的客家帶的大湖鄉和南庄鄉，台灣竹苗地區的客家人與原住民族，從清朝到現在的族群互動，如果放在宏觀架構——清朝族群政治、全球資本主義、殖民統治、國家政策，可以看到由上而下的國家政策如何在種族的基礎上形構族群團體。土牛溝、蕃界所劃定的族群空間，具有以下特性：（1）作為政策區隔所產生的族群性，（2）族群性的進化程度與來自於和統治者的親近性，（3）與統治者的親近性可以

轉換成經濟收入。清治國家權力在界外缺席，使得客家人可以穿越邊區。到了日治時期，客家人和國家全力配合，進入內山墾伐樟樹煉腦。現在的雜貨店所顯現的地理上族群邊界，是過去移墾過程所形塑的客家族群生活空間，也隱含地方社會的族群關係內涵。

主要使用的理論是從族群互動指標找出族群關係類型——衝突、和諧、區隔、緊張。在產業方面之族群互動指標，分別是：（1）主導經濟發展方向之行動者，（2）特定族群產業資本的發展，（3）產業中之族群分工與僱傭關係，（4）經濟行為交易過程中的族群刻板印象。本研究嘗試回答「在多族群社會（multi-ethnic societies）群體之間的本質為何？」因為在不同社會中，族群的自我定義以及族群如何形成的過程可能不一，以此觀察族群空間中族群關係的變化。

關鍵字：族群關係、經濟行為、雜貨店、客家、族群空間

一、客家族群的經濟性

梁肇庭指出，客家人從未（至少在20世紀以前）形成一個橫跨各個宏觀區域的族群整體（2015：16-17）。移民過程的邊緣性與分散性（張翰璧，2019：195），使得客家族群一直處於族群接觸的前沿，19世紀在廣東移動的過程中，「客家」就被視為入侵者，形成以階級為基礎的族群團體界線（張翰璧，2019：197）。換言之，「客家」概念形成的實踐性基礎，是在地理邊界和人群團體邊界的基礎上，逐漸發展出族群的分析性概念。因此，梁肇庭（2015：83）指出，地理位置的邊緣性解釋了客家人許多文化特質的關鍵，尤其是經濟生活，除了作為佃農外，客家人也傾向從事小販與工匠的工作（Cohen，1968：254）。雖然施添福（1987）認為客籍移民特別善於農作，然而粵東北的客籍移民更多是和採礦與伐木的山地經濟生活有關（飯島典子，2015）。

除了強調「族群」概念的時空脈絡，族群產業的發展更是受到國際經濟架構、國內產業政策、在地資源等眾多因素的影響。例如客家族群社會經濟的特色之構成原因眾多，相關的原因有客家移民在原鄉的經驗、移民到台灣的境遇、所居住的地理氣候、不同的時間所遭逢的國內外市場結構、以及各種結構性與情境性的理由。上述的這種「經濟分層」的方法論，對於思考「客家族群產業」具有相當的意義。

「客家」族群概念的出現與「經濟性」遷移密切相關，族群概念形成的過程就是一部客家經濟移動史。如果客家移民是一種社會網絡的創造過程，在這個新的經濟網絡的發展過程中，「族

群」也被創造出來（張翰璧，2019）。從大陸和東南亞的移民和族群經濟研究中，可以發現客家族群的「形成」過程和「認同」概念中的「經濟邏輯」，這個概念在台灣當代的客家研究中，同時扮演著「實踐範疇」和「分析範疇」兩種角色。既是日常生活領域中，行動者用來區分／理解自己與他人的分類邏輯，也同時具有民族國家脈絡中，動員和正當化集體行動的功能（許維德，2013：14-15）。兩者同時交互揉雜，形成「台灣客家」的特質。

「客家」概念的形成，是在漫長遷移過程中逐漸形成的人群區分，自15世紀以降，因為地區經濟周期的變動，從邊緣山區往經濟中心地區移動，在閩粵地區形成地主與佃農的經濟階層與社會關係（梁肇庭，2015），以及礦工、都市小手工業者的職業型態。到了明末清初，又逐漸移往台灣和東南亞地區，台灣的漢人直到康熙 50 年（1711）及其後纂修的各種地方誌、公私文書，才逐漸出現漢移民的分類名稱（施添福，2014：14）。朱一貴事件後的1722年，清政府在漢人和原住民生活區域間，立石54處標定「番界」，雍正、乾隆年間又多次劃定「生番界址」，挑溝堆土形成「土牛溝」，至1790年正式實施番屯制，最後造成漢人居住在平原西側，熟番分布在沿山地區（黃驗、黃裕元，2018：51-53）。清代在台灣實施的族群政治，由上而下的形塑族群的生活空間。然而，隨著台灣納入國際經濟生產體系，漢人的經濟與生活空間跨界，逐漸往丘陵地和山區發展。一百年後，日本於1895年的觀察顯示，北部漢人中的客家人，已分布在沿山地區，「客家種族的居住處，恰在生番地和漢人居住地之間，專事農業，漢人俗稱其為內山客人。」（戴國煇，

2002：186-187）只是除了農業外，客家人也在林業（尤其是北部和中部的樟腦生產）扮演重要的角色。客家人因為區域經濟周期的發展，從華南山區移到適合農業生產的地區，移到台灣後，又捲入世界經濟的茶、樟腦商品作物的生產鏈，再度往近山地區移動。客家人群體意識或是族群概念，在兩個階段的發展都與移動有關，只是移動過程的政治、經濟脈絡不同，產生不同的群體內涵、族群界線與關係。

從資源分配的政治經濟學角度，衝突是族群關係的基本特徵，「群體之間的對抗似乎是不可避免的，當有所接觸的兩個群體，不論是天生或是文化上具有可資區分的特徵，這兩個群體就會成為真正的或是潛在的競爭者」（Young，1932：586，轉引自Marger，2015：79），群體／族群關係不一定皆以明顯或極端的形式出現，但權力與衝突是族群不平等的根本面向，尤其是在現代化的過程中。

客家遷移史相當程度驗證上述族群理論的發展，族群理論學者Horowitz（1985：98）指出，將族群性放在現代化脈絡下理解時，許多群體都是在殖民統治時期首次遭逢，因此，族群衝突不一定是之前對抗的持續或是復發，許多族群衝突有可能是新的創造，尤其是現代國家對傳統社會的改變。清朝的消極管理到日治的積極介入，持續影響台灣族群空間的轉變，到了日治時期再加上國際經濟的影響，族群界線不斷往內山移動，原來熟番和生番的居住地轉換成客家人聚集的族群空間。

本文是科技部「客家族群產業發展與在地知識」計畫的部分成果，主要的田野區域為大湖鄉、泰安鄉和南庄鄉，位於台三線上中北區的客家聚落。在台三線之桃竹苗地區，客家人展現了不

同於其他地區的隱性面貌，因為佔有人口上的優勢，在北部內山開墾的歷史中居於主導地位，使得當地人口結構不僅產生變化，更對族群關係產生影響（黃卓權，2013），尤其是從清末到日治的山林資源競逐，造成客家與原住民間族群關係的緊張。

由於地理環境為多山的河谷丘陵地，自清朝末期漢人入墾後，各種山林資源的產業與世界經濟體系產生聯結，從清朝時期的樟腦、茶葉、香茅、糖，迄至後期的水梨、草莓，大湖鄉的產業在一百多年以來，幾經更迭，產業不斷地隨著時間轉換。在地理環境上，逐漸發展成客家族群生活空間，在經濟上，從依附世界經濟發展到現在以國內市場為主的地方產業特性，在社會關係上，隱含了原客交疊的族群界線與互動。以下將先以大湖鄉、泰安鄉和南庄鄉為例，分析政策與經濟的推力，如何將此地區發展成為客家人的生活空間，接著以當代的田野資料，說明經濟領域中的族群互動以及經濟領域中族群關係的發展。

二、族群經濟空間的推移：從番界到隘勇線

本文研究的地理範圍，主要以苗栗台三線經過的大湖鄉、南庄鄉，以及藉由清安道路接台三線的泰安鄉前山區域為主。「台三線」的研究區域，指的不僅僅是一條沿山的公路，而是客家人、原住民、閩南人在北台灣丘陵地區的族群互動空間，也是客家人為主的族群空間。所謂的「族群空間」隱含著下列四層關係／邏輯的演變（張翰璧，2020：269）：

（一）人與自然環境的關係

（二）人與人（族群間）互動

表 1　2016年苗客家文化重點發展區之鄉鎮客家人口

縣市名	鄉鎮區名	達三分之一	達二分之一	客家人百分比
苗栗縣	公館鄉		√	91
	頭屋鄉		√	89
	三灣鄉		√	88
	大湖鄉		√	88
	銅鑼鄉		√	87
	苗栗市		√	87
	南庄鄉		√	82
	三義鄉		√	81
	獅潭鄉		√	79
	卓蘭鎮		√	79
	頭份鎮		√	78
	造橋鄉		√	77
	西湖鄉		√	76
	泰安鄉	√		41
	竹南鎮	√		38
	通霄鎮	√		33
	苑裡鎮	√		30
	後龍鎮	√		29

（三）人與維生方式間的改變

（四）不同的社會運作邏輯

　　以「區域」作為研究單位，除了進行跨時空連續的對照，也可以比較區域間的異同，進一步對台灣「整體社會與歷史」的發展與族群間互動關係能有全貌性、嶄新的認識。客家移民往外遷移的時間較晚，在移居地的人群分布，大都有聚集、且按照地理

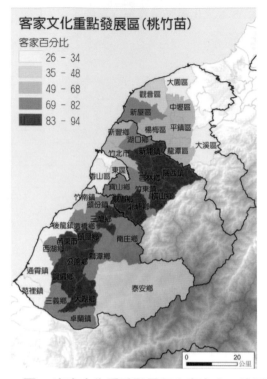

圖 1 客家文化重點發展區之客家人口比例圖

（白偉權繪製）

環境劃分開來。根據2016年客家人口調查資料，大湖、泰安、南庄都屬於客家文化重點發展區。

　　歷史上，這個地區在不同時間的族群組合和現在呈現的狀況不同。台三線的客家空間也經歷了類似的變遷過程。客家族群在華南的居住環境，多半分布在土壤貧瘠的山區，維生方式就是農、林、礦等生產方式，屬於高地經濟（highland）的生產模式，到了台灣，相同的生產方式也帶到台三線的生活空間（施添福，1987）。這個高地經濟的模式所涉及的世界經濟架構與在地

族群關係，相當複雜且多元。

　　清治時期，客家人（漢人）與「生番」的關係充滿衝突，相形之下，客家人與「熟番」關係較好，因爲在客家移民剛進入丘陵地後，受雇於熟番、向熟番佃地墾耕或是與熟番合作開墾；熟番因接受漢移民的墾耕技能，逐漸融入客家社會，甚至與客家人合作共同開墾內山，擔任墾戶或隘首（黃卓權，2013：17）。客家與熟番間的經濟合作的生活，受到國家力量的影響，文化界限轉變成空間區隔，從康熙、雍正時期之「土牛番界」、清末「隘勇線」、日治時期的「理蕃政策」[1]，國家力量更形強化，致使原來作爲隔離與區分的界線，轉變爲征討原住民的戰爭線（施聖文，2008）。1910年代以後，原先特殊行政區劃被固定下來，成爲「族群」集體身分範疇的空間基礎（陳偉智，2020：xiii）。

（一）制度化的經濟空間（族群管理加國際經濟的需求）

　　不同的歷史進程對台三線在地產業有不同影響，清雍正、乾隆時期到1930年代的行政區，就是不斷往原住民生存空間擴張的過程（參見圖1）。桃竹苗一帶，淺山丘陵直逼海岸。在清代乾隆時期的土牛界線也偏向西北海岸。道光時期的堡（里）層級行政區已經涵蓋今日台三線所經之處，其中中港溪流域較爲深入，後龍溪流域則仍停留在溪谷西側。

1　日本殖民政府（1895-1945）之「理蕃政策」，分爲以下不同時期：撫番（1895-1903）、討蕃（1903-1915）、治蕃（1903-1930）、育蕃（1930-1945）（松崗格，2018）。

清朝開港以後，世界經濟對於樟腦的需求大增，當時的集散中心集中在深坑、大嵙崁（今大溪）、三角湧（今三峽）、鹹菜甕（今關西）、大湖、東勢、集集等地，1895年的銷售量達到最高峰，至日治初期仍佔世界總產量的70%，上述城鎮也在清末發展成新興市鎮（黃驗、黃裕元，2018：90-91），茶與樟腦等產業與世界市場產生更緊密的關係（張翰璧、徐幸君，2015）。台灣北部地區的內山開墾史，客家人佔有相當重要的地位；不但從中主導了墾務的發展，改變了本地區的人口結構，也為當地的族群關係，留下深遠的影響（黃卓權，2013）。到了日治初期，台灣總督府官員調查時所見，樟腦業者會先委託通曉原住民族語言的客家人，前往樟樹區確定樟林所在位置及數量，然後向當地部落的原住民族首長交涉採伐樟樹的報酬，如鹽、布、豬、火藥、鉛等。

　　客家與原住民間，除了在樟腦業的分工外，也因為受雇於殖民政府，在部分地區與原住民之間形成對抗的態勢。日治初期，繼承了清代對於原住民的防備政策「隘」，並自1902年正式建置「隘勇線」，設置「隘路」防禦柵、「隘寮」步哨、雇用漢族擔任「隘勇」（松田京子，2019：193-194）。這些漢族隘勇大多是客家人，因為客家居住於靠近樟樹密集的內山地區（黃紹恆，2000：52）。對於殖民政府而言，隘勇線是漢蕃的軍事界線，但對於漢族和原住民而言，也是經濟與文化的分斷線。

　　統治當局留意到樟樹的經濟價值，逐步在蕃地實施與經濟有關的「蕃地事業」，這些事業的實施也給原住民族的經濟生活帶來影響。蕃地事業的經營主體並非原住民族，他們只是作為勞動力捲入（松岡格，2018：150-151）。「現金」做為勞動的收

入，也進入原住民族的經濟生活中，雖然其勞動報酬不及「內地人」或「本島人」。此外，1910年起，針對居住在北中部山區（樟木產地）的「北蕃」，實施長達5年的討伐，並推進以鐵絲網圈圍的隘勇線（松田京子，2019：118-119）。到了1912年，隘勇線已經有756個隘寮、427個隘勇監督分遣所和196個隘勇監督所，總長爲226公里，人力高峰期，雇用超過5萬名台灣人勞工（Paul D. Barclay，2020：226、229）。討伐生蕃與隘勇線的推進，不只展現日本帝國的原住民政策，也經由國家政策，將客家族群與原住民族的生存競爭關係，賦予制度性的內涵。

> ……有關生蕃討伐，若勞煩軍隊不僅有失體面，損兵糜餉亦不爲上策。所謂生蕃討伐其實不過有如獵猛虎與獵山豬。故相信首先招募熟地理通蕃情之壯丁組織隘勇隊，加以訓練，摸索一種討蕃兵法，轉以之任討伐生蕃之責，才爲上策。
> （松田京子，2019：191）

　　台灣總督府和東京政府撥出少量資金，把殘存的清朝私人軍隊（隘勇）湊在一起，擴大警力，保衛値錢的樟腦產地（Paul D. Barclay，2020：67）。由於樟腦的原料樟木多產於北中部山區，討伐隊只瞄準盛產樟腦的北部。雖然，原住民政策和樟腦製造有密切關聯，原住民不被認爲是潛在的勞動力，反倒像是獲取資源的妨礙，在商業上「蕃人」並未享有製造樟腦的特許權（松田京子，2019：171）。一連串的「蕃地」統治政策，讓台灣的非漢人生存空間逐漸縮小並往內山推移。清治時期在帝國與邊緣的緩衝地帶，納入殖民帝國的現代國家直接統治，並延續到戰後

的統治。

　　日治時期至民國初期，行政區層級已無明顯差異，但國家權力介入的密度仍有明顯差別。大致以1926年前的平地一般行政區與蕃地區界以東，就蕃地駐在所與山地派出所這兩個性質相近的單位相互比較，可發現1916年（大正5年）僅有在特定區域（如苗栗馬那邦山稜線東西兩側、新竹五峰清泉與霞喀羅一帶、新竹尖石馬里光一帶）有較明顯的駐在所聚集。1953年（民國42年）則大致沿著主要道路，均有密度較高的山地派出所，從圖2可見日治時期的蕃地住在所，和戰後的山地派出所位置有所重疊，且數量有所增加。

（二）經濟空間中的族群互動

　　根據1869年美國駐廈門領事Le Gendre（李讓禮、李仙得、李善得）在Reports on Amoy and the Island of Formosa的報導，台灣客家居住在閩南和原住民之間的村落，並且從事樟腦的生產（黃紹恆，2000：58-59）。

> ……更能刻苦耐勞……大部分住在平原中殘留的和善的番人與海岸上的漢人之間，從北到南在各處建立了許多繁榮的村落，不久就和番人親睦地交際，爲他們代買外國製造的及中國製造的武器、火藥、子彈、布類、銅及銀的首飾、鹽等貨物的村落物，因而成爲番人不可缺少的朋友，同時也向他們購買鹿角、熊、豹及其他獸皮、鹿脯、生薑、鳳梨、麻布及樟腦等土產。他們已經在大規模地製造樟腦了。

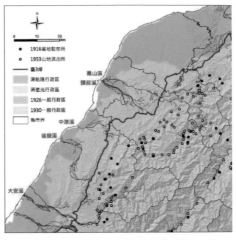

圖 2 台三線行政區擴張圖

（游牧笛繪製）

自清朝開始，客家族群就積極參與台灣樟腦生產，加上土地的競爭，居住在平地的原住民（即熟蕃）移居到山區盆地，而原本生活於此的原住民往更深的山裡遷徙（松田京子，2019：112-113）。所以，現在的客家文化重點發展區的部分鄉鎮，在清朝是屬於蕃界外，還不是客家人聚居的族群空間，例如現在的大湖鄉。

除了樟腦生產外，山地原住民和平地漢人間的交換行為，從清治以來就一直存在。殖民統治後，當局透過限制政策，操作其間的物品流通，逐步從理解原住民族語言的通事手中，取得經濟交換的主導權，並訓練原住民族習慣貨幣經濟生活（松岡格，2018：163-164）。1896年（明治29年）6月起，當局設立民政局殖產部撫墾署，處理原住民及山地事務。大湖署（主要管轄苗栗支廳轄內原住民，以大湖群為主）於同年7月在大湖街開署，

圖 3 廣泰成墾號、「物品交換所」與清末泰雅族番社位置圖

註：黃點爲廣泰成墾號區域，紅點爲苗栗境內日治初期漢蕃「物品交換所」約略位置、藍點爲清末泰雅族番社位置。

（游牧笛繪製）

並設置八角林、水尾坪物品交換所，隔年設出張所。而泰雅族人因交易緣故而往來八角林、獅潭庄一帶，後日人於獅潭設立交換所，故苗栗地區官設交換所共四處，即大湖、八角林、水尾坪與獅潭（王梅霞，2009）。

苗栗地區泰雅族主要可分爲大湖群與北勢群兩大主要部落群（廖守臣，1984）。大湖群所在區域長年動盪，大湖至罩蘭地區由官方主動促成之「廣泰成」墾號爲首，代表著清代官方與地方漢人豪族的結合，包括負責台灣中部墾務的林朝棟，以及林朝棟所召集之黃南球與姜紹基等人（黃卓權，1987），北勢群則與西南方東勢角一帶的開發息息相關（王梅霞，2009）。從圖3可以看到廣泰成墾號的範圍，及其和物品交換所、清末泰雅族番社的相對位置。

絕大多數的交易所位於普通行政區和蕃地交接處。這項政策

使得清代以來漢民族和原住民間的交易網絡帶來極大的變化，原本在「山地」和「平地」間替「蕃產物」交易牽線的「仲介者」通事及其妻「蕃婦」，則被置於殖民地政府嚴格管理下（松田京子著、周俊宇譯，2019：196-197）。在清治時期處於治理邊緣區域的中間人（通事、通譯、頭目、換蕃所人員等）的功能逐漸消失，經濟上的互賴關係也被殖民政府取代。爲了解決殖民地財政危機，台灣總督府在1899年開啓樟腦專賣事業，到了1900年，專賣事業已成爲一棵搖錢樹，總督府不再於原住民和樟腦工人間擔任協調人，而是開始部署自己的警力以保護樟腦園（Paul D. Barclay，2020：257）。

1910年，總督府開始自營交換所，並於1913年關閉私人交換所，國家專賣和貿易管制依然是對於蕃產交易所的政策主軸（Paul D. Barclay，2020：379-380）。從開墾樟林、製腦地可以發現到，殖民政府與漢人開發樟腦的地域範圍，以1899年製腦地爲基礎，向東部平地與西部山區開發（參見圖4）。

殖民政府的理番政策，除了促使客家族群經濟空間擴展，也改變交換領域中的族群關係。以黃南球爲例，從清代到日治，他的開墾事業中，樟腦的製造亦佔極大的比重，在當時不僅爲地方豪強擁有武力，可協助台灣當局維護內山的秩序，又經營樟腦生產（黃紹恆，2000：62）。同時具有政治與經濟兩種功能，既是殖民政府理蕃政策的代理人，也是內山開發的客家拓殖家，在樟腦生產與經營的過程中，苗栗邊區與世界資本主義產生關連性。

黃南球在1863年後前往南坪（現在的苗栗三灣鄉）、八角林墾區至桂竹林一帶，先後集股創辦「金萬成」、「金協成」等墾號設隘拓墾，設立糖廍製糖、伐木熬腦、墾地並行。等到林木

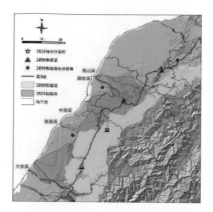

圖 4 日治時期製腦地的擴張圖

（游牧笛繪製）

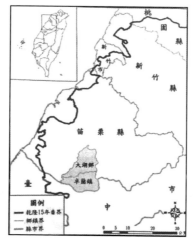

圖 5 廣泰成墾區位置圖

資料來源：賴玉玲，2011：186

伐盡之地，則租給佃戶開墾，視地形和土質選擇耕作物。平坦地
大多以水稻、甘蔗為主，傾斜地則種植苧麻或雜糧（黃卓權，
2004：159、161-162）。之後，於1889年創設「廣泰成」墾

號。成為金廣福墾號外另一結合國家與地方勢力的邊陲拓墾組織，並依照撫墾規劃，廣泰成墾內隘租五成作撫墾局經費，五成留作墾戶僱丁防隘用，沿邊番眾原則歸撫墾局撫綏（賴玉玲，2011：186-187）。

1897年廣泰成在大湖府墾署長的說合下，與馬那邦、大、小南勢等社大小頭目進行多次交涉，與大、小南勢頭目及社眾代表達成協議，同意廣泰成在其領域內採樟製腦，可是和馬那邦、司馬限兩社交涉一直無法達成。後又因為在馬那邦山、大窩一帶的製腦業進行困難，廣泰成退出大湖、南湖地區的樟腦業。而此談判過程亦影響了總督府的苗栗邊區治理。除了與原住民交涉外，黃南球也和日本人（佐藤里治）共同掠奪生蕃地的大湖水流東，新建許多腦灶，顯示苗栗山區蓬勃的樟腦製造外，客家業主也在國家和原住民的空隙中成為生產活動的中間人（賴玉玲，2011：192、221；黃卓權，2004：251-252）。

由於1902年大湖山地的馬那邦社經過討伐，舉社向大安溪沿岸遷移而出現新未開墾地。1904年黃南球等四人以資本金一萬日圓創立苗栗製腦公司，專營樟腦產銷事業，1906年，廣泰成遂提馬那邦、大坪林等地開墾預約申請，再啓公號在日治時期的經營和發展（賴玉玲，2011：221；黃卓權，2004：271-272）。

從清朝到日治的樟腦產業中，客家人位於世界經濟生產體系的末端，處於開山煮腦的生產位置。將原物料變成產品後，幾乎與運銷和貿易的產業鏈脫鉤。長期以來，樟腦出口和價格基本掌握在洋行商人手中，開港初期（1858-1860）台灣樟腦集散中心在艋舺、竹塹、後壠、大甲等地，並由外商入山採購樟腦，1870

年代大嵙崁（大溪）、三角湧（三峽）、咸菜甕（關西）成為台灣樟腦主要集散中心（賴玉玲，2011：106）。1887年台北設樟腦硫磺總局，北路分設腦務總局，又在樟腦產地置分局管理樟腦事務，樟腦由腦務局收購，賣給特許商家德商Butter（公泰洋行）。1891年開放樟腦自由買賣，台灣開始有本地自設的商號，樟腦輸往海外，不再只透過西方洋行，而有粵商蔡南生經營台北樟腦事業，彰化則由霧峰林朝棟經營（賴玉玲，2011：109）。

　　清領初期到乾隆後期，統治者在空間地疆域化裡進行身分辨識，並依人群劃分制定政策分而治之，政策從消極的族群隔離，轉為積極利用熟番武力（柯志明，2015：93）。主因為三層制族群空間制度／邊界工程完成之後，也無法達成阻絕漢人越界私墾界外平埔的預期效果，位於國家權力真空地帶的沿邊私墾勢力甚且發展出難以控制的民間武力（柯志明，2015：66）。邊區中許多可穿越的空隙，經由土地的租佃關係、族群間的通婚、與生蕃的物品／禮物交換等經濟或社會關係的發展，使得「內山」的範圍逐漸縮小。在台三線地區，客家族群是內山拓墾過程中族群接觸的前沿，在官方的文書中通常被描述為「經濟侵入者」的形象。

　　「經濟侵入者」在不同階段的政策或是不同產業中具有不同的意涵，以樟腦業為例，從清領到日治樟腦產業經過官方獨佔、清政府兩次官方專賣、開放樟腦自由買賣、日本政府樟腦專賣制過程轉變，與世界經濟貿易息息相關。這個世界商品的原料是在原住民的居住區，因此必須透過客家人邊區的中間人位置取得，「經濟入侵者」，有時和國家力量合作，扮演「開拓先鋒者」的

軍事角色，承攬樟腦開發時，又具有「商業拓殖家」的身分。客家人在不同的身分轉換時，與國家互動、原住民間的族群關係具有多變與浮動的特性。

日治時期，殖民政府透過現代國家的治理技術，逐步確立在「蕃地」上的有效控制。基於統治和經濟的需求，殖民政府更將少數族群生存空間，收編進入國家體系，造成少數族群社會秩序和社會結構的大幅變動（松岡格，2018：17）。以經濟為例，「山地」逐步納入資本主義經濟體系的過程，使得戰後原住民族被迫從以物易物的交換經濟，轉換到貨幣交換經濟，呈現經濟性內部殖民主義的狀態（松岡格，2018：4-5）。

從清朝到日治，對於台灣的統治是建立在「空間種族化」的基礎上，不論是清朝從消極管理到積極介入的轉變，或是殖民政府在世界經濟架構下，以現代國家統治技術的主宰，客家與原住民族都受到這些「種族化」過程的影響，經歷政治、社會、文化與心理的過程。上述過程將會累積成認知觀點，成為不同族群觀看世界，理解其自身經驗與詮釋事件的「觀看方式」（ways of seeing）與「基模」（schema），強調不同脈絡下的群體性（groupness）（Brubaker and Loveman，2004：43）。

三、雜貨店經營與社會互動

歷史上，從政治功能的番界劃分，到軍事和經濟功能的隘勇線內推，上述的歷史資料呈現本文研究區域，如何轉變成為客家族群為主的生存空間。戰後的山地行政，也幾乎全部繼承「蕃地」統治政策（松岡格，2018：217）。從現在雜貨店的位置，

亦可觀察原住民族和客家人的族群界線，位在日治時期延續到1953年番界線的周邊（參見圖6），幾乎都是地形的山坳和河流邊（參見圖7）。這些地區的雜貨店，許多是位在原客自然環境交接的地帶，也就是日治時期樟腦地往內山擴展的區域、漢番交易所的東邊（參見圖8）。過去漢番交易的內山經濟活動與族群管理的區隔，基本上具有地理界線上的特性。直到現在的雜貨店，幾乎沿著地理上的山坳或河谷分布，扮演經濟流通末端和族群互動前沿的角色。

南庄鄉族群分布區域大致可以鄉內主要道路區隔，縣道124道上蓬萊以南多賽夏族，而縣道124道於鄉行政中心以北，則大多為客家人；苗21道上鹿場大山為泰雅族部落，中段向天湖為賽夏族部落，客家人聚落則於苗21道上海拔較低處。此區傳統產業主要依靠自然資源，以樟腦、礦業（煤礦）為主，農業方面則生產茶、桂竹筍、香菇。

泰安鄉正式有漢人定居始於大正5年1916年，入籍清安、錦水村，移入者依其原居住地研判，客家人居多（泰安鄉志編纂委員會，2008）。鄉內泰雅族人口為多數，其中位於清安村的大坪（馬都安）部落與客家人往來密切。[2] 鄉內共有7條古道，對外連接台三線的道路為清安道路，其中「半天寮古道」從腦寮庄到泰安錦水村，古路線大致與苗62-1縣道（錦安農路）重疊，為日治時期挑腦的主要道路。古道形成除了與山地治理有關，與產

---

2 日治時期掌理大坪部落的領導長老之子孫劉正義先生，被日方拔舉佐理管理部落事務的警所公務，並於1951年擔任第一屆苗栗縣議員（《大湖鄉誌》，1999）。本研究受訪者劉先生為其子，自述由父親輩開始，部落與外來政權、他族互動逐漸熱絡。

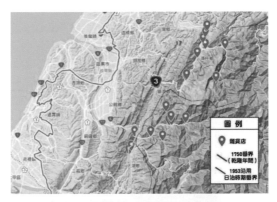

圖6 番界線與雜貨店位置圖

（游牧笛繪製）

圖7 番界線與雜貨店位置地形圖

（游牧笛繪製）

業相關的原因其一爲「日治時期獲取山地資源而闢建的道路」
（泰安鄉志編纂委員會，2008：428-432）。泰安鄉以豐富的自
然資源著稱，樟腦與林木資源（扁柏、紅檜）開發至今日幾乎殆
盡。森丑之助曾站在日本總督府殖產局的立場，極力主張開發大

圖 8 雜貨店與漢番交易所分布圖

（游牧笛繪製）

安溪上游森林資源，進行「隘線前進」[3]，然而日治時未全面砍伐，戰後國民政府進行森林皆伐，現在劃入雪霸國家公園西南界的內外之地，原始的檜木森林皆已消失。

　　本文的田野資料主要是從2018至2020年期間在大湖、南庄、泰安的田野觀察與訪談資料，期間幾乎訪談了所有南庄和泰安的雜貨店，表2是接受正式訪談的受訪者。雜貨店的經營者多是客家族群，三位泰雅族和一位賽夏族的店主，經營的雜貨店都在部落內。

3　「隘線前進」又稱為「隘勇線前進」，指山地警備線用武力向山區推進，把要開發的山區納入線內，將原住民隔絕於線外（森丑之助，2012：321）。

表 2 受訪者基本資料表

編號	性別	族群	現居地	店址
AM01	男	泰雅	泰安鄉	
AF10	女	泰雅	泰安鄉	錦水村
AF11	女	賽夏	南庄鄉	蓬萊村
AF12	女	泰雅	南庄鄉	風美聯絡道路
HF02	女	客家	大湖鄉	大湖鄉
HM03	男	客家	大湖鄉	大寮村
HM04	男	客家	大湖鄉	大湖鄉
HM05	男	客家	泰安鄉	錦水村
HM06	男	客家	泰安鄉	錦水村
HM07	男	客家	泰安鄉	泰安鄉
HF08	男	客家	泰安鄉	清安道路
HF09	女	客家	泰安鄉	清安道路
HM13	男	客家	南庄鄉	蓬萊村
HF14	女	客家	南庄鄉	南江村
HM15	男	客家	南庄鄉	田美村
HF16	女	客家	南庄鄉	南庄鄉
HM17	男	客家	南庄鄉	蓬萊村

資料來源：筆者整理。

（一）雜貨店：社會經濟的交流循環

　　翁之鏞（1961：2、186）在思考清代末期中國經濟問題時，指出農村與城市間物質交流系統的崩壞，使得「交流循環」瓦解，動搖了當時農業社會基礎的社會經濟，間接破壞農民生活的靜態經濟，產生社會動盪。這種交流循環，是以鄉鎮為基礎，農用物品為交換媒介，形成歷史悠久的「鄉帳信用制度」。雖然，翁之鏞是從經濟史的角度思考清末中國農業經濟的逐漸瓦解，但是「鄉帳信用制度」的概念，對於本文之雜貨店的功能分析相當

具有啓發性。

　　「鄉帳信用制度」聯繫起生產和市場兩端，通常是由於農產要找尋市場，起初種類很簡單、數量也不多、地域很狹隘，時間久了以後，種類和數量增加，地域也漸漸擴展。這種鄉鎮城市的交流循環，在時間過程中形成固定關係，維持了農村自給自足的靜態經濟結構（翁之鏞，1961：184）。市鎮與城市之間的關係，類似 W. Skinner（1964）以中地理論（central place theory）進行中國市鎮研究，將市鎮分成 8 類，建立市鎮發展的模式。並進一步探討八大自然地理區中，城市與地方的層級式關係。翁之鏞的經濟史觀點中，「鄉帳信用制度」是建立在小農社會基礎上，具有以下特質。1. 現金支出的機會少，貨幣的功能不易發揮。2. 糧食不是商品，而是生活的基本物資。3. 糧食作物的生產先於經濟作物。4. 農民透過鄉帳系統，生產資金可以獲得融通（翁之鏞，1961：190-191），記帳的單位是在個別的店鋪，不是本文所指的「雜貨店」。

　　根據許蕙玟（2011：4-6）在埔里的研究，「雜貨店」是清末出現的名稱，在日治時期零售商與雜貨店的規模較符合，又稱爲小賣商。「零售商是普通的小賣商，往往會看到在一戶的家庭中有二人以上的零售商共同營業，此乃因房屋租金貴，在資本不足的前提下，善用商業上的場所之故。」日治時期的零售商職業別屬於物品販賣業，以販賣的商品類別而言，以雜貨爲主，可能兼營其他商品，例如：織物，煙草，食鹽，酒類或白米等等。

　　當代的雜貨店還是屬於零售商的業別，但是不同地區雜貨店的發展具有差異性。從都會地區的連鎖便利商店，到本研究靠近山區的雜貨店，反映出不同的經濟交易類型、人際互動、甚至於

社會信任的基礎等均有不同。

問：請問你們家開店的歷史？

答：民國30年左右，那因為我們那個清安村是客家人跟原住民共同住的地方，但是還是會有分區啦，山下山腳下是客家人，山上是原住民的部落，那原住民他們沒有開店或經商這種概念，所以他們還是要有一些生活的需要生活的日常用品，他們要買，比如說會來買點米酒啦，或者是日常用品啊。我覺得更早應該是他們自己釀，可是到後來我出生（50年代）以後，我小時候我是看他們，除了自己釀的小米酒以外，他們會到雜貨店來買米酒，而且有時候就是買了之後就直接在店裡面喝，店前面有一個亭子，常常在那邊，小時候常常看到那種景象，所以我姑姑會在那邊開雜貨店，應該是我們那個村子當時沒有那種店，可是生活上有這樣的需要，不只原住民需要，客家人也需要，因為要買東西要到現在的豆腐街才有店，走路大概一二十分鐘要。（HF09）

從HF09關鍵報導人的描述，可以知道從在地人的角度，如何區分原住民族和客家人在地理區域上的分布。

問：你剛剛說山上是原住民，山下是客家人，大概是哪一條界線？或是它的高度，丘陵的高度？你怎麼知道現在到了原住民的地區還是客家人的地區？

答：如果以一座山來看，一座山的話，當然很高山的也會有少數客家人，但是普遍上有兩種分法，如果是以同一座山來

說，比較山上的是原住民，大概山腰（500公尺左右）還是客家人，這是以同一座山都有客家人跟原住民來說，那另外一種分法就是用山來分，這一座山比較多原住民，那一座山比較少原住民比較多客家人。

關於原住民飲酒的印象，原住民AM01有不同的看法：

你說漢人不喝酒，路邊睡的人特別多啊，躺在路邊的很多，對不對？也不是說完全都是原住民，因為原住民很少，那你電視上看到殺人放火的有原住民嗎？很少啊，對不對？只是大家都把酒一昧的放在原住民身上，人數少可是到部落太放大了啦，可是我這樣比不多啊，去我部落看看，你假日很少看到有人在部落搖搖晃晃，因為我們有部落公約，你們部落沒有公約啊，那以前沒有公約，很多部落都有公約。

很多雜貨店也兼做山產雜貨的收購，規模大一點時可以獨立成為山產雜貨收購的盤商。雜貨店的交易和山產的收購，除了現金，就是記帳。

問：你們跟他們的收購交易，就是給他現金嗎？
答：我們就給他現金啊，你就算錢給他喔，算現金給他，那有一些是他欠我們雜貨店的錢，他說他可能有什麼東西賣了再給我們錢，或是會幫我們工作，以前我爸爸常常上山就是帶了很多的原住民去幫忙做山上的工作，以前我們家種了很多桃子李子梅子，那個酸梅，竹筍，他們會用工來換錢。

問：所以有利息嗎？

答：沒有算利息耶，我記得過年的時候我爸的帳本多少錢就是收多少錢，是沒有那個放貸的利息概念。

問：所以他借的錢要一年還清嗎？還是可以到兩年或三年？

答：兩年或三年，我爸爸都是年底的時候結一個帳，但是很多都收不回來，收不回來也真的沒有辦法，就收不回來。那有一些比較有信用的他若累積了很多錢，他還因為會一直累積今年沒有還就到第二年嘛，他有一些是欠我們太多錢，他用地，因為原住民有地，山地原住民的山地鄉保留地，他就把地租給我們，比如說租你五年。所以我們家本來沒有地，後來很多地，就是這樣子換來的，有一點像台中那個張達金以水換地的那種過程。

問：你們再雇他來幫你種東西，對不對？

答：他們不太會種東西，他們做勞力工作，砍草啊，蠻多事情的。（HF09）

以前開雜貨店的兩家都算有錢人，只是現在這種以工代償的現象已經不多見了。至於族群分工的關係外，原客間也會通婚，還有收乾女兒的情形。不過我們關鍵報導人的描述中，原客間的衝突似乎不大。在其他個案中，也有提及原客通婚所產生的負面印象。

原住民會覺得我們客家人有錢覺得我們是生活比較好的，族群關係是，到我這一代是和諧的，所以我們家會常常拿到他們打獵的一些東西來送給我們，很常拿到的就是蛇，所以小

時候常常吃到蛇湯，關係是和諧，像我不知道為什麼我大姐是給他們做女兒，那給他做女兒的那個他在原住民裡面地位蠻高的。（HF09）

（二）不只是雜貨店

雜貨店為零售業的末端，在有限度的空間擺設商品供客人選購，有些店家還提供郵政、電話通訊、旅客服務站等多角化經營服務，屬於第三級產業。因為雜貨店掌握集散物流的一定優勢，有些雜貨店主便不只做雜貨店鋪的生意，還會兼營其他生意，例如HM03的雜貨店自1971開始在大湖街上開設，本身是第二代，兼營桂竹筍工廠，在春季時收集鄰近地區的桂竹筍貨源，集合進行加工。「比如說原住民他們挖竹筍，其實原住民他不會有像我們有這樣概念，我收集這些竹筍來裝成一箱一箱，然後我就可以賣到大批發市場，那他們不做這種事情，一方面可能一個人的產量不多，它就是個別的挖了竹筍，然後就賣給客家人。」或經營者須考量交通成本，逐漸從雜貨店拓展經營盤商的生意。

上述兩個例子都是客家人，而原住民受訪者所經營的雜貨店，本研究的田野調查發現：原住民的店不一定按照營業時間營業。在訪談中也發現，詢問客家人雜貨店經營的時間，他們會給一段固定的時間，而在拜訪原住民雜貨店時，有較大的機率向隅。AF10老闆娘指出，他們在農忙時期就會暫時關店，到山上工作。

在商品方面，幾乎所有受訪者都表示生意受到超商影響，如果是位於交通方便地段的雜貨店，且不具有觀光潛力，市場對於雜貨店的黏著度漸漸降低，老闆可能會思考關店，部分是因為下

一代不願意繼續經營。對於貨源經驗老道的HF02雜貨屹立於大湖街上60餘載；而位於清安的HF09與鹿場的AF12商店，因結合觀光與鹿場的原住民編織、山產，吸引觀光客駐足消費。

雜貨店貨品的上游可能源自於產地、盤商聚集的市場或市鎮，經營者須考量交通是否適合貨品性質與綜合成本，以及是否對應其下游消費者的需求，以賺得淨利潤。曾在蓬萊村經營雜貨店的客家人黃先生敘述自父親開始經營雜貨店，他們和原住民有一特殊的合作關係：牽小豬給原住民飼養，待小豬長大後再跟原住民買回來，運到市場上交易或在雜貨店零售給其他顧客。

> 問：那個時候欠錢拿豬來還，怎麼還？
>
> 答：我們抓小豬給他養。……抓小豬我們吃要供應給牠，到時候你豬長大了就賣給我們就這樣，外面一斤多少錢我們就一斤多少錢，這樣跟你們收購回來這樣。
>
> 問：那飼料錢怎麼算？
>
> 答：啊，飼料錢我們就給他記帳啊，一包多少錢嘛！再用賣豬肉的去相抵這樣。
>
> 問：那他跟你雜貨店賒的帳呢？
>
> 答：賒的帳就是以豬……豬肉，豬那個賣給我們的時候呢，就這樣還債這樣子……以前都是這樣子啊！

一個村落至少有一家雜貨店[4]，提供貨品讓居民採購生活所

---

4 受訪者HM05、AM10、HM13三位皆提出過此觀點。

需，或是提供居民與外界通信、通訊的管道，在偏僻村落，雜貨店主擁有村落中較便捷的交通工具，如早期的腳踏車，到後來道路建成，可以駕駛小貨車進出。HM05原址的前身是雜貨店，他小時候和父親時常從圓墩走山路到清安取貨，在聚落內利用腳踏車送信、送貨。

維持一家雜貨店的經營，最基本的單位是商圈，這是從經營者角度來評估，另一方面，從顧客的角度，雜貨店的吸引力和影響範圍則是生活圈。在本研究的田野調查中，發現雜貨店經常聚集居民聊天，內容不乏交換彼此的情報和觀點，因此雜貨店可以說是小型的社區聚會所，是外人認識當地文化的窗口、當地人飯後閒聊的場所，如果和經營者用方言、族語聊天，例如本研究在桂竹商店使用海陸客家話與老闆聊天的經驗，則有機會得到更深入的消息。

雜貨店形成的社交場域，同族群間的談話內容，能擷取到一些屬於特定群體、或是多個群體共享的「地方知識」。人類學家季爾茲在他的著作中從文化比較的方式，舉爪哇島族群等例，說明事實與法律（神話迷信）所建構出的地方知識（Clifford Geertz，2007）。在田野過程中，訪談者發現同一族群中藉由家族記憶和個人經驗，產生族群內部對他族看法、可以相互流傳的內容。例如與客家人談論到雜貨店最常賒帳的是誰？回答原住民客人，多半附加評論原住民會酗酒、不勤勞，於南庄蓬萊、東河新村的客家人受訪者有類似對原住民的印象。[5]而提到對通婚的

5　於大湖教會訪問時，受訪者表示原住民不會隨便酗酒，釀酒喝酒都有一定儀式。

看法，除了族群內部的社會規範（法律）影響，也會考量到族群內部聊天間交換的經驗情報。

過往村落居民依靠雜貨店滿足部分生活需求，多數時候，居民可能以雜貨店為生活圈的一環，而雜貨店自身所能獲得到的商品圈範圍，與貨品種類、品質、經營者的族群、形象等有關，同時也是進入客人生活圈與否的考量因素。

從另一個角度，向來擁有較高交通移動能力的雜貨店主，所能觸及的生活圈與選擇都相對廣泛，本研究發現在教育或是醫療選擇上，為追求較好的資源與機會，居住於大湖鄉的雜貨店主，會將小孩送到公館鄉就讀中學（HF02劉小姐），居住在泰安的雜貨店主選擇送往大湖鄉或是公館鄉讀書（HM06葉先生、HF08江媽媽），而南庄鄉則有可能送往公館鄉或新竹市（HF14、HF16、HM17），他們的台三線雜貨店與廣泰成及漢番交易所分布共通點是皆為客家人。

四、結論：經濟領域中的族群關係

台灣竹苗地區的客家人與原住民族，從清朝到現在的族群互動，如果放在宏觀架構——清朝族群政治、全球資本主義、殖民統治、國家政策，可以看到由上而下的國家政策如何在種族的基礎上形構族群團體。土牛溝、蕃界所劃定的族群空間，具有以下特性：（一）作為政策區隔所產生的族群性，（二）族群性的進化程度與來自於和統治者的親近性，（三）與統治者的親近性可以轉換成經濟收入。清朝的邊界對漢人而言則較少辨識族群身分的意義，而多為國家對其經濟活動的限制。立界的目的在防止漢

人不斷擴張的農耕經濟危及生番的生活領域，劃清疆界限制漢人越墾不只牽涉到社會治安問題，也涉及國家權力安危（柯志明，2015：50）。國家權力在界外缺席，使得客家人可以穿越邊區。到了日治時期，客家人和國家全力配合，進入內山墾伐樟樹煉腦。現在的雜貨店所顯現的地理上族群邊界，是過去移墾過程所形塑的客家族群生活空間，也隱含地方社會的族群關係內涵。

　　清朝到日治對於邊區的治理，從消極轉為積極，皇權到現代國家的直接介入，直接影響族群空間的發展、族群分工、原住民族的社會運作邏輯。首先，國家的統治政策，是以種族分類為基礎的思考，並以制度性的區隔由上而下的在族群團體間畫下邊界。而且，制度性的族群邊界，因應世界樟腦產業的需求，不斷的向山區擴張，原來的「生蕃」界地不斷縮減，成為開拓前沿的客家族群生活空間。因此，歷史過程中，客家和原住民族群關係，主要受到國家族群政策的影響，加上資源的爭奪，族群關係基本上是衝突的，只是統治力量區隔原客的經濟活動，或是直接由政府主導。國家政策、開墾樟林的地理界線成為現在原客的接觸地帶，也是隘勇線、蕃產交易所、雜貨店分布高度重疊之處。

　　過去，客家與原住民族的經濟分工，多是以物易物的形式出現，客家作為中間商人的角色一職存在，之後是物品交換所，到現在的雜貨店所扮演的流通功能。不同的是，過去客家在族群邊區的中間人位置，與國家族群統治政策密切結合，政治和經濟領域並未完全分化成當代社會的運作邏輯，土地與內山產品是利潤來源。當代，雖然台灣社會已經進入以貨幣為媒介的經濟體系，然而都市化程度越低的區域，雜貨店也還是兼具經濟和社會功能，未完全進入純粹的資本主義運作模式，在客家與原住民族接

觸地區，經營者主要還是客家人。

　　對客家族群而言，從分布在原客互動區域的雜貨店，如台三線上苗栗南庄、大湖、泰安等地的雜貨店，還有客家店主賒帳給原住民的情形，或是向原住民收購產品，向外販售等關係，經濟中間人的位置逐漸改變，許多雜貨店的鄉帳信用功能亦不復存在。但是，對原住民族而言，則是社會運作邏輯與文化的改變。王梅霞（2009）整理日治初期苗栗地區泰雅族與其他外來族群的互動模式，提及泰雅族人具備分享、以物易物、買賣等交換模式，並藉此差異界定社會關係的不同地位與性質。而以貨幣作為交易媒介，則是日本時代設立物品交換所（交易所）後才被運用。泰雅族在1915年前後，開始用日本人的紙幣買賣貨物（Paul D. Barclay 著、堯嘉寧譯，2020：382）。

　　在當代，以經濟層面觀察族群關係時，必須考慮「社會流動」的因素（Deutsch, 1953）。「社會流動」發生在從傳統走向現代生活方式的國家，對大量人口產生整體改變過程，涉及了新興的行為模式取代舊有的行為模式，必須考慮到「階級」與「族群性」之間的交錯關係。階級與族群性（或族群身分）雖皆屬社會類別，然而族群性（或族群身分）比社會階級通常更具有強制性（compelling）與先發制人（preemptive）性質，而且較階級能夠引發更具有熱情的忠誠度（Horowitz，1985：89-90），這是國家多元文化政策要關注的重點。

參考文獻

Clifford Geertz 著，楊德睿譯，2007，《地方知識：詮釋人類學論文集》。台北：麥田出版。

Paul D. Barclay 著，堯嘉寧譯，2020，《帝國棄民：日本在台灣「蕃界」內的統治》。台北：國立臺灣大學出版中心。

大湖鄉誌編輯委員會，1999，《大湖鄉誌》。苗栗：苗栗大湖鄉公所。

中央研究院，〈台灣歷史文化地圖〉。thcts.ascc.net（取用日期：2019年6月3日）。

王梅霞，2009，〈從「交換」看族群互動與文化再創造：日治初期苗栗地區泰雅族的研究〉。《考古人類學刊》71：93-144。

王學新，2018，《日治時期新竹地區蕃地拓殖過程與原客關係》。客家委員會獎助客家學術研究計畫成果報告。https://www.hakka.gov.tw/File/Attach/40856/File_77510.pdf（取用日期：2019年6月10日）。

台灣原住民族資訊資源網，2015，〈認識原住民族 部落介紹〉。http://www.tipp.org.tw/tribe.asp（取用日期：2019年6月24日）。

甘必通，2014，《客家文化事典》。苗栗：苗栗縣政府國際文化觀光局。

松田京子著，周俊宇譯，2019，《帝國的思考》。新北：衛城出版。

松岡格著，周俊宇譯，2018，《「蕃地」統治與「山地」行政：台灣原住民族社會的地方化》。台北：國立臺灣大學出版中心。

施添福，1987，《清代在台漢人的祖籍分布和原鄉生活方式》。台北：國立師範大學歷史學系。

施添福，2014，〈從「客家」到客家（三）：台灣的客人稱謂和客人認同（上篇）〉。《全球客家研究》3：1-110。

施聖文，2008，〈土牛、番界、隘勇線：劃界與劃線〉。《國家與社會》5：37-97。

柯志明，2015，〈清代台灣三層式族群空間體制的形構與轉化：紫線界

前後的比較〉。《台灣史研究》22（2）45-110。

苗栗縣南庄鄉公所，2009，《南庄鄉志》。苗栗：苗栗縣南庄鄉公所。

泰安鄉志編纂委員會，2008，《苗栗縣泰安鄉志》。苗栗：苗栗縣泰安
　　鄉公所。

翁之鏞，1961，《中國經濟問題探源》。台北：正中書局。

張維安，2001，〈社會鑲嵌與本土化研究——以關係網絡與經濟活動研
　　究為例〉。《教育與社會研究》2：82-84。

張翰璧，2019，〈馬新客家族群產業與網絡創造過程〉。頁189-203，收
　　錄於吳小安、黃子堅主編，《全球視野下的馬新華人研究》。北京：
　　科學出版社。

———，2020，〈「客家帶」的歷史與空間形成：以台灣和馬來西亞為
　　例〉。頁269-282，收錄於張翰璧、楊昊主編，《進步與正義的時代：
　　蕭新煌教授與亞洲的新台灣》。台北：巨流圖書公司。

張翰璧、徐幸君，2015，〈「客家區域」與「客家經濟」的動態關係：
　　以鳳山溪茶產業為例〉。頁57-100，收錄於張維安、劉大和主編，
　　《客家映台灣：族群產業與客家意象》。台北：桂冠圖書。

梁肇庭著，蒂姆·賴特編，王東、孫業山譯，2015，《中國歷史上的移
　　民與族群性：客家、棚民及其鄰居們》。台北：南天書局。

許蕙玟，2011，《交通、族群與埔里地區雜貨店經營之變遷（1814-
　　1945）》。南投：國立暨南大學歷史學系學位論文。

陳偉智，2020，〈在歷史與文化之間：《帝國棄民》導讀〉。頁xi-
　　xix，收錄於Paul D. Barclay著，堯嘉寧譯，《帝國棄民：日本在台灣
　　「蕃界」內的統治》。台北：國立臺灣大學出版中心。

森丑之助著，楊南郡譯，2012，《生蕃行腳：森丑之助的台灣探險》。
　　台北：遠流出版公司。

飯島典子，2015，《近代客家社會的形成》。廣州：暨南大學出版社。

黃卓權，1987，〈台灣裁隘後的著名墾隘——「廣泰成墾號」初探〉。
　　頁105-140，《台灣史研究暨史料發掘研討會論文集》。高雄：中華民
　　國台灣史蹟研究中心。

黃卓權，2004，《跨時代的台灣貨殖家　黃南球先生年譜（1840-
　　1919）》。台北：國立中央圖書館台灣分館。

黃卓權，2013，〈從版圖之外到納入版圖──清代台灣北部內山開墾史的族群關係〉。《台灣原住民族研究學報》3：157-187。

黃紹恆，2000，〈客家族群與台灣的樟腦業史〉。頁51-85，收錄於張維安等主編，《台灣客家族群史‧產經篇》。南投：台灣省文獻委員會。

黃富三，2016，〈林朝棟與清季台灣樟腦業之復興〉。《台灣史研究》23（2）：1-64。

黃運新，2001，〈樟腦往事〉。《苗栗文獻》3：58-62。

黃驗、黃裕元撰文，黃清琦地圖繪製，2018，《台灣歷史地圖》。台北：遠流出版公司。

溫紹炳、葉茂榮，2003，《台灣樟腦產業與客家人散布研究》。台南：台南市客家文化協會。

廖守臣，1984，《泰雅族的文化──部落遷徙與拓展》。台北：世界新聞專科學校。

蕭郁慧，2002，《田中雜貨店的變遷》。台北：台灣師範大學地理所碩士論文。

賴玉玲，2011，《國家與邊區社會的治理：以中北部台灣金廣福、廣泰成墾號為考察中心（1834-1920）》。台北：國立臺灣大學文學院歷史學系暨研究所博士論文。

戴國輝，2002，《台灣結與中國結》。台北：南天書局。

戴寶村，2009，《樟腦、鴉片與專賣制度產業文化展示資料調查》。台北：國立臺灣博物館。

Brubaker, Rogers, Maria Loveman, and Peter Stamatov, 2004, "Ethnicity as cognition."*Theory and Society* 33 (1): 31-64.

Cohen, Myron L., 1968, "The Hakka or "guest people": dialect as a sociocultural variable in Southeastern China." *Ethnohistory* 15 (3): 237-292.

Deutsch, Karl W., 1953, *Nationalism and Social Communication: An Inquiry into the Foundations of Nationality*. Mass.: The Technology Press.

Horowitz, Donald L., 1985, *Ethnic Groups in Conflict*. Los Angeles: University of California Press.

Marger, Martin, 2015, *Race and Ethnic Relations: American and Global Perspectives*. Stamford, CT: Gengage Learning.

Skinner, G. W, 1964, "Marketing and Social Structure in Rural China: Part I. " *The Journal of Asian Studies* 24(1): 3-43.

第 7 章
台三線客家帶客原關係的再探與重構[1]

劉瑞超、張維安、劉堉珊

摘要

　　客家委員會於2016年起在北台灣推動國家級台三線客庄浪漫大道相關政策，並於2019年底在台三線沿線鄉鎮推出爲期兩個月的「浪漫台三線藝術季」，策展團隊以台三線公路爲經，穿龍圳水路與樟之細路爲緯，邀請國內外藝術家投入創作，企圖在台三線客家帶營造客家「文藝復興」的新風貌。本文透過對浪漫台三線藝術季中的各種藝術創作，思考政策傳達的族群關係（如客原關係）與創作者展現的族群互動意象、歷史故事，彼此間呈現的關聯性，如，是否具有相呼應、對話的關係，或者呈現出非常不一樣的敘事觀點與族群記憶。檢視策展團隊的理念構思、藝術家參與過程與族群身分背景，並分析相關作品形成的過程、其與當代國家政策的關聯性，以及創作者如何思考過去、當代與未來的族群關係。除此，本文也站在過往台灣客家開拓史、原漢關

1　本文爲科技部計劃（MOST 107-2410-H009-039-MY2）成果之一。

係相關研究的基礎上，指出客家委員會後續推動的相關文化政策及活動，具有重識並重構過去的客原族群關係之意義。

關鍵字：客家帶、浪漫台三線、客原關係

一、前言

　　台三線客家帶的族群關係研究，約莫起自上世紀90年代，那是著重區域開發史、漢人移墾史、內山開發等歷史研究脈絡而興起的族群史研究，或本土文化研究。探討台三線地帶的客家移民在地適應的過程，勢必同時得將客家以外的族群納入視野，因此客家移墾史及原漢互動情況可說是當時客家研究的幾個主要面向。從歷史上而言，這個族群互動空間的界線與社會結構變化，一直受到不同政權所制定的政策之影響。從清朝帝國的邊區控制，以土牛溝界定漢、番生活領域，形成一條有形的人文界線（黃卓權，2013），例如乾隆朝時期的民番界址圖，界址上繪有紅、藍、綠、紫色線等四色，依此色的順序可界定繪製年代的先後。界址基本上是有山沿山、有河沿河，在平地區域則挖土為溝，又稱土牛溝，此類型界址圖每繪製一幅費三至五年時間，均在乾隆中、晚期陸續重新界定，這表示有大量的漢人入墾，擠壓了原住民區域，而此地區幾乎與台三線重疊。這樣的族群地理分布，也就是柯志明在《番頭家：清代台灣族群政治與熟番地權》（2001）所指出的「三層制族群分布構架」，是以土地權轉換為基礎的族群分類，而土地權的轉換則是在漢墾民和熟番的合作與競爭過程中，逐步往生番的維生空間推進，進而形成我們現在看到的族群人口分布的大致輪廓。自咸豐10年（1860）台灣開港後，樟腦、茶、糖三大產業是晚清台灣對外貿易的主要項目。隨著市場的擴大，對產品的需求量也隨之提升。北台山地盛產樟樹，富有腦利。吳學明以「推力」與「吸力」來比喻清代漢人移民來台後的開墾，認為推力在於新來墾民在竹塹地區乏地可墾，

而新竹東南山區除了有荒地可墾外，腦藤之利更是主要的吸力（吳學明，1986：27-28）。

　　新竹的東南山地在清代便是著名的客家隘墾區。以關西為例，舊名咸菜硼（鹹菜甕）的關西地區，在乾隆末年，以竹塹社衛家為首的墾拓活動，如火如荼地在此地區展開，嘉慶年間咸菜硼西半部地區業已闢盡，因泰雅族「盤據」東方丘陵山地，故漢人拓墾行動受到阻礙，但也因隘防線與牛欄河的阻隔，河西的墾區已不見「番害」發生（邱瑞杰，1999：151）。咸菜硼街在嘉慶乃至道光年間已逐漸形成規模，在老街之外，新街也建立於道光2年（1822）（李明賢，1999：64）。隨後，以平埔墾戶及客家漢人為主的武裝拓墾勢力，更不斷向東邊山地前進。道光10年（1830）已至湖肚及暗潭一帶（同上引：13）。道光29年（1849），以衛壽宗等人為首的新和合墾號勢力，則已進入老社寮地區（林玉茹，1997：31、240）。同治元年（1862）再進至濫（淊）湖一帶。大體而言，道光25年（1845）以後，拓墾勢力無論在墾戶及墾佃上，皆逐漸轉變為以客家人為主（邱瑞杰，1999：151）。但屯番招墾的小型墾號，在規模與資金上，皆無法將拓墾範圍再向前推（吳學明，1986：28），且濫（淊）湖已接近該段馬武督溪河谷平原的盡頭，必須通過東南方狹窄的牛鬥口天險，才有可能深入山地以獲得耕地，因此，漢人在該地區的拓墾活動已到達當時的極限，其餘的就只有廣設隘寮以防番。新竹較南邊的峨眉地區，漢人開墾的情況也是如此。吳憶雯（2013）《從隘庄到茶鄉：新竹峨眉地區的拓墾與社會發展（1834-1911）》以跟隨金廣福墾號進入峨眉地區的三個客家家族為例，說明了土地拓墾、設隘防番、樟腦經營、水圳開鑿等客

家在移墾區落地生根的模式。從這類的客家移墾研究中可以看出，在番界的推移上，樟腦稅收利益是促使官方撫番的因素之一（李明賢，1999：17；林欣宜，1999），但驚人的砍伐速度，顯示國際樟腦需求量及市場的成長，更道出了樟腦利益相關人士的強烈渴求，在官民合作背景下，漢人小心翼翼地進入仍處不穩的番界山區。日治時期對於近山空間的管理，基本上是延續清代的番界，並以隘勇線作為實際上治理手段。從鄭安睎針對隘勇線的研究中我們可以發現，日治時期「推進隘勇線」被型塑成「可移動式的蕃界」，從早期緩慢、漸進式的變化，演變成「推進隘勇線」來包圍蕃地。山區的蕃界區隔了「民」與「蕃」、「安全」與「不安全」、「普通行政區」與「生蕃地」、甚至是「蕃地行政區」與「生蕃地」，也作為不同人群與異文化的區隔，而後期隘勇線如同利刃般，直接入侵原住民的傳統領域，進而控制原住民。雖然1920年代以後，更多的蕃地納編成為普通行政區，隘勇線也逐漸被理蕃道路所取代，但仍然有許多隘勇線轉變成原住民鄉鎮與平地鄉鎮界線，抑或是原住民鄉鎮內之各村界線，這些虛擬的界線，替代實質的隘勇線，繼續存在台灣的歷史與地理空間之內（鄭安睎，2010）。蕃界與隘勇線成了虛擬的行政區界線後，事實上該空間與人群更是國家行使包括山林產業、族群治理等相關政策的客體。然而，該等界線並不一定與今日的族群邊界相符，無論是過去或今日，處於不同族群間也無法清楚地切割，這是研究族群文化廊帶所必須要注意的，也是過去研究經常忽略的部分。

　　苗栗地區的客家拓墾相關研究亦不少，例如劉慧真（1994）的論文《清代苗栗地區之族群關係》可說是對苗栗地區進行族群

研究的力作。她的研究以族群意識及其認同爲關懷，討論客家移民的拓墾活動對原住民社會（包括道卡斯族、賽夏族、泰雅族等）所產生的影響及效應，透過漢番關係、土地關係、文化經驗、社會變遷等視角，重現清代苗栗的開發過程。潘朝陽（1994）的《台灣傳統文化區域構成及其空間性：以貓裏區域爲例的文化歷史地理詮釋》也提到，漢人來台後，透過基層維生方式的建立、社會制度的形構，以及精神價值系統的上層實踐，將原鄉大小傳統，立體地在其拓墾地區重建起來。黃鼎松（1998）《苗栗的開拓與史蹟》一書中所記錄的苗栗縣開拓史，更是囊括三百餘年間苗栗境內各鄉鎮地區的拓墾歷史、苗栗兩度設縣的前後經過、早期的交通特色與發展過程、農田水利的建設、產業開發、以及早年漢人開墾時所經歷的族群衝突故事。郭慈欣（2003）的《清代苗栗地區的開發與漢人社會的建立》，也透過大量的史料與古文書，對苗栗地區的歷史作一脈絡性與全面性的研究，以呈現苗栗地區拓墾的發展過程。她主要探討漢人進入苗栗之後，如何在社會、經濟、文化等方面取得優勢，並取得原住民的土地，建立起漢式的社會。由新竹、苗栗近山地區客家移民社會的相關研究來看，客家地域社會的建立根基在移墾時期的樟腦產業及土地取得、水圳修築，使得在地農業社會得以建立。

　　移墾與理番造成的蕃界及隘勇線的移動，象徵空間屬性地轉移，新納入的範圍成爲國家治理的空間，也成爲客家人群的生活空間，乃至生計與文化實踐及創造的族群空間。這是客家進入近山地區的政治經濟背景，也是今日台三線地帶客庄形成的主因。換句話說，客家漢人移民的路線與聚落的發展，甚至所謂的客家文化廊帶的浮現，深受地理環境、自然資源、市場因素、乃至國

家政策的影響，而此人群移動的過程，便是特定空間中族群關係的重建。客原的族群互動透過此等界線逐漸往現住的區域移動，形成今天我們看見的客庄與原鄉，在本書〈北台灣客家帶浪漫台三線的浮現〉一章中，可以很清楚地看見台三線客家帶從「原民蹊徑」、「拓墾路徑」、「戰備道路」等階段的浮現過程。

二、早期內山產業中的族群關係

特定空間在被納入國家體制前後，不同文化人群之間的移動與互動，許多是表現在經濟產業面向的。為扣合「客家與周邊族群關係」的研究主軸，本節以歷時性的角度處理客家人群進入當代竹苗客家地區的經濟背景，尤其是引領客家由丘陵到淺山的移居過程中，所賴以為生的相關產業。首先是客家族群進入淺山空間的拓墾時期，在與周邊族群的互動中顯現出怎樣的族群關係樣態。接著，在客家進墾成庄後搭配著域外國際市場開啟其山林生計時，又與原住民族有著怎樣的互動往來。隨著日本的領有台灣，並以「理蕃」政策將山林空間收歸國有後，客家與原住民族在生計產業經濟上開展如何的族際互動模式。

過去對於清代漢人移墾的研究多聚焦在土牛溝、墾號、隘防等主題，透過相關研究的爬梳，我們可在其中觀察到移墾時期客家與周邊其他族群的關係。例如羅烈師對新竹飛鳳山丘陵地區的移墾研究時指出，客家在新竹地區的拓墾模式經常是透過粵人、閩人、平埔共同合作的方式，設隘防番更是侵墾的主要手段。漢人係沿頭前溪與鳳山溪向東擴張耕地，並沿兩溪支流上攀低矮丘陵。起初先開墾坑口，亦即支流匯入主流之小沖積扇；然後才逐

步進山。拓墾事業最大的阻力除了地形以外，就是不願放棄獵場的原住民（羅烈師，2017）。

在面對山區原住民抵抗與反擊的同時，跨族群合作拓墾的事業，亦會遭遇來自合作對象間的衝突。由范明煥（2017）的研究中，我們可以看出官府的介入，其實也影響著族群之間的關係。例如，光緒12年（1886）9月北埔深山奧區賽夏族總土目朱打馬（謝寶順）等因為墾戶金廣福將大南坑（北埔鄉南坑村）柏色林一帶地面私佔，使得眾番等無有寸土耕種，稟乞福建台灣巡撫劉銘傳追究。而被控告的金廣福也向官府進行辯解，並要求主持公道。最後福建台灣巡撫劉銘傳批示：「仰新竹縣即派典史傅若金，會同都司鄭有勤并墾戶黃南球確實清查。如係民佔番地，縱不照數歸還，亦須按年照給番租，憑官定數，以後劃清界限，不得絲毫再佔⋯⋯。」正當官府派都司來查明此私佔案時，新竹縣峨眉鄉之新藤坪賽夏族副土目夏矮繢、正土目夏流明也具稟向巡撫劉銘傳追還墾戶金廣福強佔新藤坪一帶番地產業。這兩個案例皆顯示，在此時期拓墾區的漢人方與原住民方皆已遵循官方統治規則，進而採取控訴裁決的方式解決爭端。此案在官府約了墾戶黃南球、墾佃、番目共同到現地履勘查明後，「北埔姜家當家婆，也是金廣福在地墾戶姜紹基之母胡圓妹，捐配原價向金廣福買出大坪、長坪、九芎坪等處番地歸還該番，庶各化番從此衣食有餘，漸興禮義；各番聞訊甚為欣慰，以大坪、長坪附近番社，便於耕種，願將離社較遠之九芎坪一處讓歸姜姓，以效報投之意」（范明煥，2017）。土地拓墾之糾紛，透過官方介入調查、在地勢力墾戶的捐輸平息並修復群際關係，可看出邊區社會在清末時的運行模式。

從這類的客家移墾研究中可以看出，在番界的推移上，樟腦稅收利益是促使官方撫番的因素之一（李明賢，1999：17；林欣宜，1999）。樟腦盛於山區，其開採與經營事業者經常呈現出跨族群的合作或對抗，南庄事件便是這種性質的歷史事件。本島人腦戶、日本人業者、賽夏族、泰雅族等，都在事件中扮演不同的角色，也對該事件有不同的理解與詮釋。在日治初期，即便已有日本學者嘗試對台灣的各原住民族群進行界定分類，但當代的「族」的概念尚未在各區域文化群體間出現，不同蕃社間權力的消長，同時影響著各蕃社與各種外來者之間的互動模式。例如八卦力社被視爲「配合蕃」，因其「處在製腦業正開發的地方，出現由生轉熟的性格，在大湖轄內是比較可以同官府往來的一個蕃社。生的性格表現在狩獵與出草，熟的性格表現在接納製腦業與撫墾署。」（林修澈，2007：65）

　　山區樟腦產出後，必須要能進入商品流通的網絡中。成擔的樟腦，透過山區道路系統運送至城鎮區域的商家。林玉茹（1998：54-64）指出，嘉慶年間之後，隨著土地拓墾的節節進展，內陸地區的鄉街紛紛成立，自竹塹城至內陸鄉街之間的商品流通網絡已經初步完成，也促使了竹塹城的商業愈加發達，各種從事進出口貿易的郊舖也陸續設立。最慢到了光緒年間，竹塹城出現了腦郊，即由腦商同業商人組成的腦郊吉祥泰。此等經官方核可而得以收購樟腦的腦商，不但負責將竹塹地區的樟腦集中到大料崁或是艋舺等地，也爲了對抗私腦，維護共同商業利益，成立同業公會，隨時向官方檢舉私腦。但在腦郊出現之前，其他郊商也是有兼營樟腦事業。當時竹塹城的各種郊商，雖然許多都是泉州府籍，但也有漳州府與少數廣東籍，例如郊商金長和中的姜

華舍便是客籍的北埔姜家第五世姜榮華所經營。在地郊商的結社行為其實是政治、經濟與社會利益的結合，是基於在地地緣關係而非原籍同鄉的關係。但可看得出來，客家群體在商品的生產端與出售端所扮演的角色不對等。

　　大規模伐樟製腦後的山林空間，其實也嚴重影響到原住民族群實踐其傳統文化與生計方式，隨著拓墾、製腦進入山區的客家人群也逐漸落腳在內山開墾過程中的各個區位立屋成庄。這時便進入生產與生計的轉換階段。日治時期，為了防止泰雅人出草，並保障樟腦事業的推動，總督府的隘勇線不斷推進，同時也積極在原住民地區推動水田化的政策，藉此將原住民固著在小面積的土地上，進而有效掌握大片山林土地與資源。例如大正三年（1914）起，新竹廳透過引導漢人與原住民簽約的方式，於原漢交往頻繁的地帶以「指導耕作」名義實施原住民水田授產工作，然而透過此方式所達成的水田化成果十分有限，但移入原鄉地區的漢人卻逐漸影響了原住民族的農法、建築樣式、服飾（羅文君，2017：25）。大正七年（1918），在蕃地內從事樟腦製造及開墾事業的萬基公司及日人堀三太郎，分別補助鄰近蕃人糧食與農具，獎勵開墾。馬武督的蕃人授產機關，也隨堀三太郎援助馬武督社水田七甲而開始運作，水田於該年底完成開墾，有十六名蕃人移居附近從事耕作（劉瑞超，2004：62）。新竹前山地區的泰雅族已與包括客家在內的異文化人群同處在同一生態區位，加上國家收編空間及各項政策強力介入，客原共存的地域社會逐漸形成，尤其是在兩族群contact zone的沿山或近山地點，如關西、尖石前山、五峰、南庄、獅潭等地。至此，所謂的台三線客家帶已然形成今日的基本樣貌。

客家和原住民的族群互動關係，並不是只有土地的關係，一旦客家人移入這個地區，和周邊的族群，就會有許多日常生活的接觸，除了市場上的交易或者是人力的交換，甚至也包括飲食和日常生活智慧的互相影響，這種屬於日常生活的族群關係，就像羅雯（2012）對苗栗縣南庄鄉東河村的研究所指出的那樣：「藉由對族群食物『客家粢粑』及『賽夏tinawbon（糯米糕）』的分析，了解客家人與賽夏族間的族群關係，一方面探討食物對人群關係界定和社會類別概念傳遞的作用；另一方面討論人們在運用食物過程中所衍生的日常經驗、具體意象和感官經驗，形成記憶與認同建構的基礎，詮釋食物在族群關係中的位置，並進而形塑族群界線。作為扣連儀式和日常生活的食物，在族際互動中緩和了族群張力、拓展社會關係，也在互動中微妙地維持了族群界線。」（羅雯，2012）

　　在客家帶形成過程中，我們可以看出客原之間的互動經歷了區隔、衝突、和諧等類型，但這並不意謂著這些關係類型是依時序在整個台三線區域內同時發生。此外，我們也在此跨文化接觸、交織與融合的歷史過程中，看見了創造新文化的現象，此即Ortiz（1995 [1940]）所指多種文化在歷史過程中的相遇，以及持續互動、相互轉化與融合出的跨文化概念（Transculturation），亦類同於潘英海（1994）提出的「合成文化」概念，均認為文化接觸是一個持續、開放，不斷吸納新元素、重組與重構的過程。

　　下一節本文將以台三線客家帶形成後，當代國家如何治理、展示這裡的族群與文化為例，探討在拓墾背景下所生成的客家帶，承載了怎樣的當代國家族群願景。

三、當代的族群展示

從國家治理的角度來看，近年的「浪漫台三線」政策，是一項「百年文化工程」，其核心價值並不僅是針對單一族群（客家）來予以施惠，而是進一步建構多元族群的友善互動空間，確保各族群的平等與共存共榮，並構成「浪漫台三線」政策規劃與推動的主要軸線。鑒於台三線蘊含濃厚的客家文化，在此基礎上政策將鼓勵當地居民參與，並找回青年對於故鄉的認同與貢獻，以平衡城鄉差距，結合產業經濟、生活科技、文化記憶與自然地景、環境教育、農業生產等多元面向的客家文藝復興以整體發展客庄。

「台三線客庄浪漫大道」為行政院自2016年起推動執行的國家計畫之一，屬於「前瞻基礎建設──城鄉建設」的一部分，其所聚焦的區域為台三線在桃園、新竹、苗栗與台中經過的16個客家文化重點發展區（蛋黃區），以及「其他以縣道、鄉道連接之周邊鄉鎮」（蛋白區）。值得注意的是，客家委員會自2012年起推動的「客家區域產經整合計畫」，也將台三線視為其中的一部分。在「客家區域產經整合計畫」中，客家委員會將台灣69個「客家文化重點發展區」分為五大客庄區域，以「廊道」的概念，推動這五大區域的產業特色，分別為：台三線客家慢活廊道、六堆地區客家文化廊道、東部客家米香廊道、海線客家知識經濟廊道，與中部客家花果廊道。自此，桃竹苗中縣市沿山區域，在豐沛的中央與地方政府資源挹注，及各項計畫與活動的打造下，原本作為公路名稱的「台三線」逐漸成為北台灣客庄區域的新時代代名詞。

在「客家區域產經整合計畫」中，「台三線客家慢活廊道」僅包含桃、竹、苗三個縣市，聚焦在區域內產業的營造與推展。2016年新政府上任後，公告「台三線客庄浪漫大道」作為前瞻計畫的一部分，將原來只聚焦產業經濟的台三線客家慢活廊道，擴大納入環境與人文歷史的面向，延伸其區域至台中的三個客庄，並進一步提升其國家治理的層級。根據該計畫書，「台三線客庄浪漫大道」最重要的目的，在於從景觀的營造／重現（包括自然景觀、歷史景觀、聚落街區與產業景觀）串連台三線上的客庄，為其創造新的發展空間（見客家委員會，2017）。

2017年客家委員會推動「浪漫台三線國家自然步道網絡建置及整體發展規劃」，2018年，全長四百多公里的國家級長程步道「樟之細路」正式被命名，這條之前不曾出現在地圖上的路徑，主要沿著以客家聚落為主的台三線，縱向串聯舊有的古道、農路、郊山步道而成。此地域昔日是大片的天然樟樹林，先民入山伐採煉腦，成就台灣樟腦王國的名號，也是帶領台灣通往19世紀大航海時代與世界連結的路徑。「樟之細路」的英文名為Raknus Selu Trail，「Raknus」是泰雅族、賽夏族語中「樟樹」的意思，「Selu」是客語「細路」的發音，意思是小徑。從這個命名即可知這地域容納了原住民族與客家文化的多元，昔日他們為了地域與經濟利益，頻生無數衝突，而今日各族群在此地合作共生[2]。由台三線形成的歷史脈絡即可清楚看出，這個客家區域

2　鄧慧純，2018年10月，〈台三線「樟之細路」浪漫與慢行的大道〉。《台灣光華雜誌》。https://www.taiwan-panorama.com/Articles/Details?Guid=24d65fc7-9734-4f56-8881-631881738d17&CatId=10（取用日期：2020年9月29日）。

的形成主因之一是國際市場造成的多族群遷動，進而形成的一個多族裔空間[3]，樟腦及茶業即爲當時主要出口產品。

客家委員會於2019年10月19日到12月15日推出「浪漫台三線藝術季」，活動區域橫跨5個縣市、10個鄉鎮市、共150公里，爲期58天的藝術季中，共設置了50件藝術作品，舉辦100場文化探索體驗。策展團隊以台三線爲經，穿龍圳水路與樟之細路爲緯，希望旅人在這三線裡（公路、水路、細路）慢慢品味沿路的風景、生態、物產[4]。活動範圍號稱橫跨五個縣市，其實主要集中在桃園、新竹、苗栗、台中四縣市區域，台北僅在總統府前舉辦凱道內山日，及在松菸文創園區以互動科技展出「茶遇天光行山」，其餘主要活動或展演場域都在沿山客庄在地，包括桃園的龍潭，新竹的竹東、內灣、北埔、關西、峨嵋，苗栗的獅潭、大湖，台中的東勢。「浪漫台三線藝術季」這個客庄大型藝術策展，後來獲得2020國際級設計大獎日本「Good Design Award Best 100」的榮耀[5]。

本節從50件藝術創作中，透過依據藝術家背景及創作理念，篩選出11件具有族群關係意涵的作品，進一步分析在浪漫台三線政策推出的三年後，作爲國家及族群部會的客委會，透過

3　張維安、劉埈珊、劉瑞超，2019〈回到未來的浪漫台三線〉。台灣人類學與民族學學會年會「回到未來（Back to the Future)」研討會（2019年9月28-29日）。台北：中央研究院民族學研究所。

4　客家委員會，2019，〈浪漫台三線〉。《浪漫台三線藝術季》。https://www.romantic3.tw/about（取用日期：2020年9月29日）。

5　客家委員會，2019，〈浪漫台三線藝術季　自4,000件作品脫穎而出　獲Best 100殊榮〉。https://www.hakka.gov.tw/Content/Content?NodeID=34&PageID=43000（取用日期：2021年8月20日）。

這樣的藝術季顯示出了怎樣的族群思維。

下表爲本文自藝術季50種創作中篩選出的分析案例。

表 1 浪漫台三線藝術季「族群相關」藝術作品列表[6]

作品名稱	作品形式	創作理念	創作者
樟之細路	繪畫 （地圖）	介於桃竹苗海岸線與雪山山脈之間的淺山區域，沒趕上文明狂奔的腳步，卻保留了許多早期墾民、客家、原住民聚落的道地台灣味。走進那些鄉下小地方，就像把書本上的地理、歷史、人文攤開在眼前。去吧，那些不熟悉的地名，沒去過的地方，正是值得感受台灣的地方。	沈恩民
綻放美麗的牽牛花	尼龍布繪畫	小時候在路邊遊玩的光景、路邊隨處可見牽牛花與雜草連結在一起、紫紅色的花瓣相當豔麗、點綴了不修邊幅的雜草先生、也點綴了我雜亂的心、路過的人群啊，停下腳步細心觀看它們綻放出來的美麗吧。	米路・哈勇
編織的密碼	編織藝術	將一小塊泰雅織品放大成巨大網格，表現出泰雅族的文化力與未來感。	尤瑪・達陸
一樹一山	塗鴉藝術	內灣地區屬於客家族群聚集的地方，而旁邊的尖石山區又有許多泰雅族原住民居住，因此在思考主題時便以此爲方向來發想，最後決定兩邊車頭一面	黑雞先生 （周義勳）

6　客家委員會，2019，《浪漫台三線藝術季》。https://www.romantic3.tw/，取用日期：2020年9月29日。

		加入一點客家元素、另一面畫的是泰雅紋面女子的臉及圖騰。而車身部分，兩面採用同樣的背景構圖，旨在呈現內灣地區四面環山、山中有山、加上泰雅族人與客家男子在樹林間穿梭休憩的生活氛圍。至於畫面中在飛翔的小鳥爲繡眼畫眉，泰雅文化中用來占卜的神鳥。	
北方的埔地	聲音裝置	姜阿新洋樓及其周邊的歷史建築，連結了老北埔人猶存於記憶的漢人開拓史、與淺山原民族群的衝突，以及現代化規模茶葉生產企圖的一頁。《北方的埔地》爲一以聲音爲主要媒介的作品，內容爲數段主要來自北埔周邊的聲景，例如：大南坑和千段崎一帶的自然環境聲響山歌、在地北管子弟班樂聲、矮靈祭典、茶葉採收和製程……等等聲響，中間交織以小段口語，於洋樓的接待主廳中，撐開一個多點連結的時空。	澎葉生蔡宛璇
流逝的時光	地景藝術	在過去，人類整體齊一、同心前進，儘管來自不同背景，我們有著同樣的根源。然而隨著時間的流轉，人開始受到各種如同種族、部落、宗教等，造成混亂的因素而分化損失。現在的派系不該因種族、部落或是宗教捲入彼此之間的報復行爲，畢竟最初這些分野也都僅是無關緊要的意識形態，因此	Ahmad Yusuf Maulana、Viga F. Widjanarko、Novita Sari、IPIN NUR SETIYO、Sli Kumari、Dwi Hartanto

		人類仍有可能進行對話與互動。在未來，人類將會回歸到一起，畢竟我們都肩負重擔與責任：人類必將面對全球暖化以及其他自己造成的各種環境問題。當人類最終齊心歸一時，他們將會發現大地的表面已貧瘠不復從前。	
樟之昇華	地景藝術	樟樹產業是過去獅潭發展的核心，這之間發生太多的血汗歷史，面對不可逆的過去，我們期許愛與共生走向獅潭的未來，願樟樹及先人之靈得到安詳。樟樹產業發展的過程有太多議題可以思考，當遊客來到獅潭，除驚豔這裡的美景之外，我想引出遊客對於樟樹與獅潭關係的好奇，進而思考如何從過去的經驗與教訓中，昇華獅潭的未來？自然資源再豐富再多，用盡了就沒了，我們必須珍惜什麼，讓代代傳承下去？以真實的樟樹幹去翻模鑄造成作品的下半部，像是立碑的心情，悼念過去樟樹群為人類的犧牲，也像是不可抹滅的歷史記憶，支撐著獅潭的未來。上半部則以像祈福、像飛翔的翅膀，象徵期待大家一起在樟樹歷史的立基點上，昇華獅潭走向生態和諧、美好的未來。 老吊橋是遊客來訪的動線入口，視線先看到樟樹圈那件作品，再穿越樟樹圈走到樟之昇	蔡育田

		華，象徵從現在（吊橋）面對過去（樟樹圈）走向未來（樟之昇華），串連過去歷史記憶與現在時空的樟之細路。希望引導遊客以時空軸線的思考、體會獅潭。	
19世紀繞世界一圈的樟腦分子	地景藝術	19世紀來台傳教的馬偕博士，曾在獅潭一棵老樹下為村民行醫拔牙，早年海外傳教的傳教士們都會攝影，紀錄各地風土民情，向教會報告，馬偕博士來自加拿大，設想：從獅潭出口的樟腦到了美國製成底片，然後馬偕博士帶著美國製的底片來到獅潭拍攝，這樟腦樹脂分子繞了世界一圈，又回來使那一瞬間的光永留後世。收集長短大小不一的樟樹枯幹，匯集組合成大樟樹幹迴圈，象徵獅潭過去製樟產業蓬勃發展，出口到世界各地又回來台灣的迴圈經濟型態，同時迴圈又象徵時空的通道，可以串連現在與未來。	林其蓁
木魚禪音	地景藝術	早期獅潭開墾過程曾有族群衝突，一位戰功彪炳的名將羅成，晚年反省自己的殺戮行為，懺悔出家尋求心靈平靜。盼以木魚禪音的概念，讓遊客能進入巨大木魚的空間之中，感受羅成從紊亂到平靜的心路歷程，以及物質渴求到心靈追求的轉變。	沈宏錦

		泰雅族他吧賴社部落領袖之女，雅優·猶玠與客家拓墾者陳履獻的聯姻，讓兩大族群，在大窩地區得以和平共存，在動盪的年代，創造了原漢和鳴、族群共好的美好意象。白色的棉線纏繞著時間的軌跡，象徵作品終將與自然環境融為一體，伸展出的側芽，述說生命力在輪轉的歲月中依舊生生不息，棉線會隨著時間、日曬雨淋、參與者的互動，逐漸染上屬於大窩的顏色。先民的智慧，讓家的想像突破族群、語言與膚色，在大窩這塊土地上，只要走進來的人，就是家人。	
編織記憶	地景藝術		安聖惠（峨冷·魯魯安）
生命的鑿痕	地景藝術	走過穿龍圳時，可以看見先人一鑿一斧掘出古圳的痕跡，因為這些圳道，才讓大窩成為一個能夠安養生命的地方，人的生命像種子一般，可能被水流走，也可能被風帶走，落地後，無論是在什麼樣的環境，種子總是會找到方法，吸取養分，奮力發芽，這份精神呼應先民當年拓墾大窩的堅毅。整件作品用了將近100坪的木頭疊製而成，往下延伸的枝條呼應人類渴望親近大自然的本能，水圳豐沃了土地。而種子落下的地方長成了家。	伊祐·嘎照

由這些創作形式來看，有繪畫、塗鴉藝術、聲音裝置，及佔最大比例形式的地景藝術。由主題來看，則有歷史、產業、生

態、族群等範疇，最後，再由創作者本身背景可見到，包括漢人、原住民、外籍藝術家皆有。這場藝術季雖欲呼應浪漫台三線政策中「客家文藝復興運動」的主題，但在整個策展的規劃上，可以看得出是由跨國、跨域、跨族群的當代藝術家所形成的策展團隊，而台三線，以及客家，是其創作的場域。藝術季主事者是官方的客家委員會，對「客家」的展示就必然含括在這些創作中。「浪漫台三線藝術季」的進行，其實是分別由不同縣市及鄉鎮地方所招募的團隊規劃執行的，也因此，除了樣貌非常多元，也呈現出不同區域的團隊如何思考「台三線」的意義，以及在這個帶狀區域上客家人群的角色及客家與其他族群的關係。例如北埔在推展的「北埔藝術小鎮——未來的昔日」為例，從策展團隊的策展論述、作品設計與藝術家們的背景，可以思考族群互動的歷史元素如何在本次展覽中被理解、詮釋／再現與重構，從中可以發現策展者與創作者對當代族群關係的想像與期待。

今日，走入北埔，仿若時光倒轉，街道巷弄、老屋牆瓦，探訪街坊中繁燦若色的歷史印記，未來的可能樣貌，正從昨日向我們悄然浮現。

……台灣的客家族群裡，新竹縣關西一地的客家文化，揉和廣東的四縣、海陸、饒平等地客家先民與道卡斯族群住民、福建泉州福佬等文化，蘊蓄饒有意境的地域特色。今日老街上的金廣福公館，即當時開墾組織「金廣福墾號」的指揮中心與辦事處，從墾號名稱，我們即可看出，北埔的發展史，便像是新竹的客家文化摹本，初始便已形成一部居民與來客的融合史。

……作為北埔老街的信仰與發展中心，慈天宮祀奉多個族群神明：觀世音菩薩、媽祖、五谷先帝、文昌帝君、三山國王、三官大帝、註生娘娘、福德正神族群共存與共榮的理念，始終和北埔息息相關。（摘錄自「北埔藝術小鎮——未來的昔日」策展論述[7]）

從以上的策展論述中可發現，策展團隊除了希望在展示中呈現客家人群遷移到北埔，在此開墾發展的過程，也試圖強調此地多族群共存的歷史記憶與生活元素。然而，這樣的族群互動歷史記憶該如何呈現？由誰呈現？藝術家們如何（或是否能）從自我的生活與族群經驗連結此地的族群元素與歷史過程？本文以這十一組作品的創作理念為例進行分析，可以發現創作者之間在一定的程度上共享了某種類似的歷史敘事、族群記憶、人與自然的關係、對未來的想望。然而，這種共享或「共同性」的基礎與異同是什麼？如何能夠跨越族群與國家顯露在此藝術季的各種創作中，是誰提供了這樣的內容平台，是可以進一步探討的。

早在開展前兩年，客家委員會便已推動「樟之細路」古道調查計畫。蔓延分散在北台灣山區的老路、舊路、獵路，都與當時的生產活動有關，而以樟樹及樟腦作為命題，便勢必連結到台灣史上的樟腦產業及樟樹所在區域的人群歷史，過去北台灣的「漢番衝突」，今天的「客原互動」都在這裡上演。過去在論及清至日治時期北台灣人群遷動的歷史，不脫漢人移墾、拓殖、蕃地開

---

7 浪漫台三線，2019，「北埔藝術小鎮——未來的昔日」策展論述，https://www.romantic3.tw/exhibitions/Beipu（取用日期：2020年9月30日）。

發、樟腦戰爭等主題[8]，換言之，主要是以「衝突」來定調現代國家全面控管山林空間之前的族群關係形式。

基本上我們認為，這個思維反映了台灣整體社會對過去原漢關係、客原關係的反思，以及客委會近年來對台灣族群的關懷，而此關懷的基礎即來自於今日北台灣台三線區域空間中形成客家帶的歷史背景。這些藝術創作中所透露出的族群（關係）意涵及反思，同時是當代的，也是過去的。當代的創作者，藉由對過去的族群歷史與互動的理解及想像，反應在其創作中，某種程度上也反應了今日人們（及國家）對台灣族群的想像與期望。

首先，我們可以看到上述藝術創作其實反應出現在台灣某種普遍的族群歷史想定，所以在思索創作理念時，開拓、衝突、血汗等描述便適時出現。而產生這些關係形式的社群便是：原住民、客家。在上述案例中主要是涉及泰雅、賽夏及客家。這是一種跨越時空——當代回想過去的思考，以當代台灣的族群分類下的泛泰雅、泛客家概念，去創造「過去」某特定部落、聚落與「當代」某一族群分類範疇之間的隸屬關係，例如某部落就是泰雅族，某聚落或庄頭就是客家人，這兩群人的互動就是客原關係，忽略了族群或種族經常是建構出來的。事實上，今日的台灣原住民族與客家，在過去可能是為了傳教、商業、統治等目的而被外界建構出來[9]，例如台灣原住民族過去被分類為九族，又或

8　王學新，2018，《日治時期新竹地區蕃地拓殖過程與客原關係》。客家委員會獎助客家學術研究計畫成果報告。

9　陳偉智，2009，〈自然史、人類學與台灣近代「種族」知識的建構：一個全球概念的地方歷史分析〉。《台灣史研究》16（4）：1-35。

清代台灣的粵人變成今天的客家[10]。這是經歷縱時限下各種政治、經濟、文化力量交織的過程才形成，但今天我們回顧或再現族群（關係）時，經常不察而落入「以今論古」的可能誤差。

其次，創作中也透露著對當代台灣族群關係、族群和諧的想望。例如，創作〈編織記憶〉中的原漢通婚的案例，「創造了原漢和鳴、族群共好的美好意象。先民的智慧，讓家的想像突破族群、語言與膚色」，相當符合今日對多元族群融合或平等的期待。展示的地方「大窩」，紀念著客家和當地原住民族泰雅族攜手共同打造家園的「優雅」記憶（張維安，2020：9）。拓墾時期原漢（客）通婚的案例在台灣不在少數，許多通婚者也扮演了族群之間的連結或調解角色。客委會在2021年選擇了客原共築之苗栗大窩雅悠圳作為故事背景，拍攝客家向原住民族致敬宣傳短片，並邀請了片中主角泰雅及客家後人，黃清貴先生與羅文賢先生重回雅悠圳，與客委會主任委員楊長鎮及原住民族委員會副主任委員林碧霞，共同揭開「雅悠圳」紀念碑石，期勉大家飲水思源，常念水「原」頭[11]。

另如〈木魚禪音〉創作中，漢人懺悔開墾過程所造成的族群衝突與殺戮的故事，也符合今日國家（客家）族群政策中的反思立場。羅成的反思、懺悔的木魚，通過讀者對歷史的了解，不僅反思了羅成和黃南球之間的關係，也一定程度的反省了當初原住

---

10 林正慧，2015，《台灣客家的形塑歷程——清代至戰後的追索》。台北：國立臺灣大學出版中心。

11 客家公共傳播基金會，2021年，「客家向原住民族致敬　客委會苗栗雅悠圳立碑石紀念」，https://www.hpcf.tw/2021/07/31/obriginal-hakka-yayo-river/（取用日期：2021年8月14日）。

民族與客家漢人之間的族群關係。木魚禪音，說明了原住民族與客家族群之間（衝突）與之外（反省）的關係（張維安，2020：16）。時空更迭下，這樣的歷史案例被今日取用或重視，也算是種「以古論今」，為的是建構今天台灣社會所期望達到的族群關係景況。

四、跨族群的歷史記憶重構與族群關係的新想像

原漢歷史的反思，漸漸的成為討論漢人開墾時的素養，浪漫台三線的族群關係，在原住民與漢人（客家漢人）之間都有積極的反思（張維安，2020：5-6）。浪漫台三線政策初推出時，其實也有來自不同族群質疑「浪漫何在」。例如，曾建元（2016）指出「台三線中豐路段既然原是客家人和泰雅族、賽夏族原住民的邊界，則至少在該路段東側的當地歷史文化地景，就必然還兼有著原住民族的色彩，或者是已成陳跡，但必然不全屬於客家人。浪漫台三線的規畫概念，以客家為中心，是因為發想者係立基於客家本位。但這不意味著理所當然要將原住民族排除在外，原住民族和客家的族群關係，正就是浪漫台三線的台灣特色，是客家移民台灣的歷史與文化刻痕，台灣客家有別於中國原鄉客家之所在」。曾建元以正面態度面對台三線做為歷史上的族群邊界與族群關係，並且視之為那才是值得珍惜的特色。當然，如何發揮這樣的特色，是台灣社會當下該思考的課題，也影響了台三線的未來樣貌。關注台三線或浪漫台三線政策之非原住民族者，思及這條路線的過去與現在，必非沒有反思，只是這樣的思考，能

如何有效地與政策或國家對話並產生影響[12]。

又如有論者借用排灣族詩人莫那能的詩句為文「浪漫台三線：你們的篳路藍縷，是我們的顛沛流離」，認為「以漢人本位來談台灣歷史時，往往只記得漢人胼手胝足的墾拓過程，這在追求現在性（Modernity）的脈絡下似乎無可厚非，而且顯得非常合理。然而這也是現代性血腥及殘忍之處。當我們開心地暢談浪漫台三線、漢人的勤勉時，有多少人還記得，這條路也代表了原住民族的顛沛流離，被外來殖民者逼迫、遷徙、同化，甚至發生戰爭衝突的歷史記憶。」（李金賢，2018）[13]

拓墾時期的衝突記憶，不只是在族群或歷史研究的文獻中，也依舊鮮明存在許多人記憶中。因此，客家委員會前後任的主任委員在推動相關政策時，也希望不只從漢人角度還要從原住民角度來做，此皆表現出對歷史上的原漢關係的反思（張維安，2020：5）。為了向在過去開墾過程中到傷害的原住民族致意，客家委員會在2020年8月1日我國原住民族日時推出系列活動。「將象徵部會的會徽重新設計，加入泰雅族具有崇高意義的『祖靈之眼』，客委會的會徽原以『客家』的『客』字形象設計。在這次的設計中，保留了意寓『家的守護』的屋簷，並將祖靈之眼置於核心，除了象徵著客原跨族群間互睦互重之外，更提醒著我們要守護許多珍貴的價值」，並且拍攝致敬影片「訴說著這片土

---

12 張維安、劉堉珊、劉瑞超，2019，〈回到未來的浪漫台三線〉。台灣人類學與民族學學會年會「回到未來（Back to the Future）」研討會。2019年9月28-29日。台北：中央研究院民族學研究所。

13 李金賢，2018，〈浪漫台三線：你們的篳路藍縷，是我們的顛沛流離〉。《原視界》。https://insight.ipcf.org.tw/article/67（取用日期：2019年9月3日）。

地原先是原住民族所居，但在客家人的入墾後，所曾產生的遺憾與傷痛。盼藉此反思與正視歷史，更表達客家人在台灣拓墾史中向原住民族無限的感激。」[14]

「爲落實族群和諧、平等，促進客原合作交流，客委會自2020年原住民族日即率先發起『客家向原住民族致敬』系列活動，正視過去歷史事實、重新理解，使客原更親近。」[15]在帶有重新理解客原過往，乃至重新想像客原未來族群關係的思維下，客委會推出了向原住民族致敬的系列影片「飲水思『原』——常念水源頭」[16]，影片中，除了苗栗大湖大窩「雅悠圳」的例子以外，更有桃園霄裡池、宜蘭辛子罕圳、台北瑠公圳、花蓮豐田圳與吉安圳、台中東勢本圳、屏東大湖圳、台東豐源圳等，全台各地客原合作的案例，說明了客家在全台各地開墾時與各原住民族群的緊密關係。這些案例也都有待未來進一步重新認識不同面向的客原過往，重新建構台灣多元族群想像時可以發揮的地方。

客家向原住民族致敬的系列活動中尚有「衫間密語：客原服飾圖紋个對話」展覽「逆寫北台灣客家開發史」工作坊及研討會等活動。「衫間密語」是客原傳統衣飾文化的展示，該展以「台灣客家族群與原住民族服飾上的圖紋爲主軸，分『客原織間』、『圖紋密語』、『新意不絕』三區，闡釋二族群在長久的相處

---

14 客家委員會，2020年，「楊長鎮主委參加原住民族正名26周年論壇　客委會推出期間限定客原意象會徽亮眼吸睛」，https://www.hakka.gov.tw/Content/Content?NodeID=34&PageID=42803（取用日期：2020年9月23日）。

15 客家委員會，2021年，「8月1日原住民族日　客家『向原住民族致敬』系列活動開跑！」，https://www.hakka.gov.tw/Content/Content?NodeID=34&PageID=44779（取用日期：2021年8月14日）。

16 https://www.youtube.com/watch?v=1_qhl590tfs（取用日期：2021年8月15日）。

中，留下互相欣賞與學習的痕跡。展出主題包含原住民族與客家服飾介紹、服飾圖紋所隱含的文化內涵和工藝美學、當代設計的轉化等，展品則有珍貴的原住民族與客家傳統服飾、客家刺繡工法再現、及經典老照片，在這些傳世文物的織繡經緯之間，我們得以窺探客原族群文化的多元樣貌與服飾之美」[17]。這個展覽同時也呈現如同 Ortiz 的跨文化及潘英海的合成文化概念，顯示出客原族群在文化接觸下的一個持續、開放，不斷吸納新元素、重組與重構的過程。

客家向原住民族致敬的系列活動中尚有一個原漢／客原共同書寫歷史的嘗試，即「逆寫北台灣客家開發史」相關工作坊及研討會，為的是「反思長期以漢人及客家為中心之偏誤」，建構以「原住民—客家」互為主體之史觀[18]，「讓我們一起重新述說我們的歷史」[19]。

五、結語

由過去客家拓墾史、原漢關係研究的成果中，很清楚呈現客

---

17 客家委員會，2021年，「『衫間密語：客原服飾圖紋个對話』特展　邀您共下來看展」，https://thcdc.hakka.gov.tw/12205/12214/12215/57923/post （取用日期：2021年8月24日）。

18 客家委員會，2021年，「8月1日原住民族日　客家『向原住民族致敬』系列活動開跑！」，https://www.hakka.gov.tw/Content/Content?NodeID=34&PageID=44779 （取用日期：2021年8月14日）。

19 國立陽明交通大學國際客家研究中心，2021年，「向原住民致敬：逆寫北台灣客家開發史」，https://sites.google.com/g2.nctu.edu.tw/writebackwithinandwithout/%E7%9B%B8%E9%97%9C%E6%B4%BB%E5%8B%95%E8%88%87%E6%88%90%E6%9E%9C#h.bhs7tavlmk76（取用日期：2021年8月14日）。

家因為對土地及商品生產的需求而逐漸進入現在的台三線的沿山地區，拓墾時期的原漢關係、客原關係，始終與衝突、剝削離不開關係。客委會在2019年年底推出的「浪漫台三線藝術季」，雖然僅是兩個月的活動，且僅有少部分作品留下來成為常存的地方景觀，然而，該活動除了與2016年來國家論述中的「浪漫台三線」政策與願景息息相關，其結合了國家政策、地方參與及個別藝術家創作與詮釋的性質，也成為觀察個人與地方如何想像「族群」、如何從自身的生活與族群經驗回應（或重構）族群角色及族群接觸之歷史記憶，非常重要的場域。而客委會自2021年提出的國家客家政策中的若干政策，如透過相關展示與學術活動重識客原過往，重構當代的族群關係，這同時也代表台灣在走向多元族群社會反思下的一種政策修復。

參考文獻

王學新，2018，《日治時期新竹地區蕃地拓殖過程與原客關係》。客家委員會獎助客家學術研究計畫成果報告。https://www.hakka.gov.tw/File/Attach/40856/File_77510.pdf（取用日期：2021年8月10日）。

李明賢，1999，《咸菜甕鄉街的空間演變》。新竹：新竹縣立文化中心。

李金賢，2018，〈浪漫台三線：你們的篳路藍縷，是我們的顛沛流離〉。《原視界》，https://insight.ipcf.org.tw/article/67（取用日期：2019年9月3日）。

吳學明，1986，《金廣福墾隘與新竹東南山區的開發（1834-1895）》。台北：國立臺灣師範大學歷史學研究所。

吳憶雯，2013，《從隘庄到茶鄉：新竹峨眉地區的拓墾與社會發展（1834-1911）》。新竹：新竹縣政府文化局。

林正慧，2015，《台灣客家的形塑歷程——清代至戰後的追索》。台北：國立臺灣大學出版中心。

林欣宜，1999，《樟腦產業下的地方社會與國家：以南庄地區為例》。台北：國立臺灣大學歷史學研究所碩士論文。

林修澈，2007，《原住民重大歷史事件：南庄事件》。南投：國史館台灣文獻館。

林玉茹，1997，《清代竹塹地區的在地商人及其活動網絡》。台北：國立臺灣大學歷史學研究所博士論文。

———，1998，〈清代竹塹地區的商人團體：類型、成員及功能的討論〉。《台灣史研究》5（1）：47-89。

邱瑞杰，1999，《清末關西地區散村的安全與防禦》。新竹：新竹縣立文化中心。

柯志明，2001，《番頭家：清代台灣族群政治與熟番地權》。台北：中央研究院社會學研究所。

范明煥，2017，〈從海盜到游擊、從保舉將才到革職正法：一個北台邊區的鄭統領傳奇〉。《新竹文獻》67：8-23。

客家委員會，2017，《前瞻基礎建設——城鄉建設——客家浪漫台三線計畫》（核定本）。https://www.ey.gov.tw/File/F5C58A3F2746BF90（取用日期：2020年9月29日）。

———，2019，〈浪漫台三線藝術季　自4千件作品脫穎而出　獲Best 100殊榮〉。https://www.hakka.gov.tw/Content/Content?NodeID=34&PageID=43000（取用日期：2021年8月20日）。

———，2020，〈楊長鎮主委參加原住民族正名26周年論壇　客委會推出期間限定原客意象會徽亮眼吸睛〉。https://www.hakka.gov.tw/Content/Content?NodeID=34&PageID=42803（取用日期：2020年9月23日）。

———，2021，〈8月1日原住民族日　客家「向原住民族致敬」系列活動開跑！〉。https://www.hakka.gov.tw/Content/Content?NodeID=34&PageID=44779 （取用日期：2021年8月14日）。

———，2021，〈「衫間密語：原客客原服飾圖紋个對話」特展　邀您共下來看展〉。https://thcdc.hakka.gov.tw/12205/12214/12215/57923/post（取用日期：2021年8月24日）。

客家公共傳播基金會，2021，〈客家向原住民族致敬　客委會苗栗雅悠圳立碑石紀念〉。https://www.hpcf.tw/2021/07/31/obriginal-hakka-yayo-river/（取用日期：2021年8月14日）。

黃鼎松，1998，《苗栗的開拓與史蹟》。台北：常民文化。

黃卓權，2013，〈從版圖之外到納入版圖清代台灣北部內山開墾史的族群關係〉。《台灣原住民族研究學報》3（3）：157-187。

國立陽明交通大學國際客家研究中心，2021，〈向原住民致敬：逆寫北台灣客家開發史〉。https://sites.google.com/g2.nctu.edu.tw/writebackwithinandwithout/%E7%9B%B8%E9%97%9C%E6%B4%BB%E5%8B%95%E8%88%87%E6%88%90%E6%9E%9C#h.bhs7tavlmk76（取用日期：2021年8月14日）。

郭慈欣，2002，《清代苗栗地區的開發與漢人社會的建立》。南投：國立暨南國際大學歷史學研究所碩士論文。

浪漫台三線，2019，〈浪漫台三線藝術季〉。https://www.romantic3.tw/about（取用日期：2020年9月29日）。

———，2019，〈「北埔藝術小鎮——未來的昔日」策展論述〉。https://www.romantic3.tw/exhibitions/Beipu（取用日期：2020年9月30日）。

張維安，2020，〈雅悠圳與木魚：原住民族與客家族群關係的展示〉。論文發表於「客家與周邊人群工作坊」。新竹：國立交通大學人文與社會科學研究中心。10月16-17日。

張維安、劉堉珊、劉瑞超，2019，〈回到未來的浪漫台三線〉。論文發表於「台灣人類學與民族學學會年會「回到未來（Back to the Future）」研討會」。台北：中央研究院民族學研究所。9月28-29日。

陳偉智，2009，〈自然史、人類學與台灣近代「種族」知識的建構：一個全球概念的地方歷史分析〉。《台灣史研究》16（4）：1-35。

鄭安晞，2010，《日治時期蕃地隘勇線的推進與變遷（1895-1920）》。台北：國立政治大學民族研究所博士論文。

鄧慧純，2018，〈台三線「樟之細路」浪漫與慢行的大道〉。《台灣光華雜誌》，https://www.taiwan-panorama.com/Articles/Details?Guid=24d65fc7-9734-4f56-8881-631881738d17&CatId=10（取用日期：2020年9月29日）。

潘乃欣，2020，〈向原民致敬　客委會徽融入祖靈之眼元素〉。《聯合新聞網》，8月1日。https://udn.com/news/story/7314/4748519（取用日期：2020年9月29日）。

潘英海，1994，〈文化合成與合成文化〉。頁235-256，收錄於莊英章、潘英海編，《台灣與福建社會文化研究論文集》。台北：中央研究院民族學研究所。

潘朝陽，1994，《台灣傳統文化區域構成及其空間性：以貓裏區域為例的文化歷史地理詮釋》。台北：國立臺灣師範大學地理學系博士論文。

劉慧眞，1994，《清代苗栗地區之族群關係》。台北：國立臺灣師範大學歷史研究所碩士論文。

劉瑞超，2004，《經驗對話與族群互動：關西馬武督地區的泰雅與客家》。台北：國立臺灣大學人類學系碩士論文。

羅文君，2017，《山地鄉的平地客家人：以新竹縣尖石鄉前山地區客家住民之經濟活動爲核心之研究》。台北：國立政治大學民族學系碩士論文。

羅雯，2012，《食物、日常經驗與族群互動：東河的客家與賽夏》。新竹：國立交通大學客家文化學院在職專班碩士論文。

羅烈師，2017，〈沒頭祖公：羅華酉魂斷下橫坑之謎（1806-1821）〉。《新竹文獻》67：24-31。

Ortiz, Fernando, 1995 [1940], *Cuban Counterpoint: Tobacco and Sugar*. Harriet De Onis, trans. Durham: Duke University Press.

第 8 章
苗栗客原通婚中的性別與宗教

蔡芬芳

摘要

　　本研究主要在族群通婚架構下，以居於苗栗縣南庄鄉透過婚姻產生關係的客家人、賽夏人為研究對象，檢視在通婚過程中，其宗教文化實踐所受到的影響與變化。本研究將以性別、族群與宗教之交織作為理論以及主要的方法論考量，並藉由宏觀之歷史與國家制度、中介社群與微觀個人生活層次，探究跨族通婚與宗教文化之關係。本研究之研究對象在通婚與信仰的組合上呈現多樣性，除了常見的賽夏女性與客家男性之外，亦包含客家女性與賽夏男性的組合，以及賽夏客家混血與客家的通婚，信仰上亦有不同的類型，包含道教、民間信仰與基督教之組合、或是雙方皆為基督教、雙方皆為道教、民間信仰。由於本研究的研究參與者以女性居多，因此發現性別與宗教影響了研究參與者對於採取何種宗教文化行為的決定，不論是客家女性或賽夏女性，在通婚後基本上以夫家的信仰為主，並學習對方的文化。

關鍵字：族群通婚、宗教信仰、性別、客家、賽夏

一、前言

由於跨族通婚係觀察族群關係之重要指標（王甫昌，1993），而「種族」與「宗教」相當程度上影響著婚配對象的選擇（Murstein，1986：47），再加上跨族通婚往往與性別階序相關，尤其是女性在婚姻中通常易以夫家爲主，受到公婆（通常爲婆婆）與丈夫的影響，可能改變原有宗教信仰，然而，對於男性來說，是否因通婚中的族群位階與性別角色而改變宗教信仰，亦須密切注意。

有鑑於此，本研究透過性別、族群與宗教之交織作爲理論架構以及方法論，並透過田野調查，檢視通婚的客家人、賽夏人在締結婚姻過程及在婚姻生活中，各自原來所擁有的宗教文化實踐如何受到影響與變化。更甚者，本研究認爲須從宏觀之歷史與國家制度、中介社群與族群層次以及微觀個人生活層次來了解客家人與賽夏人之關係，因爲這三個層次及其彼此之間的關聯呼應本書第二章〈當代族群關係的理論取向與分析層面〉中所言明的，理解族群關係的重要面向包括歷史、政治、經濟與社會脈絡，第三章〈台馬族群政策及其對族群關係的影響〉更是強調歷史脈絡與族群政策之於族群關係的影響。族群通婚的出現不僅縮短著過去在歷史與政策之下的族群之間的社會距離，並且在族群關係中的文化層面發生作用，逐漸影響著通婚雙方的家庭與社會。

由於既有研究無從提供賽夏人現今的「混雜」或是「客家化」的宗教文化實踐如何因爲通婚而產生變化；再則，幾無研究將與賽夏人有互動關係的客家人納入研究對象，因此無法了解客家人對於與賽夏人通婚的觀點，以及他們如何看待通婚與宗教文

化關係。因此，本文希冀在客家與賽夏的相互視角之下，透過因通婚而使得宗教文化實踐產生變化的原因與過程，探析台灣客、原通婚中的族群關係。

二、客原通婚與族群關係以及性別、族群與宗教之交織

本研究主要從性別、族群與宗教交織的角度，探討南庄客家人與賽夏人通婚的過程中，宗教文化實踐如何以及爲何受到影響。跨族通婚爲親密的社會初級關係，因此有助於探究客家人與賽夏人之族群關係，故在第一部分以「客原通婚與族群關係」的相關文獻探討爲主題。第二部分則聚焦於「客原通婚之宗教文化實踐：性別、族群與宗教之交織」，以交織性同時作爲研究理論與方法論，說明如何透過性別、族群與宗教的交互作用來理解客原通婚之宗教文化現象。

（一）客原通婚與族群關係

由於通婚鬆動了族群界線，因此大多研究主題包括通婚所影響的族群界線、個人族群認同、雙族裔子女族群認同，如王甫昌（1993）、邱莉雯（2004）、王雯君（2005）、彭尉榕（2006）、梁世武（2009）等。早期國際文獻則從同化的角度探究跨族通婚，其中以Milton Gordon（1964）爲首，他認爲通婚是族群之間同化階段之一[1]，且是必要的，而且通婚係屬親密初

1　其他階段涉及利益、行爲、態度、自我認定、初級關係與文化，包括通婚在內，這些不同階段可能同時有不同程度的發生（Gordon，1964）。

級關係，若族群間可以毫無障礙地締結婚姻之後，其他層面亦隨之發生同化。通婚涉及了族群間的濡化、結構整合、心理認同與生物融合（Yinger，1981：249-256，轉引自王雯君，2005：125）。然而，根據王甫昌（1993）探討1950年代外省移民進入台灣與本省人通婚對於第一代自身以及父母通婚對第二代的影響，其研究發現第一代外省男性認同沒有改變，本省女性反而在認同、文化、態度上有所改變，再加上對於第二代並未因父母通婚而產生認同上的變化，因此王甫昌（1994）提出省籍族群通婚是否產生語言、認同與族群議題上的同化，是需要從整體社會中，團體族群層次的族群關係來觀察。同化論假設初級關係的族群互動可以造成族群認同的改變，而且假設族群同化是族群接觸時自然發生，但是未考慮到政治力的干預與族群之間的政治競爭（王甫昌，1993：260）。多元論則認為認同的需要與族群間競爭，可使得族群在通婚與同化的情形下仍可以維持不同的族群認同（王甫昌，1993：259）。上述王甫昌（1993）的研究重要性在於其所提到的宏觀社會架構——歷史過程與政治制度與政策之層次則提供了本研究思考客原通婚切入點，因為客原通婚涉及族群位階（彭蔚榕，2006），這也是在探討原漢通婚中常進行分析的議題（賴錦慧，1998；張福群，1999；高元杰，2008）。

　　不論是同化論或是多元論，雖可以解釋族群通婚是否導致同化發生或是認同是否改變，但是筆者認為若僅以單一角度解釋與分析，可能會忽略發生在不同面向或層次的族群接觸所產生的意義。如同王甫昌在其〈台灣族群通婚與族群關係再探〉（2001）中指出，「『族群通婚』作為族群關係當中的一個社會指標，在台灣的狀況下，必須注意到它在不同族群關係的情境中，所扮演

的功能或角色並不相同，很難一概而論的在所有族群之間，或所有的時期中，確定它的指標性質。」（王甫昌，2001：428）因此，本研究藉由特定空間與族群——南庄客家與賽夏通婚，以掌握族群通婚在客原關係的情境中之功能與角色，以此作為本研究深入探索客原通婚中宗教文化現象背景。更甚者，如筆者前述所主張的，我們需要注意到不同層次的族群關係，因此除了上述的由歷史與政治、政策所構成宏觀架構之外，須從社會互動與日常生活層次了解族群關係。

　　由於客原通婚的相關研究為數甚少，因此須將與本研究相關的文獻延伸至原漢通婚的範圍來討論。就本研究的思考層次來說，首先在歷史過程與政治制度及政策等宏觀架構下，原漢通婚可溯及明鄭時期因為單身來台的閩客男性與平埔族女性通婚，至清朝康熙、雍正與乾隆時期，更因人口急遽成長，開放單身男性渡台，造成男女比例懸殊，一方面漢人女性稀少，另一方面無法負擔高昂聘金，因此與平埔族女性通婚（詹素娟，1997：3）。然而因為相對於優勢地位的漢人男性的族群文化之下，身處弱勢的平埔女性僅能隱藏自身的族群身分，遑論母語及文化的傳承，因此造成了有「唐山公」，不知「平埔媽」的歷史結果（詹素娟，1997：5）。至日治時期，在新竹、苗栗、花蓮皆見到漢人與原住民通婚的情形，其中漢人以客家人居多。在原漢通婚比例上來說，日治時平埔族女性與漢人男性通婚比例為27%，然平埔族男性與漢人女性通婚則為18%（葉春榮，2006）。後來在國民政府來台之後，原住民婦女的婚配對象則多為外省男性（賴錦慧，1997；梁世武，2009），例如前往花東地區開發的榮民與原住民女性通婚。隨著台灣社會發展，人群流動增加，因此1960

年代原住民遷徙潮開始，原住民外婚傾向增加，族群通婚比例隨世代往上攀升（劉千嘉、章英華，2011：21）[2]。原漢通婚發生的區域亦隨著人口外移從原鄉擴散到非原鄉地區（劉千嘉、章英華，2011：10）。

　　由於歷史過程中的移民與開墾，漢人與原住民開始了族群接觸，進而在時間長河中因爲共享居住空間、就學、工作、通婚而建立關係。如前所述，族群通婚是將異族納入親密關係，對於了解族群關係極具意義，因爲族群間的社會距離縮小（王甫昌，1994），然而是否能夠因此促進族群間關係的融洽，則需另行探究（王甫昌，2001）。以台灣各族群通婚率來說，閩南族群內婚比例最高，族群通婚率最低，佔15.7%；其次爲原住民通婚率22.1%；本省客家人爲51.9%；外省人爲57.4%（王甫昌，2001：400）[3]。族群通婚對象上，不論是外省或是客家人多以閩南人爲對象（彭尉榕，2006），然客家與外省則較少（巫麗雪、蔡瑞明，2006）。至於原住民與客家人之間通婚的比例爲0.4%，客家男性與原住民女性通婚比例爲0.6%，反之爲0.3%，且有隨著年齡降低而通婚增加，60歲以上佔0.2%，19歲以下則爲2.2%（黃河、陳信木，2002，轉引自彭尉榕，2006：34）。此外，客

2　劉千嘉、章英華（2011）的研究從普查與調查作比較，發現1960年代遷徙潮之後原住民外婚比例皆顯示增加的趨勢。在該研究中的世代分別如後：遷徙潮前世代（於1960年前業已屆滿20歲的原住民）及遷徙潮後世代（1960年後方滿20歲的原住民），遷徙潮後世代依年輪分爲70世代、80世代與90世代（劉千嘉、章英華，2011：21，註釋11）。

3　該研究的資料來源爲中央研究院社會學研究所於1998至1999年執行的「台灣族群關係的社會基礎調查研究」的面訪調查資料（王甫昌，2001：396）。這裡所引用的數字爲受訪者本人。

家人與外籍配偶通婚的比例0.9%，比原住民通婚多了0.5%（黃河、陳信木，2002，轉引自彭尉榕，2006：34），由於台灣客家人多以「文化親近性」作爲考量，因此多與來自印尼的客家女性通婚（夏曉鵑，2002；張翰璧，2007；蔡芬芳，2017）。由此觀之，文化相似性或熟悉度影響了通婚對象的選擇（尹慶春、章英華，2006）。

劉千嘉與章英華（2018）根據2007年「臺灣[4]原住民社會變遷與政策評估調查研究」及2013年「族語保存現況調查研究」兩份計畫調查資料，進行原住民各族之族群婚配的研究，經由與各族[5]比較之後，發現賽夏與漢人的通婚屬於絕對多數，通婚機率爲0.5[6]（劉千嘉、章英華，2018：104），因此原漢通婚爲賽夏人的主要的婚配形式。在日治時期的通婚率已達五分之一，增田福太郎首先指出賽夏族有很高的外婚率。在日本時代各社獨自生活、各族自行婚配的年代，賽夏族的對外婚配率已經高達22%（增田福太郎，1942：137，轉引自賴盈秀b，2004：30）。鹿

4　本文與全書一致寫爲「台灣」，然若援引資料出現「臺灣」，則保留之。

5　劉千嘉、章英華（2018）的資料來源如下：2007年的原住民變遷調查，係以該年戶籍登記的原住民人口爲母體進行全臺抽樣調查，調查對象爲18歲至64歲的人口群體；2013年的族語調查資料同樣是以戶籍登記的原住民人口爲母體，但調查對象並無年齡限制。在2007年的變遷調查中，除五大族群外其他族群的樣本較少，而2013年的調查主題爲族語保存，主要是針對全臺九個兩萬人以下的原住民族進行抽樣調查。考量兩筆調查的代表性與其族群別選樣的特殊性，依族群別與出生世代將二份調查資料合併：2007年原住民變遷調查中的阿美族、排灣族、泰雅族、布農族與太魯閣族等五族中18歲至64歲樣本共1,299人，及2013年族語調查的卑南族、鄒族、魯凱族、賽夏族、邵族、噶瑪蘭族、賽德克族、拉阿魯哇與卡那卡那富族等九族中24歲至70歲的樣本共1,136人，合併樣本共計14個族群，2,435人（劉千嘉、章英華，2018：88）。

6　邵族原漢通婚機率達0.86、卑南族爲0.53（劉千嘉、章英華，2018：104）。

野忠雄進一步指出與漢族通婚的南北差異；鹿野忠雄在1942年著文指出賽夏族有台灣高山族群中最高的與漢族婚配率，其中與漢族通婚的比例，南群遠大於北群（鹿野忠雄，1942，轉引自賴盈秀b，2004：30）。賽夏與外族通婚的主要原因則是地理親近性，賽夏人與早期漢人移墾時生活空間高度重疊，在同治年間因沈葆楨的開山撫番政策，漢人便已進入苗栗、南庄一帶，且有頻繁的互動（胡家瑜、林欣宜，2003）。日婉琦的碩士論文（2003：55）以賽夏族tanohila：氏族日阿拐派下為研究對象，發現現今賽夏人與外族通婚已是非常普遍之事，民國60年以後，因為交通更為便利，成年人均有接受國民教育，出外工作、就讀之機會和人數比例增多，婚姻並不像過往一般聽從父母或透過介紹，尤其時間愈晚近，男女對婚姻都有較高的自主權，許多人經過自由戀愛結婚，因此有不少與其他族群通婚的例子。日婉琦（2003）的研究印證了劉千嘉、章英華（2018）的研究，子代較親代與漢人通婚的比例較高。

　　由於原住民與客家人（與其他漢人）之間有著文化、生活習慣、信仰等差異，再加上原住民在社經地位、教育程度等處於弱勢，以及長期以來資源、論述權、話語權皆掌握在漢人手中，致使原漢在社會互動關係受到影響，例如工作、交友、通婚。其中通婚涉及了家庭與族群文化傳承，因此如彭尉榕（2006）研究顯示的，尤其第一代客家男性與原住民（包括阿美族、太魯閣族女性）通婚者皆承受來自父母、親友、上司、鄰居反對壓力，彼此對對方的族群意象皆趨向負面；不過，隨著家中成員通婚成為事實之後，以及接觸機會增加，原來負面的族群意象開始改變，通婚逐漸普及。這些現象是在目前客家人與賽夏人通婚研究中幾乎

不見相關討論，僅看到現象描述，提到「南庄是個保守的小鄉村，以客家人居多，客家的男性若娶賽夏女性，會引來異樣的眼光」（羅金枝，2013：73），或是女性怕遭受歧視，因此不主動提起自己的身分，若遭受男方家長反對，不是選擇分離，要不就是主動放棄原住民身分；男性則以入贅或讓子女從母姓，以免遭受歧視（日婉琦，2003：57）。因此，本文研究目的之一在於透過田野調查，獲取細緻的田野資料，期以挖掘在社群層面，雙方社群文化對於通婚的觀點爲何，以及產生何種影響。

在通婚之後，日常生活則是通婚者彼此溝通、協商的場域，這涉及了家庭權力關係、性別分工、地位與角色。由於原住民居弱勢地位，再加上漢人爲父系社會，因此原住民女性在婚後適應成爲關注議題（賴錦慧，1998；張福群，2000；彭尉榕，2006；高元杰，2009）。除此之外，族群通婚與族群認同、族群身分認定相關，尤其多以第二代爲研究對象（徐富珍、陳信木，2004；邱莉雯，2004；劉千嘉、章英華，2014）。本研究將日常生活視爲具體的脈絡，提供我們觀察社會過程、互動及位置與性別、族群與宗教之相互作用的場域（Christensen and Jensen，2012：117）。

（二）客原通婚之宗教文化實踐：性別、族群與宗教之交織

如前所述，由於筆者認爲在客家人與賽夏人的通婚過程中的宗教文化現象的展現與性別、族群以及宗教的交互作用息息相關，因此採「交織性」（intersectionality）概念作爲研究理論與方法論。「交織性」的原始概念源自美國女性主義者描繪與分析女性有色人種受到多重壓迫與邊緣化的經驗，聚焦於性別與種族

之相互作用，同時挑戰了白人女性在女性運動中及黑人男性在反種族主義組織中各自擁有的優勢地位（Crenshaw，1989；1995）。

「交織性」多被運用在各式各樣不同的情境與脈絡之中，分析不同權力結構中各種類別交互發生的作用，以及牽涉其中的人們如何在不同類別（例如性別、階級與種族）的交織之中自處問題，大部分議題與女性權利與平權相關（Bradley，2007：190）。但值得注意的是，這個概念可說是一個「傳播中的概念」（a travelling concept）（Lewis，2009），因為爾後被英國學者（如Phoenix，2006；Yuval-Davis，2006）從動態與關係取向來分析被壓迫群體的社會位置與認同，且致力於分析其他認同如何影響特定認同，例如族群與階級如何影響性別（Prins，2006），斯堪地那維亞學者則是從後殖民與後結構的角度進行研究（Christensen and Jensen，2012），聚焦性別、族群與性慾特質的探討（Knudsen，2005）。即言之，「交織性」概念所關注的焦點會隨著不同的社會脈絡而有所變化，這也是學者始終關注的問題（Brah and Phoenix，2004；Yuval-Davis，2006）。大部分都關注在性別、種族與階級之交織（Yuval-Davis，2006：193），然而，就本研究主題與對象而言，因族群通婚之宗教文化現象展現與詮釋涉及性別位階與族群位階，故以性別、族群與宗教之交織作為主要關注焦點。

由上觀之，雖然「交織性」的出現脈絡以美國、英國或是斯堪地那維亞等西方國家為主，但由於其重要意義在於其所植基之特定歷史、意識形態、制度、社會、文化與國家等脈絡，並具有跨越國界與社會文化的特質（Lewis，2009）。因此，筆者認為

當我們以這個概念分析苗栗南庄客家人與賽夏人通婚與宗教文化現象之關係時，將特定歷史等巨觀脈絡作為理解客原關係的基底，得以彰顯上述「交織性」概念之跨界以及該地社會文化脈絡的特質。更甚者，「交織性」涉及的是權力結構。對於本研究中的賽夏人，所受到的第一層權力結構影響是在整個內山開發的歷史之中，歷經清朝、日本統治、國民政府的統治，因著不同的政策，幾乎皆是處在一個由國家機器以及制度所構成的權力結構之中的弱勢地位，直到1980年代末期至今，隨著原住民意識與運動興起之後，台灣原住民族開始為自己發聲，政府亦注意到原住民族權益，並給予制度性規範的回應。第二層權力結構則與在內山居於優勢族群地位的客家人有關，其施行權力的對象則是賽夏人與其他原住民族（如泰雅人），這個權力結構涉及了族群社會之間的關係，如客家社會與賽夏社會，而且這當中需要注意到族群意識的作用。此外，第三層權力結構則是因為通婚產生，此權力結構則向下滲入個人日常生活層次，例如族群位階與性別位階對於個人宗教文化實踐產生影響（彭尉榕，2006；田嘉麗，2016；羅金枝，2013）。需要注意的是，這三個層次的權力結構有時會交錯出現，或互相影響，端視脈絡而定。

　　由於目前並無直接以客家人與賽夏人通婚之宗教文化實踐為主體的研究，多是以賽夏人為主體研究的祭典研究（鄭依憶，2004）；江湉君（2015）以苗栗賽夏人作為研究對象，探究在與客家人接觸之後，賽夏人不僅在信仰行為發生變遷，在價值觀方面亦滲入客家文化。羅金枝（2013）雖以《客家與賽夏通婚的涵化現象》為主題，包括對於生命禮俗、歲時祭儀與信仰的探討，然而較無法從該論文中了解研究對象彼此影響的過程。因此，在

進行文獻評述時，將範圍擴大到客家人與其他原住民通婚的研究（彭尉榕，2006；田嘉麗，2016），作爲本研究的參照對象。首先，彭尉榕（2006）預設因爲客原宗教信仰差異，會提高通婚困難，然經實際調查之後，發現花蓮客家人與阿美族之間並未有嚴重的宗教衝突，原因有二，首先是客原或許因爲宗教意識型態因素而導致的低通婚率，其次是研究對象並非虔誠的基督教徒，再加上阿美族傳統信仰Kawakawas不排斥漢人的宗教信仰，甚至兼信漢人宗教、供奉神明（彭尉榕，2006：120）。彭尉榕發現，不論是原來信奉基督教，或是信仰阿美族傳統信仰Kawa-kawas的女性在與客家男性結婚之後皆改信道教，主要認爲女人在結婚之後，爲了家庭圓滿，配合夫家的宗教信仰是天經地義的事（彭尉榕，2006：120-123）。雖然原住民女性皆以夫家信仰爲主，然而原來信奉基督教與Kawakawas對於漢人信仰態度有異，原因在於基督教信仰爲制度性宗教，再加上不拿香崇拜偶像，因此原本有排斥的態度，並以觀察者保持距離，後因婆婆離家，只好擔負起祭祀的責任。原爲基督徒的媳婦，以「宗教」的角度詮釋，因此剛開始改宗時，伴隨著罪惡感，然而一旦改變信仰後，展現虔誠態度，即便與先生離婚之後，仍繼續信奉道教（彭尉榕，2006：121-122）。至於Kawakawas信仰者則認爲這是「習俗」或是生活習慣問題，並不認爲宗教與族群有所衝突，強調因爲與客家人結婚之後便應完全以客家人的習俗爲主（彭尉榕，2006：122）。值得注意的是，男性對於配偶改變宗教信仰，而且一結婚就跟著夫家拜拜，因此多數認爲沒有太大的問題（彭尉榕，2006：123）。

相對於彭尉榕的研究，田嘉麗（2016）則以原住民婆婆與客

家媳婦作為研究對象，作者認為族群位階在婆媳宗教信仰上並未發生作用[7]，而是魯凱族婆婆期待原來信奉民間信仰的媳婦能夠改信泛基督教（包括基督教與天主教），同時也邀請他們入教，因為婆婆認為相同的宗教信仰能夠促進家庭和樂，觀念趨近有助於溝通，再加上認為媳婦應該以夫家習俗為主，盡到身為媳婦的職責（田嘉麗，2016：118），相同的宗教信仰促進婆媳關係的和諧。

　　從彭尉榕與田嘉麗的研究中發現性別在通婚宗教文化實踐與改宗中發生作用，不論是客家媳婦或是原住民媳婦皆面臨相同問題，因為通婚改變自己的宗教信仰，以符合婚後女性應有的角色與責任。與此現象相關的議題則是需要探究在客家與賽夏的性別角色。客家與賽夏相同之處皆在於以父系社會為主。客家社會中的女性在「性別、族群認同與文化建構」之下成為「他者」，常被冠上勤勞、節儉等特定正面特質，客家女性更因為族群意識、家族價值與規範無法不得不成為「四頭四尾」的全能女性（蔡芬芳，2016；張典婉，2004；李文玫，2011）。與賽夏女性有關的描述大多從祭典、生命禮俗（例如結婚、回娘家）看到其位置，然不見以女性為主體的探討與分析，較無法從他們根植於日常生活中實際的生命經驗與生命故事了解賽夏女性與性別關係。然而，本研究認為彭尉榕（2006）的研究提到與客家人通婚的阿美族女性為了符合客家社會女性的形象，因此會更加勤奮，這點可

7　此處須強調的是族群位階在宗教信仰尚未產生作用，然而族群位階在其他方面卻有其影響力，例如一位身為婆婆的研究對象希望打破客家媳婦的娘家對原住民的刻板印象，因此原住民婆婆努力認真工作，以免媳婦和媳婦娘家瞧不起原住民（田嘉麗，2016：80）。

作爲研究在處理通婚中性別角色、地位與關係時參照之處。此外，本研究不僅以客家男性賽夏女性組合爲通婚類型，尚有賽夏男性與客家女性的組合，因此不同的族群與性別組成，會對於宗教文化實踐有何影響，則相當値得注意。

　　彭尉榕（2006）與田嘉麗（2016）的研究相較之下，羅金枝（2013）的研究中可以觀察到族群對於宗教信仰實踐所起的作用，因爲客家人在苗栗屬優勢族群。羅金枝（2013）以生命禮俗、歲時祭典、信仰爲子題，探究苗栗縣[8]客家人與賽夏族通婚的涵化現象，分別針對生育、婚姻禮俗、喪葬、節慶、年俗、信仰提出研究對象的看法，其中不論是賽夏族女性或是男性都會提到「大概跟客家人一樣了」，「跟客家人一樣啦」（羅金枝，2013：83-84、86-88）或是「被客家人同化掉了」（羅金枝，2013：89）。至於在信仰方面，與客家人通婚的賽夏男性拜伯公，或是拜祖先，抑或是同與賽夏女性通婚的賽夏男性「跟客家人學拿香」（羅金枝，2013：100），而與客家男性通婚的一位賽夏女性的父親原拜土地公，但自己原來有上教堂，後來沒有，但家中佛與十字架一起放置在神桌上，另一位同與客家男性通婚的賽夏女性提到矮靈祭應該是自己的信仰（羅金枝，2013：99-100）。

　　上述研究提供我們思考族群通婚與宗教文化現象時的觀點，可能是性別的作用，亦有可能是族群因素的影響。然而，以「交織性」概念作爲方法論（McCall，2005；Choo and Ferree，

8　確切研究範圍爲苗栗縣中港溪上游兩岸方圓十里內，沿溪順流到內灣左右爲界（羅金枝，2013：5）。

2010；Winker and Degele，2011；Lumby，2011；Christensen and Jensen，2012；Hillsburg，2013）來思考的時候，需要注意本研究討論的性別、族群與宗教並非以「加法」方式處理，而須以如何交互作用觀之，這是本研究希冀突破既有研究之處。因為「交織性」概念所處理的是不同的類別的相互交錯，強調的是複雜性，類別可能包括性別、種族、族群性、性慾特質、階級、殘障、國籍，但並非囊括全部的類別，而須依脈絡（歷史、地理、政治與文化）而定（Walgenbach，2007：42-44）。但是類別（categories）本身的定義則是將「交織性」作為方法論的思考時需要討論的問題。因為如果只專注在類別的話，可能會忽略了作為過程的類別化（categorization as process）（Hornschied，2009，as cited in Christensen and Jensen，2012：111），同時，動態的過程有助於我們比較以及脈絡化不同層次的分析（Choo and Ferree，2010）。

關於類別，就本研究的研究對象客家人與賽夏人來說，皆有明顯確定的族群名稱，然而，需要注意的是，當我們意欲界定族群時，必須體認到族群本身絕非同質群體，可能因為地域、以及與周遭異族關係、宗教、階級與性別等社會類別所產生的內部差異性。如台灣客家有南、北或是東部客家之分，抑或是原籍差異、歷史遷移經驗不同（如台灣島內二次移民、外省客家）等，甚至於海外客家（東南亞、日本、美國、歐洲等），皆讓我們理解到客家內涵因各地而異。客家有其形成與變遷的過程。

欲對賽夏進行定義時，更需謹慎，尤其在族群分類過程中，在族稱、定位以及氏族數目上不穩定，因此「誰是『賽夏族』」成為一個需要探究的議題（賴盈秀，2004a）。賽夏族分南、北

兩群，由於接觸環境的差異，泰雅人與客家人對於南北兩地的賽夏人分別有不同程度的影響，分布在新竹縣五峰鄉的北賽夏群，處於泰雅人口優勢區，因此泰雅語成為賽夏人日常使用的語言；分布在南群的苗栗南庄與獅潭的南群，則多受到周圍客家人的影響，客家話是他們熟悉的語言。因此賽夏人北群可說是已經泰雅化（saibabasil），而南群則是客家化（motoil）（鄭依憶，2004：69）。胡家瑜（1996）則認為，賽夏族與其他原住民族群一樣，自古以來其族群關係相當複雜。從許多「傳統」物質文化要素呈現看來，顯然是和鄰近的泰雅族部落強烈的相互接觸與影響的結果，例如服飾、織布紋樣、鯨面、獵首儀式等都是。雖然賽夏人與平埔的道卡斯族的文化習俗、物質表現部分也有相似之處，卻不及泰雅的影響。除了早期南島語系民族的交互作用之外，近期漢人文化，尤其是客家族群大量移民地區，也對賽夏族造成很大的影響。不但食、衣、住、行的方式受到影響，如吃雞酒、醃菜，住屋加堂號，宗教信仰方面如「伯公」（土地公）、祖宗牌位、神龕亦可見於賽夏人的生活之中（胡家瑜，1996；王嵩山，2001）。雖然一般認為賽夏已「客家化」，然而在羅雯（2012）以食物來了解南庄東河地區的客家與賽夏時，發現tinawbon（米糕）顯示出賽夏的特殊性。

　　除了上述的族群之外，本研究中的宗教與性別亦是需要注意到其內部的差異性，無法以本質角度觀之，如賽夏人的宗教文化實踐。由於客家與賽夏通婚牽涉性別與族群位階，因此當我們在探討客家人與賽夏人通婚之宗教文化實踐時，不可避免地會將焦點關注在賽夏人「客家化」的現象上，如前所述，賽夏人除了自己的傳統信仰之外，亦信奉客家人的土地公、或在廳堂設有祖先

神位，甚或可能亦一起信奉天主，呈現了混雜的現象。這些宗教文化上的混雜現象，看似是賽夏人與客家人超過百年下來的互動結果，然而若將之視爲結果時，筆者認爲如此忽略雙方如何在日常場域的通婚生活中理解彼此文化的過程、如何詮釋宗教的觀點，更甚者，促成彼此通婚以及宗教文化實踐的歷史與社會脈絡恐怕因爲「結果論」而未加以關注。

綜上所述，以性別、族群與宗教之交織作爲研究理論與方法論的重要性，在於以多重類別的相互作用看到客家人與賽夏人通婚之宗教文化現象所涉及的複雜性，以及避免以本質化的角度看待這些類別，而是動態的過程，期以彰顯現象所發生的特定脈絡。更甚者，林淑鈴（2017：105）針對族群通婚提出「族群之內或族群之間的通婚作爲族群邊界形塑之依據，重點在於誰可以選擇和誰結婚？誰和誰將成爲同一夥人？在此過程中將構築動態的族群邊界，如此觀點爲族群建構論，而非本質論的反應。」更進一步說，「與其說是因爲有某種語言，風俗習慣與文化特徵，所以稱爲客家人，不如說客家人是因爲與周邊他人或他族有不同婚配選擇，所以變成客家人。族群通婚反映的是族群互動的軌跡是族群建構過程中的一環。」因爲在異族通婚的過程中，因不同語言使用、飲食習慣、祭祀習慣而感受到之間的差異，從這些面向亦可了解認同過程，因此族群歸屬是個動態生成的過程（林淑鈴，2017：209）。最末，作爲方法論考量的「交織性」之重要性在於應將所有社會成員都包括在內（Yuval-Davis，2011），因爲「交織性」原始概念以位處邊緣與備受壓迫的少數與弱勢群體爲研究對象，然而如此將忽略了該概念所強調與少數或弱勢共構「關係」的多數或是主流社會成員（Christensen and Jensen，

2012：112）。因此，如前所述，本研究不僅以居多數的客家男性與賽夏女性的婚姻組合為研究對象，亦須將賽夏男性與客家女性的組合列為研究對象，如此方能了解因為跨族通婚而受到影響的宗教文化現象之複雜多樣的層次與面貌。

三、研究對象

本研究主要研究對象為16人，其中有三對是夫妻一起受訪，若加上其他受訪者，其餘女性9+3=12人，男性1+3=4位。其中以性別區分，女性居多，係男性的3倍；以族群區分，客家與賽夏相同人數，各7人，父親賽夏、母親客家的研究對象男女各1；然而若將性別加上族群身分同時觀之，5位客家女性、6位賽夏女性、2名客家男性、1名賽夏男性、1名父賽母客混血男、1名父賽母客混血女。還包括在地小學校長、2名受訪者的女兒，以及1位婆婆[9]，共計20人。

四、宏觀之歷史與國家制度

台灣客家族群在台灣整體族群關係中長期以來處於相對弱勢地位，然而分布在台三線範圍內之桃竹苗地區中的客家族群，因其人口上的優勢，在北部內山開墾的歷史中居於主導地位，不僅改變人口結構，更對族群關係產生影響（黃卓權，2013：24）。

---

9 兒子已與賽夏族媳婦離婚。

以日治時期資料觀之，可以觀察到當時客家人與賽夏族之間的人口比例極爲懸殊。[10] 以今日人口資料觀之，賽夏人僅在東河與蓬萊兩村爲多數（圖1）。

此外，台灣在四大族群論述出現之前，習以「原住民／漢人」作爲對偶性族群區分，如此區分雖有其歷史脈絡與族群關係（王甫昌，2001：397），然而客家人須從「漢人」類別中抽離出來，係因客家與閩南人、外省人在歷史過程、政經地位、社會位置有別，與閩南人在細微的文化觀念與實踐上更是有異。更甚者，客家人與原住民之間的關係卻是具有特殊性的，因爲族群位階相近，且在地理位置上緊鄰而居（彭尉榕，2006）。

在自清朝以來的開墾歷史中，客家人與賽夏人之間有衝突對峙，然亦有互動往來、通婚與收養關係，南庄開墾者黃祈英的經歷則是當時客原接觸與互動鮮明例證之一。清朝時，賽夏人被稱爲南庄化番，清朝道光6年（1826）賽夏人就因爲擔任「隘丁」（防禦其他民族的獵頭）有功而被「賜」漢姓，此後，成爲只納餉但不賦徭役的「化番」。到了光緒年間，南庄番境的和平是清朝政府理番事業的首要之務，教化化番的事蹟，成爲民間墾戶向政府申請開墾的正當性的證明，因此南庄原住民的漢化，與南庄的開墾同時並進（賴盈秀b，2004：59）。在清政府統治下，由

---

10 從日治時期《1912年大正元年台湾生蕃種族写真帖：附理蕃実況》中的資料顯示，紀錄1912年賽夏族社數有9社，共130戶，人口764人。昭和八年（1934年）《臺灣蕃界展望》資料顯示，賽夏族社數有10社，共255戶，人口1,461人。根據昭和十年（1936）之《昭和10年末台湾常住戶口統計》，南庄的總戶數爲1,714，人數共10,538，其中本島人之廣東系佔多數，共1,532戶，共9,693人。平埔族爲6戶，共48人；分布在今日的東河村與蓬萊村的高砂族85戶，489人。

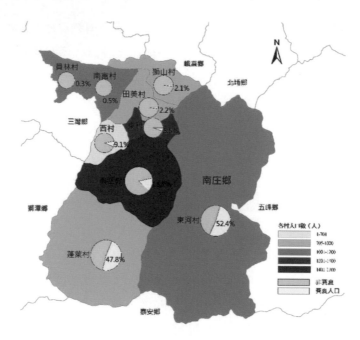

圖 1 南庄賽夏人口佔總人口比例圖

(潘慧雯繪製)

客家人與賽夏人分頭進行南庄的開墾。南庄的賽夏人自「歸化」以來，因為漸漸熟稔操作漢人的遊戲規則，墾業有成，使得絲大尾、日阿拐、張有准在清末到日治初期成為南庄地區最有影響力的三大頭目，更使南庄的發展與國家經濟政策緊密難分，同時進一步確立了在族群分類上「南庄化番」的類屬（賴盈秀，2004b：59）。

　　自19世紀中葉清道光初年，漢人陸續移墾開發定居於南庄，客家人與賽夏人因通婚與認養頻繁，因此族群界線模糊（胡家瑜、林欣宜，2003：187-188；苗栗縣南庄鄉公所，2009：684）。賽夏人是台灣南島語族中一個人口數量很少的小族群，

目前人口約有6,544人（原住民委員會，2017）。賽夏聚落主要分布的台灣西北部新竹和苗栗交界的淺山地區，過去二百多年間夾處在不斷推進的「土牛線」或「番界線」邊緣，因此人群物資的流動與衝突相當頻繁（胡家瑜，2009：69）。在日治初期的統治方式是把平地和蕃地分開治理，由撫墾署來掌管番地事務，其中，賽夏族北群由五指山撫墾署管轄，南群則隸屬於南庄撫墾署及大湖撫墾署，而「賽夏族」的族群識別則在日治初期完成（賴盈秀，2004b：59）。

時至今日，客家人與過去為「生番」的賽夏之間則告別了歷史長河中的武裝、械鬥與殺戮，在台三線範圍中客家人與賽夏族互動頻繁，且在近幾十年來混居，例如南庄鄉主要源自1970年代初，該鄉面臨原為經濟發展支柱的山林與礦業皆已開發殆盡，再加上稻田嚴重缺水而無法工作，因此客家人大量遷出，前往都會區或進入工廠謀生[11]，原來住在海拔較高山區的原住民下山到客家人居住村落，因而產生普遍的混居現象（苗栗縣南庄鄉公所，2009：682-684）。例如在進行田野調查時，常有研究對象提到客家人因為在南庄沒有謀生的機會，因此遷出，有的近年來因為仍有家產在此，又回到南庄居住，或是賽夏與泰雅人往下遷移，但除了經濟因素之外，亦可能因天災而遷徙，例如位於東河村的鹿湖部落遷移到南庄新村部落。因著客家人與原住民各式各樣的往來，例如長達百年以上的來往與關係密切，最終在生命禮俗上形成文化合成現象（范徐生，2008）；更可能因為通婚與收

---

11 根據田野調查，大多原住民亦多在小學畢業後到工廠工作，多數前往桃園。

養而使得族群界線發生變化（羅雯，2012）。雖然如此，至今偏見與刻板印象依舊存在。下一節從中介層次切入，則能提供我們了解社群文化與族群意識如何影響族群通婚。

五、社群文化與族群意識所構成的中介層次對於族群通婚之影響

通婚雖然看似為兩個個體的結合，如在第二節所述，微觀層次人際互動中的表達與行動會受到中介層次社群文化與族群意識的影響。對於本研究之研究參與者來說，在南庄一般日常生活之中，賽夏人常會提及「自己與客家人一樣，被同化掉了」，然而當遇上族群通婚時，賽夏人常面臨來自客家人的刻板印象或偏見，「多少會有種族偏見，……還沒有講到要結婚就對方的就是他們家裡就是不願意呀！」（SF2[12]）即便是如SF2與丈夫從小住在同一個村子裡，偏見依舊存在，在不經意的談話間，例如稱呼原住民為「番仔」的字樣出現。與這些先入為主的觀念息息相關的描述是「原住民嘛！愛喝酒嘛！然後就是說喝了酒之後可能就是對一些生活家務這些什麼東西就比較沒有責任感啦。」（SF2）「愛喝酒」、「沒責任感」是漢人對原住民的普遍觀感，這涉及了漢人以我族中心意識所發展出來對於原住民「刻板印象」（stereotype）、「成見」（或譯為偏見prejudice）、「歧

---

12 為保護研究對象隱私，故以編碼代替，S代表賽夏，F代表女性 female，M代表男性male，H代表客家，本研究中有一名賽夏客家混血男性，為SHM，另一名為賽夏客家混血女性，為SHF。數字則為編號。

視」（discrimination）（謝世忠，2017：62）。這三者常會互相作用，使得原住民對自己身分具汙名感。其中，「愛喝酒」是最常聽到對原住民的描述，然而如研究對象SF2所言，「我不是今天我嫁過來我要證明自己怎麼樣，所以我就不喝酒，事實上我本來就沒有喝酒呀！」或如蔡友月在《達悟族的精神失序：現代性、變遷與受苦的社會根源》（2009）中提到，達悟族是過去唯一不釀酒亦不喝酒的民族，然因1960年代之後在資本主義的強力衝擊下，酒開始進入了蘭嶼販售，1970年代之後蘭嶼達悟族大量喝酒，以聊慰因為生活、工作、經濟與家庭所帶來種種壓力、挫折與無力感。因之，達悟族酗酒的相關問題在如此的歷史過程中逐漸形成。

　　「原住民愛喝酒」是在田野中最常聽到的，這也是人們對原住民的一般印象（謝世忠，2017：64）[13]。然而，大多如此認定，但卻未能從原住民所處的社會結構理解為何如此。在以漢人為主的台灣社會中，原住民面臨許多問題，如被迫遷移、家庭解組、文化喪失，對其心理造成影響，而導致精神失序（蔡友月，2009），或如透過喝酒紓解壓力與挫敗。因此這可說是因為社會關係性的受苦經驗（Klienman，引自蔡友月，2009：77）。

　　由於本研究之研究對象面臨的問題是因為交往與通婚關係而引發漢人家長的質疑或否定，他們認為因為「原住民愛喝酒」會誤事，尤其是結婚之後，要共組家庭，而喝酒會對「生活家務沒

13　謝世忠對63位漢人提出有關「對原住民一般印象為何」的問題，其中11人回答「酗酒」，其次為「生活或知識水準低落」（10人），「懶散」（5人）（謝世忠，2017：64）。

責任感」，男性可能會無法賺錢養家，女性則是不持家務。因此，在與賽夏人要進入婚姻關係之前，客家家長會先到對方家中拜訪，以便決定是否要答應婚事。

（一）取得踏入跨族通婚的「入場券」

本身為苗栗豐富的客家人HF2在婚前，認識其他原住民，當時她對原住民沒有特別的看法，後來在桃園工作經先生的嫂嫂介紹而認識，要與丈夫論及婚嫁時，卻遭到母親反對，父親雖然未表明態度，但仍遲疑，因此派HF2的哥哥到當時仍是男朋友的家中拜訪，希望了解對方，同時希望確認對方家庭是否酗酒。由於HF2公婆信仰基督教，屬真耶穌會教派，因此她的哥哥發現對方家庭規矩，同時環境不錯。

信仰基督教的賽夏婆家給了客家岳家良好的印象，因此答應女兒的婚事。然而，有些在婚後仍然需要經過時間的考驗，客家婆家才予以肯定。SF6的婆婆在剛開始認定「娶原住民喔，一些像他哥哥弟弟哇喜歡喝酒」，且囑咐「不要來這裡喝酒」，但是SF6告訴婆婆，她的兄弟不會來家裡喝酒。經過結婚數年之後，婆婆因為看到娘家的兄弟並非如她之前的印象，轉而肯定，婆家其他人也向外人誇獎這位原住民媳婦。當然，SF6也相當勤奮，對婆家人盡心力，因而獲得讚賞。

當賽夏女性與客家男性通婚時，須努力操持家務，婆家亦同時希望媳婦娘家的人不會喝酒，因為喝酒的背後意味著「喝了他又不想走了」（SF6），亦即賴在別人家裡不離開，有造成麻煩意味。至於賽夏男性與客家女性通婚時，若是能因為可以有幫忙岳家的表現，也會受到肯定，使得岳家能有良好印象而不會反對

婚事。HF1的丈夫「很會作人，他水電很厲害……他也很會回去幫忙，一方面就是疼我」，因此父母沒有反對（HF1）。

由上觀之，在中介層次上的探討，聚焦於在客家與賽夏的通婚過程中，社群文化與族群意識如何影響通婚的決定。雖然賽夏人已經與客家人混居，多會說客家話，但當父母或是其他家人知道研究對象的婚配對象是賽夏人時，會有些顧慮，多是因為即將成為媳婦或是女婿的賽夏人「表現」獲得客家婆家或是岳家的認同之後，才能減低與賽夏人通婚的疑慮。

（二）客家與賽夏對於異族通婚態度差異

本研究之研究對象在族群與信仰上有不同的組合，亦發現客家與賽夏對於異族通婚採取不同態度。當客家男性要與賽夏女性結婚時，即便兩人皆住在同一個村子，男方家人並非相當樂意見到兒子與賽夏人結婚，偏見依舊存在（SF2）。後來是因為這位客家男性相當堅持，家長才答應這樁婚事。然而，與此相反的卻是賽夏人喜歡娶客家人為媳婦。「他們很喜歡我們，他們覺得能娶到不是原住民的很開心了，所以說我結婚他不肯我走就是這樣，因為說實在話原住民沒有像我們客家人那麼的樸實，然後簡約從德，原住民比較開化，他們自己也知道媳婦娶一個愛喝酒的不顧家的你是不是就很頭痛，所以他覺得娶到平地人他很有面子，的確公公對我很疼愛很喜歡這樣，所以我們的婚禮就正常這樣，因為我們也沒有特別要求。」（HF2）

由與賽夏人通婚的客家女性比較賽夏人為何喜愛娶客家人為媳的原因在於客家人「樸實」、「簡約從德」、「娶到平地人很有面子」，相對來說，原住民媳婦「愛喝酒的不顧家」，會讓婆

家很頭痛。在本研究進行當中，曾訪問一位女性，她的兒子已經與賽夏媳婦離婚，婆婆抱怨媳婦完全不做家事，整天出外。值得注意的是，娶到平地人很有面子，若娶到原住民則是頭痛，這一方面顯示在原住民眼中平地人的位階較高，因此若能與之成婚，表示在他人面前是光彩的，地位提升，然而，另一方面，凸顯若與原住民成婚，因為他們不持家務、不顧家庭而不盡理想。如此觀點亦是說明了社群文化與族群意識影響了與誰通婚的決定。

六、跨族通婚中微觀層次之人際互動

（一）研究對象介紹

在本文第三節中已介紹本研究之研究對象，其中有三對夫妻一起受訪，其餘則單獨訪問九位女性與一名男性。在進行田野調查之前，從閱讀的文獻之中，或一般論述，容易將客家人視為信奉佛道混合民間信仰，將賽夏人視為受到客家影響或受基督教影響而改變自身的信仰。然而，經過田野調查之後，發現跨族通婚的夫妻在信仰上有多樣組合，而且各有不同的信仰轉變的過程抑或是並存的現象。若以信仰作為劃分，發現有許多不同的組合，如表1。

研究參與者之共同處在於不論是客家人或賽夏人，16位中有9位女性皆提到在小學畢業或國中畢業外地工作的經驗，其中8位到桃園的工廠工作，1位到新竹的工廠工作，因此，他們多表示因為離家，且在外工作多年，因此對於自身的文化並非如此熟悉。也因為在外工作，其中4位的丈夫是在工作時認識。

16位研究對象中，觀察到夫妻中只有一位是新竹人，其他

表 1 本文研究參與者及其配偶之信仰

	研究參與者			配偶		
	族群身分	性別	信仰	族群身分	性別	信仰
1	客家	女	佛教	賽夏	男	天主教、基督教、有拜祖先、拜天公／基督教
2	客家	女	道教	賽夏	男	公婆眞耶穌教會
3	客家	女	基督教	賽夏	男	耶穌會
4	客家	女	道教	賽夏	男	有受影響
5	賽夏	女	道教	客家	男	拜神
6	賽夏	女	基督教	客家	男	拜神
7	賽夏	女	天主教	客家	男	拜神
8	賽夏	女	拿香	客家	男	拿香
9 10	客家	男	拜神	賽夏	女	小時候信仰天主教，婚後拜神
11 12	客家	男	拿香	賽夏	女	拿香
13 14	賽夏	男	基督教	客家	女	基督教
15	父賽夏母客家	男	拜土地公、參加矮靈祭	客家	女	道教
16	父賽夏母客家	女	拿香	客家	男	拿香

資料來源：筆者整理。

皆爲苗栗人，其中4位屬於同一個村子。以此觀之，「地理親近性」在族群通婚之間具有一定的重要性。此外，之所以通婚，則如上述劉千嘉、章英華（2018）的研究所言，出外工作增加接觸機率，雖然是住在同一個村子，但也是從外地回到南庄之後才認識。

（二）族群通婚中所隱含的性別與族群位階

1. 訂婚與結婚儀式的選擇

賽夏人因與外族通婚為主要的婚配形式，因此維持傳統婚禮儀式不易。日婉琦（2003）以tanohila：氏族日阿拐系下作為研究對象，發現賽夏人早期雖與客家人通婚，但大多採傳統儀式，然至第三代開始已經簡化，甚至少有舉行傳統婚禮，如此發現與本研究相同。本研究的參與者並未採用傳統賽夏儀式，在訂婚與結婚儀式上是以一種妥協的方式進行，而且隱含的是因族群階序而影響了儀式的選擇。此外少有回娘家四次的情形，甚至連在過年的初二回娘家，都因為須以婆家為重，而延後回娘家。

SHF父親為賽夏人，母親為新竹客家人，身為賽客混血，小學畢業後離開家鄉前往新竹讀書並寄宿外婆家，國中畢業之後，前往新竹紡織工廠工作，後來又到樹林布料工廠工作，二十歲與同村的丈夫結婚。丈夫的弟弟雖是SHF的小學同學，但之前並不認識。在結婚方面，SHF提到公婆從一剛開始就反對。因為「反對原因就是對原住民的印象不是很好哇，像他以前我嫁過去的時候還有阿公阿婆」。SHF強調要與先生論及婚嫁時，除了公婆之外，還有先生的祖父母，全家上下皆反對這椿婚事。因此，在如此的氛圍下，SHF提到她根本不敢要求在訂婚與結婚儀式中有任何賽夏的色彩。唯有結婚時叫長老來致詞並倒酒給他們，還有拜祖靈，主要原因是「不要忘本、不要忘祖」。SHF之所以如此，是因為她擔心婆家瞧不起她的原住民身分，因此舉凡與原住民相關的禮節，在與父親商量之後全部省略，僅留下不要忘祖的儀式。此舉意味著祖先之於她的重要性。此外，連賽夏人結婚是會分給親戚的豬肉與糯米糕都省略，取而代之的是漢人習俗中的

大餅。SHF認為媳婦為客家人，賽夏人就會依照客家人的方式，但媳婦為賽夏人，還是依舊照客家人方式。

但有的如SF2，雖然她也經歷夫家因為她是原住民而存有偏見，但其作法是認為賽夏有自己的傳統，因此在訂婚時依照賽夏的作法，但結婚儀式則依照客家。雖然如此，本研究中的賽夏女性大多未以傳統賽夏儀式進行。

2. 婚後的生活

「他不是生活在我們賽夏這裡，是我活在他們客家裡的！」與客家男性通婚的賽夏女性通常感受到自己因為是原住民受到夫家的歧視，而不敢有所要求，如上述SHF所言。或需要去適應夫家的生活與客家習俗，然而丈夫卻不需要去了解太太以及賽夏人的文化與風俗習慣。因此才出現了有如SF1所說的，「他不是生活在我們賽夏這裡，是我活在他們客家裡的！」由於SF1已有55歲了，她認為她雖然要去適應，但她不認為有衝突，因為「以前我們是有一種順從的意思，就是你嫁雞隨雞」。而SF1也同時點出原住民隨著時代而與不同族群通婚，比她年長的，與外省人通婚，她這一代則多與客家人通婚。這也符合SHF所提到的她的姊姊就是與外省人結婚，妹妹與她一樣嫁給客家人，但因為世代差異，妹妹並沒有受到像她所承受來自夫家的痛苦經驗。相對於賽夏女性的「順從」與「嫁雞隨雞」，與賽夏女性結婚的客家男性則說「太太跟我這樣拜祖先」。

至於客家女性雖然在族群位階上保有較高地位，但是當嫁做人婦時，客家女性學習矮靈祭舞蹈等，這不啻是客家人學習賽夏文化的表現。這可歸納為跨族通婚中性別因素促使研究參與者學習對方的文化、習俗。這點打破了賽夏人「客家化」的現象。然

而，若先生爲客家人，並不熱衷參與太太賽夏娘家的活動，例如不一定參加如矮靈祭之祭典，甚至不會想要了解。

此外，在家務方面，尤其是與祭祀以及飲食準備有關的家務，不論是賽夏或是客家女性，皆必須以夫家爲主。賽夏女性會受到客家婆婆，甚至是先生祖母的嚴格要求，儘管媳婦可能是賽夏客家混血，依舊被視爲賽夏人。在本研究中，有幾位賽夏女性相當努力地盡到當媳婦的責任。由於如SHF、SF5或SF6，但他們的問題在於如SHF因爲小學畢業離開家鄉，其實並不熟悉家務與家事，即便是國中在外婆家住，只需幫忙簡單農事或家事。因此當開始嫁作人婦之後，與公婆以及先生的祖父母同住，由於她不黯家事、拜拜與祭祖之事，必須向婆婆學習。然而，在學習過程中，婆婆會說，「妳們番仔沒有做這些事情，我們客家人就要做這些」（SHF），這些事情包括「你像拜拜哦，包粽子，像端午節來講，端午節你要包粽子，像他家裡包粽子，我們就要包，等一下又要米粽，等一下又要鹹粽，等一下又要粄粽」（SHF），還有如何準備與擺放三牲，除此之外，還要幫出嫁的大姑與小姑殺雞、準備菜肴讓他們帶回家等。

在這過程中，賽夏女性極力盡到當媳婦的責任，而且要做到更好。同樣的情形也發生在SF6的身上。婆婆一樣對她充滿歧視。本研究認爲彭尉榕（2006）提到與客家人通婚的阿美族女性爲了符合客家社會女性的形象，因此會更加勤奮，相同情形亦發生在與客家人通婚的賽夏女性身上。

（三）宗教信仰

在前述表1中，可以觀察到在族群與宗教的組合是相當多樣

的。由於本文研究參與者以女性居多，因此不論是客家或賽夏，皆從媳婦與婆家的關係作為分析族群通婚與宗教文化現象之切入點。

1. 客家媳婦與賽夏婆家

（1）仍堅持自己的信仰。

HF1的先生是基督徒，在他的眼中，「祖先牌位不用拜，因為是虛幻的」，但HF1相當堅持，「只要我還在的一天我拜，你不拜沒關係，我說沒有祖先哪裡有你們」。HF1認為先生是因為受到基督教的影響，再加上相當勤於到教會，因此認為祖先可有可無，但研究參與者認為祖先賜予我們生命，不應忘祖，因此在她的堅持之下，先生仍對祖先展現敬意。

賽夏的研究對象表示，相較於客家人，他們更重視祖先，祖先之於賽夏人的定義應為祖靈（tatini）。「祖先」這個漢人的名詞，在賽夏文化中本來沒有。賽夏族人稱較年長的長者為「tatini（老人家）」，因著對祖靈的敬重，族人們在過世之後，族人的靈魂，成了另一個世界的tatini生活在族人的周遭。好像這些看顧著族人的長者，從來不曾離去般。因此，賽夏人對於已過世的祖先仍以「tatini（老人家）」來稱呼之。這也驗證原住民族的「靈魂不滅」說，認為人死之後，會成為靈，聚集在一起。族人口中的「tatini」，是有層次之分的。先有個人家戶的祖靈，再由三五戶同姓氏的個人家戶，乃至幾十戶的家戶所組成的祖靈祭團，而成為祖靈祭團的氏族祖靈（江湉君，2015：60）。賽夏人認為自己的祖靈信仰與客家相似，因此兩者容易嫁接，因為賽夏也祭拜祖先。然而，賽夏人在吸納了客家文化之後，從轉變可觀察到其與客家人之間仍有神靈觀的差異：從無形

的祖靈到有形有家的祖先、從群體（以氏族爲單位）到個人（個人家戶的祖先）、從虛無飄渺到輪迴轉世、從祖靈崇敬到神鬼敬拜（江湉君，2015）。

對於尤其是接觸基督宗教的賽夏人，會在西方宗教與自己原有的祖靈信仰之間掙扎。差異在於賽夏人在屋外祭拜祖先，遇有事情時，則向祖先報告，例如結婚、家中搬進原來不住在家裡的成員（SM1與HF4）。然因爲受到客家人的影響，後來在家中安置神桌，祭拜祖先。

然而，當賽夏人改信基督教之後，對於偶像崇拜抱持批判性態度。如同前述HF1的先生認爲祖先牌位是虛幻的。信奉眞耶穌教會的賽夏人更是認爲道教是魔鬼，如HF2的公婆相當排斥道教，認爲道教是魔鬼，拜拜的祭品是不能吃的，這造成她很大的困擾，因此她必須花錢再多買一份食物。在剛開始，HF2並不清楚對於信仰眞耶穌教會的公婆來說，那些食物是禁忌，例如豬血，後來才發現公婆都不吃，才了解到這對他們來說代表的是耶穌的血。

（2）雖未受洗，但仍在公婆的要求下去教會。

HF2的婆家信仰眞耶穌教會，希望她與孩子都參加。但HF2表示，她還是很喜歡拜拜。HF2認爲「認眞工作限制著他們，每天都要禱告，六還要去教會，我沒辦法參與他們，也是他們很頭痛的一點，我雖然不排斥，但是也不要逼我這樣。……他們阿們我們也跟著啊。我跟了他二十幾年了每次做禮拜的時候都會很想傳教給我，我也是會跟著他們一起做禮拜，一直叫我說禮拜六去，我說禮拜六我要做生意，公公婆婆就不諒解，就說你怎麼約束你老公啊，我老公就講一句我很討厭的話，我老婆去我就

去。」HF2本身雖然對信教的人印象良好，但她還是喜歡拜拜，但在公婆的要求下，也照著跟隨禱告喊「阿們」並努力在做生意之際排出時間做禮拜，公婆不僅持續對她傳教，也希望她擔起媳婦的責任，以便影響丈夫，然而先生又把責任推到她身上，使她難為。

如前所述，真耶穌教會相當嚴格，拒絕任何偶像崇拜、神牌、護身符，皆歸類為「魔鬼」。然而，宗教信仰的界線並非如此鮮明劃分，尤其當遇到孩子生病時，身為真耶穌會教徒的婆婆對身為客家人的媳婦提出問神的要求。如HF2提到，「只要他們看到護身符，就很排斥，甚至於去仙山他們就不會走過來了，他們很排斥。」筆者詢問HF2是否想要向公婆解釋，她說「不用解釋啊，各信各的，你那個就是魔鬼啊〔……〕為什麼我的就是魔鬼你的不是，為什麼不能求阿彌陀佛？」然而，HF2提到，「不過奇怪的是，比如說小孩生病一直不好，婆婆就會說客家人不是很喜歡問神，就去問啊，看看怎樣，是不是拿符這樣，到這個情況又會妥協這樣。」

（3）雖然自己本身為基督徒，但婆家為真耶穌教會，更為嚴格。

HF3從小為常上教會的基督徒，但國中之後較少去教會，但後來結婚後，為了先生，一起去真耶穌教會。除了不拿香之外，豬血鴨血皆為飲食禁忌，禁止喝酒、嫖賭。

（4）學習賽夏矮靈祭舞蹈。

一般說來，常認為賽夏人遭受「客家化」的，事實上，由於通婚中性別因素，客家女性學習矮靈祭舞蹈、學習祭歌、學習製作矮靈祭所需衣服等，這不啻是客家人學習賽夏文化的表現。筆

者在研究過程中，除了主要以賽夏客家通婚作為研究主題之外，並不排除其他族群通婚案例，因此在南庄與一位來自台北，與泰雅男性通婚的閩南女性進行訪談，她結婚超過二十個年頭，已成為一名教授泰雅編織的老師。由此觀之，即使女性來自位階較高族群，然性別因素影響了在婚後的文化實踐。

2. 賽夏媳婦與客家

（1）追隨夫家。

本研究中的賽夏女性，雖然信仰基督教、天主教或上教會，但嚴格說來，他們並不屬於持續信教的教徒，到國中或出外之後就會中斷，因此當他們結婚的對象為道教或是民間信仰，加上嫁為人妻身為人媳的角色，會認為該追隨丈夫與夫家的腳步。

（2）本身即為道教，認為沒有差異。

在與賽夏人互動時，最常聽到「與客家人一樣」，所以沒有差別。有的是原本家中即為道教，或原為基督徒，但家中後來改變信仰，轉為道教，因此這對於嫁入客家家庭的賽夏女性來說是沒有差別的。

七、結論

「跟客家人一樣啦！」「我們都被客家人同化了？！」這是在田野中與常聽到賽夏人如此。然而，是否真是如此？而且在一般論述中，亦常聽聞賽夏女性與客家男性通婚，但卻少注意到客家女性與賽夏男性通婚情形。至於對賽夏人信仰的了解，也常停留在他們接受了客家人的信仰，然未能考慮到其他信仰對他們的影響。

本研究以族群通婚所涉及的三個層次，分別是宏觀歷史與國家制度、社群文化與族群意識所構成的中介層次對於族群通婚之影響以及跨族通婚中微觀層次之人際互動，了解到賽夏之所以與漢族通婚爲主要婚配形式，南群比率又高於北群，係因自清朝對苗栗當地開墾以來，賽夏與客家互動頻繁，時至今日，雖因出外工作認識，然從本研究之研究參與者與其配偶的家鄉分布來看，亦符合族群通婚的因素之一——地理親近性。然雖頻繁互動，但涉及婚配時，中介層面之社群文化與族群意識影響了客家父母對於子女選擇與賽夏人締結婚姻的考量。客家人常認爲賽夏人愛喝酒誤事、不操持家務、沒有責任感，因此多有遲疑，導致賽夏配偶需要費心費力表現，以求得岳家或婆家同意，或是婚後盡力扮演媳婦的角色，以獲得婆家認同。

然而相反的是，賽夏人會認爲尤其是娶客家女性爲媳，能爲家族增添光彩。在微觀層次，觀察到由於不同的婚配（客家女性與賽夏男性、賽夏女性與客家男性）與宗教信仰的組合，發現性別與宗教影響了研究參與者在宗教文化行爲上的選擇。在客家媳婦與賽夏婆家之間，若婆家爲基督徒，主要是嚴格的眞耶穌教會信徒，希望客家媳婦改信，甚至是連原本爲基督徒但並非相當虔誠的媳婦，當遇上信奉眞耶穌教會的公婆，須嚴格遵守教義。雖然客家媳婦來自較高位階的族群，但在婚後仍學習賽夏的信仰與文化，但是相形之下，客家男性無意願理解與參與賽夏妻子的信仰與文化。

至於賽夏媳婦原是基督教信仰，婚後則追隨夫家腳步，改爲民間信仰，假若原本就是道教或民間信仰，則與夫家無異。從中介層次到微觀層次的變化顯示了客家人與賽夏人之間的關係變

化，在中介層次受到社群意識的影響，族群刻板印象對於通婚與否仍然扮演重要角色；然一旦通婚之後，在日常生活中，族群影響減弱，反而是性別與宗教的因素增強。由通婚來檢視客家與賽夏關係，發現其族群關係的樣態亦須依照不同層次觀之，同時須注意不同層次之間彼此互有影響，或是互有消長。自清朝以來的歷史或從宏觀的統治與國家的架構下來看，客家與賽夏之間曾有衝突，同時亦互有來往，然而因統治者政策或是國家制度使然，在客家與賽夏存有緊張關係，這反映在中介的社群文化與族群意識上，特別是偏見與刻板印象。但卻亦可能在微觀層次上進行通婚與收養，透過進入婚姻與家庭，某個程度上呈現和諧的族群關係，然亦可能依舊存在於透過刻板印象所呈現出的緊張關係。

最末，本文與既有研究不同之處在於從宏觀、中介與微觀層面了解賽夏人現今的「混雜」或是「客家化」的宗教文化實踐因為通婚所產生的變化；更甚者，將既有研究中鮮少與賽夏人有互動關係的客家人納入研究對象，如此在族群雙方的觀點下，了解通婚與宗教文化關係——性別與宗教的影響較族群因素強烈，此研究發現有別於一般認知的「賽夏客家化」現象，可謂本研究之貢獻所在。

參考文獻

王甫昌，2003，《當代台灣社會的族群想像》。台北：群學出版社。

———，1993，〈族群通婚的後果：省籍通婚對於族群同化的影響〉。《人文及社會科學集刊》6（1）：231-267。

———，1994，〈光復後台灣漢人族群通婚的原因與形式初探〉。《中央研究院民族學研究所集刊》76：43-96。

———，2001，〈台灣族群通婚與族群關係再探〉。頁393-430，收錄於劉兆佳等編，《社會轉型與文化變貌：華人社會的比較》。香港：香港中文大學香港亞太研究所。

王雯君，2005，《閩客族群邊界的流動：通婚對女性族群記憶與認同的影響》。桃園：國立中央大學客家社會文化研究所碩士論文。

王嵩山，2001，《臺灣原住民的社會與文化》。台北：聯經出版公司。

日婉琦，2003，《族群接觸與族群認同：以賽夏族tanohila: 氏族日阿拐派下為例》。台北：國立政治大民族學系碩士論文。

尹慶春、章英華，2006，〈對娶外籍與大陸媳婦的態度：社會接觸的重要性〉。《台灣社會學》12：191-232。

田家麗，2016，《族群通婚下之婆媳關係：原住民婆婆與客家媳婦》。新北：輔仁大學兒童與家庭學系碩士論文。

李文玫，2011，《離散、回鄉與重新誕生：三位客家女性的相遇與構連》。新北：輔仁大學心理學研究所博士論文。

李亦園，1992，《文化的圖像（下冊：宗教與族群的文化觀察）》。台北：允晨文化。

江湉君，2015，《賽夏遇見客家：當代賽夏族宗教神靈觀之探究》。苗栗：國立聯合大學客家語言與傳播研究所碩士論文。

巫麗雪、蔡瑞明，2006，〈跨越族群的藩籬：從機會供給觀點分析台灣的族群通婚〉。《人口學刊》32：1-41。

林淑鈴，2017，《六堆客家及其周邊社會與文化變遷：族群互動論的觀

點》。高雄：麗文文化事業。

原住民族委員會，2019，《原住民人口及健康統計年報》。https://cip.nhri.org.tw/stat/pop（取用日期：2021年9月29日）。

高元杰，2008，《原漢通婚家庭之文化認同與適應》。台北：國立臺灣師範大學社會教育學系在職進修碩士班碩士論文。

徐富珍、陳信木，2004，〈番薯＋芋頭＝台灣土豆？——台灣當前族群認同狀況比較分析〉。論文發表於「人口、家庭與國民健康政策回顧與展望學術研討會」。台北：國立政治大學。4月23-24日。

夏曉鵑，2002，《流離尋岸——資本國際化下的「外籍新娘」現象》。台北：台灣社會研究期刊。

梁世武，2009，〈台灣族群通婚與族群認同之研究〉。《問題與研究》48（3）：33-62。

張典婉，2004，《台灣客家女性》。台北：玉山社。

張福群，1999，《族群通婚的婚姻適應——以阿美族和泰雅族女性為例》。台北：國立政治大學民族學系碩士論文。

張瑞恭，1987，《賽夏族社會文化變遷的研究——紙湖、向天湖社群的探討》。台北：中國文化大學民族與華僑研究所碩士論文。

張翰璧，2007，〈客家婦女篇〉。頁111-131，收錄於徐正光編，《台灣客家研究概論》。台北：行政院客家委員會與台灣客家研究學會。

胡家瑜，1996，《賽夏族的物質文化：傳統與變遷》。台北：內政部。

———，2009，〈食物符碼與儀式行動——從賽夏社會關係的建構到時間連結的體現〉。《民俗曲藝》166：61-96。

胡家瑜、林欣宜，2003，〈南庄地區開發與賽夏族群邊界問題的再檢視〉。《臺大文史哲學報》59：177-214。

苗栗縣南庄鄉公所，2009，《南庄鄉志 下冊》。苗栗：苗栗縣南庄鄉公所。

范徐生，2008，《聖俗之交：獅山靈塔與南庄宗族研究》。新竹：國立交通大學客家文化學院客家社會與文化碩士在職專班碩士論文。

范振乾，2010，《客裔族群聚落生態之變遷：從蓬萊村及南庄鄉客裔聚落之邊界說起》。台北：南天書局。

黃卓權，2013，〈從版圖之外到納入版圖：清代台灣北部內山開墾史的

族群關係〉。《台灣原住民族學報》3（3）：157-187。

邱莉雯，2004，《東部原漢雙族裔成人認同研究》。花蓮：國立花蓮師範學院多元文化研究所碩士論文。

彭尉榕，2006，《原客通婚的族群邊界與位階：地域、世代的比較分析》。花蓮：國立東華大學族群關係與文化研究所碩士論文。

詹素娟，1997，〈族群關係中的女性——以平埔族為例〉。《婦女與兩性研究通訊》42：3-7。

劉千嘉，2011，〈台灣都市原住民的族群通婚：社會界線的世代差異〉。《人口學刊》42：115-153。

劉千嘉、章英華，2011，〈2000年普查資料在台灣原漢通婚研究之潛力與應用〉。《調查研究——方法與應用》27：7-51。

———，2014，〈原漢通婚家庭子女的族群認同與身分從屬〉。《臺灣社會學刊》54：131-180。

———，2018，〈台灣原住民的族群婚配類型：世代效果、代間傳承與族群差異〉。《調查研究——方法與應用》39：77-121。

葉春榮編，2006，《歷史、文化與族群：台灣原住民國際研討會論文集》。台北：順益台灣原住民博物館。

賴盈秀，2004a，《誰是「賽夏族」？》。台北：遠足文化。

———，2004b，《賽夏族》。台東：國立臺灣史前文化博物館。

賴錦慧，1998，《族群通婚與族群觀——四季新村原住民婦女的經驗》。花蓮：國立東華大學族群關係與文化研究所碩士論文。

蔡友月，2009，《達悟族的精神失序：現代性、變遷與受苦的社會根源》。台北：聯經出版公司。

蔡芬芳，2016，〈試從消除對婦女一切形式歧視公約（CEDAW）與「相互交錯性」思考客家性別平等政策〉。頁255-281，收錄於張維安、陶振超編，《跨界思維——台灣與全球客家的政策對話》。新竹：交通大學出版中心。

———，2017，〈「差不多……又不一樣！」：台灣與印尼客家通婚之文化經驗〉。頁287-316，收錄於蕭新煌編，《臺灣與東南亞客家認同的比較：延續、斷裂、重組與創新》。桃園：中大出版中心、台北：遠流出版公司。

謝世忠，2017，《認同的污名：臺灣原住民的族群變遷》。台北：玉山社。

鄭依憶，2004，《儀式、社會與族群：向天湖賽夏族的兩個研究》。台北：允晨文化。

羅金枝，2013，《客家與賽夏通婚的涵化現象》。台北：國立臺灣師範大學台灣語文學系碩士學位在職進修專班碩士論文。

羅雯，2012，《食物、日常經驗與族群互動：東河的客家與賽夏》。新竹：國立交通大學／客家文化學院客家社會與文化學程碩士論文。

Bradley, Harriet, 2007, *Gender*. Cambridge: Polity.

Brah, Avtar and Ann Phoenix, 2004, "Ain't I A Woman? Revisiting Intersectionality. "*Journal of International Women's Studies*, 5 (3): 75-86.

Crenshaw, Kimberlé W., 1995, "Mapping the Margins: Intersectionality, Identity Politics, and Violence against Women of Color." Pp. 357-383 in *Critical Race Theory: The Key Writings That Formed the Movement*, edited by Kimberlé Crenshaw. New York: The New Press.

Creswell, Tim 著，王志弘、徐苔玲譯，2006，《地方：記憶、想像與認同》。台北：群學出版社。

Crenshaw, Kimberlé W., 1989, "Demarginalizing the Intersection of Race and Sex: A Black Feminist Critique of Antidiscrimination Doctrine, Feminist Theory and Antiracist Politics." *The University of Chicago Legal Forum* 140: 139-167.

Choo, H. Y. and M. M. Ferree, 2010, "Practicing Intersectionality in Sociological Research: A Critical Analysis of Inclusions, Interactions, and Institutions in the Study of Inequalities." *Sociological Theory* 28 (2): 129-149.

Christensen, Ann-Dorte and Sune Qvotrup Jensen, 2012, "Doing Intersectional Analysis: Methodological Implications for Qualitative Research." *NORA – Nordic Journal of Feminist and Gender Research* 20 (2): 109-125.

Gordon, Milton, 1964, *Assimilation in American Life: The Role of Race, Religion, and National Origins*. New York: Oxford University Press.

Hillsburg, Heather, 2013, "Towards a Methodology of Intersectionality: An Axiom-Based Approach." *Atlantis* 36 (1): 3-11.

Knudsen, Susanne V., 2005, "Intersectionality – A Theoretical Inspiration in the Analysis of Minority Cultures and Identities in Textbooks." Pp. 61-76 in *Caught in the Web or Lost in the Textbooks?* International Association for Research on Textbooks and Educational Media. https://iartemblog.files. wordpress.com/2012/03/8th_iartem_2005-conference.pdf.

Lumby, Jacky, 2011, "Methodological Issues and Intersectionality in Gender." Paper presented at an IIEP (International Institute for Educational Planning) evidence-based Policy Forum on Gender Equality in Education: Looking Beyond Parity. October 3-4, Paris.

Lewis, Gail, 2009, "Celebrating Intersectionality? Debates on a Multi-faceted Concept in Gender Studies: Themes from a Conference." *European Journal of Women's Studies* 16 (3): 203-210.

McCall, Leslie , 2005, "The complexity of intersectionality." *Signs* 30 (3): 1771-1800.

Murstein, Bernard I., 1986, *Paths to Marriage*. Beverly Hills: Sage.

Phoenix, Ann, 2006, "Editorial: Intersectionality." *European Journal of Women's Studies* 13 (3): 187-192.

Prins, Baukje, 2006, "Narrative Accounts of Origins. A Blind Spot in the Intersectional Approach?" *European Journal of Women's Studies* 13 (3): 277-290.

Wagenbach, Katharina, 2007, "Gender als interdependente Kategorie." Pp. 23-64 in *Gender als interdependente Kategorie*, edited by Katharina Wagenbach et al. Neue Perspektiven auf Intersektionalität, Diversität und Heterogenität. Verlag Barbara Budrich, Opladen & Farmington Hills.

Winker, Gabriele and Nina Degele, 2011, "Intersectionality as multi-level analysis: Dealing with social inequality." *European Journal of Women's Studies* 18 (1): 51-66.

Yuval-Davis, Nira, 2011, *The Politics of Belonging: Intersectional Considerations*. London: Sage.

Yuval-Davis, Nira, 2006,"Intersectionality and Feminist Politics." *European Journal of Women's Studies* 13 (3): 193-209.

第 9 章
族群語言空間分布：苗栗卓蘭[*]

黃菊芳

摘要

　　族群語言的空間分布是移民社會文化流動的結果，科技創新改變人際互動與溝通的各種舊有形式，也促使接觸的環境多元，造成語言的變異與消長。不同世代的語言選擇以及新住民的大量移入，加速了語言的變化。運用新科技將不同時期的移民社會群聚形成的自然語言聚落，進行紀錄並加以研究，是當務之急。本研究運用 GIS 建立語言的空間分布資料庫，繪製微觀的家戶語言空間分布地圖，提供語言研究、語言教學、語言政策等基礎的參考資料。基於時間限制及研究聚焦的考量，本研究選取的調查區域為台三線上的苗栗縣卓蘭鎮。除了繪製卓蘭鎮微觀的語言空間分布地圖之外，將同時進行語言變異的相關研究。本研究透過田野調查，運用 GIS 工具，繪製卓蘭鎮的語言空間分布地圖，著重

＊　本文為科技部專題計畫「台三線客庄區域在地知識與社會實踐研究：台三線語言空間分布與地域變體比較研究」（編號：MOST 107-2420-H-008-008-MY2）的成果之一，感謝林芊慧、周鈺凱、謝凱任三位助理共同前往卓蘭田野調查及整理資料，也謝謝相關學者及審查者提供之寶貴意見。

在客語不同腔調的分布描寫，視覺化本地語言接觸的實際空間現象。不同語言的使用者聚居於相同空間，又各自維持著本族語言的使用。本研究發現，卓蘭鎮的優勢語言為大埔客語，四縣客語居次，饒平客語的使用戶數略少於閩南語，海陸客語居最弱勢。從大埔客語的優勢以及與饒平客語的空間分布鄰近，饒平客語的語音變化明顯與大埔客語的密切接觸相關，形成了有大埔客語特色的卓蘭饒平客語，最明顯的特色就是沒有小稱詞綴，陰平調出現了上升調的小稱變調，與大埔的上升小稱變調類似。

關鍵字：族群語言、客語、台三線、卓蘭鎮、GIS

一、前言

　　語言的空間分布是制定語言政策非常基礎的參考資料，也是語言學領域相對獨立的學門，如何運用新科技繪製具有時、空內涵的語言分布地圖，是本研究關注的議題。台灣的移民社會呈現出多元而豐富的文化流動與創新動能，全球化的浪潮促使社會快速變遷，科技的創新更改變了人際互動與溝通的傳統模式，族群語言的保存與研究顯得更為迫切與需要。「台三線」做為一個空間上客家族群相對聚居的區域，族群勢力的消長融合呈現在文化的方方面面，語言就是其中值得深入探討的議題。接觸的環境創造語言的多元變異，不同世代的語言選擇也影響了語言的消長，新住民的大量移入當然也加速了語言的變化。因此，如何運用新科技，將歷史進程中長期的移民社會群聚形成的自然語言聚落，進行詳細的紀錄與研究，顯得急迫而重要。

　　在台灣，「台三線」意指過去原住民、客家人、閩南人在北台灣丘陵互動的帶狀空間，行政區域劃分北起桃園的大溪、龍潭，經過新竹的關西、橫山、竹東、北埔、峨眉、寶山，一直往南延伸至苗栗的三灣、南庄、獅潭、大湖、卓蘭等地，甚至還可以將台中的石岡、東勢劃入。本研究運用 GIS（Geographic Information System）建立語言的空間分布資料庫，繪製微觀的家戶語言空間分布地圖，提供語言研究、語言教學、語言政策等基礎的參考資料。基於時間限制及研究聚焦的考量，本研究選取的調查區域為台三線沿線較南端的卓蘭鎮，除了繪製卓蘭鎮的語言空間分布地圖之外，將同時進行語言變異的相關研究，比較相同來源不同聚居區域語言接觸後的客家話變異與變化現象，探討語

言學上感興趣的語言變異規律等相關議題。

二、前人研究成果回顧

語言的空間分布是語言學重要的領域，自19世紀中葉歐洲語言地理學萌芽開始，德國、法國、義大利等歐洲諸國相繼出版各類型的方言地圖。賀登崧（1911-1999）神父指出：「語言地圖的作用是爲語言（方言）間作比較、爲語言演變的歷史研究提供可靠的材料。」（賀登崧著，2003：1）此外，袁家驊（1903-1980）也曾指出：「要是在全國範圍內進行調查，每個詞畫一幅地圖，肯定能揭示出一些新鮮的語言現象。」（袁家驊，2001：316）這個提議顯示語言空間分布相關研究的重要性。

近20年來，許多研究也進行了有意思的大規模調查，例如曹志耘（2008）主編的《漢語方言地圖集》，全書分爲《語音卷》、《詞匯卷》、《語法卷》三大冊，共計調查全中國包括台灣在內的930個地點，每個點調查單字425個，詞匯14類470條，語法65類110條，共計1,005個條目。雖然調查了1,005個條目，最後繪製成方言特徵分布地圖的則是其中的510個地圖條目：語音205幅，詞匯203幅，語法102幅。這個規模宏大的地圖集所展示的成果非常豐碩，但在台灣的部分則明顯有一些錯誤，這大概是繪製巨幅特徵地圖所無法避免的。日本學者岩田禮（2009）編著的《漢語方言解釋地圖》也很有特色，該書收錄了49個條目，共計95幅地圖。這些研究都是大方向且全面的討論，目的是全面而系統地反映漢語方言的基本面貌，成果豐碩。

至於台灣語言分布的相關研究，則以洪惟仁先生一系列的調

查爲最有系統，所出版的台灣語言分布地圖是集結研究者近30年田野調查的成果所繪製（洪惟仁，1992、2003、2013a、2013b、2019），其中與本研究直接相關的成果是探討客語州的方言分布的相關論述。該研究指出：「客語州三大方言，在桃竹苗成龍形分布，分成五個方言區。」（洪惟仁，2013b：341）該文將桃竹苗、台中、南投的帶狀客家話分布分爲五個區，分別命名爲「桃竹海陸腔客語區」、「桃東四縣腔客語區」、「苗栗四縣腔客語區」、「東勢大埔客閩雙語區」、「國姓閩客混雜區」，並指出在這個龍形帶狀區域內散布著幾個饒平方言島：竹北六家、芎林紙寮窩、苗栗卓蘭的老庄。而閩南語在這個帶狀區域主要是漳腔：新屋大牛欄、新竹新豐坑仔口、苗栗頭份土牛村、卓蘭及國姓市區（洪惟仁，2013b：341-342），這些描述提供本研究非常重要的參考。圖1是洪惟仁繪製的「卓蘭客閩混雜區及周邊語言地圖」。該圖顯示位於這個帶狀區域尾端的卓蘭鎮，不能單純地以客語區來交代。

而過去談到饒平客語，大家便會想到卓蘭，使得一般人誤以爲卓蘭的優勢語是饒平客語。大家熟知的台灣不同腔調的客家話有：四縣（包含南四縣）、海陸、大埔、饒平、詔安、永定、豐順，還有更少數的河婆客語。四縣和海陸是台灣人口最多並且分布較廣的客家話腔調，其他的客語腔調較少被聽到，研究饒平客家話的學者徐貴榮這樣形容饒平話：「如果說客話在台灣是『隱形話』，那饒平客話是客話中的『隱形話』，因爲在一般客家聚落中，不易聽到饒平客話，到底有多少人使用饒平客話，也無所知悉。」（徐貴榮，2009：266）

「隱形」並非不存在，而由於人數少，因此更珍貴，該研究

圖 1 卓蘭客閩混雜區及周邊語言地圖

資料來源：洪惟仁，2019：88

指出，目前仍會說饒平客語的人，大都以「姓氏」聚落的方式存在，如桃園縣中壢市芝芭里的劉屋、興南庄詹屋、過嶺許屋、三座屋張姓、新屋犁頭洲陳屋、平鎮王屋、觀音新坡許屋、八德官路缺袁屋等；新竹縣有竹北六家林屋、芎林上山村林屋、芎林紙寮窩劉屋、關西鄭屋、鄧屋、許屋、陳屋、六福村陳屋、新埔周屋、林屋、湖口周屋等；苗栗縣有卓蘭詹屋、西湖二湖的劉姓等；此外還有台中東勢石角的劉屋。其中較大的聚落是竹北六家的林姓以及卓蘭老庄的詹姓，然而竹北六家由於高鐵設站的緣故，導致原本的聚落被打散，造成本地饒平客家話的保留更形困難（徐貴榮，2009：270-271）。卓蘭鎮老庄里的詹姓雖然仍能使用饒平客語，但是流利的使用僅在老年人口，20歲以下的年輕人能流利使用這個語言的屬少數。做為全台灣碩果僅存的饒平客語聚居地，很值得進一步執行微觀的語言分布調查，將卓蘭鎮

的饒平客語及其他次方言清楚描寫，建置更細緻的空間資料庫。

除了語言學家對方言地圖有興趣，地理學家也參與了相關研究，韋煙灶、曹治中（2008）〈桃竹苗地區台灣閩南語口音分布的區域特性〉一文以桃竹苗高中生為抽樣樣本調查指出，新竹閩南語的口音來自同安話，老泉州音保留在紅毛港及鳳岡；桃園的閩南口音偏向漳州話，其中新屋蚵殼港與新豐紅毛港相同，屬泉州音；苗栗沿海四鎮的閩南語有漳泉混合的特徵，聲調則屬漳州。除此之外，該文還指出新屋及新豐有一群說閩南語的「半福佬客」，苗栗沿海還有具莆仙話與閩南語過渡色彩的頭北腔。雖然該文並非繪製語言地圖，卻提供了詳細的桃竹苗閩南語的分布輪廓。

至於語言微觀分布的研究，約在2004年左右由中研院鄭錦全院士首先提出，該方法是運用航照結合GPS及GIS進行語言調查，解決了雜居地區語言分布調查與繪製的難題。並且建立了一套可行的調查模式，對於建立語言微觀分布資料庫提供可靠的運作方式。計畫主持人運用這個模式持續進行相關的微觀研究，基於時間限制及對漢語相對弱勢語言的興趣，台灣的客語分布是主要關注的對象。目前已完成的調查區域有新竹縣新豐鄉、新埔鎮、五峰鄉，雲林縣崙背鄉、二崙鄉，苗栗縣後龍鎮、南庄鄉、獅潭鄉、泰安鄉，桃園市新屋區、觀音區，花蓮縣鳳林鎮等。以南庄鄉為例，南庄鄉的語言分布圖如圖2，微觀的調查可以將比鄰而居的不同族群清楚標示，而不會在優勢原則下，犧牲弱勢族群的語言分布呈現，這張圖可以告訴我們四縣客語、海陸客語、賽夏語、泰雅語在南庄的地理空間分布。

在語言地理學的研究之外，地域方言變體接觸的語音變異也

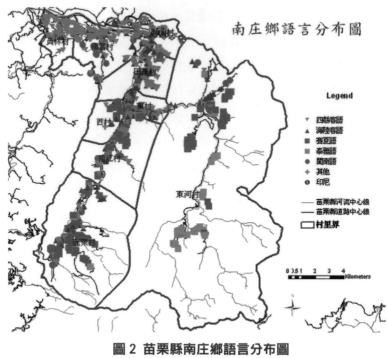

圖 2 苗栗縣南庄鄉語言分布圖

（筆者繪製）

是探討的重點，目前所發表的內容以弱勢語言語音在優勢語言的影響下，產生了怎樣的變異為主。根據調查（黃菊芳等，2013a），在以海陸為優勢語的新竹縣新埔鎮，四縣客語的使用者在聲母部分出現一套舌葉音[ʧ, ʧʰ, ʃ, ʒ]。該研究透過語言地理分布的微觀觀察，指出新埔四縣客語在海陸客語居絕對優勢的環境下，舌葉音的產生是因為接觸引發的變異，而非自身音變的結果。以齒音的出現環境觀察，新埔四縣客語舌葉音的出現環境與介音[i]關係極大，只要有[i]出現的環境大部分讀舌葉音，如果不讀舌葉音，新埔四縣客語的特色就是保持[ts, tsʰ, s]，不同於苗

栗四縣及新埔海陸幾乎顎化為 [tɕ, tɕʰ, ɕ]。在沒有介音 [i] 的情況下，舌葉音的出現不穩定，但與 [u, a, an, ui, un, oŋ, uŋ, ak, ut] 這些韻母結合時較不易出現舌葉音。與新埔四縣客語的情形不同，後龍海陸客家話處於閩南語及苗栗四縣客語為強勢語的環境下，其語音變異的情形與新埔正好相反。

研究顯示（黃菊芳等，2013b），就語音而言，親屬語言之間的影響大於非親屬語言。與新竹海陸客家話比較，後龍海陸客家話在聲母部分沒有 [tʃ, tʃʰ, ʃ, ʒ]，韻母部分與唇音結合的 [ui] 韻轉變成 [i] 韻、與喉音結合的 [ai] 韻轉變成 [e]，與齒音結合的 [au, iau] 轉讀 [eu, ieu]，名詞後綴異於新竹的 [ə] 而讀 [e]。舌面央低元音 [a] 及舌面後高元音 [u] 和舌面後半高元音 [o] 前的聲母較容易產生變異，以後龍海陸客家話的齒音字而言，[a, u, o] 前接的聲母從舌葉音 [tʃ, tʃʰ, ʃ] 轉讀為舌尖前音 [ts, tsʰ, s]。

根據這些年對客家話分布的調查，本研究認為接觸環境的語音變異有其規律，以居弱勢區域的海陸客家話的語音變異為例，其現象可以歸納為聲調穩定，聲母及韻母各有變化，最明顯的變化發生在舌葉音 [tʃ, tʃʰ, ʃ, ʒ] 的有無。南庄海陸客家話的舌葉濁擦音 [ʒ] 已經消失，[tʃ, tʃʰ, ʃ] 呈現不穩定的狀態。而後龍海陸客家話的舌葉音 [tʃ, tʃʰ, ʃ, ʒ] 則全部消失。本文認為此現象說明舌葉濁擦音 [ʒ] 是最不穩定的聲母，在台灣四縣客家話居優勢而與海陸客家話的接觸環境下，海陸客家話的使用者將會丟失舌葉音，其消失的階段發展首先為 ʒ- > Ø-，其次是 tʃ- ,tʃʰ- ʃ- > ts- ,tsʰ- ,s-。韻母在一定條件下會從 [ui] 轉讀為 [i]、[ai] 讀為 [e]、[au, iau] 則改讀 [eu, ieu]，小稱詞綴不同於新竹海陸的 [ə] 而讀為 [e]。

本研究根據語言接觸的現象及不同地域的家戶語言調查成

果，論述弱勢語言的語音變化以及可能的規律。然而台灣東部客家話的分布則不同於上述現象，以最新的調查成果花蓮縣鳳林鎮的語音現象觀察（黃菊芳，2017），本地的海陸客家話使用人口略多於四縣客家話的人口，因此語音變異的表現是四縣的聲母和韻母趨同於海陸，而海陸的小稱詞尾全部改讀四縣的 [e]，聲調維持不變。鳳林鎮的客家移民主要是從桃竹苗遷徙過來的，多數居民每年掛紙時還會回桃竹苗祭祖，因此對於自己是使用哪一種腔調的客家話都很清楚，但如果是從小就出生在鳳林的客家話使用者，也有自覺自己的客家話與西部的客家話不太相同，這與鳳林鎮海陸客家話和四縣客家話密切接觸有關。

　　本研究立基於過去研究的成果，持續進行微觀語言分布的調查，比較不同地域的客家話變體在不同的族群語言空間的互動接觸下，產生哪些細微的變化，歸納不同接觸環境音變的規律。移民的時空結構、不同聚落的家族聚居現況、自然山河的阻隔、現代化建設如公路等的開發、區域經濟的發展等等因素，如何形成今日的語言分布格局。「最在地化的才是最國際化的：因爲我們所面對的共同問題，其實是生活在同一時代的人所共同面臨的問題。」（黃應貴，2017：24）

三、苗栗縣卓蘭鎮的聚落發展與族群分布

　　苗栗縣卓蘭鎮位於大安溪中游的北岸，「卓蘭」本地人稱之「打蘭」（Taran），是美麗的原野之意。根據文獻，本地原屬泰雅族北勢番的固有活動範圍，後有平埔族移住，再有漢人入墾，聚落發展與族群分布歷經不同的歷史時期。苗栗縣卓蘭鎮公

所的網頁上敘述本鎮的族群分布為「依苗栗縣縣誌人文語言篇（民58）記載，卓蘭鎮客家戶數佔全鎮總戶數的76.75%，閩南戶數佔20.89%，其他語言佔2.36%。」（網址：https://www.juolan.gov.tw/cp.aspx?n=3144，取用日期：2021年7月15日），網頁中的公開資訊指出，卓蘭鎮的命名由來如下：

> 在未開發前，卓蘭之生活聚落主要分布在大安溪北岸及支流「老庄溪」兩側。昔日屬於原住民泰雅族生活圈，但後來平埔族遷入，泰雅族也向東遷徙，一般認為後來卓蘭為平埔族巴則海族或巴哈斯族巴登社（Paden）的居住地，巴哈斯族跋山涉水來到此地，發現這一處美麗的原野，俯眺之際族人驚呼「JASHESE」，意為美麗的原野，於是這美麗的原野被族人稱「達蘭（TARLEN）」。漢人入墾後，最初譯為「達連青」，雍正年間之契字記做「搭連」，客家人沿用其音稱之為「打蘭」，漳泉人將「打蘭」以「罩蘭」二字充之，後人鑑於「罩蘭」的罩字不雅，有阻礙地方繁榮和發展之意，因此，棄去上蓋「穴」，於民國九年更名為卓蘭。

　　由於種種的歷史因素，本地住民仍慣稱「打蘭」，而非「卓蘭」。至於卓蘭鎮的聚落發展與族群，根據楊宗穆的整理，我們大致可以觀察卓蘭在不同歷史時期的發展狀況。首先是清領前期原業漢佃的土地拓墾與聚落發展。清領前期，卓蘭主要有北勢原住民（泰雅族）的狩獵游耕，以及岸裡原住民（平埔族）的嘗試性移居。其次是清領後期漢人地方紳民的開發，尤其是廣泰成墾號的山地經營，官方的開山撫番，粵人大量移居本地，形成集居

表 1 卓蘭地方的土地開發、族群關係與聚落發展演變表

時期	地區	土地拓墾與利用 中央	土地拓墾與利用 地方	族群關係	聚落發展
清領前期	埔地	養贍地	原業漢佃雙冬稻作	平埔族　漢人 合作／對立　泰雅族 和談	罩蘭、上新、埔尾武裝防衛集村
	山地	原住民地	北勢原住民狩獵游耕		蘇魯、馬那邦、武榮等原始部落
清領後期	埔地	養贍地	原業漢佃雙冬稻作	漢人—泰雅族 對立／衝突	1. 原有聚落擴展（集居形態） 2. 內灣庄的建立（散居形態）
	山地	劉銘傳開山撫番前禁墾	北勢原住民狩獵游耕		北勢原住民東遷
	山地	劉銘傳開山撫番後樟腦產地	廣泰成伐木製腦	漢人—官方駐勇—泰雅族	1. 臨時性製腦聚落 2. 農耕村散村聚落
日治時期	埔地	稻米產區	雙冬稻作	漢人—隘勇線—泰雅族	1. 原有聚落維持集居形態（無大規模擴展） 2. 大量獨立家屋的出現
	山地	樟樹造林地保安林地經濟作物	造林、旱作		散村聚落（主要由大湖、銅鑼、三義等地區分化而成）

資料來源：楊宗穆，2001：131

式的聚落形態。再其次是日治時期官方主導的山地經營與聚落發展，透過地籍制度的建立以及製腦造林等事業的開展，本地延續集居式的聚落形態發展至今（楊宗穆，2001：1-130）。表1是楊宗穆整理的卓蘭地方的土地開發、族群關係與聚落發展之演變，可供參考。

從表1可知，卓蘭鎮的族群關係從清領前期的平埔族結合漢人與泰雅族的衝突互動，到清領後期大量漢人移墾，形成漢人與泰雅族的對立衝突，隘勇線的形成說明族群之間曾經的緊張關係。

四、苗栗縣卓蘭鎮語言分布描寫

苗栗卓蘭位於苗栗縣西南，南與台中縣的東勢為鄰，東接泰安鄉，西鄰三義，北與大湖比鄰。據苗栗縣106年6月的人口統計，卓蘭鎮共計6,050戶，17,334人。卓蘭鎮的行政區劃如圖3，區分為11個里：新榮里、新厝里、中街里、內灣里、老庄里、上新里、坪林里、景山里、西坪里、豐田里、苗豐里，共176鄰。

關於卓蘭的客家話，20年前的調查指出，老庄、上新兩里的詹姓使用廣東饒平話，上新里的十八股約有一二十戶來自新竹一帶的二次移民使用客家海陸話交談，山區草寮、大坪林、雙連潭、眾山、瀝西坪及大安溪上游的白布帆、東盛一帶，則是地接大湖鄉的四縣客話區，市區的中街、新榮、新厝還有市郊的豐田、苗豐、內灣等里，平常講的是另外一種客話，作者稱其為卓蘭腔（涂春景，1998：1）。其實卓蘭腔應該稱之為「大埔

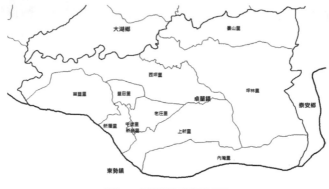

圖3　卓蘭行政區劃圖

（筆者繪製）

腔」。研究者指出，在卓蘭鎮，老庄里說饒平話，食水坑及上新
十八股講海陸話，新厝里、新榮里以大埔腔爲主（也混合其他次
方言），中街里是各次方言的混合區，豐田、苗豐、內灣等市郊
的里則混合了較多的閩南話，山區的坪林、雙連潭、景山、瀝西
坪、白布帆、東盛一帶使用四縣腔（徐瑞珠，2005：8）。這些
描述足以證明卓蘭語言分布的複雜程度，微觀語言分布地圖的繪
製，將有助於視覺化（visualization）本地的語言分布現況。

　　根據本研究的調查，卓蘭鎮5,995戶的語言使用現況如下：
大埔客語1,925戶，四縣客語1,516戶，饒平客語761戶，海陸客
語76戶；閩南語900戶；現代漢語17戶；其他3戶；尚未確認有
792戶。尚未確認的這些家戶，有些並未長居本地，有些僅設籍
本鎮，長年在外地工作。本鎮分里的語言使用家戶統計如表2。

表 2　卓蘭鎮分里家戶語言統計表

里名	戶數	客語				閩南語	泰雅語	現代漢語	其他	不清楚
		大埔	四縣	饒平	海陸					
上新里	846	349	249	68	53	63		7	1	56
中街里	355	162	15	76	2	55		2	1	42
內灣里	869	495	89	1	4	67		1		212
坪林里	603	1	531			20		1	1	49
新厝里	659	330	58	98	1	97				75
新榮里	468	316	30	25	2	44				51
景山里	344		310			10				24
老庄里	846	114	81	486	4	45		1		115
苗豐里	294	147		1		94	5			47
西坪里	316	5	136	6	10	52		3		104
豐田里	395	6	17			353		2		17
小計	5,995	1,925	1,516	761	76	900	5	17	3	792

資料來源：筆者整理。

　　根據本研究建立的資料庫，運用地理資訊系統（GIS）繪製卓蘭全鎮的語言分布如圖4。金黃色正三角形標示大埔客語使用家庭，紅色正三角形標示四縣客語使用家庭，淡紫色90°旋轉三角形標示饒平客語，桃紅色倒三角形標示海陸客語，藍色圓形標示閩南語，灰色正方形標示泰雅語，綠色十字標示現代漢語，空心五角形標示其他，淡灰色問號標示不清楚。

　　從語言的使用與接觸觀察，卓蘭鎮的優勢語言是大埔客家話，四縣客家話、饒平客家話、海陸客家話及閩南語相對弱勢，並且各有彼此的主要分布空間。圖5是卓蘭鎮的客語分布簡圖；圖6是卓蘭鎮大埔客語分布簡圖；圖7是卓蘭鎮四縣客語分布簡

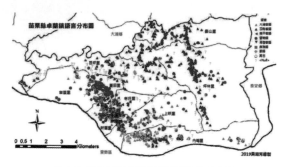

圖 4 苗栗縣卓蘭鎮語言分布圖

（筆者繪製）

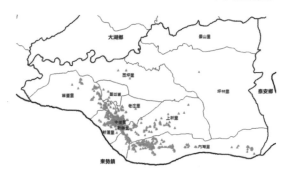

圖 5 苗栗縣卓蘭鎮客語分布簡圖

（筆者繪製）

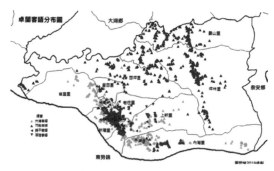

圖 6 苗栗縣卓蘭鎮大埔客語分布簡圖

（筆者繪製）

圖；圖8是卓蘭鎮饒平客語分布簡圖；圖9是卓蘭鎮海陸客語分布簡圖。

若就語言的衝突與競爭、合作與調適觀察，本地弱勢語言有受優勢語言影響的現象，然而全台灣的優勢語言為現代漢語（華語）、閩南語，苗栗縣的優勢語言為四縣客家話，因此大埔客家話即使是本地的優勢語言，仍受大環境影響而可能在部分發音人身上發現受到現代漢語（華語）、閩南語及四縣客家話影響的情形。在多族群社會，語言可能是群體之間區分的根據，不過主要反映在老一輩的身上，年輕人不太有這個顯著區分。

我們對台三線客家帶「語言」的族群關係分析如表3。客家內部不同群體之間的關係是和諧的，客家與台灣原住民之間有和諧也有緊張，客家與閩南有和諧也有緊張，客家與外省人有和諧也有緊張，客家與東南亞新住民有和諧也有緊張。

以卓蘭為例，客家內部不同群體之間的關係是和諧的，只是弱勢語言如饒平客語及海陸客語的使用群體通常具備多語能力，

表 3 台三線客家帶語言的族群關係分析命題

族群關係的主體	語言
1. 客家內部不同群體	和諧
2. 客家與台灣原住民	和諧／緊張
3. 客家與閩南	和諧／緊張
4. 客家與外省人	和諧／緊張
5. 客家與東南亞新住民	和諧／緊張

資料來源：本研究整理。

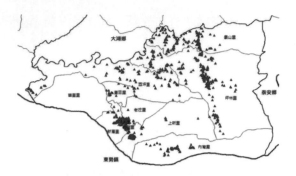

圖 7 苗栗縣卓蘭鎮四縣客語分布簡圖

（筆者繪製）

圖 8 苗栗縣卓蘭鎮饒平客語分布簡圖

（筆者繪製）

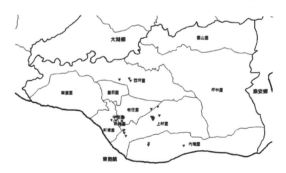

圖 9 苗栗縣卓蘭鎮海陸客語分布簡圖

（筆者繪製）

本地的四縣客語使用者通常不太會聽與說其他腔調的客語，但卻能流利使用閩南語或現代漢語（華語），這意謂即使大埔客語及四縣客語是本地的相對優勢語，仍不敵大環境優勢語的影響。

至於客家與非客家之間的關係，就語言而言是既和諧也緊張的，在溝通的時候通常是使用優勢語，或者是閩南語或者是現代漢語（華語），表面和諧，但語言產生的緊張關係來自不同語言群體之間的群聚性，一旦知道彼此都會使用客語（大埔、四縣、饒平各腔之間仍有區隔），就會直接使用客語溝通。無論如何，族群關係就語言而言是相對和諧的。

五、苗栗縣卓蘭鎮客語各腔調的空間分布及相關問題探討

卓蘭鎮的客語，腔調多元，長期以來，由於本地的有力人士均大力推廣饒平客語，因此在學界普遍有卓蘭講饒平客語的印象，經由本研究的家戶調查發現饒平客語是本地相對弱勢的客語腔調，因此本地饒平客語與桃園及新竹地區的饒平客語語音現象稍有不同。

過去的相關研究指出卓蘭鎮各腔調的客語在接觸的環境下，各種語言現象的變化正處於進行中。例如鄭明中研究卓蘭鎮饒平客語的小稱詞，該文指出卓蘭饒平客語鮮少出現小稱詞綴，僅調值低平的陰平調小稱詞有部分出現變調處理，並且經聲學分析後確認其變調的調值為[24]（鄭明中，2018：19-27），不論是較早的研究如徐瑞珠（2005）或彭美慈（2007）所紀錄的[13]小稱變調或是近期鄭明中所紀錄的[24]小稱變調，確實與大埔客語有

密切關係，[24]小稱變調更接近大埔客語的[35]小稱變調。

　　從本研究的調查結果可知，卓蘭鎮的優勢語言為卓蘭大埔客語，有將近2,000戶的家庭使用，此外，老庄里的里長指出，街上的優勢語言是大埔客語，因此老庄里的饒平客語使用者往往也熟稔大埔客語。因此饒平客語僅陰平調部分小稱詞有變調型詞綴，其他調型都沒有小稱詞綴，這可以解釋為語言接觸的直接結果，不必繞彎做以下的解釋：

> 東勢客家話來源於陰平調字的小稱詞主要是以[35]變調的方式形成，而卓蘭與東勢之間在地域上又僅一山一溪之隔，雙方又同屬客家人，這使得雙方之間的來往便捷、通婚現象普遍…。再者，從中部地區的開發上來說，卓蘭地區的開發方向是「由南向北」進行，開發者多為來自東勢的客家人（特別是大埔客家人）。有鑑於此，卓蘭饒平客家話小稱詞的形成方式往東勢客家話靠攏並不奇怪，這是語言接觸與語言擴散產生的直接語言強化（或強加）影響，這個直接影響一方面促使卓蘭饒平客家話改變了小稱詞的形成方式，讓原本應有小稱詞綴的饒平客家話往無小稱詞綴的東勢客家話聚合（這種變化也見於東勢福隆里的饒平客家話），另一方面也說明了為何卓蘭饒平客家話的小稱調僅出現在陰平調的單音節詞根語素，且變化比例已經相當高，而東勢客家話的小稱調也只出現於陰平調字，這可視為是一種直接的語言類推演變（analogic change）。（鄭明中，2018：29-30）

　　簡單地說，在優勢大埔客語的環境下，饒平客語在卓蘭的語

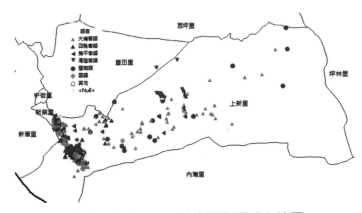

圖 10　苗栗縣卓蘭鎮上新里語言分布簡圖

（筆者繪製）

言發展趨同於卓蘭的大埔客語，表現在小稱詞的詞綴消失並於陰
平調小稱詞出現變調處理的部分小稱詞彙。以目前的調查成果觀
察，海陸客語在新竹湖口、桃園新屋都有往變調型小稱發展的趨
勢。因此除了饒平客語，本文想探討本鎮最弱勢的海陸客語，目
前的調查顯示，海陸客語在卓蘭共計有76戶家庭仍於家庭中使
用，分布於上新里、中街里、內灣里、新厝里、新榮里、老庄
里、西坪里，其中上新里食水坑聚落有較爲集中的海陸客語使用
家戶。圖10是上新里的語言分布簡圖。

　　根據相關的研究與調查顯示，較弱勢海陸客語如果在四縣客
語及閩南語的優勢環境下，通常會導致舌葉音 [ʧ, ʧʰ, ʃ, ʒ] 的消失
（黃菊芳等，2012a），有意思的是，卓蘭鎮的海陸客語雖然處
於極弱勢，卻仍保有舌葉音，表4列出絕對弱勢的後龍海陸客語
及相對弱勢的南庄海陸客語與卓蘭絕對弱勢的海陸客語比較，同
時將極優勢的新埔海陸及新屋海陸並列，並輔以苗栗四縣對照，

表 4　各地海陸客語變體的聲母比較表

聲母 鄉鎮	p	pʰ	m	f	v	ts	tsʰ	s	t	tʰ	n	l	tʃ	tʃʰ	ʃ	ʒ	ȵ	k	kʰ	ŋ	ø	h
卓蘭 海陸	✓	✓	✓	✓	✓	✓	✓	✓	✓	✓	✓	✓	✓	✓	✓	✓	✓	✓	✓	✓	✓	✓
後龍 海陸	✓	✓	✓	✓	✓	✓	✓	✓	✓	✓	✓	✓	✗	✗	✗	✗	✓	✓	✓	✓	✓	✓
南庄 海陸	✓	✓	✓	✓	✓	✓	✓	✓	✓	✓	✓	✓	✓	✓	✓	✗	✓	✓	✓	✓	✓	✓
新埔 海陸	✓	✓	✓	✓	✓	✓	✓	✓	✓	✓	✓	✓	✓	✓	✓	✓	✓	✓	✓	✓	✓	✓
新屋 海陸	✓	✓	✓	✓	✓	✓	✓	✓	✓	✓	✓	✓	✓	✓	✓	✓	✓	✓	✓	✓	✓	✓
苗栗 四縣	✓	✓	✓	✓	✓	✓	✓	✓	✓	✓	✓	✓	✗	✗	✗	✗	✓	✓	✓	✓	✓	✓

資料來源：筆者整理。

可以發現卓蘭海陸保留舌葉音的特殊性，本研究認為，這個現象與卓蘭大埔客語及饒平客語都有舌葉音的環境密切相關。

　　只是，[ʒ] 和 [tʃ, tʃʰ, ʃ] 的變化不一致，[ʒ] 的使用仍普遍，在常用詞彙中尚未出現變化，[tʃ, tʃʰ, ʃ] 則已有不少轉讀 [ts, tsʰ, s]，例如車讀 [tsʰa⁵³⁵] 而不是 [tʃʰa⁵³ ə⁵⁵]；賺讀 [tsʰon³³] 而不是 [tʃʰon³³]；燒讀 [sau⁵³] 而不是 [ʃau⁵³]。小稱詞尾在所調查的約 200 個詞彙中，主要以變調處理，而非一般海陸客語的詞綴 [ə] 或受四縣影響的

[e]，例如雨傘 [tsa^{535}]、扇子 [san^{115}]、葉子 [ʒiap^{315}]。

　　過去的研究顯示，接觸環境的語音變異有其規律，以居弱勢區域的海陸客家話的語音變異為例，其現象可以歸納為聲調穩定，聲母及韻母各有變化，最明顯的變化發生在舌葉音 [tʃ, tʃʰ, ʃ, ʒ] 的有無。南庄海陸客家話的舌葉濁擦音 [ʒ] 已經消失，[tʃ, tʃʰ, ʃ] 呈現不穩定的狀態。而後龍海陸客家話的舌葉音 [tʃ, tʃʰ, ʃ, ʒ] 則全部消失，不過卓蘭鎮居絕對弱勢的海陸客語卻仍保留舌葉音。因此，以目前的調查成果而言，在台灣四縣客家話居優勢而與海陸客家話的接觸環境下，海陸客家話的使用者將會丟失舌葉音，其消失的階段發展首先為 ʒ- > ∅-，其次是 tʃ- ,tʃʰ- ,ʃ- > ts- ,tsʰ- ,s-。韻母在一定條件下會從 [ui] 轉讀為 [i]、[ai] 讀為 [e]、[au, iau] 則改讀 [eu, ieu]，小稱詞綴不同於新竹海陸的 [ə] 而讀為 [e]。卓蘭鎮則有不同發展，在大埔客語及四縣客語居優勢而與海陸客語接觸的環境下，海陸客家話的使用者保留完整的舌葉濁擦音 [ʒ]，[tʃ, tʃʰ, ʃ] 僅部分詞轉讀 [ts, tsʰ, s]。小稱詞綴不同於新竹海陸的 [ə] 而絕大部分用變調處理，與新屋優勢海陸客語的變調型小稱相同。

六、結語

　　卓蘭鎮的族群關係從清領前期的平埔族結合漢人與泰雅族的衝突互動，到清領後期大量漢人移墾，形成漢人與泰雅族的對立衝突，隘勇線的形成說明族群之間曾經的緊張關係。而今的卓蘭，漢人已居絕大多數，語言的使用也以客語及閩南語為主，有別於清領時期的不同族群互動。歷史上曾經活躍的族群，現在已不復見，今天的族群語言分布，很可能在不久後的將來也會有極

大的變動。所有的研究紀錄與觀察，都將會是歷史的痕跡。

本研究透過田野調查，運用 GIS 工具，繪製卓蘭鎮的語言空間分布地圖，著重在客語不同腔調的分布描寫，視覺化本地語言接觸的實際空間現象。不同語言的使用者聚居於相同空間，又各自維持著本族語言的使用。本研究發現，卓蘭鎮的優勢語言為大埔客語，四縣客語居次，饒平客語的使用戶數略少於閩南語，海陸客語居最弱勢。從大埔客語的優勢以及與饒平客語的空間分布鄰近，饒平客語的語音變化明顯與大埔客語的密切接觸相關，形成了有大埔客語特色的卓蘭饒平客語，最明顯的特色就是沒有小稱詞綴，陰平調出現了上升調的小稱變調，與大埔的上升小稱變調類似。

在多族群社會，語言可能是群體之間區分的根據，不過主要反映在老一輩的身上，年輕人不太有這個顯著區分。過去清領及日本時期的族群緊張關係已較為緩和。單就語言的衝突與競爭的確出現合作與調適觀察，本地弱勢語言，如饒平客語、海陸客語等，的確出現受到優勢語言如大埔客語、四縣客語、閩南語及現代漢語（華語）影響的現象，然而全台灣的優勢語言為現代漢語（華語）、閩南語，苗栗縣的優勢語言為四縣客家話，因此大埔客家話即使是本地的優勢語言，仍受大環境影響而可能在部分發音人身上發現受到現代漢語（華語）、閩南語及四縣客家話影響的情形。以卓蘭為例，客家內部不同群體之間的關係是和諧的，客家與非客家之間的關係，就語言而言是既和諧也緊張的。無論如何，就目前的調查結果觀察，族群關係就語言而言是相對和諧的。

參考文獻

中國社會科學院語言研究所，1981，《方言調查字表》。北京：商務印書館。

史皓元（Richard VanNess Simmons）、顧黔、石汝杰，2006，《漢語方言詞匯調查手冊》。北京：中華書局。

江俊龍，2003，《兩岸大埔客家話研究》。嘉義：國立中正大學中國文學研究所博士論文。

李佩瑛等，2010，《語料庫建置入門數位化工作流程指南》。台北：中央研究院歷史語言研究所。

岩田禮（編），2009，《漢語方言解釋地圖》。[日本] 東京都：白帝社。

洪惟仁，1992，《台灣方言之旅》。台北：前衛出版社。

———，2003，〈桃園大牛欄方言的形成與發展：發祥地的追溯與語言層次、共時演變的分析〉。《台灣語文研究》1（1）：25-67。

———，2013a，〈插入與包抄：語言地理分布的發展類型〉。頁23-30，收錄於曹志耘主編，《漢語方言的地理語言學研究——首屆中國地理語言學國際學術研討會論文集》。北京：商務印書館。

——，2013b，〈台灣的語種分布與分區〉。《語言暨語言學》14（2）：315-369。

———，2019，《台灣語言地圖集》。台北：前衛出版社。

———，2019，《台灣語言的分類與分區：理論與方法》。台北：前衛出版社。

韋煙灶、曹治中，2008，〈桃竹苗地區台灣閩南語口音分布的區域特性〉。《地理學報》53：49-83。

徐貴榮，2009，〈變遷中的方言研究：以台灣饒平客家話為觀察對象〉。頁265-293，收錄於羅肇錦、陳秀琪主編，《客家話的源起與通變》。新竹：國立陽明交通大學出版社。

徐瑞珠，2005，《苗栗卓蘭客家話研究》。高雄：國立高雄師範大學台灣語言及教學研究所碩士論文。

涂春景，1998，《苗栗卓蘭客家方言詞彙對照》。台北：國家文化藝術基金會。

曹志耘（主編），2008，《漢語方言地圖集》。北京：商務印書館。

曹志耘（主編），2013，《漢語方言的地理語言學研究——首屆中國地理語言學國際學術研討會論文集》。北京：商務印書館。

彭美慈，2007，《台灣卓蘭饒平客語音韻》。台北：國立臺灣大學中國文學系碩士論文。

黃菊芳，2017，〈花蓮縣鳳林鎮客家話的家戶分布調查〉。論文發表於「第八屆『客家文化傳承與發展』學術研討會」。桃園：桃園市客家文化館。5月20日。

黃菊芳、江敏華、鄭錦全，2012a，〈後龍海陸客家話的語音變異〉。《台灣語文研究》7〈1〉：129-150。台北：萬卷樓圖書股份有限公司。

黃菊芳、江敏華、鄭錦全，2012b，〈台灣桃園縣新屋鄉客語的地理分布微觀〉。論文發表於「The 24th North American Conference on Chinese Linguistics－Celebrating the 120th Anniversary of the Birth of Yuen Ren Chao English（第24屆北美漢語語言學會議——紀念趙元任先生誕辰120周年）」。舊金山：舊金山大學。

黃菊芳、江敏華、鄭錦全，2013a，〈台灣新埔四縣客語舌葉音的產生〉。《語言學論叢》48：140-166。

黃菊芳、江敏華、鄭錦全，2013b，〈台灣南庄海陸客家話舌葉音的變異與消失〉。《客家研究》6（2）：129-166。

黃菊芳、蔡素娟、鄭錦全，2012，〈台灣雲林縣崙背鄉客家話分布微觀〉。《語言時空變異微觀》95-123。

黃菊芳、鄭錦全、陳秀琪，2009，〈新埔鎮語言分布與三山國王廟〉。《98年度四溪計畫期末研討會會議論文》1-19。

黃應貴，2017，〈回應與反響〉。《考古人類學刊》86：217-226。

楊宗穆，2001，《卓蘭地方的拓墾與聚落發展（1790～1945）》。台北：國立臺灣師範大學地理學系碩士論文。

劉季蓉，2007，《客家話大埔音聲調之聲學研究》。台北：國立臺灣大學文學院語言學研究所。

鄭明中，2018，〈卓蘭饒平客家話小稱詞調查研究〉。《台灣語文研究》13（1）：1-52。

鄭錦全，2004，〈語言與資訊：釐清台灣地名厝屋〉。《語言文學與資訊》1-24。

蕭宇超，2006，《比較苗栗四縣客語與東勢大埔客語之陰平變調：優選理論分析》。行政院客家委員會獎助客家學術研究計畫報告。

羅肇錦，2000，《台灣客家族群史‧語言篇》。南投：台灣省文獻委員會。

第 10 章
語言接觸中的族群關係：泰安、南庄的族語式客家話

陳秀琪、賴維凱

摘要

　　客家人遷徙來台之後，與原住民在生活上經歷過不同階段的接觸，有衝突、有競爭、有合作、有交融，主要呈現在經濟活動與語言使用習慣的改變上。語言接觸有四種結果：一是語言的同化；二是語言的借用；三是語言的融合；四是雙語現象。三百多年來客家人與原住民的族群互動，使得大多數的平埔族皆已漢化，高山族因人口數及經濟條件弱勢的環境下，為了方便與客家人溝通，生活在台三線上的原住民，有許多會說當地的四縣客家話或海陸客家話。泰安鄉、南庄鄉的客家人與原住民，經過長期的語言接觸，在文化與經濟條件的社會背景下，原住民會說客家話的比例遠遠多於客家人會說族語的比例，且已經呈現語言接觸的最極致，有許多原住民是同時使用客家話與族語的雙語人（bilingual）。本文從語言接觸（language contact）及語言習得（language acquisition）的研究視野，針對族語式客家話的特色，觀察原住民在說客家話的時候，將族語的語言習慣帶入客家話的情況，即第一語言對第二語言的負遷移現象（Negative transfer），並觀察其語言轉用的方式；以及在雙語的環境裡，兩種不同語系在說話者的語言中樞調整磨合後，所說出的族語式客家話，在語音、詞彙及語法上的表現形式與四縣、海陸客家話的差別。研究的區域選取泰安鄉梅園、大興、清安村的泰雅族，南庄鄉蓬萊村的賽夏族，泰雅族說的是族語式的四縣客家話，賽夏族說的是族語式的海陸客家話。

此外，關於賽夏族人之間何時會使用到族語式的海陸客家話，以及生活習俗中，如：逢年過節、生老病死和宗教信仰是否會受客家人影響，進而有客家人的禮俗導入，答案是肯定的，透過受訪者親身的經歷，對照「文化合成」理論，再一次印證了「文化合成與合成文化」模式。在泰雅族、賽夏族與客家人之間語言、文化接觸中不斷交融的結果，延續、斷裂、重組和創新四個變貌起著微妙作用。

關鍵字：族語式客家話、語言接觸、語言習得、雙語人、泰雅式客家話、賽夏式客家話、負遷移現象、文化合成、合成文化

一、前言

　　客家人遷徙來台之後，與原住民在生活上經歷過不同階段的接觸，從最早期的設隘防番、設土牛為彼此的活動界線，到以水換地、租地耕種、通婚結親，客家人與原住民之間有衝突、有競爭、有合作、有交融，呈現在產業結構與語言使用習慣的改變上。三百多年來客家人與原住民的族群互動，使得大多數的平埔族皆已漢化，高山族因人口外移到都會地區就業，仍住在部落的人口也大為減少，在人口數及經濟條件弱勢的環境下，為了方便與客家人（或閩南人）的溝通，生活在台三線上的原住民，有許多會說當地的四縣客家話或海陸客家話。原住民說的客家話與客家人的溝通無礙，但若從客家話的語音系統、詞彙結構和語法句型來看，一聽便知非客家人說的客家話，這是第二語言受第一語言影響的結果（母語干擾，可補充），原住民說的客家話（本文以「族語式客家話」稱之）帶有族語的特質，例如「你講麼个到底？」，客家話應該說「你到底講麼个？」。

　　語言接觸有四種結果（或階段）：一是語言的同化；二是語言的借用；三是語言的融合；四是雙語現象。泰安鄉、南庄鄉的客家人與原住民，經過長期的語言接觸，在文化與經濟條件的社會背景下，原住民會說客家話的比例遠遠多於客家人會說族語的比例，且已經呈現語言接觸的最極致，有許多原住民是同時使用客家話與族語的雙語人（bilingual），或是語言轉用（shift），以客家話為生活語言，甚至是會說客家話但不會說族語。本文針對族語式客家話的特色，觀察原住民在學客家話的時候，將第一語言族語的語言習慣帶入客家話的情況，以及兩種不同語系在說

話者的語言中樞調整磨合後，所說出的族語式的客家話，其在語音、詞彙及語法上的表現形式與四縣、海陸客家話的差別。研究的區域選取泰安鄉梅園、大興、清安村的泰雅族，南庄鄉蓬萊村的賽夏族，泰雅族說的是族語式的四縣客家話，賽夏族說的是族語式的海陸客家話。

二、相關研究

關於客家話與原住民語的語言接觸研究，有呂嵩雁（2007）的《台灣後山客家的語言接觸現象》，探討後山客客、客國、客閩、客原的語言接觸情況，並分析花東客語因語言接觸後在語音、詞彙上的變異，是目前對東部客家語言接觸現象探討得最完整的一部專著。該書描述台東原住民說的客家話，主要的特色是把客家話的送氣聲母讀成不送氣聲母[1]，入聲韻尾常會混用、各聲調的調值不穩定。以客家和原住民語言接觸為題來撰寫碩士論文的有廖致苡（2009）《花蓮地區客語阿美語接觸研究》，是第一本探討東部客語和原住民語接觸的碩士論文，論文中描述花蓮市、鳳林鎮、光復鄉、瑞穗鄉的「阿美客家語」及「客家阿美語」的變異現象，花蓮地區客家與阿美兩族長久混居、通婚，部分阿美族人能說客家話，也有部分客家人會說阿美語。該文的重要發現是「阿美客家語」由於受到南島語無送氣音的影響，將客

1　研究者之一在從小成長的屏東內埔鄉，和三地門鄉的排灣族比鄰而居，鄉內亦有三個村是以原住民為主體的村落，父親做生意和排灣族人常有往來，他們在用華語說「跳舞跳到天亮」時，「跳」和「天」都是不送氣聲母。

家話的送氣聲母都讀成不送氣聲母，對於入聲韻尾的掌握度也不好，常出現混淆。「客家阿美語」也是受限於第一語言的影響，不善於發阿美語的濁輔音和閃音，而用熟悉的客家話的輔音替代，例如 /l/ 取代舌尖閃音 /R/，客家人也不善於發阿美語字尾的緊喉塞音 -/，說阿美語時就直接省略。另有楊燕國（2011）《關西馬武督地區的語言接觸現象研究》，調查新竹縣關西鎮馬武督泰雅族所說的客家話，以及吳莉臻（2011）《賽夏族客家話使用現況研究——以南庄鄉東河村為例》，結合語言地理學和漢語方言學的研究方法，探析南庄鄉東河村語言分布和語言使用的現況。

　　上述著作都是以非族語使用者的角度，所進行的客、原語言接觸的研究，菈露打赫斯改擺刨（2018）《賽夏語中客語借詞之音韻探討》，則是從賽夏語使用者來看賽夏語的客語借詞，該書從音位、音節、音調探討客家話對賽夏語的影響，該文發現單音節的客家話借詞進入賽夏語時會調整為兩個音節，客家話的仔尾詞借入賽夏語會以 /ðə:/ 取代，賽夏族在單說客語借詞時才會有聲調，在自然言談時，客家話原有的聲調辨義功能都不存在。本文作者不會說賽夏語，《賽夏語中客語借詞之音韻探討》所描述的賽夏語客家話借詞的音韻現象，對本文族語式客家話的探討有很大的參考價值。

　　提到（南）賽夏族與客家人的文化接觸，通常會以 Yawi Sayun（雅衛依・撒韻，2008）的碩士論文《賽夏五福宮——一個合成文化的研究》當作藍本做比較研究，該文刻意脫離「漢化」的角度，採用潘英海教授的「文化合成理論」探析苗栗頭份的「賽夏五福龍神宮」（現已改為五福龍王宮）。作者嘗試用

「他者」的觀點脈絡、「合成文化」的濫觴和婚姻關係、地權轉移、養子繼嗣等角度切入，並探討「土地公信仰」、「燒紙錢」和「祖先牌位」的現象，透過書寫五福宮民族誌的過程，彰顯賽夏族文化的「主體性」和「主動權」，尤其是長老會議、建築特色、多元神觀及「巫」、「術」的傳承，在當時，五福宮剛好遇到一些瓶頸，如今看來，在baki'Soro（蛇神龍神）和眾「漢」神的庇佑下，似乎發展到了一個穩定而美好的結果。

此外，羅金枝（2013）的碩士論文《客家與賽夏通婚的涵化現象》則從「通婚」和「語言」的角度探討賽夏族人口的凋零是否涵化、同化、融合於客家民族中，再從家族親屬、生活習慣、宗教、祭祀、歌謠等較為細微的層面做觀察與訪談，最後發現當時人口的凋零、生活環境條件不利於賽夏族語的復振，人口的下降、語言的使用，可知已涵化在其他族群，多數是與客家人同化了。

三、族語式客家話的特色

本文的分析材料，來自筆者於苗栗縣泰安鄉的梅園、大興、清安三個村，及南庄鄉的蓬萊村，共訪問了七位泰雅族與三位賽夏族所收集的族語式客家話語料，泰雅族發音人說的是四縣客家話，賽夏族發音人說的是海陸客家話。收集的語料包括每位發音人2,000個字音、1,500條詞彙、150句語法例句。本文從語言接觸的觀點出發，從這些語料中，可觀察到第一語言對第二語言的影響，由於語言習慣的順向負遷移，族語式客家話帶有族語的特殊元素；另一方面，族語式客家話的出現，亦代表著客家人與原

住民生活上的密切接觸，造成原住民的語言混用或換用，下文分別從語音、詞彙、語法比較族語式客家話與一般客家話的不同，來觀察客原族群的語言接觸現象。

（一）語音特色

泰雅語和賽夏語都屬於南島語系，語音結構與客家話的差異性大，這兩種語言接觸後的語言學習，第二語言與第一語言之間存在著負向遷移[2]（Negative transfer），族語的語言習慣常投射到第二語言族語式的客家話中，這些在族語式客家話中所呈現的族語原始成分或發音習慣，是客、原族群融合的最佳見證。

1. 入聲韻尾的發音不穩定

四縣與海陸客家話保有完整的入聲韻尾 -p、-t、-k，族語式客家話對於入聲字韻尾的發音較不穩定，對於該發哪類韻尾較無法精準掌握，例如將「摺、習、額」發成 -t 韻尾，「辣、擊、席、嚇」發成 -p 韻尾，「刻」發成 -k 韻尾。另一種情況是同個入聲字在不同的詞彙，會發成不同的韻尾，例如「裂開來」的「裂」發 liep[5]，但是「裂忒」就能正確的發出 liet[5] 的音。

2. 不習慣發 ŋ-聲母和-m韻尾

ŋ-聲母是客家話的聲母特色之一，現代漢語方言中亦有許多方言沒有 ŋ-，例如官話方言、閩南語。本文語料的發音人都同時能說族語、客家話、國語，在鼻音聲母中，ŋ- 的發音難度高於

---

2 負向遷移是學習遷移（transfer of learning）的一種，是指一種學習對另一種學習起干擾或抑制作用，通常表現為一種學習使另一種學習所需的學習時間或所需的練習次數增加，或阻礙另一種學習的順利進行以及知識的正確掌握。負向遷移的類型分為順向負遷移、逆向負遷移、混向負遷移。

m-、-n，且國語沒有ŋ-的發音習慣，所以發音人容易依循國語的習慣，將音節中的ŋ-捨棄不發音，例如「驗iam⁵⁵、嚴iam¹¹、言ien¹¹、業iap⁵、原ien¹¹、銀in¹¹」等字都發成零聲母。-m韻尾的掌握度與客家話能力有關，客家話說得較不流利的發音人，因-m韻尾動用到的發音部位範圍較大，亦即發音時較費力，基於發音的簡單原則，故容易將-m韻尾發成-n韻尾，例如「針tsɿn²⁴、任in⁵⁵」。上述現象正符合了漢語方言鼻音聲母的消失以ŋ-為先，鼻音韻尾的消失從-m先啓動，此消失速度的快慢與鼻音在音節結構中的位置及發音的難易度有關。

3. 容易將客家話的l-聲母發成閃音r-

對於沒有r-音位的客家話來說，r-是個難發音的聲母，但對於族語使用者來說，族語有發達的閃音聲母r-，不但能精準地掌握r-的發音，且容易將r-的發音習慣去取代客家話的l-聲母，例如泰雅客家話將「卵、亂」發成ron³¹、ron⁵⁵。

4. 上升調與下降調向平調靠攏

客家話屬於聲調語言，調值的升降和高低具辨義作用，例如tʰien⁵⁵與tʰien²⁴所指不同，但對於非聲調語言的南島語系使用者來說，對於調值的辨義功能較缺少直接的語感，對於tʰien⁵⁵與tʰien²⁴的感覺差別性不大。因族語的發音習慣不存在調的升降，來自第一語言的順向負遷移作用，族語式的客家話容易將升調與降調發成趨近平調，例如泰安鄉的泰雅客家話，將四縣客家話原本的陰平調值24，發成22的調值，「梯、蚊、毛、間、兩、癢」的發音是「tʰoi²²、mun²²、mo²²、kien²²、lioŋ²²」。再如賽夏客家話容易將陰平調的53降調，發成平調33或11、22，上述「梯、蚊、毛、間、兩」等字易發成平調的調值。

5. 賽夏客家話的v-發成ß-

v-堪稱是客家話的特色聲母，現代漢語方言多數沒有v-聲母，賽夏語也沒有v-聲母，但有與v-發音部位接近的雙唇濁擦音聲母ß-，發音人將海陸客家話所有發v-的字都替換爲發ß-，例如「烏ßu⁵³（ßu³³）、屋ßuk⁵、委ßui⁵³（ßui³³）、位ßui³³、胃ßui³³、溫ßun⁵³（ßun³³）、彎ßan⁵³（ßan³³）」。泰雅語亦無v-聲母，但泰雅客家話未出現ß-替換客家話v-的現象。台灣雲林縣崙背鄉的詔安客家話具有台灣其他客家話所沒有的濁聲母b-，其來源是因當地的詔安客幾乎都是同時使用詔安客家話與閩南語的雙語人（bilingual），甚至閩南語說得比詔安客家話好，詔安客家人將閩南語濁聲母b-的發音習慣帶入詔安客家話，至今b-已完全取代原有的v-聲母，這情況與賽夏客家話的ß-取代v-，有異曲同工之妙，差別在於賽夏客家話屬於順向的負遷移，詔安客家話屬於逆向的負遷移。

6. 賽夏客家話的ʃ-、ʒ-比 tʃ-、tʃʰ-穩定

海陸客家話有tʃ-、tʃʰ-、ʃ-、ʒ-四個舌葉音聲母，賽夏語的語音系統只有ʃ-及與ʒ-接近的j-，所以賽夏客家話較不容易標準的發出海陸客家話tʃ-、tʃʰ-的音值，也較不穩定呈現tʃ-、tʃʰ-的發音習慣，在某些詞彙[3]的發音會出現tʃ-、tʃʰ-，但某些詞彙就發成ts-、tsʰ-。因賽夏語本就有ʃ-、ʒ-（接近）的發音習慣，所以賽夏客家話較能將海陸客家話的ʃ-、ʒ-聲母發得標準。整體來說，賽夏客家話會出現tʃ-、tʃʰ-、ʃ-、ʒ-聲母，但往ts-、tsʰ-、s-、Ø-靠

3　海陸客家話發tʃ-、tʃʰ-、ʃ-聲母的字是來自中古的知、章組字，ʒ-是來自中古的日、影、喻母。

攏，以出現的頻率來說，ʃ-、ʒ-高於tʃ-、tʃʰ-，多數知、章組字讀ts-、tsʰ-，少數海陸客家話讀ʃ-、ʒ-的字讀s-、∅-，舉例如下：

tʃ-：朝、紙、趾、針

ts-：晝、專、豬、蔗、燭、竹、主、摺

tʃʰ-：車、齒、唱、蟲

tsʰ-：長、陳、尺、臭、鼠

ʃ-：石、叔、燒、時、食、蛇、視、順

s-：世、舌、十、屎、神、上

ʒ-：有、姨、雲、贏、影、蠅、運、印、遠、衣

∅-：緣、園、鹽、葉、油、舀、用、容

（二）詞彙特色

族語式客家話對於詞彙的掌握度，以與生活經驗有關或較具體的詞彙說得較好，例如日常用品、飲食、動植物、人體、時間、親屬稱謂、疾病類的詞彙。對於沒接觸過的或是具衍申義、抽象的、文化意涵的詞彙，較不容易說得道地，例如文化詞、形容詞、副詞、宗教信仰、婚喪喜慶類的詞彙。另外，源於族語的語言習慣或思維方式，有些詞彙會用描述性的方式來說，或是將某詞彙在族語的描述內容對譯成客家話，這是客、原族群語言接觸的另一種融合方式。本文所調查的1,500條詞彙中，有少數客家話詞彙已進入族語的語言習慣中，除了食物名稱外，最具代表性的是親屬稱謂，下文亦從客家話進入族語的使用習慣來觀察客、原族群的語言接觸，茲將上述詞彙分項說明如下。

1. 描述性的詞彙用法

此類詞彙通常會從外觀、功能、屬性等方面去做描述，這類

族語式客家話詞彙，充分呈現族語的詞彙特色，來自第一語言對第二語言的影響，舉例如下：

華語詞	泰雅客家話	四縣客家話	華語詞	泰雅客家話	四縣客家話
彩虹	鬼仔橋	天弓	蓑衣	棕仔衫	蓑衣
無患子	洗東西用个	木浪子	陌生人	毋識个人	生份人
祭品	拜拜用个東西	牲儀	泥水匠	紅毛泥師傅	泥水師傅
風箏	會飛个紙	紙鷂仔	紅蛋	生日卵	紅卵
九芎	會脫皮的樹	九芎	符	伯公个東西	符
傳統大灶[4]	煮水頭、煮飯頭	灶頭	熬夜	透夜無睡	噩夜
掃墓	掛紙个地方	塚埔	合股	共下做	鬥股
水蛭	血蟲	湖其	覓水	莫敊氣	覓
蝌蚪	蝌仔子	蝌鮕仔	便祕	屙毋出	屙硬屎

資料來源：筆者訪談整理。

上表的「煮水頭、煮飯頭」尤為特別，用了客家話的特殊詞綴，再加上大灶的煮水、煮飯菜功能所創造的新詞。

2. 泰雅語的客家話借詞

原本泰雅族沒有的食物，族語借入客家話詞彙，再轉譯成泰雅語，這些詞彙的借用現象，可以看出客家與原住民在生活上的接觸。例如「百香果 tukisu、豆腐 tauho、木瓜 muka、番茄 tumatu」。

---

4 傳統的大灶（客家話稱為「灶頭」），包括煮水的大鍋和炒菜的小鍋。

3. 賽夏語的親屬稱謂借詞

　　賽夏語的親屬稱謂中，伯父、叔叔、姨丈、姑丈都稱為「mak²¹ mak⁵」（用音標標出賽夏語音讀），伯父跟叔叔稱呼相同，沒有長幼之分。客家話的伯父跟叔叔分別稱為「阿伯、阿叔」，長幼之別清楚。南庄鄉蓬萊村的賽夏族，現已普遍使用阿伯、阿叔來稱呼伯父跟叔叔，其借入阿伯、阿叔詞彙的原因，可能是因能夠區別伯叔的輩分與稱謂所指清楚，不像 mak²¹ mak⁵ 同時對應好幾個長輩。「孫仔」（孫子）一詞也已普遍的使用在蓬萊村的賽夏語中，其發音為「sun³³ ðə⁵⁵」，是有趣的客、原合璧音。

（三）語法特色

　　兩種語言間的接觸，影響最極致的程度是造成弱勢語言的語言轉移（Language shift），在轉移之前進行著第二語言的學習，在這過程中，源於第一語言的負遷移作用，可觀察到族語的語法植入族語式客家話，雖然泰雅族、賽夏族人能流利的用客家話與客家人對話，但句子結構仍存在不少差異。

1. 不使用處置式「摎」字句

　　族語式的客家話沒有「摎」字句的語法習慣，不使用「摎」，例如「我沒有把衣服帶回來」，會說成「𠊎無帶衫褲轉來」或「衫褲𠊎無帶轉來」，不說「𠊎無摎衫褲帶轉來」，「把這本書收起來」會說成「這書收起來」，不說「摎這書收起來」，「把衣服洗乾淨」會說成「該衫洗淨來」，不說「摎衫洗淨來」。但是在「他跟他說那件事情」會說「佢摎佢講該件事情」，族語式客家話的「摎」只有「跟、和、與」的意思，沒有

處置句「把」的意思。

2. 不使用「V+到+結果補語」句型

　　某個動作達到某種程度或狀態，客家話的句型是「V+到+結果補語（形容這個動作達到某種程度或狀態）」，結果補語前一定要加「到 to^{55}」，「到 to^{55}」是該句型的重要結構，相當於華語「跑得汗流浹背」句中的「得」。族語式客家話在此句型中不用「到 to^{55}」而用「ke^{55}」，例如「洗得乾乾淨淨」說成「洗 ke 淨淨」，「字寫得很漂亮」說成「字寫 ke 當靚」，「他的客家話講得很好」說成「厥客話講個異正」。

3. 族語式的「謂語+主語」句型結構

　　泰雅語主謂結構的語序是謂語在前主語在後，與客家話主謂結構的語序相反，族語式客家話帶有族語的語序習慣，這是族語式客家話與一般客家話最大的區別。以下簡列泰雅客家話與四縣客家話不同的語序習慣。

華語詞	泰雅族的族語式客家話	四縣客家話
我買不到紙	該紙倕買毋著	倕買毋著紙
爺爺吞不下飯	吞毋落該飯阿公	阿公吞毋落飯
我講的對不對	著無倕講個	倕講個著無
哥哥有抓到魚	有抓著魚仔阿哥	阿哥有抓著魚仔
他快到了	會到了佢	佢會到了
衣服有洗乾淨嗎	有洗淨無衫褲	衫褲有洗淨無

資料來源：筆者訪談整理。

四、語言的變體轉換

　　近年來客委會舉辦客語能力認證考試，許多原住民也參加客語認證，除了證明自己聽說客家話的能力外，研究者認為，這和「認同客家」有很大的關係，而背後的因素，想必是語言和文化接觸後的「涵化」作用。鍾榮富（2003：280-282）在介紹洋涇濱語（pidgin）時，特別舉出屏東高樹廣興村客家人在與鄰近的排灣族人交易時，會說出以排灣族語為主，（南四縣腔）客家語為輔的洋涇濱語，如：

A：kin na, oi ka nu e me?

B：ma bi du le.

A：sa vi i it to?

B：u zuli.

　　由於作者未說明A和B的角色是排灣族人之間，還是排灣族與客家人之間的交易內容，所以我們只能根據作者在前面的提要進行猜測，作者在前文提到廣興盛產檳榔，而當時的排灣族嗜吃檳榔，所以我們假設A是排灣族，B是客家人，這樣似乎比較合理，從 oi^{55}（要）、e^{11} me^{11}（了嗎？）、le^{24}（了）、it^2 to^{24}（多少），這些客語來看，廣興的客語語法似乎已滲透到排灣族語的語法層次了，這是典型的「語碼轉換」（code-switching），至於 kin na（女性長輩）、ka nu（吃飯）、ma bi du（吃飽了）、sa vi i（檳榔）、u zuli（？）應該是排灣族和客家人之間能懂的基本詞彙和語法。

　　根據上面的例子，在賽夏族人使用族語和族人交談時，在什麼情況下，有什麼用語會轉用客家話？這是研究者想了解的，據

苗栗南庄賽夏族章姓受訪者表示[5]，和族人用族語交談時，會使用到客家話的詞彙大致有菜名、地名、交通工具和生活用具等基本詞彙。如下表：

華語	海陸客語	海陸客語語音	是否會轉換成族語
芹菜	芹菜	k^hiun^{55} ts^hoi^{11}	X
萵苣	蕒仔	mak^2 $ə^{55}$	X
大白菜	大白菜	t^hai^{33} p^hak^2 ts^hoi^{11}	X
蘿蔔	菜頭	ts^hoi^{11} t^heu^{55}	X
杯子	杯仔	pui^{53} $ə^{55}$	V
碗	碗	von^{24}	V
筷子	箸	$tʃ^hu^{33}$	V
豬肉	豬肉	$tʃu^{53}$ $ŋiuk^5$	V
石加路	石加路	$ʃak^2$ ka^{53} lu^{33}	X
巴士	巴士	pa^{53} $sʅ^{33}$	X
客運	客運	hak^5 $ʒun^{33}$	X

資料來源：筆者訪談整理。

根據受訪者回憶：芹菜、蕒菜、大白菜、菜頭……等是族人自客家人那邊引進菜種在自家種植後，才會在族人彼此之間的言談中轉換成海陸客家話說，但並非所有菜名都會用海陸客家話說，這種限制來自於兩種現實情況：一是賽夏族幾乎都用

5　受訪者表示，兒時就跟父母親搬到新竹竹東開理髮店做生意，說得一口流利的海陸客家話，族語則是較大之後才學的，因爲之後的工作因緣際會和復振賽夏族文化、族語有關，所以對賽夏語、海陸客家話和賽夏文化、客家文化，相較於一般人，有比較深入的了解。本文的受訪者是透過友人介紹，非挑選特定對象。

tatimae'（野菜統稱）稱呼菜名[6]，二是有些蔬菜在賽夏族幾乎不會用來當作食物，以韭菜、角菜（波菜）來說，因為族人比較不會拿來料理[7]，所以就不會在交談語言中出現，即便對受訪者來說，說出這些菜名的海陸客家話一點都不難，但對於族人（尤其是身為復振賽夏語的老師）要將它們翻譯成賽夏語時，就極為困難。此外，若是族人對客家人提到菜名時，就會很自然地轉成海陸客家話，我們認為這是 Poplack 認定的「變體轉換」[8]，而非「語碼轉換」（code-switching）（徐大明，2006：270-278）。

族人彼此之間轉換海陸客家話的場景還有一種情況：（受訪者的）外婆為了和孩子溝通，特意將族語本來就常說的基本詞，如：杯子、碗、筷子……等，轉成海陸客家話和孩子們說，一方

6　根據原住民族語言線上辭典（https://e-dictionary.ilrdf.org.tw/index.htm），賽夏語對「菜」的說明，tatimae'是（青）菜，也是菜餚（包含青菜和魚肉），por'oe'是青菜總稱，但菜園會說tatimae'an，此外，例句「媽媽種的菜被蟲吃掉了。」也是用tatimae'。這就好比華語說「菜」時，指的也是菜和菜餚，說「青菜」時則是只有一種涵義。

7　根據原住民族語言線上辭典，賽夏語有'awngaw芫荽（香菜）、kamapotoy包心菜（高麗菜）、ma:bae'soeh芹菜、ma:ong過溝菜蕨（過貓）和'at'atip韭菜等菜名，但實際上並非每一個賽夏族人都會說，這和每位族人自身的生活背景息息相關，有些是不是像受訪者說的，是後來的族語復振老師翻譯過來的，我們認為這是極有可能的。

8　根據Poplack（1993）所提出「語碼轉換」的定義：在連續說話中出現不同語言的句子或句子片段的現象。其內部構造必須符合兩種語言的句法和詞法規則，如果只有一種語言的規則被用到，那就不是語碼轉換的現象，以本文所舉的例子來看，賽夏族對客家人說話時，不大可能同時使用族語和客家語互相轉換，因為大部分客家人不會說或聽不懂賽夏語（除非對方會說賽夏語），所以說話過程中全程使用海陸客家話的機率是極高的。這種現象，Poplack解釋：由於場合或交談對象的改變而分別使用不同語言的現象，稱作「變體轉換」，因為每一種語言情境中，只是用了一種語言（徐大明2006：272）。

面當然是怕小孩聽不懂族語，二方面則是爲了和小孩拉近彼此之間的距離。這也呈現了家人、家族之間爲了某些原因使用「變體轉換」的現象。此外，在假設孩子會說一點點賽夏族語的情況，長輩在沒有特別強烈的族語意識情況底下，也不會使用語碼轉換，以研究者的觀點，要進行「語碼轉換」的前提，必須是言談雙方都了解彼此主體語言的情況下產生。

另外有一種較爲特殊的情況，上表的「豬肉」，想當然爾是有族語的說法的，但爲何會以海陸客家話出現在族人之間彼此的交談中呢？受訪者沒有給出明確的答案，大概的解釋是「爲了交易」，我們從原住民族語言線上辭典搜尋發現，「豬肉」叫'ayam，但並沒有收錄所謂的「山豬肉」，只有「山豬」waliSan 和「山豬肉樹」bongo:，這或許可以給我們一個合理的解釋：「豬肉」是透過客家人或和客家人交易而來的，根據邱兆乾（2019）的田調發現[9]，以前不少客家人在苗栗南庄、大湖、泰安一帶的台三線上開雜貨店，原住民朋友和他們交易時常賒帳，沒有能力還錢之餘，（南庄）客家老闆會去竹南買一些仔豬回來教原住民如何豢養，等他們養大之後，再賣給客家人，客家人扣除之前所賒的帳之後，還給原住民剩餘的所得，這種兩全其美的做法，令人感到有趣之外，也是談到社會接觸不容小覷的現象。所以，當賽夏族人言談中不經意地用海陸客家話 tʃu^{53} ŋiuk^5 取代族語'ayam時，若知道有上述的歷史背景，就不足爲奇了。

---

9 本文以下內容是研究者之一根據講客廣播電台 https://www.hakkaradio.org.tw/program/play/id/120/audioId/16612，2020.04.30訪談邱兆乾同學的內容記錄而成。

五、文化的合成

　　由於大部分學者都會從「漢化」或「同化」角度去看不同族群或民族之間的語言、社會或文化接觸，這是很自然的現象，但這往往會忽略了身爲「他者」的研究者必須存有的「客觀」角度，也因爲如此，研究者也會忽略到那些所謂受「漢化」或「同化」的被研究者自身的主體性和主動權，舉例而言，位於苗栗頭份的「賽夏五福龍神宮」（現已改爲「賽夏五福龍王宮」），一般人可能從外觀就知道這是一座「十分具有賽夏編織風格的宮廟」，但可能不知道該廟自2004完工至今，從主祀神爲賽夏族的baki'Soro:（蛇神龍神），牌匾以「賽夏」開頭的五福龍王宮，以竹編牆面爲主體的建築，主祭者先用族語後用客語祈福的儀式，到穿著「賽夏服」的神像，在在都突顯了賽夏族人在信仰文化「合成」的主體性與主動（詮釋）權，絕對無法與一般宮廟相提並論，尤其在Yawi Sayun（雅衛依・撒韻）（2008：130、183-184）的論文提到的「出走」現象（獨立門戶）和效應（信徒流失），更是賽夏族人在自身「主體性」的內部抗衡作用使然，外人無法干預。本文在討論賽夏族與客家文化接觸時，亦嘗試避開「漢化」或「同化」的角度，從「文化合成」的觀點切入。

（一）宗教信仰

　　根據受訪者表示，賽夏族人不管是逢年過節、生老病死或是宗教信仰，尤其是宗教信仰部分，受到客家人（漢人）的影響很大，某種程度上來說是被「漢化」或「同化」，但更細緻地說，

是「文化合成」的結果。透過族人或自己親身經歷，受訪者表示，「拿香拜拜」是自小就有的經歷，家中安奉祖先、掛祖先牌位，拜阿公婆（祖先）、拜神佛也是常見的，至於掃墓時拿香、用三牲、素果祭拜則是再自然不過的事，一般人也許會好奇，許多原住民朋友都信奉天主教或基督教，為何賽夏族人唯獨受客家文化影響那麼深？其實賽夏族之前也是信奉天主教、基督教居多，不拿香拜拜、不祭拜祖先的，但傳統信仰上除了眾所皆知的矮靈祭paSta'ay外，還有祖靈祭、1～12月都有各（自然）姓氏的（自然界）神祇祭拜[10]，如：祈天祭、火神祭、祈晴祭、鎮風祭等，也有龍神祭（主要由夏家和蟹家主持）。

客家人早期也是自然崇拜的，最為人所知的就是三山國王[11]和土地伯公（石牯），尤其是早期客家莊，村頭村尾都有所謂的「田頭伯公」、「田尾伯公」，守護著客家人的生命財產安全，拜「石牯」、「石哀」更是早期客家人共同的記憶，塑成神像則是後來的事。研究者認為，正因為賽夏族有自然信仰、神祇信仰，和客家人有類似的信仰文化，在交互接觸和融合下，自然產生了「合成」的信仰脈絡，中間有沒有衝突或斷裂不置可否，但以朱家兄弟輕鬆搬走來自大霸尖山像「大、小尖山」的「石

---

10 賽夏族的姓氏多取自動植物、大自然現象或身體物理。如：章（樟）、風（楓）、根、夏、解（蟹）、獅、血、膜……等18姓氏，後三者較少，筆者認為可能改成音近的姓氏了。而自然界崇拜像是姓風（楓）的族人主辦鎮風祭、姓根的族人主辦播種祭等。

11 有關三山國王的信仰是不是客家人專屬的信仰，目前已隨著越來越多的學者調查發現，該信仰原屬於潮汕地區的，不是緣起於客家人或專屬客家人的信仰，但不容質疑的是，客家人奉祀三山國王的習俗，至今在兩岸仍屬代表性的信仰。

頭」，原先安奉在家哩，後來由族人中有感應的女乩身指示，應該供奉在頭份夏家的宮廟的故事來看，顯而易見的，賽夏族人和客家人各自的信仰文化，本身就有高度的相似，在信仰文化接觸後逐漸成形，而非滲透或刻意植入。

上述故事裡有兩點是比較值得探究的，其一是對「石牯」有感應的人（乩身）是賽夏族人，而非客家人[12]；其二是宮廟在祭祀活動中，師父使用的是族語，而非客語，顯見客家信仰的滲透與賽夏語言的「融合」過程是十分微妙的。上述受訪者所舉的例子也映證了雅衛依・撒韻（2008：51-90）描述到的土地公（伯公）、祖先牌位、燒紙錢以及宮廟建築的客家宗教信仰與祖先崇拜現象。除此，在問及賽夏族人是否會自己建造伯公廟時，受訪者也表示會，會自己建造，會請法師，除了伯公 bagi'bo:ong，也有伯婆 koko'maya'[13]，在廟裡也有「問事」的活動，平時也以三牲、水果祭拜伯公、伯婆。更細緻的還有客家人信奉的「五行」（金、木、水、火、土），也在賽夏族的信仰文化中衍生。

賽夏族是典型的父系社會，「五福龍神宮」的發展主軸，可能與母系社會不同，譬如現今宮內仍保留的長老會議、建築特色、多元神觀、和「巫」及「術」的傳承（雅衛依・撒韻，2008），有穿賽夏服的神、有來自賽夏族發源地——大霸尖山的「神石」（伯公伯婆）、有賽夏特色竹編圍牆，還有賽夏族用來

12　同樣的聽聞也得知於受訪者所言：有一排灣族女頭目因為靈異體質，感應到神佛（附身），進而成立（王爺）宮廟。

13　bagi'是男性祖輩，bo:ong 是男子名，賽夏族以男性祖輩稱土地公，這和客家人不說土地公，而說伯公（男性祖輩）是一樣的，koko'是奶奶，maya'是女子名，合起來也是和客家話的伯婆（土地婆）一樣，都是家裡有輩分的長輩。

辟邪的芒草，這就是典型的「合成文化」（潘英海，1989：318）。在台灣的例子不勝枚舉，比較有名的就是屏東「萬金天主堂」聖母瑪利亞「出巡繞境」的現象[14]，中西宗教文化合璧，必有「交融」與「重組」的過程，相較於「五福龍王宮」也是一樣，賽夏族奉祀的是漢人神明，但卻保有許多賽夏的元素（雅衛依・撒韻，2010：431-465）。

成立於1990年的「五福龍賽堂」，主祀「baki' Soro」[15]（賽夏族的蛇神龍神，巨蛇），2001年欲升格為「五福龍神宮」，但因為要申請立案之故，依規定必須加設漢族信仰的神像，所以「五福宮」後來的多元神祇是這樣來的，恐怕這也是顧及到法律制度、市場需求、社會認同等種種因素不得已的做法（雅衛依・撒韻，2008：104-106）。「五福龍神宮」歷經20年，於2021年已更名為「五福龍王宮」，主要原因是「授封聖諭玉旨」。

本研究的受訪者因緣際會正巧在「五福宮」擔任志工，在雅衛依・撒韻（2008）的論文也恰巧被紀錄為「神明附身者」，

---

14 有學者不贊成用「出巡繞境」一詞，因為天主教本身就有「Devotion Parade to Mary」的正式儀式，也就是「對天主聖母瑪利亞的頌讚遊行」，跟「出巡繞境」在本質上有很大的不同，研究者從網路報導中亦發現西班牙的塞維亞和馬拉加兩個城市的確都有「聖週遊行」活動。https://kknews.cc/zh-tw/travel/66mlgrv.html（取用日期：2021年8月30日）。如果把萬金天主堂所謂的「聖母繞境」和西班牙塞維亞等地的「聖週遊行」活動相比較，不難發現裡頭相同的元素：「對聖母瑪麗亞的頌讚」、「抬轎」與「遊行」，這和漢人的「出巡繞境」，某種程度還是不可避免的重疊，誠如潘英海教授於1994年發表的〈文化合成與合成文化：頭社太祖年度祭儀的文化意涵〉，這就是典型的文化合成與合成文化。

15 baki'是祖輩，Soro是巨蛇。

也就是我們俗稱的「乩身」，其家人也擔任過「乩身」，不同的是，受訪者被附身的是「漢人神」，會和宮廟的幹部一起到別的廟進香，而家人則是被「賽夏神」附身，兩者相同的都是因為「五福宮」神明治病的靈驗，讓他們自願前往擔任志工，期間因為特殊的靈異體質，就自然而然地被「附身」了。在研究者提到「附身」這個問題時，受訪者回答：「那是20幾年前的事了，藉由靜坐、附身這個現象（現在）比較少，現在就是宮裡有事情（辦聖事、神佛祝壽、法會……等），有空就會到宮做志工。」研究者仔細了解這位所謂的「漢人神」起源，實際上還是由印度傳到中國的，也就是說，這位「漢人神」亦是透過文化接觸被植入，進而被漢化，在中國傳統民間信仰中，不管是佛教、道教、一貫道都香火鼎盛，但實質上並非「漢人神」，但一般人早已忘記這位「漢人神」並非「漢人」。

（二）生命習俗

在生命的習俗，如：逢年過節、生老病死等，會不會有客家人的儀式？同時是不是也會有賽夏族的儀式？或兩者合成的現象？以「嫁娶」為例，按照傳統賽夏族的婚嫁習俗，「女兒回娘家」這習俗，通常是女兒婚後幸福快樂、育子有成或報喪（有殺豬儀式）才會進行，和客家人女性婚後第三天就要「轉門」（歸寧）不同，因為原客通婚的結果，現在也已入境隨俗，女生若嫁入客家莊，會遵守客家人「轉妹家」的禮俗，相同的，男生若娶賽夏族女生，也會遵守賽夏族習俗。其中嫁進賽夏族的客家媳婦要幫忙祖靈祭，進廚房幫忙，但嫁出去的女兒反而不能進廚房；客家媳婦吃飯時要和家人一起坐在地上吃，而嫁出去的女兒則不

能坐在地上，要坐在椅子上，因為嫁出去的女兒是客人，這點並沒有因為族群的強勢或弱勢而改變，反倒保留了賽夏族傳統習俗和「文化合成」的主體性。

「生」的儀式，賽夏族的嬰兒出生周歲，會請舅舅[16]抱小嬰兒拜祖先，臉上貼一圈小花祝禱，現在則跟著客家人一樣有滿月酒、紅蛋、油飯，這些都是漢人的習俗為多，問及受訪者是否知道客家人有為初生嬰兒「做膽石」，好讓嬰兒「膽膽大」的習俗時，受訪者表示不知，但在羅金枝（2013：84）則有賽夏族人詳細描述「做膽石」的經過，顯示這一習俗並非所有賽夏族人都會有。此外，小孩滿月後由父母親帶回娘家，這是賽夏女性第二次的回娘家，要帶糯米糕、糯米、酒、豬肉，到是沒聽說生男或生女會有打「新丁粄」或「桃粄」的習俗。

「老」的祝壽：有關家中「老」者過生日的事，客家的老人家，即使有「做生日」，也不敢聲張，研究者之一的外婆，年過60就不大喜歡家人為她做生日了，也幾乎視為禁忌，和一般漢人文化一樣，「怕被閻王知道」，相較於賽夏族，以前的長輩70-80歲都還有做生日，但仍然不敢聲張，顯示傳統客家、賽夏都比較忌諱「長輩過生日」這件事，隨著時代的進步，老人的平均壽命都延長了許多，在「做生日」這件事上也已較無忌諱了。

「病」的醫治：賽夏族傳統的習俗是「竹占」rarhaep，藉由「竹占」能與祖靈相通，達到保佑的效果，例如：小孩睡不好，

---

16 根據受訪者表示，在賽夏族傳統的父系社會中，舅舅的地位非常高。根據《賽夏族口述歷史研究工作計畫研究報告》指出，舅舅在重要場合都扮演極為崇高的角色：小孩出生、成長、女子回娘家，甚至報喪，都需要先讓舅舅知道，然後為其祈福、祝禱、代人家向天祭祀等，儀式的開始和結束都需要舅舅主持。

一直哭，家裡有人生病一直無法好轉，或是家裡一直發生不好的事情，就會用「竹占」，現在也已改為帶小孩、生病、出事的家人去宮廟「問事」、「卜卦」、「收驚」。

「死」的禮儀：受訪者表示，很早期的時候，賽夏族還有屈身土葬，族人挖好一個坑後就埋進去，當時生活困苦，也沒有所謂的棺材，最近則是跟客家人一樣，會請八音團、西索米（西樂隊）、親友包白包、中午喪家會辦桌或改包紅包給遠道而來的親友，現在則一切從簡，交給禮儀公司處理，有關客家人傳統上有「買水」浴屍的儀式，受訪者表示沒有聽過。

值得一提的是，雅衛依・撒韻（2008）是從泰雅族的「他者」觀點，去書寫賽夏族的「五福宮」民族誌，正如本文兩位研究者是客家人，去研究泰雅族、賽夏族的族語式客家話和「合成」文化一樣，裡面的「他者」觀點，是有主客觀意識的，然而這樣的觀點在所難免，因為研究者與被研究者之間都被自然賦予一種必要的交叉元素：「客」、「原」，這和不懂客家話或客家文化的研究者所做出來的研究成果，定會截然不同。

六、結語

語言接觸中強勢語言對弱勢語言的滲透，最容易出現在詞彙的借用，再以詞彙擴散的方式進行語音的改變，當強勢語言的語法形式進入弱勢語言的語言習慣中，意味著弱勢語言已高度受強勢語言的滲透，因為語法形式是該語言最不容易改變的語言習慣。在第二語言習得方面，本文也觀察到第一語言對第二語言的順向負遷移中，最容易遷移的是語法形式，也就是說，語法、詞

彙、語音三者中，語法跟該語言的黏著性最高。

其次，賽夏族早期沒有過年過節的習慣，只有兩年一次paSta'ay的祭典，現在都隨俗了，如：過年、清明掛紙（掃墓）、奉祀客家人常見的三山國王、伯公、五月節包粽仔、七月半、八月半，甚至多至吃湯圓，其中比較特別的是，竹東客家人常過的「天穿日」，賽夏族人倒是沒有跟著舉辦，原因是農曆1月20日也恰巧是bagi'bo:ong（伯公）的壽誕，顯見「同中有異」、「異中有同」的合成文化特質。總的來說，賽夏族本身的傳統祭典沒有忘記，且由各姓擔任1～3個祭典，但有涵化客家信仰與生命習俗，兼容並蓄，在經歷文化的「合成」中，沒有忘記其「主體性」和「主動權」。

綜觀泰雅族、賽夏族與客家人語言、文化接觸的過程，分別依循四種變貌模式進行著：延續→斷裂→重組→創新[17]。在語言接觸上，相較於原住民語，客家語是強勢語，經過語言的同化、借用、融合，進而產生雙語現象，就是「延續」、「重組」四縣客家話、海陸客家話的過程，因為族語帶來「順向負遷移」，所以同時也「重組」了四縣、海陸客家話的語序，形成所謂的「族語式客家話」。泰雅族、賽夏族受第一語言（族語）影響，使得在習得客家話時，不管是語音、詞彙或語法，都帶有族語的底層作用，而「族語式客家話」，就是一種「創新」。然而隨著時代

17　蕭新煌（2017：13-40）、陳秀琪（2017：109-132）、黃菊芳（2017：133-156）都不約而同地在台灣、馬來西亞客家族群社會文化和語言上，提到了這四個階段的例子，順序或許不必然相同，也不是每個階段都有（如：創新），但整體而言，原住民和客家人接觸時，按照時序的推演，的確經歷了這樣的改變模式。

的演變，「國語」和「閩南語」已成為台灣第一和第二的強勢語言，這當中，泰雅族、賽夏族勢必得再學會這兩種語言，才能維持生活和經濟的競爭力，於是產生「斷裂」，這樣的「斷裂」過程及影響所及，是值得進一步深究的。

　　此外，在文化接觸上，我們也從賽夏族的宗教信仰和生命習俗中看到延續、斷裂、重組、創新的變貌起著微妙的作用，尤其從「五福宮」合成文化的歷程與演變結果來看，可以說是完全與上述四個變貌相互呼應，從一開始只拜族人神祇的宮廟，因為社會、法律、市場等複雜因素，中間一度產生「斷裂」危機，但文化主體性和主動詮釋權仍在賽夏族人身上，「五福龍神宮」之後的「重組」與「創新」，就是依靠著這兩個關鍵因素，現已升格為「五福龍王宮」。而「生命習俗」的延續，隨著客家人、漢人在生、老、病、死各種禮俗的同化與融合，自然產生了「重組」，以目前來看，原先原、客各自保有或涵化的部分，將隨著時代演變「斷裂」。自三百多年前客家先民遷徙來台至今，從泰安鄉、南庄鄉客家人與泰雅族、賽夏族的族群互動，來看客家人與原住民之間的族群關係，歷經了最早期的衝突，以及兩方固守各自生活空間的區隔、緊張，直到大約近60年前漸趨和諧的客原關係，發展至今如本文所描述語言文化的大量交融。

參考文獻

尹章義，1999，《台灣開發史研究》。台北：聯經出版社。

吳岢芯，2013，《泰雅語語言接觸與借詞》。新竹：國立清華大學台灣研究教師在職進修碩士學位班碩士論文。

吳莉臻，2011，《賽夏族客家話使用現況研究——以南庄鄉東河村為例》。苗栗：國立聯合大學客家語言與傳播所碩士論文。

呂嵩雁，2007，《台灣後山客家的語言接觸現象》。台北：蘭台出版社。

李壬癸，2003，《台灣原住民史語言篇》。南投：國史館台灣文獻館。

———，2011，《台灣南島民族的族群與遷徙》。台北：常民文化。

林成遠，2012，《汶水泰雅語的詞彙結構》。新竹：國立新竹教育大學台灣語言與語文教育研究所碩士論文。

苗栗鄉志編輯委員會，2008，《泰安鄉志》。苗栗：泰安鄉公所。

苗栗鄉志編輯委員會，2009，《南庄鄉志》。苗栗：南庄鄉公所。

徐大明主編，2006，《語言變異與語言變化》。上海：上海教育出版社。

莊英章，2004，〈族群互動、文化認同與「歷史性」：客家研究的發展脈絡〉。《歷史月刊》31-40。

游汝杰、鄒嘉彥，2004，《語言接觸論集》。上海：上海教育出版社。

———，2016，《社會語言學教程》。上海：復旦大學出版社。

菈露打赫斯改擺刨，2018，《賽夏語中客語借詞之音韻探討》。花蓮：國立東華大學原住民族研究所碩士論文。

黃宣範，1993，《語言、社會與族群意識：台灣語言社會學的研究》。台北：文鶴出版社。

黃美金、吳新生，2018，《泰雅語語法概論》。新北：原住民族委員會。

黃菊芳、陳秀琪、吳俐臻、邱正宇、鄭錦全，2010，〈苗栗縣南庄鄉三

千五百戶的語言〉。論文發表於「台灣客家族群的聚落、歷史與社會變遷學術研討會」。新竹：國立交通大學國際客家研究中心。12月10-11日。

楊燕國，2011，《關西馬武督地區的語言接觸現象研究》。桃園：國立中央大學客家語文研究所碩士論文。

葉美利，2018，《賽夏語語法概論》。新北市：原住民族委員會。

詹素娟，2010，《新苗地區客家族群與原住民互動歷史之研究》。台北：行政院客家委員會補助客家學術研究計畫。

廖致苾，2009，《花蓮地區客語阿美語接觸研究》。桃園：國立中央大學客家語文研究所碩士論文。

趙金山等，2009，《賽夏族口述歷史研究工作計畫研究報告》。內政部營建署雪霸國家公園管理處。

劉玉屏，2010，《語言學習第二語言習得理論》。北京：中央民族大學出版社。

劉瑞超，2004，《經驗對話與族群互動──關西馬武督的泰雅與客家》。台北：國立臺灣大學人類學系暨研究所碩士論文。

潘仕勤等，2016，〈原客通婚──以張也西麗家族爲例〉。《竹塹文獻雜誌》63：136-157。

潘英海，1994，〈文化合成與合成文化：頭社太祖年度祭儀的文化意涵〉。頁235-256，收錄於莊英章、潘英海主編，《台灣與福建社會文化研究討論文集》。台北：中央研究院民族學研究所。

───，2011，〈文化合成理論在區域社會與文化型別研究中的應用〉。頁1-29，收錄於張江華、張佩國主編，《區域文化與地方社會》。上海：學林出版社。

鄭依憶，2004，《儀式、社會與族群──向天湖賽夏族的兩個研究》。台北：允晨文化。

蕭新煌主編，2017，《台灣與東南亞客家認同的比較：延續、斷裂、重組與創新》。桃園：中央大學出版中心。

賴盈秀，2004，《誰是「賽夏族」？》。台北：遠足文化。

鍾榮富，2003，《語言學概論》。台北：文鶴出版有限公司。

羅金枝，2013，《客家與賽夏通婚的涵化現象》。台北：國立臺灣師範

大學台灣語文學系碩士學位在職進修班碩士論文。

羅雯，2012，《食物、日常經驗與族群互動：東河的客家與賽夏》。新竹：交通大學客家社會與文化學程碩士論文。

Yawi Sayun（雅衛依・撒韻），2008，《賽夏五福宮———一個合成文化的研究》。新北：輔仁大學宗教學系碩士論文。

———，2010，〈賽夏「巫」之新面貌初探：五福宮的例子〉。頁431-465，收錄於胡台麗、劉璧榛主編，《台灣原住民巫師與儀式展演》。台北：中央研究院民族學研究所。

第 11 章
新竹客家與東南亞文化的相遇

劉堉珊、劉瑞超、張維安

摘要

本文著眼於近幾年來在台灣客家社會中人數逐漸增多的東南亞「新住民」，探討「客家」與「東南亞」文化近幾年來，因為政策脈絡的發展（社區工作的推廣、新住民事務、108 課綱等），逐漸發展出的新的接觸與互動平台，也希望能理解這些婚姻移民女性走入客家社區及學校場域之經驗與過程。聚焦東南亞新住民在新竹縣客家地區（以竹東上坪為例）參與的社區文化活動，以及在學校場域教授語言文化課程的經驗，以個案敘事的方式，呈現「客家」與「東南亞」在家庭場域外相遇、接觸與互動理解的過程。透過文章受訪者的敘事與個案討論，本文除希望回應台灣客家研究發展的限制與議題開創的可能性，也試圖提出「新住民」議題在台灣族群關係研究與族群政策發展上面臨的困境與挑戰。本文認為，這些在政策、地方組織協會及個人主動的推動下，於社區聚落及學校場域搭建的文化接觸平台，不但是理解這些移民社群在台社會生活的重要部分，在客家社會的脈絡裡，也觸動了東南亞文化與客家文化的交流與對話，甚至產生新

的連結關係。

關鍵字：客家、東南亞、新住民、族群關係

一、台灣客家族群關係的研究與當代議題[1]

（一）從聚焦「客家」到關注「客家與周邊人群關係」

　　台灣客家研究的發展，大致可追溯到1988年的還我母語運動，其所引發的台灣社會對「客家人是誰」及「台灣客家人」樣貌的追尋，使許多研究者開始致力於以「客家」為主題的專書著述與議題發展（徐正光、張維安，2007；施正鋒，2013）。而在1990年代出現的「四大族群」論述及台灣族群政治的發展，則是讓「客家」作為一個具有區別意義的「族群」整體，如何在隱形身分現身的過程中展現出獨特、差異的「族群」形象，成為當時期客家運動參與者最關心的議題，且直接、間接影響了1990年代至2000年初台灣客家政策的體制化與客家研究發展。2001年行政院客家委員會的設置，以及2003年起相繼成立的三大客家學院，[2]一方面確立「客家」在國家體制中擁有一席之地，另一方面，也讓學院內學術議題的推展獲得一定的研究資源，奠定客家研究朝向系統性知識發展的基礎，此外，也形成了台灣客家研究與政策脈絡緊密關聯的特色。

　　在這樣的脈絡中，若進一步探究台灣客家研究視角與議題的發展，可發現自1990年代至2000年初，雖有不少研究者開始關注台灣客家人群的樣貌與文化特色，此時的討論多仍將「客家」

1　本文為科技部計畫「北台灣台三線客家廊帶之族群關係：產經、宗教與客家廊帶之浮現」（計畫編號MOST 107-2410-H009-039-MY2）之部分成果。本文之完成，要特別感謝上坪社區駐點協會徐先生、李小姐，新竹縣新住民家庭服務中心陳小姐，以及多位願意受訪的新住民姐妹（包括文中的阿玲與小慧等），感謝他們熱心的分享與談話，本篇文章才能順利完成。

2　包括2003年國立中央大學客家學院、2004年國立交通大學（現已改名為國立陽明交通大學）客家文化學院，以及2006年國立聯合大學客家研究學院的設立。

視為一個客觀存在、具有清楚文化邊界且族群性與文化內涵「固定」的人群類別，在此基礎上探討「客家」人群來台的過程、聚落發展及文化社會生活（其中，宗教信仰、儀式慶典、產業生計、性格與性別特色等面向即成為具體化「客家」面貌的重要內涵）。換句話說，該時期對「客家」議題的討論，多僅限於以「客家」人群為邊界的視角，著重於展現該人群團體的發展過程及其生活文化的獨特性。這樣的視角一方面與「客家」在當時期台灣族群政治中的處境有關（迫切需要建構「客家」作為一個族群類屬、具有具體且清楚文化邊界之概念），另一方面，也受到客家研究自20世紀初以來的發展影響，如，作為客家研究先驅者的羅香林，即是從「血統論」的角度探討「客家」原生、獨特的文化社會特性，許多後繼的客家論著，也是在這樣的觀點下不斷豐富「客家」的文化社會特色。然而筆者認為，此時期台灣的「客家」研究，也直接、間接受到戰後（尤其1950年後）漢人與原住民研究的影響。

　　台灣戰後漢人及原住民族文化研究的發展，主要是由1949年後來台的人類學與民族學學者主導，這些研究者採用當時人類學對「文化」的觀點，傾向於從「文化」做為一個客觀事實的角度進行文化內容的採集與比較。也因此，他們在漢人研究上，多聚焦於從親屬關係、宗教祭儀、社會結構等面向呈現漢人社會的特色，而針對台灣原住民族的討論，則多半是從民俗學與考古學的角度，探討原住民社群社會結構與物質文化的差異（見紀駿傑，2005）。整體而言，當時期的研究者傾向於將文化差異視為客觀事實，並認為文化差異是人群分類的基礎，也因此，其研究的目的是建立各人群「文化項目」的內涵（如親屬關係、政治結

構、宗教觀、儀式慶典、工藝技術等），以完整化對這些差異人群文化社會的理解。這些研究與觀點形塑了戰後至1980年代左右台灣學術界對「漢人」與「原住民族」的知識論述，也成爲1990年代台灣「客家」研究參照、模仿的「族群研究」範式之一。

值得注意的是，人類學自1960至80年代起已開始產生學科知識與方法論的反省，包括對「文化」並非客觀存在事實的討論，強調文化「建構」過程的主觀性與動態性，以及行動者角色與實踐經驗的重要性。其中，Fredrik Barth的「邊界」（boundary）理論對台灣人類學研究的影響尤其深刻。Barth在1969年的文章中提出，人類學過往對文化的討論，往往預設了差異先於互動存在，忽略差異是在互動中形成，人群是在互動中才逐漸建立他群及我群區分的概念與主觀意識。Barth因此認爲，研究者應更著重於理解人群「邊界」產生（浮現）與持續的過程，從邊界是變動、因人與環境而定的視角，觀察群際關係展現的「動態過程」。在Barth等人（Barth、Cohen）的影響下，台灣人類學者也開始對既有漢人社會及原住民族研究展開反省，並提出從族群邊界及人群互動過程理解我群意識及文化社會變遷的重要性。如，潘英海（1994）在〈文化合成與合成文化〉一文中，以頭社村年度的太祖祭儀爲例，從其規律的重複性，以及祭儀的形式、性質與意義，探討平埔（西拉雅）與漢人文化接觸、互動及形成在地「新文化」的過程。黃應貴與葉春榮編輯的《從周邊看漢人的社會與文化：王崧興先生紀念論文集》一書（1997），則是強調從周邊各族群社會理解「漢人」概念的重要性，尤其點出了「漢人」邊界的形塑是透過與周邊人群持續互動，在「納入」與「區分」的過程中不斷確認其意義。王明珂（1997、2003）則更

進一步將歷史視角帶入Barth的邊界理論，除了強調族群邊界的開放性、多重性與易變性，他認為透過「歷史敘事」能觀察到相鄰族群在歷史過程中往來互動的過程，且經由歷史記憶如何因應當下環境的需求進行選擇（選擇記憶或遺忘）與詮釋，能更清楚理解我群意識與族群關係展現的動態情境與意義。這些強調人群互動作為我群意識形成及發展的視角，也影響了台灣的客家研究，使得「客家」概念在台灣脈絡中如何形成、「客家」與其他人群的關係互動，以及「客家」作為一個彈性且具動態性的概念（因應社會環境變化不斷調整其認同方式與邊界概念），逐漸成為當代台灣客家研究重要的議題。

　　1990年代至2000年初投入客家研究的人類學者並不多，僅有少數漢人社會的研究者開始將「客家」及「客家」與「福佬」的關係納入討論（如莊英章，2004、2005）。然而，人類學者在此時開始提出人群互動脈絡的重要性，以及我群概念形塑的主觀性、變動性與情境意義（見莊英章，2004）。與此同時，許多社會學者也針對台灣當代的「族群」概念及「族群」現象提出討論（如蕭新煌、黃世明，2001；王甫昌，2002、2003；徐正光、張維安，2007等），這些研究者透過社會學的族群理論，強調客家研究應更著重於理解主觀的族群認同如何形成、其所對應的政治社會環境為何之過程。相較於人類學者從日常生活的視角理解人群互動經驗、接觸過程與文化社會變遷的地方脈絡，社會學者則更強調當代國家治理與身分政治對族群意識與族群關係的作用。除此，歷史學者針對「客家」名稱與人群概念形成的探討（如施添福，2013、2014a、2014b），也在當代台灣的客家研究中，帶入更具區域性及歷史脈絡的視角。這些不同學科的研究視

角，分別從日常生活與文化形塑、國家治理與族群政治、名稱意識之形成與區域脈絡等面向，將 2000 年初的台灣客家社會研究，帶向更具脈絡性與動態性的討論。

（二）客家族群關係研究的新議題：「新住民」社群的出現

近二十年來，族群研究持續作爲台灣人文社會科學裡非常重要的領域，除了聚焦個別群體的議題發展，有愈來愈多研究者強調族群關係及族群互動視角的重要性。在這樣的脈絡下，不論是客家研究、原住民族研究，乃至於漢人研究，都逐漸發展出從邊陲位置理解族群關係、從與周邊人群之互動看待族群意識發展的討論，閩客／客閩關係、原漢／漢原關係，以及原客／客原關係等，皆成爲台灣當代族群研究的重要議題。如前所述，這些研究涵蓋了歷史學、地理學、人類學、社會學及社會語言學等領域，探討的面向包括跨族群間的通婚、收養，產業生計活動的衝突、分工或合作等，以及這些面向呈現在政治、經濟、文化與社會關係的意義。其中，以客家及其他族群關係互動爲主體者，可再細分爲客閩／閩客關係、客原／原客關係，以及客家與平埔族關係的探討，聚焦面向包括了跨族群通婚（如王雯君，2005；林淑鈴，2012）[3]、收養（謝世忠、李慧慧，2020）[4]，以及展現在語

---

3 林淑鈴（2012）的〈異族通婚與跨族收養〉一文，主要是透過日治時期的戶籍資料，探討當時期台灣南部前、中、後、先鋒堆村落居民所呈現的跨族通婚及跨族收養現象，由此理解客家與其他族群（包含閩南、平埔與排灣）互動的軌跡。作者最後透過客家人被其他族群收養所觀察到的自我族群身分認同之變化（如，以養家的族群身分自稱，或發展出多種族群認同），提出跨族收養比異族通婚似乎更容易鬆動族群邊界，造成族群認同游移或產生多元族群認同之現象。
4 謝世忠與李慧慧〈抱養的追憶：從'msbtunux 泰雅族 qara'社 Nokan 家族談起〉

言、儀式慶典與宗教信仰等之社會文化過程（如日婉琦，2003；江湉君，2015）[5]。

　　直至今日，針對台灣境內主要族群關係之討論（包括客家、閩南及原住民族）已有相當多元議題的發展，而在客家研究中，部分研究者針對近幾十年來在台灣人數逐漸增加的新移民社群，尤其其中佔人數比例及族群文化特色皆較顯著的東南亞社群，也開始將其納入客家議題的討論（如張翰璧，2007；黃秋菊，2008；鍾鎮城、黃湘玲，2009；鍾鳳嬌等，2011；胡愈寧、張瑞蘭，2012；吳孟曄，2014），這些研究多數聚焦於探討婚姻移民女性在客家家庭中的文化磨合、教養過程、語言經驗，以及這些生活過程在認同形塑與身分表述中的作用。

　　張翰璧（2007）在《東南亞女性移民與台灣客家社會》一書中，探討東南亞婚姻移民女性在台灣客家地區的角色及影響，該書除了檢視跨國、跨文化婚姻中不同社會價值觀間的互動，也聚焦不同國籍文化背景的新移民女性對客家文化傳承的影響，尤其著重其在語言傳承及文化再生產過程中扮演的角色。作者並提出「新客家婦女」的概念（2007：139-151），指出過去針對客家

（2020）一文，則是聚焦Nokan被泰雅人抱養的口傳故事，探討其所呈現的族群衝突背景，以及透過抱養過程顯現的關係轉化。

5　日婉琦（2003）的碩士論文〈族群接觸與族群認同：以賽夏人tanohila：氏族日阿拐排下為例〉，以苗栗南庄的賽夏人為主體，從他們居住在族群接觸邊界（客家與賽夏）的脈絡，探討日常語言、通婚、儀式慶典與氏族系譜所呈現的族群互動關係，及其所帶來的社會文化過程，由此，作者試圖理解族群意識所展現的意義。同樣聚焦在南庄的賽夏人，江湉君（2015）的論文則更進一步以宗教祭儀與神靈觀為主題，探討其在族群互動過程中發生的變與不變。從賽夏與客家接觸過程中所習得的祭儀（如拜伯公），探討在表象的形式吸納之外，賽夏人群仍然是從自我的神靈觀看待這些取自於客家文化的宗教祭儀。

女性的研究多是重述舊有客家婦女的形象，忽略了世代變化、多族群環境中跨文化通婚的影響，以及女性自身的視角與能動性。直至2000年後，才有較多研究者開始從女性觀點探討其族群經驗、認同表述，及其在客家文化建構與再生產中的角色。從這樣的脈絡，作者認為，逐漸增多的外籍女性配偶，亦成為建構當代台灣客家女性及文化面貌非常重要的一部分，她們透過日常實作及下一代的教養，在自身文化與客家文化碰撞、磨合與再生產的過程中，不斷為台灣客家社會帶來新的元素與樣貌。

　　該書可說是在客家研究中，相當早即提出應將婚姻移民女性視為理解當代台灣客家社會之重要面向者。在其之後，許多研究也開始聚焦嫁到台灣客家家庭的新移民女性，探討主題多著墨於他們進入台灣社會後，在家庭過程中所經歷的跨文化經驗，及其在語言文化傳承中的角色（不論是傳承自我的原生文化或夫家的客家文化）。如，鍾鎮城、黃湘玲（2009）以美濃鎮的華語學習中級班為場域，探討具有客家背景的越南與印尼新住民多語言轉換及使用之情況，及語言學習（華語）對其自我身分認同的影響。鍾鳳嬌、黃秋菊等人（2011）的〈遊走於「文化」與「自我」之間：客籍新移民女性自我形塑之探討〉一文，則是聚焦屏東內埔鄉八位客家背景的新住民女性（四位來自中國梅州，四位為印尼華裔），探討受訪者在性別（女性）、族群（客家人）與國籍（外籍配偶）三個面向的角色認知及認同表述。該研究發現，受訪者在「性別」面向中多強調其身為母親的角色，「族群」身分上，來自中國的客家新移民比印尼的客家新移民更強調自我的客家身分。至於國籍部分，作者發現在來到台灣初期，受訪者對於自己的「外籍配偶」身分皆有明顯的感受，經多年長期

的生活後，目前僅有一位受訪者對於自我的「外籍配偶」身分在生活中仍有強烈的感知。

值得注意的是，雖有部分研究者投入探討客家與「新住民」通婚之現象，以及這些新的移民者語言文化適應的過程與自我身分意識的展現，這些討論多半還是以家庭場域為核心，關注婚姻移民女性在家庭的人際互動、教養過程及其在文化傳承中扮演的角色。家庭作為這些移民女性日常生活中最長時間身處且最緊密互動之場域，固然在文化社會經驗的形塑與身分過程中扮演重要角色，然而，家庭以外的社會活動、甚至公共事務的參與，也同樣是建構這些移民人群在台生活非常重要的面向，尤其，台灣近幾年來針對「新住民」的許多政策發展（如在學校開設多元文化課程、將新住民語言納入課綱、推動新住民培力課程等），以及新南向政策帶來的影響，都使得許多婚姻移民女性走向家庭之外，不論是作為學校裡多元文化及語言課程的教師，或是參與社區工作、辦理各種形式的文化教育活動等。

本文因此希望突破以往較著重於家庭內部文化接觸與互動的討論，從公領域行動者（包括在地協會組織、政策主導下的新住民家庭服務中心，以及參與其中、甚至作為活動主導設計者的東南亞新住民自身）的角度與經驗，理解他們如何創造（或媒合）文化接觸的平台與互動過程，以及是否（及）如何將自我經驗或認知的文化差異轉化為具體、有系統的知識論述。由此，本文希望能在台灣客家研究族群關係與文化互動的討論中，帶入新的議題視角。下節將以新竹縣為例，探討客家與東南亞文化近幾年來，因政策的推展（社區工作的推廣、新住民事務、108課綱等），逐漸發展出的新的文化接觸與對話平台：社區聚落與學校

場域中的文化教育活動。

二、「客家」與「東南亞」文化接觸的新平台：以新竹縣爲例

根據行政院客委會〈105年度全國客家人口暨語言調查研究報告〉[6]，新竹地區（新竹縣）的客家人口比例約爲73.6%（2017：32），爲台灣客家人口比例最高的縣市。其中，橫山鄉（客家人口比例約94.24%）、北埔鄉（客家人口比例約93.26%）、關西鎮（客家人口比例約94.03%）、竹東鎮（客家人口比例約90.24%）、峨眉鄉（客家人口比例約88.70%）、芎林鄉（客家人口比例約88.28%）、新埔鎮（客家人口比例約87.71%）、寶山鄉（客家人口比例約82.08%）、湖口鄉（客家人口比例約80.81%）、新豐鄉（客家人口比例約69.01%）、竹北市（客家人口比例約55.31%）十一個鄉鎮市區，因客家人口比例達三分之一以上，被視爲客家文化重點發展區（2017：35-36）。

再依據內政部移民署對各縣市人口數及「外籍配偶與大陸（含港澳）配偶人數」之調查統計，[7]可知至2021年5月止，新竹縣新住民的人口爲14,566人，佔新竹縣總人口比例的2.54%，其中最高比例爲中國籍（含港澳）配偶，佔外籍配偶總數的

---

6 https://www.hakka.gov.tw/Content/Content?NodeID=626&PageID=37585（取用日期：2021年7月10日）。

7 https://www.gender.ey.gov.tw/gecdb/Stat_Statistics_DetailData.aspx?sn=lJvq!GDSYHCFfHU73DDedA%40%40（取用日期：2021年7月10日）。

50.41%。然而，若扣除中國籍（含港澳）配偶，新竹縣其他國家外籍配偶的比例分別為：越南籍（19.04%）、印尼籍（17.23%）、菲律賓籍（4.69%）、泰國籍（2.42%）與柬埔寨籍（0.36%）等。由此可知，若扣除中國籍配偶，在約49.59%的外籍配偶中，原屬國籍為東南亞國家者就佔了近90%（還未包含並未特別列出的馬來西亞籍）。而如果單就各鄉鎮市的新住民人口比例來看，新竹縣中新住民人口高於3.5%者，依序為北埔（3.96%）、峨嵋（3.82%）、橫山（3.80%）、新豐（3.63%）、竹東（3.54%）與關西（3.51%）。[8]

上述的這些人口統計資料及人群比例，顯現新竹縣高比例及高密度的客家人群，也呈現出新竹縣內（尤其是在客家人口比例大於三分之一的「客家文化重點發展區」）佔有相當比例的外籍配偶，以及其中近半數的東南亞籍配偶。從這樣的人數比例，若再加上新竹縣內近三萬人的產業與社福移工，[9] 即可發現，「東南亞」社群（包括新住民與移工）在新竹不但佔有一定人口數量，也逐漸成為客家地區不可忽視的重要人群，不論是作為家戶中的成員，或是在社區聚落裡。本節因此希望聚焦社區活動場域及學校教育過程，理解「東南亞」與「客家」文化的相遇與互動。

8　依據「新竹縣109年度新住民各鄉鎮市人口統計表（109.03.03編製）」，資料來源：https://www.immigration.gov.tw/5385/7344/7350/8887/?alias=settledown（取用日期：2021年7月10日）。

9　根據新竹縣政府於2020年9月的統計，縣內的產業移工共有22,157人（來自菲律賓者為多，其次為越南、泰國與印尼），社福移工有6,595人（來自印尼者為最多，其次為越南、菲律賓與泰國）。資料來源：https://www.hsinchu.gov.tw/OpenDataDetail.aspx?n=902&s=223（取用日期：2021年7月10日）。

（一）客庄聚落與「東南亞」的相遇：以竹東上坪社區爲例

竹東鎮的上坪社區，位於上坪溪旁，是河谷平原往「內山」（五指山）必經之地，也是竹東最接近原鄉部落（五峰鄉）的客家聚落。此處在過去曾爲原住民十八兒社與被黎社所有（見王學新，2003：1564；麥桂齡，2010：18-19），後因漢人開墾範圍擴大，不斷進逼內山，加上清同治末年樟腦業的發展，上坪的漢人移民（客家人爲主）快速增加（王學新，2003：1466、1537；麥桂齡，2010：18-19）。清光緒12年（1886），清政府爲了更有效管理此地，防止漢人與原住民的衝突，於大嵙崁總局下設立五指山巡墾分局，並在上坪設置隘勇哨。由於隘勇及墾戶的進駐，上坪的漢人聚落逐漸成形（麥桂齡，2010：18-19）。

日本治理台灣之後，在此處設置「上坪隘勇監督所」，此時的上坪除了製腦業持續發展，也逐漸成爲山區林業，以及蓬草、茶葉等新產業栽植、加工與集散之地（麥桂齡，2010）。除此，上坪也是內山原住民與漢人物產交換的重要之處。國民政府來台後，先是將上坪原本的隘寮改爲檢查哨，後又爲了便於管理內山的伐木業，將其改爲林場檢查站（名稱爲「林務局上坪檢查站」），直到1990年代左右，該檢查站才被撤除（見李芬蘭編，2020：4）。

上坪在國民政府來台後，雖然經歷了山區伐木業擴展及礦業發展，帶來人口與社區快速增長的興盛階段（見李芬蘭編，2020），近幾十年來卻因林、礦業沒落，加上位處近山之處，距離城鎮較爲偏遠，導致年輕人大量向外移動，形成了今日在地居民逐漸高齡化的現象。根據長期駐點於上坪的新竹縣全齡文教發展協會之調查，至2021年7月止，上坪社區的戶數共有143戶，

人口為330人（其中男性有201人、女性129人），而年紀在55歲以上者就佔了80%以上。若以族群身分來看，此地客家人群的比例約為95%，原住民身分者有20多人（有兩戶屬賽夏族，其餘為泰雅族人），而家戶中有來自東南亞的配偶者，共有7戶（四位來自越南，兩位來自印尼，皆為印尼客家人，另有一位來自緬甸）。[10]

上坪處在漢人向內山推進開墾的前緣，不但是漢人與原住民社群接觸的前哨站，彼此間長期以來因土地開墾及產業發展不斷發生的衝突，也形塑了此地及周邊人群獨特的歷史記憶。直至今日，社區中的一些客家長輩還留有過去因族群關係緊張及衝突而產生的對原住民社群負面的陳述與刻板印象。[11]今日在上坪戶口的紀錄中仍有幾戶為原住民身分者，部分長輩也會提及社區附近有賽夏人的墓（顯現彼此間在生活過程中曾存有某種互動連結），但今日社區所舉辦的各種節慶活動中，幾乎都沒有原住民成員的參與，活動的主題主要還是圍繞著客家文化或以客家參與者為核心。除了原住民身分者，根據戶籍人口的紀錄，可發現上坪也有來自東南亞的女性配偶，除此，亦有幾位印尼籍看護工，人數雖然相當少，但她們嫁入客家家庭（或在客家家庭工作），

---

10 筆者訪查紀錄及談話筆記（2020年9月1、20日，2021年7月12、15日）。

11 根據社區駐點協會的家訪紀錄，今日上坪的一些客家長輩由於過去的歷史記憶（如為了土地、糧食等等的爭奪，以及對過去原住民社群下山獵人頭的說法），對原住民社群還存有一些害怕、甚至較為負面的說法及刻板印象（訪查紀錄與談話筆記，2019年9月1日、2021年7月12日），筆者猜測，應與過去漢人不斷向內山開墾及移民，導致與原住民社群在土地及山林資源的使用上產生衝突有關。本研究因疫情影響，還未能有機會了解上坪周邊的原住民社群如何看待此處的客家人群，以及對兩者在歷史過程中互動往來的關係之記憶。

似乎也逐漸為這個以客家人群為主體的社區帶入了一些不一樣的文化元素與跨族群往來經驗。

筆者在2020年兩次的拜訪中，並未在社區見到外籍看護工，也未在活動中或街上遇到嫁入上坪家戶的幾位東南亞籍配偶。經筆者詢問，她們多數因工作關係，與先生住在竹東鎮上，因此較難在社區的日常中見到。[12] 然而，筆者也在拜訪過程中，發現大約從2018年開始，上坪社區的許多活動，開始出現了不少以「新住民」身分（或「客家媳婦」）自稱的女性成員面孔，他們多住在新竹縣的其他地區（亦有來自苗栗頭份者），除相當少數為中國籍配偶外，多數來自東南亞國家（又以來自印尼者為多），她們也是新竹縣新住民家庭服務中心與在地協會合作，推動新住民配偶「走入社區」、參與社區工作的主要參與者。這些在主持人的介紹中稱為「新住民姊妹」者，近幾年來開始參與許多新竹地區的「社區」活動，[13] 以上坪為例，他們透過製作「南洋粽」（馬來雞肉粽）、印尼糯米糕等，或透過舞蹈表演（印尼舞蹈），參與上坪社區的許多社區節慶活動，如端午節慶典、新丁粄文化祭等。

---

12 筆者近來得知其中一位越南籍配偶，是住在上坪老街，家裡是賣檳榔的，可惜前兩次到訪上坪時沒有見到，將再安排時間去拜訪。

13 主要的推手與引介者為「新竹縣新住民家庭服務中心」，筆者在與該服務中心社工的訪談中，了解該中心大約從2018年起，開始有計畫地鼓勵新住民配偶走出家庭、走入「社區」，並參與社區工作，希望能從社區活動的參與，建立外籍配偶與社區居民更多的連結與互動。以上坪為例，即是在這樣的規劃中，家庭服務中心開始與駐點上坪的發展協會合作，在一些社區活動中，鼓勵有興趣的新住民姐妹參與。

這樣的發現讓筆者開始思考東南亞籍女性配偶走入客家社區、參與客家社區活動的過程，以及在這些似乎刻意地「創造」「客家」與「東南亞」文化（或「客家」社會與「新住民」身分者）連結與互動的活動設計裡，立足不同立場的主辦者與參與者，對彼此文化及關係連結的想像、敘事與經驗過程。筆者在以下將從幾個角度：包括 1. 駐點在上坪，推動辦理多項社區活動、以「擾動」及「活化」社區為目的的社區駐點協會，2. 作為「新住民」政策推展之執行單位、以「新住民」社群為主體的新住民家庭服務中心，以及 3. 參與這些「社區」活動的東南亞「新住民」，[14] 理解他們在設計、推動及參與這些活動時，從不同立場、觀點及經驗感受所呈現的對人群「文化」關係與族群身分的敘事。

1. 社區駐點協會：導入新住民文化「擾動」客家社區、促進新住民的「台灣文化」化

我們協會在進駐這個社區想要做的就是，第一個要先挽救這個社區，先止住它的整個夕陽化的沒落，那麼就想盡各種方法如何去擾動社區，讓這個社區的居民有一些意識，他可以覺醒到說是不是他自己要為這個社區做一些他的生活上的改變，一些努力等等，也讓這個生活變得比較熱鬧一點。所以

14　事實上，若要更全面了解參與者在這些活動過程的經驗與觀點，還需理解作為主要參與者的客家長輩們的想法，可惜的是由於疫情影響，筆者未能透過直接面對面的拜訪與談話更深入理解客家長輩們對這些活動中東南亞元素的看法與經驗。

我們的起心動念就是為了要擾動社區，那擾動社區最主要還是辦活動……。因為擾動社區的目標之一是說能活化它的經濟，然後客家的美食可以做一個傳承，所以曾經想過說，如何把這個地方發展成一個市集，或者是說，讓遊客能夠去了解這個社區……那麼就想到說跟人家不同的話，我們有東南亞的一個文化的引入，比較多元化的時候，是不是除了客家元素外，還有更吸引遊客的一個可能……這是我們一開始會跟這個新住民的中心這裡合作，跟姊妹們合作的主要原因就在這裡。因此我們這裡的想法上是說，是去發展上坪社區的客家文化，然後導入這樣的一個新住民文化是為了要擾動社區，然後產生一個經濟上的效果。（徐先生，2021 年 7 月 12 日）

從民國 108 年開始，我們就引進一些外籍姊妹進來這邊做社區服務，……那一開始我們設計的服務其實內容很簡單，就是姊妹她們會的東西，……就是一般來講吃喝玩樂是最快打入人群當中的啦，所以基本上我們就是用吃的部分，那你用美食的部分來做文化交流其實是最快速的。……然後因為上坪這邊 97% 以上都是客家人嘛，那客家人的部分，跟新住民做連結的時候是，我們有去調查過，是跟印尼的客家人，三口洋市那邊的客家人為主嘛，所以基本上我們也會以客家的美食跟印尼的美食做結合，那因為其實他們都是有一些客家本身的一些元素在，所以她們在做文化交流的時候，其實相對就很快速，……所以我們後來有在做一個南洋客家美食節跟上坪客家美食做一個文化的一個交流。……印尼有印尼所謂的端午節粽，那我們的上坪客家有上坪的客家粽，然後

透過同樣的節慶，譬如說透過端午節這個部分，那我們就設計一個南洋粽 PK 客家粽，然後同樣的就是同一場活動，就是印尼的姊妹來跟上坪的婆婆媽媽學客家粽，然後我們上坪的爺爺、奶奶來跟這些印尼媳婦學他們南洋的龍舟粽……他們會覺得原來包粽子除了用粽葉以外，還可以用芭蕉葉什麼的，然後包法不一樣，感覺也不一樣。（李小姐，2021年7月12日）

徐先生與李小姐是上坪社區駐點協會的主要負責人與執行秘書，該協會於2015年11月26日成立於竹東，初期主要以照顧弱勢家庭及協助青少年為主，2016年開始將視角轉向地方需求及獨居老人的照護，因此注意到上坪社區高齡化的現象。經2016年前導計畫的評估後，該協會於2017年起，正式派駐專職人員進入上坪，除了對社區長輩一般健康照護的協助，也開始了一連串嘗試「擾動」及「活化」該社區的文化教育活動，[15]如口述歷史故事的採集（2018年至2020年間向文化部申請的計畫案），以及各種與在地記憶、「客家」文化或節慶相關的活動辦理，如「上坪講古打擂台」（邀請長輩分享生活過程中的上坪記憶，於2018-2020年間辦理）、「客家文化與藍染手作共學營」（2020年7月）、新丁粄文化祭（2020年11月）等。這些透過駐點協會有意識地「設計」及舉辦的活動，似乎逐漸成為近幾年來上坪社區的日常中，另一種文化再生產、傳播與傳承的媒介與場域。

---

15 訪談筆記，2021年7月12日。

自 2019 年起，因該協會與新竹縣新住民家庭服務中心合作，推動讓「新住民姊妹」走入社區聚落、學習客家文化，並促進社區長輩「對外來文化的接受度」，[16] 上坪的許多社區活動也開始加入了「東南亞」元素，如，2020 年 9 月 20 日的「客庄文化大融合：豬籠粄 vs. Kue ku Dadar gulung」、同年 11 月 28 日「新丁粄文化祭」中的印尼舞蹈表演與印尼文化商品攤位，以及 2021 年端午節活動中的南洋粽（印尼雞肉粽）PK 客家粽等。這些活動多數聚焦在食材與食物外觀的比較，如以同為糯米為基底的客家茶包連結印尼的椰香粿（kue dadar gulung），或展現印尼粽包雞肉、使用香蕉葉，與客家粽內容物及以竹葉包裹的差異，除了讓參與者認識彼此文化相似與不同之處，似乎也試圖打破原本在想像上帶有「刻板」印象的「他者」形象，尤其是許多社區長輩容易從「客家人」或「台灣人」觀點，看待「東南亞媳婦」、「東南亞人群」或「東南亞文化」的方式。對此，協會中辦理這些活動的成員們有這樣的觀察：

　　　畢竟飲食、文化的不同啦，所以有些的社區民眾不見得都可以接受，比如說她那個粽子裡頭如果是包那種比較椰奶的，老人家比較沒辦法接受，他們會品嚐，但是不像我們那麼愛吃。或是因為他們覺得南洋口味就是很偏甜，很奇怪。然後泰國口味就是偏酸、偏辣。南洋口味她們比較重視的是香料的部分，然後客家的口味就是重油重鹹，所以這部分來講都

16　訪談筆記，2021 年 7 月 12 日。

是一些，應該就是說不同的體驗，也不能說是文化的衝擊。（李小姐，2021年7月12日）

我們也不斷跟姐妹們溝通，你既然嫁來台灣了，所以其實你應該了解台灣的文化。台灣文化包含了客家文化、包含了河洛文化、包含了原住民文化，有各種的文化在這上頭，那她不能夠說只秉持著說我是印尼的，我就始終是印尼人，我只知道印尼文化，這樣子一個態度跟觀念是需要做一個轉換的。那反過來，我們自己在這裡土生土長的居民，像我們的客家人，在上坪這裡的老先生、老太太，他們其實根深蒂固的觀念就是你就是外配呀，你就是外勞啊，你就是比我們低一等，嫁過來的，所以被我們所用呀，那其實透過這樣子的一個活動交流，其實我們的老先生、老太太當然也轉換說，哎唷，這些女生很厲害呀，這些女生也很行呀，不會比我們台灣的來得差。然後她的文化也蠻有意思的。所以在這個無形之中，我覺得也慢慢的促進了這個地區對於這個外來文化上的一個接受度。（徐先生，2021年7月12日）

值得注意的是，雖然試圖在社區活動中引入「新住民」參與者與「東南亞」文化元素，但對駐點協會而言，其主要的關懷對象還是社區中的客家成員，也因此，協會舉辦的多數活動都還是以客家文化為主（如前述的「上坪講古打擂台」、「客家文化與藍染手作共學營」、「新丁粄文化祭」等），相比之下，東南亞文化元素只是偶爾點綴於其中的一小部分。如協會的成員所述，東南亞元素的引入僅是開啓社群成員眼界與多元文化認識的活化

劑，並不是社區文化應該傳承及強調的部分。[17]前述的受訪者也提到，他認為作為一名嫁到台灣的移民配偶，最重要的應不是去強調其原生的文化身分，而是「學習台灣文化」，即，若生活在客家村落，「當然就要學習客家文化」。也因此，上述那些試圖連結客家與東南亞文化的活動，對部分駐點協會的成員及社區居民而言，其更重要的目的是讓東南亞新住民從客家長輩學習客家文化（而不是相反過來）。

部分受訪者雖然觀察到東南亞新住民在適應台灣生活的過程中，會因自身文化的差異而發展出不同的適應方式，但也強調，其結果應是讓「新住民」自身逐漸「融合」進「台灣文化」（如前述之受訪者，其所指的「台灣文化」主要包含客家、河洛與原住民文化）。[18]換句話說，對部分的駐點協會成員及部分社區居民而言，他們所認為的多文化接觸、「融合」的過程，似乎更像是外籍移民配偶的逐漸「台灣文化」化，而不是多種文化相互「涵化」，或在接觸互動中共同經歷改變與在地化、形成互相包含的「新台灣文化」。除了上坪，該協會也透過橫向的社區連結，與新竹縣新住民家庭服務中心合作，協助有意願參與的「新

---

17 以駐點協會已製作發行的上坪三本故事冊《坪聚》為例，其所採集故事的對象主要還是居住在上坪的漢人（包括自小出生、成長於上坪者，以及因工作而移入該聚落者），並不包括近年來因婚姻而嫁入該社區的外籍配偶。除此，筆者也在談話過程中發現，對駐點協會的部分成員或是社區居民而言，許多人在接觸或看待進入客家社區的東南亞新住民及其原生文化時，常會強調這些新住民作為進入台灣社會的移民者，應該要學習「台灣文化」（指原住民文化、客家與閩南文化），而針對上述那些試圖連結東南亞與客家文化的活動，則認為其更重要的目的，是要讓東南亞新住民從客家長輩身上學習客家文化。

18 訪談筆記，2021年7月15日。

住民姊妹」到新竹其他客家聚落（如竹東二重、青埔、芎林等地）參加社區活動。以下將從新竹縣新住民家庭服務中心在客家社區推廣東南亞文化的背景與過程，理解其在連結東南亞與客家文化間扮演的角色。

2. 在新竹縣客家社區推廣東南亞文化

我們進去社區有個好處是說，即便新住民家庭沒有出來，可是我們的代表團進去，他們社區的阿公阿婆，就是客家庄他們還是會看到跟客家不一樣的文化主題，我覺得總是還是會有影響，……原本我們希望他們能夠邀請在地的新住民出來參與，可是參與度都很低，但是老人家他們本來就有共餐共食，所以他們一定會出現，透過這樣子讓他們來認識不同的文化，等於說也給他們一個活動的機會。就是說反正一起，跟老人家一起來做什麼一些DIY，或者穿異國服裝、跳跳舞什麼的。

我記得我們108年第一場去一個社區，它在新埔，我們也是米食節，那一場就很多人，200個人，社區動員出來，因為他們本來是包客家粽，然後那一次，我們越南姊妹有去，印尼客家粽也有去，所以我們兩個主題，現場還教大家怎麼包那個越南粽，四方型的那一種……那一場我覺得主人也很感動，會覺得說很難得看到不同的粽型，然後那個阿公阿婆也很好奇說，欸，他這個是什麼，就是跟客家粽完全是不一樣，包括印尼的粽也不一樣。（陳小姐，2021年8月8日）

陳小姐是新竹縣新住民家庭服務中心的社工督導，因其過去

多年曾於新加坡、馬來西亞等地生活與工作的經驗，以及自身家庭的多文化背景，對於新住民社群在台灣的生活與發展有非常多想法。她在幾年前回到台灣後，憑藉著社工的專業背景，投入新竹縣新住民家庭服務中心的服務工作。

　　「新住民家庭服務中心」的前身為「外籍配偶家庭服務中心」，是內政部於2005年起透過「外籍配偶照顧輔導基金」，補助地方政府設置的單位（曾中明、楊筱雲、王琇誼，2007），2016年1月1日改名為「新住民家庭服務中心」。在運作上，地方政府通常會透過合約委辦的方式，將新住民家庭服務中心的業務交由協會組織承接辦理。以新竹縣為例，新住民家庭服務中心於2008年成立，其業務自2011年起至今主要是由新竹市基督教女青年會承接辦理。[19] 根據新竹縣新住民家庭服務中心人員的說明，基督教女青年會為一國際性組織，長期致力於推動婦女權益及平權相關之議題與服務。而作為服務中心服務事項規劃與議題推廣之主要人員的陳小姐，因自身的跨國經歷與跨文化經驗，常能從不同的角度與面向理解移民者在適應新文化生活的許多挑戰與困境。在其推動下，新竹縣新住民家庭服務中心在這幾年來已經逐步建立了許多橫、縱向連結的資源網絡（如連結「新住民學習中心」、地方各國中小、新竹縣社造中心等），除了作為新住民諮詢服務的主要單位，也透過舉辦各種主題的課程與工作坊（如多元文化美食課程、家庭財務規劃管理培力營、社群經營與媒體公關基礎實戰班、經濟成長課程、電影讀書會等），鼓勵婚

19　http://www.hcwfamily.org.tw/big5/About_01.php（取用時期：2021年9月2日）。

姻移民女性透過設計活動主題、進行提案與執行計畫,參與更多社會活動。

　　該中心自108年起,開始推動新住民女性或其家庭成員參與社區工作。透過與在地協會的合作(如前述駐點上坪的發展協會),鼓勵在新竹、甚至周邊苗栗地區的新住民,以主題提案的方式,向文化部的「新住民藝文推廣及社造參與計畫」申請計畫,希望到新竹縣的社區進行新住民文化(以東南亞文化為主)的推廣活動。陳小姐表示,由於觀察到多數新住民社群對「社區營造」還處於相當陌生的階段,難以在自身的社區進行社區經營,新竹縣新住民家庭服務中心在這兩年多來(2019-2021年),除了鼓勵有興趣者進行主題提案,以文化活動的形式(多與飲食文化或舞蹈文化有關),希望讓更多社區居民接觸及熟悉「新住民」文化,也聚焦於辦理多種「培力」課程、工作坊與參訪行程,希望透過多面向的學習、討論與觀摩,讓參與者獲得新的想法,並建立新住民社群跨區域的橫向連結。在推動的第一年(2019年),考量執行上的難度(即,如何將提案的新住民團隊「引入」社區),新竹縣新住民家庭服務中心主要是透過與縣內長照據點(如前述的上坪、關西等地)的社區合作,以主題連結的方式,進行文化(東南亞文化)推廣活動,如陳小姐在談話中所提及的在新埔舉辦的米食節活動[20],或是以擺攤、舞蹈活動的方式,納入地方的節慶活動(如前述上坪的新丁粄節活動)。

　　陳小姐也觀察到,當他們到各個客家社區進行文化推廣的活

20　2021年8月9日於新埔舉辦的「一樣米百樣食」活動。

動時，多數在社區內的新住民參與度都不高（許多人忙於工作或家務，這也與原先他們的期待稍有不同），主要的參與者反而是社區中高比例的老年人口。而在這些活動持續辦理的過程中，她也發現，平常較少接觸且對東南亞文化相當陌生的客家長輩們，透過一次次活動的參與，經由食物製作的過程、味道的感受，以及舞蹈活動的視覺感官體驗，開始認識這些「新住民」經歷成長的文化特色。透過這樣的過程，逐漸累積不同文化人群接觸及互相了解的機會。可惜的是，2020年與2021年，由於疫情的影響，許多原本規劃的活動必須暫停舉辦，[21]然而，這也促使新竹縣新住民家庭服務中心在這一年多來，更聚焦於規劃辦理線上課程及工作坊，希望在這個難以進行實體活動的時期，能持續透過網路社群的連結，集結有興趣的移民社群加入新住民文化的推廣活動。

總結至今，我們可觀察到在上述這些於新竹縣客家社區中進行的新住民（東南亞）文化推廣活動中，駐地的組織與協會多半聚焦強調以「客家文化」為主體的活動視角，而從新住民家庭服務中心的角度，其目的主要在於如何將新住民（東南亞）文化納入其中並推廣其特色。那麼，從參與這些活動、走入客家「社區」的「新住民姐妹」眼中，她們參與的過程、感受及其所展現的「文化關係」敘事又是什麼？

---

21 雖如此，新竹縣新住民家庭服務中心於2020年，還是進行了針對湖口工業區週邊印尼街區的導覽地圖製作的計畫（「微笑社區計畫」），該計畫由新住民家庭中的新世代主導，聚焦區域內的小吃店（包括泰籍、越籍、印尼籍與菲律賓店家等）與東南亞特色超市，繪製街區美食地圖，並不定期舉辦街區導覽活動（談話筆記，2021年7月5日、8月8日）。

3. 在文化推廣活動中走入客家社區的「新住民姐妹」

（2021 年）五月份的時候，我們（「新住民」參與者）介紹印尼粽子，然後阿嬤那些做客家菜包。我們就是會跟他們玩，然後他們也會做我們的雞肉粽。我們印尼的粽子是我們回教的粽子，長得不一樣，包的也不一樣。我們是用雞肉先炒過，燙過，先撕一撕……。米先蒸過。把雞肉放在那個糯米裡面，然後包。我們是用香蕉葉，不一樣。我們吃粽子大部分都是過年時候吃。（阿玲，2021 年 7 月 13 日）

阿玲（匿名）來自印尼東爪哇接近中爪哇的 Ponorogo，約二十年前以移工的身分來到台灣，後來在工作中認識了現在的先生（閩南人），才結婚成為所謂的「新住民」。婚後阿玲從新竹搬到苗栗，居住在客家人為主的區域，而除了協助在仲介公司工作的先生，她也開始發展自己的舞蹈興趣。筆者是在 2020 年 9 月底第二次拜訪上坪時，在「豬籠粄 vs. Kue ku Dadar gulung」的活動裡認識阿玲。當時的阿玲除了負責烹煮椰香粿（Kue dadar gulung），也帶著自己的孩子以及其他幾位印尼新住民姐妹，表演印尼舞蹈與印度舞。阿玲算是上坪的常客，在許多結合東南亞文化的活動裡，都可見到她的身影。對於參加好幾次上坪社區活動的感受，阿玲表示自己在過程中學習到很多客家文化，也提出了自己對客家文化的觀察：

客家就是會有他們自己的那個客家文化啦，然後還有就是客家的那個布啊、藍染啊，然後客家的那個歌啊，還有客家的

那個舞蹈啊，這些都我們看了也是比較不一樣呀。像我們可能妳看喔，在台灣可能妳說閩南人，閩南人就比較沒有那麼明顯的，我們也比較不太了解，只是就是說，他們的那個生活方式，跟我們比較不一樣這樣子。那客家的話就是比較明顯，因為我剛好也是住在頭份這邊嘛，客家人比較多，然後我以前也是跟一些阿姨們在一起跳那個廣場舞啊，他們都是客家人，阿他們也是有參加那種，就是常常在市公所辦什麼活動，他們都也會表演啊，那一些，就是唱歌啦，或是跳舞啦，然後他們都會穿他們客家的那種，就是他們的客家布的那種制服阿，然後或是帽子啊，然後還有做那些麻糬啦。

有一些客家文化我們真的是不知道，像菜包，我們本來以為是用麵做的，或是什麼麵粉做的，欸原來不是，原來也都是用糯米。像那個粽子，台灣那個粽子是先炒過，還有就是炒過包好就直接下去煮，或是炒好了直接單純的用蒸，就是我們吃起來就有乾乾的跟濕濕的，就不一樣。然後像我們跳的是印尼舞蹈嘛，那他們是客家舞蹈。但舞蹈是不分你是什麼人，可是你在跳的時候，就是會感受那個音樂可能是很快樂的，或是什麼，就是產生那個感覺。就像印尼很多舞蹈就是動作很明顯，就像跳舞的時候像是在跟你講話，我們也會跟阿嬤他們（客家長輩觀眾）講。因為如果你是原來不知道，就是只是看到這個就只是單純的一個表演，可是當你知道它裡面內容是什麼的時候，你就覺得文化原來有那個，就像我們印尼的那個舞蹈就是動作很明顯在幹嘛，好像在跳舞的時候，他是在跟你講話，嘿這個就是感受的不同。（阿玲，2021年7月13日）

近幾年來，阿玲除了在大學兼課教馬來語及印尼語、在兩所國小教授印尼語，也因自己對舞蹈的興趣，在新竹縣與苗栗縣開設印尼及馬來舞蹈的相關課程。身為伊斯蘭信仰者的阿玲，十幾年來在台灣的生活過程中，因為感覺難以完全避免吃到豬肉，表示自己現在已經不會忌諱吃豬肉了。而作為來自印尼的「新住民」中少數的非華裔者，對比於客家社區中的許多印尼客家華人，阿玲對自己的身分有這樣的感受：

　　新住民姐妹中，印尼的，像我是爪哇人嘛，也有一些是那個客家人，然後客家人嫁過來的，真的我看像如果有100%，客家人會看得懂中文的，真的是很少。……可能在印尼的時候，100%裡面有讀書的可能只有5%，真的是非常少。然後她們就會覺得，我們爪哇人來這邊大部分是工作，華人以外嫁過來的大部分都是先來工作，可是她們會覺得她們是華人嫁過來是應該的，好像她們的地位比較高。可是呢其實基本上我們爪哇人是讀比較高的書。就大部分基本我們都是讀到高中，或是有一些也是國中，就是真的比較鄉下的就是國中，然後我們都很願意學習，然後我們原本是不會中文的，就是來台灣學中文。可是她們呢，因為她們會講客家話，她們都用客家話就覺得很厲害，中文不是很好。然後就是可能人家協助她的時候，她覺得，像是新住民家庭服務中心打電話到家裡的時候，問跟這個媳婦啊，有沒有就是聊天，就是如果沒有辦法通啊，我們可以協助你呀，所以他們就會講說她會講客家話，不需要幫忙。可是當你是像我們這樣子，我是講國語而已，那有沒有什麼溝通可以了解一下，他們就會

來看，那有需要幫忙或是什麼，就是中心會跟你說，然後加中心的群組，那群組是不是會看到很多課程，可能或許有一些是免費課程啊，就會去體驗，然後會有我有認識的這些人，原來我可以學中文，原來我可以學一些，可能那個一些美容啦免費，還有就是因爲你沒有上班，所以你上課，三個月每天就去上課，還可以領錢，這個這一些東西，你如果是沒有管道，你也不知道吧。……所以等於是他們（新住民家庭服務中心）就會把這些就是新住民湊起來就會有開始認識一些新朋友這樣子。（阿玲，2021 年 7 月 13 日）

　　阿玲的陳述除了指出其與來自印尼的華裔新住民（多爲西加里曼丹客家人）的互動經驗，以及彼此的差異，也呈現出來自印尼、具有客家背景的新住民，在生活適應上常會被認爲因同具有客家身分及語言溝通能力（客語），可能較少發生生活適應的問題，因此遭受夫家的忽略，也較難有機會可以參與新住民服務中心的課程、認識其他「新住民姐妹」。反而像阿玲，因爲開始參與新住民服務中心的課程與活動，認識了一些同樣來自印尼或跨族群文化的好友，且在一起參與課程、學習舞蹈的過程中，逐漸建立起自己生活裡的人際網絡。而阿玲也透過舞蹈的教學，認識有興趣的台灣或非台灣的朋友。

　　阿玲近幾年來也因參與新住民家庭服務中心（包括苗栗與新竹的新住民家庭服務中心）的事務，對於許多「新住民姐妹」在台灣的遭遇，以及社會變遷過程中，開始有愈來愈多新住民女性走出家庭的現象，亦有不少的觀察：

以前我們有一些姐妹也是現在都是終於可以走出來了，就是因為以前剛嫁過來，就是真的是婆家也不給她出去啊，然後她只能在家裡顧小孩，後來現在真的是老人家，比較年紀大了，她還是需要人照顧，然後剛好小朋友也大了，就可以出來工作。在外面跟真的在家裡就是不一樣。以前老人家就覺得就是在家裡不要去跟人家學壞嘛，以前都用這種想法，現在還是會有，只是說比較少，可是以前是也沒有新住民家庭服務中心。（阿玲，2021 年 7 月 13 日）

　　阿玲的這些觀察，一方面點出了社會變遷影響下，上一個世代對家中外籍女性配偶的態度轉變，以及開始有愈來愈多新住民女性走出家庭，逐步建立自己在台灣社會新的社交生活與人際網絡，也指出了「新住民家庭服務中心」在其中扮演的角色。

（二）從學校多元文化課程到教學社群網絡：在比較中建立 文化連結與對話

我每年都會辦一個所謂的新住民子女的「樂學營隊」，在暑假，我去年就教他們做風箏，做馬來西亞風箏，今年我想要玩蠟染，然後我要跟台灣的植物染跟藍染做比較。我們連要做蠟染的東西都從馬來西亞帶回來了。……就是要告訴人家說，這個文化，這個獨有，但問題是台灣有沒有，有，但不一樣，這樣才能看到不一樣，才能夠豐富你的文化，不是說啊你們那個不能看啦，只有我們這個可以看……例如介紹 Batik 布的時候，就可以一起介紹客家花布，類似這樣子，

當然它不是客家花布，但這個就可以介紹，像為什麼台灣客家用這個花，為什麼東南亞會用那個圖案，都是有原因的。讓他們親自去做，會給他們做帆布包（蠟染），都是國小的學生，大概在 15 個人左右。……然後跟孩子講這個文化為什麼會這樣子，所以我都會做 comparison，我教文化都會做比較，像風箏我就會說台灣的風箏是怎樣，那馬來西亞的風箏是怎樣，為什麼會有這樣的不同，我覺得這才是文化中有意義的事情。……

我們是馬來西亞的團隊，應該這麼說啦，108 課綱不是有新住民語嗎？我自己就把所謂全國的教資全部統合在一起，主要是馬來語的教師。因為有些人真的不敢教書，所以我們都會互相支援，比如討論要跟學校說辦什麼，然後如果有缺什麼東西，我們就會互相借來借去。……因為我覺得一個人很孤單，所以就把大家拉在一起……（小慧，2021 年 6 月 22 日）

小慧（匿名）是來自馬來西亞的客家人，爸爸是惠州人，媽媽是梅縣人。她在 1990 年代末嫁到台灣，至今已超過 20 年。她的先生在 1990 年代因為南進政策到馬來西亞工作，兩人因此認識而結婚。來到台灣的小慧，因為跟公婆住在一起，開始發現來自龍潭的婆婆講的客家話很不一樣，於是央求原本只跟她說國語的婆婆教她說「台灣的客家話」。小慧提到，她覺得台灣的客家話很「字正腔圓」（很多字似乎比較「國語化」，例如「水壺」等的詞，跟馬來西亞受到廣東話影響的客家話不一樣）。也因為這樣，加上來到台灣初期，小慧常跟著先生與公公到處跑（公公為一貫道信仰者，常跑桃園中壢的道場），遇到很多客家籍的阿

姨們，漸漸學會聽懂不同腔調的客語。除此，一開始住在台北大稻埕的小慧，因店家鄰居很多人是講福佬語，也學會了聽、說福佬話。這樣多語言的環境，加上自己有興趣學習，讓現在小慧可以很容易地在不同語言腔調間轉換，也因此常常自嘲自己是「多聲道」，遇到什麼人都可以馬上轉換成相似頻道的語言。而在家裡，小慧與先生、小孩的對談中，也充滿各種語言，包括國語、客語（台灣腔為主），以及少數的廣東話或偶爾的「閩南語」。

小慧搬到新竹後，曾有很長的一段時間在移民署當通譯，直到2012年，當教育部與內政部開始辦理全國性的「新住民火炬計畫」，[22]補助新住民學生超過一百人（或十分之一）的小學辦理多元文化講座或新住民語（當時以越南、印尼、泰國、緬甸及柬埔寨五種語言為主）課程，小慧才因此進入新竹的幾個國小，開始學習製作教材，進行文化知識的揀選、梳理與傳遞。

> 當時的教材比較是做文化上的，當時玩一玩，我就會做一些
> 當地的童玩，我會去網路上找，我會先介紹地理環境、然後
> 國旗，我後來才發現童玩最引起小孩子的興趣，所以我會去
> 做藤球，還有跳格子，馬來西亞版，或是印尼版的，還有那
> 個皮影戲，這些東西就是當時這樣做過來的，我就想盡辦法
> 把它做出來。我也會去觀摩，我會提早到那個學校去，然後
> 去看其他老師怎麼上課。我最喜歡去看英文老師上課，看他

---

22 該計畫期程為2012年（101年）3月至2014年（103年）12月。可參見〈全國新住民火炬計畫行動方案〉，http://dyna.hcc.edu.tw/campus/web/index1.php?wid=461&dup=0&mid=7781&pid=1335&lel=1&art_id=1335（取用日期：2021年9月5日）。

們怎麼做教材。我就開始去跟英文老師當好朋友，然後跟他要有沒有要丟掉的教具。可能他本來是英文的字，我就把它撿起來，因為印尼語也是字母，就玩連連看、克漏字這些。其實那個都是自學，自己摸索，觀看別人，學習別人的東西……

那時候我就負責印尼，也因為我當時接了印尼，才知道原來印尼這麼多的客家人，我才知道很多印尼都是來自山口洋，我本來的印象中印尼跟馬來人很像，我才發現超多客家人。然後因為那時候又可以講客家話，還有越南也是喔，越南也很多客家人，我也因此認識很多越南講客家話的。所以整個網絡就是這樣建立起來的，我們到現在有時候跟一些夥伴，也是講客家話，有印尼的、也有越南的。（小慧，2021年7月9日）

除了一開始的印尼語，2019年8月，當108課綱開始實施、正式將馬來語列入七種「新住民語」後，小慧也開始教授馬來語課程。在約十年的教學過程中，小慧不但逐漸摸索出教授的「文化內容」，也透過將東南亞文化（尤其是其課程相關的印尼及馬來西亞文化）與客家文化進行連結、比較，試圖讓學生在更有共鳴的過程中，透過相似與差異的比較認識這些「文化」。除此，也因為小慧自身的客家身分，以及在台灣客家家庭與客家地區生活的經驗，加上其教授課程的許多學校，都是在客家人為主的區域，這些都讓小慧在教授印尼語、馬來語及相關文化內涵的過程中，很自然地會把客家元素放進來，透過比較，讓學習者建立不同文化相似與差異的感受經驗。而在這些過程中，也可逐漸看到

大約從2012年「火炬計畫」在部分小學開始實施以來,這些進入學校場域教授語言文化課程的「新住民」老師們,如何透過自身作為多文化接觸媒介的經驗,在摸索與學習過程中,將自身所理解、認知的「文化」形象、「文化」內容與「文化」特質,透過語言、食物、服飾等面向傳遞給課程中的學習者。

> 就像我上次講的花布、蠟染,還有所謂的糕點,比如說發糕,我們會做馬來西亞的發糕,還有客家的發糕。食物是可以做一個很不一樣的對比,比如炒粄條就好,像馬來西亞粄條,跟客家粄條。像客家湯圓,像我們去吃有甜跟鹹,在台灣我就把鹹的那塊來講,那甜的那塊我就會講馬來西亞的,就這樣子。如果他媽媽也是馬來西亞人的話,他就可能會有吃過,或可能沒吃過,但我就會做一碗給他帶回去給媽媽,有些媽媽就會line我說很感動,很多年沒吃到了……食物比較好那個啦,其他有關客家的童玩,其實跟馬來西亞還蠻接近,比如說像丟沙包這些東西。我就會做兩個,一個是客家的沙包,一個是馬來西亞的沙巴,不同,像接、丟、拋都不一樣,算分數也不一樣。當然我不知道這算不算客家。還有一些啦,比如說俚語,或是馬來語裡面有用到客家語的,像那個「仙草」……(小慧,2021年7月9日)

現在的小慧雖然已逐漸減少到學校教授語言文化課程的時間,但當108課綱開始推廣時,擁有多年教學經驗的小慧,也與幾個已有教學經驗或即將投入馬來語教學的夥伴們,透過臉書社群及line群組,建立了一個她稱為超前部署的「關懷群」,作為

教學經驗傳承，以及課程活動連結、教具與教學資源分享的重要平台。

（三）小結

筆者在這些探訪與談話中逐漸發現，相較於過去探討文化接觸與族群互動時，多會聚焦於日常生活或在社會關係中所顯現的，較為「自然」的人群接觸與文化互動理解之過程，台灣近幾年來透過政策有意識推展的「社區」活動／「社區」工作、「新住民」事務，以及如「火炬計畫」、108課綱中增設的新住民語類別及文化課程等，都不斷在「創造」多文化接觸的新平台。本節以上坪的社區活動以及部分新住民受訪者的經驗談為例，希望初步呈現在今日台灣社會中許多新的文化接觸過程與經驗，呈現在這些相較而言透過主動「創造」及有意識地「設計」的文化接觸與關係連結過程中，不論是客家文化或「東南亞文化」（或更細緻地再分為「印尼文化」、「馬來文化」或「印尼客家」、「馬來客家」等），都在這樣的再現與再生產過程中，不斷透過行動者自身的詮釋與知識化過程，呈現出多樣但又回應著台灣社會變化（在地化？）的面貌。這或許將成為台灣族群文化研究，以及台灣客家研究可關注的新議題。

三、結論：「新住民」議題在台灣族群政策中的困境與挑戰

本文著眼於近幾年來在台灣客家社會中人數逐漸增多的東南亞新住民，希望能理解這些婚姻移民女性走入客家社區及學校場

域，參與客家社區活動及教授多元文化課程之經驗與過程。筆者認為，這些在政策、地方組織協會及個人主動的推動下，於社區聚落及學校場域搭建的文化接觸平台，不但是理解這些移民社群在台社會生活的重要部分，在客家社會的脈絡裡，也觸動了東南亞文化與客家文化的交流與對話，甚至產生新的連結關係，使得公領域中「新住民」社群與台灣其他人群的關係，從一個原本較無交集、相互區隔的狀態，開始有了初步的接觸與往來。然而，筆者也發現，這些在家庭場域之外逐漸發展的文化接觸新平台（如在社區活動中引入東南亞主題的文化推廣、在學校的語言教學及多元文化課程中帶入客家與東南亞文化的比較觀點），雖然擴展了人群及文化接觸的面向，也提供了彼此理解與互動的機會，但這樣的接觸畢竟過於短暫（僅止於活動舉辦的時間，或是每週一節40分鐘的新住民語或多元文化課程），是否及如何延伸至日常生活的其他面向，產生更深刻或融合於生活經驗中的影響力，值得持續觀察。換句話說，以本文所聚焦的幾個場域為例（包括社區的活動與學校中新增的語言及文化課程），目前僅能初步觀察到人群與文化似乎開始打破了以往較為區隔、不接觸或無往來的界線，進入一個相互認識與接觸的過程，至於這樣的接觸是否會進一步發展為具有意義的生活互動（即，展現出和諧、緊張或衝突之人群關係），除了有待更長時間對這些活動與課程影響力的觀察，也須持續關注政策的推動方向及因應其所產生的地方行動。

　　本文作者在研究過程中，深刻體會到「新住民」社群在台灣因身分界線模糊難以被定位，導致其在台灣族群議題的討論與政策規劃上面臨困境。換句話說，「新住民」本身並不是一個族群

概念，其所關聯的人群包含了多種文化及多種族群身分。然而，因政策及媒體常將「新住民」套用於指涉婚姻移民配偶，導致了這個原先只是籠統地稱呼較近期移民至台灣者的概念，在台灣社會的脈絡裡幾乎已經被等同於婚姻移民配偶而使用。值得注意的是，雖然「新住民」常被用於指涉透過婚姻移居至台灣的外籍配偶，在許多的政策語境及學術討論中，此概念又常會帶有「族群」意涵，如，指涉其中來自東南亞國家、「異文化」特色及人數比例較顯著者。因此，在許多族群議題或政策計畫的推展中（如108課綱的設計），「新住民」有時又會被視爲一個類族群的概念，放置在族群關係與族群政策的脈絡中討論。

正是這個既模糊又難以具體定義的身分概念，使得「新住民」相關的政策規劃，總是散落在各部會，[23] 且常是因應政策目標需求而產生的短期效應。這也導致有時不同部門會推出相似性／重複性過高的計畫，或是許多計畫實施的時程過短，而缺乏延續性。以本文所探討的幾個個案爲例，雖然在目前的觀察中皆可發現透過文化與教育活動所引發的文化接觸效應，如，對不同文化的好奇、興趣、學習與理解，但這樣的片面且短時間的接觸過程，若無法累積與持續，應很難進一步深化、顯現於日常互動中。

如同前述，「新住民」社群包含了多族群與多文化，這樣的人群類別是否適合整合於單一的部門單位之下，如客委會、原民會，值得審慎討論。然而，在台灣社會的脈絡裡，也因這個概念

23　如教育部與內政部推出的「全國火炬計畫」、文化部的「新住民藝文推廣與社造參與計畫」、勞動部的「新住民就業促進計畫」等。

在使用上的模糊與特殊性，導致了「新住民」概念在發展過程中，被賦予了某些類族群身分的特質，甚至在日常語境裡，有時會與其他族群概念並置（如，將「新住民」作爲一個類別，與客家、閩南及原住民族群並置談論），或作爲族群關係指涉的概念。在這樣的脈絡中，我們也看到了不論是媒體論述、學術研究或國家政策的發展，這個模糊但又具有類族群特質的身分概念，從一個常被冠以負面刻板印象，在生活場域及政策視野中被排除或區隔，逐漸走向了開始被正視、被納入，並逐漸與其他族群類別並置的位置。雖然其身分定位仍然模糊，但不管是將其視爲一個類族群整體，或關注其所呈現的多文化特色，「新住民」人群在國家政策的視野及台灣社會的生活經驗及日常語境中，已經成爲了不可被排除與忽視、非常重要的一部分。也因此，本文認爲，當這個在台灣的社會脈絡中仍在「發展」的人群身分概念被放置於族群研究與族群關係的討論中時，應能觸發更多對台灣「族群」概念發展及族群政策發展的反思與論辯，甚至可能成爲反思台灣「族群」經驗非常重要的取徑。

參考文獻

日婉琦，2003，〈族群接觸與族群認同：以賽夏族tanohila：氏族日阿拐排下為例〉。國立政治大學民族學系碩士論文。

王甫昌，2002，〈台灣族群關係研究〉。頁233-274，收錄於王振寰主編，《台灣社會》。台北：巨流出版社。

———，2003，《當代台灣社會的族群想像》。台北：群學出版社。

王明珂，1997，《華夏邊緣：歷史記憶與族群認同》。台北：允晨文化。

———，2003，《羌在漢藏之間》。台北：聯經出版公司。

王學新（編譯），2003，《日據時期竹苗地區原住民史料彙編與研究（下）》。南投：國史館台灣文獻館。

江湉君，2015，《賽夏遇見客家：當代賽夏族宗教神靈觀之探究》。苗栗：國立聯合大學客家語文與傳播研究所碩士論文。

吳孟曄，2014，《苗栗縣公館鄉東南亞新住民語言使用與語言態度調查》。苗栗：國立聯合大學客家語言與傳播研究所碩士論文。

李芬蘭編，2020，《坪聚3.0：上坪四季在微笑》。新竹：新竹縣全齡文教發展協會。

林淑鈴，2012，〈異族通婚與跨族收養：日治時期前、中、後、先鋒堆客家與其他族群互動的軌跡〉。《高雄師大學報：人文與藝術類》33：161-190。

施正鋒，2013，〈原住民族知識體系與客家知識體系〉。《台灣原住民族研究學報》3（2）：115-141。

施添福，2013，〈從「客家」到客家（一）：中國歷史上本貫主義戶籍制度下的「客家」〉。《全球客家研究》1：1-56。

———，2014a，〈從「客家」到客家（三）：台灣的客人稱謂和客人認同（上篇）〉。《全球客家研究》3：1-109。

———，2014b，〈從「客家」到客家（二）：粵東「Hakka 客家」稱

謂的出現、蛻變與傳播〉。《全球客家研究》2：1-114。

胡愈寧、張瑞蘭，2012，〈客庄新住民之子女語文能力與生活適應研究〉。《聯大學報》9（2）：23-36

徐正光、張維安，2007，〈導論〉。頁1-15，收錄於徐正光主編，《台灣客家研究概論》。台北：行政院客家委員會。

張翰璧，2007，《東南亞女性移民與台灣客家社會》。台北：中央研究院人文社會科學研究中心、亞太區域研究專題中心。

莊英章，2004，〈族群互動、文化認同與「歷史性」：客家研究的發展脈絡〉。《歷史月刊》201：31-40。

───，2005，〈客家族群的「歷史性」：閩、客民間信仰模式的比較〉。頁279-298，收錄於喬健、李沛良、李友梅、馬戎編，《文化、族群與社會的反思：第八屆現代化與中國文化研討會論文集》。上海：上海大學。

麥桂齡，2010，《新竹縣「客家聚落」的歷史變遷──以竹東鎮軟橋里為例》。桃園：國立中央大學客家研究碩士在職專班碩士論文。

曾中明、楊筱雲、王琇誼，2007，〈外籍配偶家庭服務中心運作現況與展望〉。《社區發展季刊》119：5-19。

黃秋菊，2008，《以客家之名：後堆客籍新移民女性自我形塑之探討》。屏東：國立屏東科技大學客家文化產業研究所碩士論文。

黃應貴、葉春榮（編），1997，《從周邊看漢人的社會與文化：王崧興先生紀念論文集》。台北：中央研究院民族學研究所。

潘英海，1994，〈文化合成與合成文化〉。頁235-256，收錄於莊英章、潘英海編，《台灣與福建社會文化研究論文集》。台北：中央研究院民族學研究所。

蕭新煌、黃世明，2001，《地方社會與族群政治的分析：台灣客家族群史（政治篇）上、下冊》。南投：台灣省文獻委員會。

謝世忠、李慧慧，2020，〈抱養的追憶──從msbtunux泰雅族qara社Nokan家族談起〉。論文發表於「客家與周邊人群工作坊」。新竹：國立陽明交通大學。10月16-17日。

鍾鳳嬌、黃秋菊、趙善如、鍾鳳招，2011，〈遊走於「文化」與「自我」之間：客籍新移民女性自我形塑之探討〉。《人文社會科學研

究》5 (1)：22-50。

Barth, Fredrik, 1969, *Ethnic Groups and Boundaries: the Social Organization of Cultural Difference*. Oslo: Scandinavian University Press.

第 12 章
柔佛客家帶河婆客家家庭和社區的族群關係

林開忠

摘要

　　本文的問題意識為：「在以客家為主的地區裡，客家族群認同與族群關係如何？這些族群認同與族群關係於個人、家庭與社區中的表現又如何？」過去對東南亞地區客家認同的研究大多以單一聚落、個別家庭或個人為研究重點，這對於了解客家認同有所幫助，但那只是對一地或一區客家人的描述；而當客家作為一個地帶的多數群體時，特別是在客家帶區域裡的客家人，又會凸顯出怎樣的客家認同，以及客家認同與當地族群關係特色又是如何？這是本文的研究目的。基於此，本文以馬來西亞柔佛南部（簡稱柔南）的客家帶為研究場域，進行此地帶城鄉區河婆客家人的客家族群認同與族群關係之探討。研究結果顯示：柔南客家帶鄉區河婆人的客家認同，大多保留在家庭與社區中；而城區河婆人的客家認同則少部分在家庭中維持，卻在社區裡逐漸消失，河婆客家認同變成一種象徵族群性。至於族群關係，柔南客家帶河婆人的族群關係可以從以下四個面向來看：一，河婆人與其他客家或非客家華人群體的關係是和諧的，即彼此之間平和、平等

及相互文化涵化之關係;二,河婆人與馬來人的關係則是既和諧（因為柔佛州蘇丹強調各族和諧共處），又緊張（國家族群政策造成馬來人—華人存在著穩定的緊張關係,彼此間有著隱性的矛盾）,且區隔（由於國家族群政策與州土地政策關係,使得馬來人與華人有意識的阻隔或孤立彼此,雖然他們可能居住在同一個地區,但彼此的區隔界線還是很清楚）;三,河婆人與原住民的關係是區隔的,畢竟兩者居住的地理生活空間並無重疊,在本研究的訪談資料中,根本沒有出現有關原住民的描述或討論;四,河婆人與新移民／工的關係,新移民的部分大多為婚入新村的印尼或越南女性,她們成為河婆村民家庭的一份子,河婆人跟新住民的關係和諧;至於移工,主要來自孟加拉、緬甸或印尼,從訪談資料可以了解河婆人跟他們的關係較為區隔,有些受訪者甚至不清楚這些移工的來源國,與移工之間也沒有實際的接觸交流。

關鍵字：柔佛、古來、河婆、客家

一、馬來西亞族群關係下的華人亞群族類

　　客家是華人的亞群（subethnic）之一，這已經是學術界的共識。但對於東南亞區域的客家作爲一種族群認同是否存在或其存在的狀況，學者之間還存在著很大的分歧。以馬來西亞爲例，「華人」已成爲具有社會意義的族群稱謂，對一些人而言，華人內的各種「亞群」似乎已退出歷史舞台或完全消失，或是還殘留在一些面向上如亞群間的刻板印象、墓碑上的紀錄等等。華人亞群的重要性在學術討論上也因爲這些發展或論點的加持下，不再受到重視，「華人」研究蔚爲主流。晚近20年來，台灣客家研究蓬勃發展，觸角也從台灣內部的客家研究逐漸往東南亞擴散，導致東南亞「客家」的討論劇增。從這些討論中，也逐漸出現台灣客家作爲一個族群與東南亞客家作爲一個「族類」（ethnic category）的所謂自爲客家（Hakka for itself）與自在客家（Hakka in itself）的差別。

　　釐清關於族群、族類的差別，將有助於我們更理解台灣與東南亞客家的差異和現況，即台灣的客家族群是具有某種組織功能或群體存在意識，以及通常具有政治或經濟目的之群體認同樣態；而東南亞的客家族類則是指具有特定群體名稱及意識到與他群之差異的認同或認知。換句話說，族群與族類都具備認同之成分，差別只在於認同的目的性不一樣。但即便釐清了族群跟族類的差別，我們還得敘明東南亞客家與華人這兩種層次的認同是如何共存、它們的表現方式又如何的問題。

　　Judith Strauch於1970年代在霹靂州某華人新村進行民族誌研究，可以提供我們有關人們於日常生活中的認同運作方式。她

認為華人的自我認同、分類和群體形成，經歷三個不同的政治與社會變動時期而伴隨著改變。第一個是殖民時期，當時大量華人移工到馬來亞，他們自然傾向於跟說同一語言、有共同文化習俗、喜歡相同食物及祭拜同樣神明的同鄉在一起。造就了一些城鎮地區，同鄉會館林立，那是移工獲得工作機會、緊急借貸、調解紛爭、回鄉娶妻等訊息或互助的重要管道。因經濟競合關係，也使得一些較弱勢的華人亞群形成跨語群的更大地緣社團或祕密會社，以跟強勢的亞群競逐，譬如以「廣東」為號召，結合廣東省內的廣府、客家、潮州及海南等亞群，以跟「福建」（也是集合許多亞群所組成）競爭。在這樣的政治經濟環境下，華人的亞族群性（subethnicity）具有顯著的社會意義，因為除了華人精英以外，人們日常生活世界裡就只有自己所屬亞群和其他華人亞群是有意義的群體，至於其他族如歐洲人、馬來人或印度人對他們來說相對不重要。換句話說，此時的華人亞群是重要的族群，人們的群體認同也以亞群為界線（1981：242）。

　　第二個時期是伴隨世界局勢變動而來：首先是1930年代的經濟大蕭條，導致很多原本在都市區或礦區工作的授薪階級華工，因經濟不景氣遭裁員而紛紛轉到鄉區開墾土地，行自足農耕；之後1941年日軍南侵，又造成另一波都會區華人的恐慌遷移，他們也湧入鄉區，佔據並開墾無人使用的土地。這兩波的人口移動，使得華人在鄉區聚族而居，建立聚落，但由於他們所居住或耕作的土地並沒有取得合法的地契，因而後來被殖民政府稱為非法的擅自佔地戶（illegal squatters）。戰後，馬來亞共產黨發起武裝鬥爭，進行森林游擊戰，使得靠近山區或偏遠鄉區的華人被污名化成共產黨同路人或同情者。為打擊共產活動，英國殖

民政府於1950年代初，強制執行遷移鄉區華人到指定地方進行監控和集中管理，這些新設立的聚落就成爲「新村」（New Villages）。這波強制遷移成爲第三波華人人口移動，涉及約四分之一的華人，同時也改變了戰前亞群聚族而居之散村聚落形態，而產生約400個華人新村，其中有近一半爲多亞群混居的華人新村。作爲集村聚落型態的新村，隔絕了華人跟馬來人或印度人的族群互動機會，使得他們在日常生活及社會互動上，難以自視爲被多數馬來人環伺的少數群體，因爲在新村裡，雖然華人亞群混居，但大家都還是華人，因此，他們所面對的主流文化還是華人文化爲主。在這樣的環境裡，新村裡具有社會顯著意義的群體分類仍然是華人亞群族類（subethnic category），因爲在日常村落生活中華人亞群是群體辨識的重要指標；同時，人們也都還保有對非我亞群的刻板印象，以及在家庭私領域裡使用各自亞群語言來溝通之傳統（1981：245-246）。Strauch在分析了「山村」的華人亞群認同後，指出：「比起過去，雖然他們不再讓亞群認同形塑或侷限他們的行爲和選擇，但他們拒絕拋棄已不再具有實際用途的亞群族類，它的持續存在並沒有造成任何的矛盾。」（1981：253）

之所以亞群認同逐漸轉變爲族類，Strauch乃是將之放在第三個時期的政治經濟歷史發展脈絡來說明。就像Furnivall的多元互斥社會（plural society）模型所描述的，在殖民社會裡，殖民者扮演了居中協調、消除族際衝突之角色。但在殖民者離開後，新的族群衝突與敵對變成可能，這樣的情境導致了另一層級群體認同的形成，但亞群層次的認同並沒有因此消失，而是持續以族類的型態運作著。在她研究的「山村」裡，華人似乎都了解獨立

後的馬來西亞政治權力高度集中在馬來精英身上，但「在日常生活中，（華人）個體未必與馬來人有互動，但他／她可能會不止一次被提醒【華人】族群的顯著性，因此，他／她就會自動地以生爲華人族群成員的身分來歸屬自己」（Strauch，1981：246）。於是，「華人」成了亞群中最具包容性的族群層次認同和群體稱謂，跟華人亞群族類並行存在，在不同的情境下成爲個人身分認同的依據。

作爲族群的「華人」或「馬來人」，事實上都是英國殖民知識（colonial knowledge）建構下的結果。利用 Bernard Cohn 對英屬印度的研究，Shamsul（2004）指出英國殖民者透過各種殖民調查形態（colonial investigative modalities），譬如聚落報告及殖民歷史過程的歷史學形態（historiographic）、地圖與動植物樣本製作、建築紀錄和考古遺址之實地調查形態（survey）、人口普查的計算形態（enumerative）、搜集具有危害社會秩序的監控形態（survillance）、再現土著文物、文化與社會的博物館學形態（museological）以及展現各種意象甚至刻板印象的旅遊形態（travel）等，以累積所謂的「事實」（facts），並建構出一套取代原住民原有的知識體系，「華人」與「馬來人」就是這套知識體系的產物。

在追溯「華人」與「華人性」的起源時，Shamsul 將之分成三個時期：即一、華商於前殖民時期參與馬來世界的貿易，對馬來人而言，他們是來自北方的強國，因爲馬來王朝需要向它朝貢。這些季節性的商人移民有的跟本地婦女通婚，形成土生或混血後裔，他們也常跟地方上的貴族統治者結盟以開發自然資源，如礦業與農業發展（2014：123-124）。二、進入英國殖民後，

馬來統治者因新的商業機會而分幫分派，殖民者也爲了行政上的便利，透過人口普查的計算形態、監控形態、旅遊形態等調查，累積大量有關華人文化習俗與社會組織的「事實」，使得「華人」類別得以鞏固。到了1920年代，原本只是族類的「華人」逐漸形成族群網絡（ethnic network），最後並組織成族群社團（ethnic association），如此，華人社群在英屬馬來亞正式成形——透過對其過往英雄、歷史事件，以及中國文明大傳統之強調，形塑出他們的歷史認同，此認同乃社群精髓所在，使他們跟原鄉得以連結。1920到1930年代，這個歷史認同更受到中國民族主義的強化，開始出現統合所有華人亞群的包容性「華僑」（以及之後的「華人」）族群稱謂。這個稱謂再透過教育和媒體來灌輸與傳播，以及發生在中國原鄉的各種歷史事件而激化。總之，「華人」及「華人性」形成的過程中，英國殖民者的各種調查形態或知識建構可以說扮演了關鍵角色，但隨著歷史發展，特別是中國歷史起伏更是強化了「華人」及「華人性」。這些，在Shamsul的文章中都被稱爲文本的（textual）或所謂權威界定（authoritative-defined）下的華人性。三、隨著馬來亞獨立以及馬來西亞的建立，作者認爲華人—馬來人的族群關係處於一種「穩定緊張」（stable tension）狀態，意思是雙方在「共享與同意某些事情」及「不同意其他事情」之間保持著平衡。在公共領域裡，雙方不同意的事情常被挑出來，並進行爭論與協商。由於不同語言媒體各自服務自己的族群，因此，雙方容有不同意見，但難有短兵相接的機會（2004：130）。但潛伏在這些公開討論之下的則是雙方的「距離與不信任」（distance and distrust），這通常是潛伏不可見也未說出口的一種「集體記憶」。Shamsul

認為這些集體記憶主要是在私領域或日常生活中的點點滴滴累積而成，也稱為日常生活界定（everyday-defined）下的族群性，所謂日常生活的場域可以是家裡餐桌上、酒吧、地區回教堂、咖啡店、家庭故事、八卦、謠言或刻板印象等，在這些非文本（non-textual）情境裡，族群界線、族群刻板印象等都會被一再地增強或重新組構（reconstituted），雖然集體記憶幾乎都是被壓抑的（2014：130）。日常生活的界定（行動者層次，agency level）與權威定義（結構層次，structural level）族群性之間的關係密切且相互牽連。

結構層次特別是公共政策是影響馬來西亞族群認同的重要資源，自1960年代起，幾乎所有馬來西亞的公共政策其實都跟族群有關，從語言、教育、行政、就業、商業執照、移民等，都受到國內族群關係的影響，可以說幾乎馬來西亞所有生活面向都有著族群的影子。Shamsul（2003）在整理與分析了政治和行政、經濟與商業、教育跟語言、宗教和文化多個面向後，指出馬來西亞族群競爭場域無所不在，因此在這些面向上進行協調的國家扮演著非常重要的角色。這些公共政策的意圖多是為了減少族際不平等和緊張關係，以達成民族團結和統合之目標。但根據他對這些政策效果的分析，Shamsul結論認為這些馬來優待政策（Malay preferential policies）在某些程度上的確達成部分設定目標，如擴大馬來人在各領域的代表性、參與及擁有權、減少馬來人貧窮率、減低族群間的收入不均以及政治緊張關係，但這些政策也帶來一些不好的結果，其中一個惡果就是強化族群分化、引起未受惠族群（特別是華人）的抵抗，因而加劇族群緊張關係。雖然有著這些好壞不一的結果，但作者認為馬來西亞國家絕不可能採

取去族群化政策來導正結果，因為馬來優待政策乃奠基於聯邦憲法中，憲法規定任何改變馬來人特殊地位或優待政策的修法都需獲得馬來統治者會議（Confenrence of Ruler）通過，這幾乎是不可能的任務，因為馬來統治者也是馬來人特殊地位（special position）的守護者；且馬來人特殊地位在憲法修正以及煽動法令下，被界定為不可公開討論的「敏感議題」（sensitive issues）；再加上因馬來人特殊地位而受益的無數馬來家庭及從優待政策中獲利的族群政黨或個人；甚至於一些祈求市場穩定的非馬來商人，這些結構因素與利益相關人是難被扳倒的。職是之故，政策面向的族群性得以持續地餵養日常生活界定的集體記憶，讓馬來人─華人的族群關係持續處於一種穩定的緊張狀態中。

綜合前述研究的看法，我們大致可以總結成以下論點：

（一）在馬來西亞生活的各個面向上，族群關係都扮演著非常重要的角色，使得公共政策、政黨政治都受到族群化的影響；再者，這些政策雖然達到族群在經濟、教育、職業等等的平等，但也使得族群關係更為緊張。在憲法的規範下，這些政策不可能退出馬來西亞的政治舞台，因而形成一個巨大的結構，規範了馬來西亞華人─馬來人的族群態度與關係。

（二）在前述的結構因素影響下，一個華人或馬來人，即便在他／她的日常生活中，並沒有跟異族互動的機會，也會透過各種日常生活場域下的正式（譬如媒體報導）或非正式（如家庭、小吃店、咖啡店的閒聊、傳言、八卦、加油添醋的故事等）的訊息傳播，受到對結構中的各種意見、討論、評論的影響，而逐漸構築自己的族群態度、刻板印象，甚至在行為上影響其日常生活的族群關係。

（三）於此同時，由於聚落歷史的發展，使得華人日常生活中的世界基本上還是以華人為主，且大部分華人聚落是不同亞群雜居為主，華人新村如此，都市地區更是。在此情況下，華人亞群作為族類認同在華人日常生活中還是很普遍，是華人之間作為辨識彼此、結社結盟、刻板印象維持之依據。只是城鄉間的華人亞群認同的維持如何？其族群關係又怎麼樣？本文以柔佛古來縣城鄉區河婆家庭及社區的族群關係來說明。

二、河婆客家移民古來縣與客家帶的形成

根據劉伯奎的考證，最早到東南亞的河婆移民可能是劉尚愷（又名劉良簡），時間約在18或19世紀間，他先到西加里曼丹東萬律（Mandor）當金礦工人，之後輾轉來到霹靂州的紅土坎（Lumut）繼續採礦工作。當然，不只有他一個移民到婆羅洲及馬來半島。大量不同籍貫的中國移民也在同一時期抵達婆羅洲，他們各組公司，開採金礦。在金礦開採的全盛時期，有一個名為霖田的公司。霖田是河婆的別稱，可見當時的金礦工裡應該有河婆人。1820年後，西加里曼丹的礦脈逐漸枯竭，許多小型公司不是被合併或被迫解散，最終在婆羅洲形成三足鼎立的狀況，即蘭芳公司（主要為嘉應州人）、大港公司與三條溝公司（主要為潮州的福佬人與河婆人）。後兩者於1830年代後，因搶佔礦業地盤而展開多次生死戰，三條溝公司最終戰敗，部分礦工往北逃到砂拉越的石隆門（Bau）一帶，並繼續以十二分公司在當地開採金礦。1850年，大港公司遭荷蘭東印度公司擊潰，部分河婆礦工則進入砂拉越的成邦江（Simanggang），以十五分公司的形

式繼續進行礦業開採（藍清水，2017：167-169）。

　　19 世紀中期以後，馬來半島西海岸地區陸續發現豐富錫礦，大量從原鄉或印尼群島來的中國移工紛紛湧入。這些礦工絕大部分為客家人，而客家人中也有河婆人。以霹靂州雙溪古月（Malin Nawar）為例，1900 年之前它還是一個人煙罕至的蠻荒之地。1880 年河婆人蔡聘、蔡指等三點會首領，為逃避清政府緝捕，潛逃到金寶（Kampar），並在那裡建立家業，從原鄉河婆地區招聘新客前來開礦，其中蔡姓同鄉居多，形成雙溪古月的大姓氏。由於河婆人個性強悍不服輸，又能吃苦耐勞，因此人稱之為「河婆牛」。另外，1890 年河婆人劉降在英商礦場工作，獲英商賞識，乃於1910 年代，返鄉引薦許多同鄉青年南來巴都開礦，造成這裡也聚集了相當多的河婆人，並將巴都改稱之為石山腳。除了在礦區採礦之外，在 1877 年橡膠試種成功後，河婆人也向雪蘭莪的吉冷、森美蘭的芙蓉、馬六甲及檳榔嶼的丹絨等地發展，最後南下到柔佛與新加坡進行開墾。譬如黃炳南於1930 年代在柔佛蘇丹的鼓勵下，招募同鄉到柔佛州南部的士乃（Senai）開闢農地，大面積種植橡膠和鳳梨。士乃居民95%是河婆人，故有「小河婆」之稱。柔佛地區的河婆人大多是 20 世紀初期遷入，在1950 年代後這些河婆人的經濟生活開始穩定下來（藍清水，2017：80-81）。

　　從藍清水的研究，大概可以知道河婆人很早就參與開發婆羅洲與馬來半島的金或錫礦產業，也大致了解在馬來半島的河婆人從北往南進行內部移民的過程。目前全馬大約只有15 萬左右的河婆人口，跟其他籍貫的華人人口比較起來，簡直小巫見大巫。由於「河婆人大部分是務農，其次是礦工、雜工等勞動者，營商

的大多是做小生意，罕見大企業，至於受高等教育的又有限，在學術上有成就的無幾。」因此，河婆人常覺得自己「社會上毫無地位……許多河婆鄉親都有自卑感，甚至不敢承認自己是河婆人。」（藍清水，2017：82）由於河婆人在馬來半島的經濟活動大多爲都市地區的勞動者，或偏鄉地區的農耕者，除了說明他們在整體華人中社經地位低下外，更甚者，則是隨著二戰後英殖民政府回歸，爲防堵共產勢力擴張，施行布里格斯計畫（Briggs' Plan），將居住在山區邊緣、偏僻鄉間的華人強制遷移到都市近郊的「新村」（New Village），以方便政府監控，並切斷他們跟共產黨人的聯繫和接觸。這些被遷置的華人中有許多是河婆人，尤其是錫礦業爲主的霹靂和雪蘭莪州新村河婆人比例特高，柔佛古來的加拉巴沙威（Kelapa Sawit）新村也是以河婆居民爲主（藍清水，2017：17）。這種在經濟與政治地位上的感受，對於河婆人的認同有著怎樣的影響，將於下面的章節討論。

古來縣原爲新山（Johor Bahru）的副縣（sub-district），在伊斯干達蘇丹（Sultan Iskandar）的御准下，於2008年起通過州議會憲報，正式升格爲縣並重新命名爲古來再也縣（Kulai Jaya）。七年後的2015年8月28日伊布拉欣伊斯邁蘇丹（Sultan Ibrahim Ismail）認爲舊名稱古來具有其特定的傳統起源跟特殊性，因此，推翻前蘇丹或其父王的決定，將古來再也縣重新更換回古來縣。此後古來就成爲縣、Mukim[1]及市的共同名稱。

古來縣位於柔佛州南部，縣內分成四個Mukim，即士乃、

---

1 Mukim是縣之下的一個行政單位。

士年納（Sedenak）、武吉峇都（Bukit Batu）以及古來。本文只針對武吉峇都內的加拉巴沙威新村、武吉峇都和古來市進行資料搜集。[2]根據2010年馬來西亞人口普查資料，柔佛州總人口為3,348,283人，而古來縣（在調查報告中以古來再也為名）的總人口數為251,650人，其中公民為223,306人，非公民（包含移工、未歸化的婚姻移民等）則有28,344人。公民中土著（Bumiputera）佔了51%的113,905人，其中97%為馬來人（110,724人），其他土著只有約3%（3,181人）；華人有84,058人，佔了全縣總人口約37%；印度人則有大約11%（24,208人），剩下的1%被歸類為其他（1,135人）。從族群人口比例來看，古來縣跟馬來西亞全國人口族群比例——即土著67.4%，華人24.6%，印度人7.3%以及其他0.7%——有些許差異。[3]按照古來縣下的次一行政單位Mukim的人口及其族群進行分析，可以獲得表1（見下頁）。

根據表1，古來Mukim的土著共有43,394人，為該Mukim總人口的51%，華人則有約39%（33,013人），印度人則為8,297人（9.8%）。同樣的，與全國族群人口比例有所不同外，古來Mukim的華人比例還比全縣的來得高一些。除古來Mukim外，本研究另一資料來源為武吉峇都Mukim的加拉巴沙威新

2　古來縣共有十個華人新村，按Mukim分布如下：武吉峇都（亞逸文滿（Air Bemban）和加拉巴沙威）、士年納（武吉峇都、士年納）、士乃（古來、新港（Sengkang））、古來（古來、沙令（Saleng）、士乃、烏魯槽（Ulu Cho））。

3　資料整理自2010年馬來西亞人口普查報告，Taburan Penduduk dan Ciri-ciri Asas Demografi 2010，頁5、11、13及62。

表1　依Mukim與族群區分的古來縣人口統計

Mukim 族群	土著（Bumiputera）		華人	印度人	其他
	馬來人	其他土著			
武吉峇都	5,469	49	6,407	430	32
古來	42,341	1,053	33,013	8,297	329
士年納	9,085	181	4,219	902	54
士乃	50,889	1784	38,125	13,924	683

資料來源：Jabatan Perangaan Malaysia, *2010 Taburan Penduduk dan Ciri-ciri Asas Demografi 2010*. Kuala Lumpur: Jabatan Perancangan Malaysia, p. 233, Jadual 18-1.

村，因此，從表1可以發現武吉峇都的族群人口中，土著只有45%的5,518人，華人反而是這個行政區最大的族群，約爲該Mukim總人口的52%（6,407人），印度人則只有區區的3.5%（430人），是古來縣中以華人爲主的唯一Mukim。從這些統計數據似乎顯示了古來縣的族群多樣性，誠如Hans-Dieter Evers（2014）指出的，柔佛是馬來西亞其中一個EDI或族群多樣性指標（Ethnic Diversity Index）高的州屬，他根據1970-2010的人口普查資料發現，柔佛州在這20年間的族群多樣性幾乎維持不變。但這些統計數據只顯示在縣及其之下行政單位Mukim的族群人口狀況，是某種程度的族群多樣性的現象，但沒有更進一步讓我們理解不同族群之間的居住型態。以華人爲例，大多數都集中在新村或城市及其周遭的衛星市鎮等，族群多樣性並不必然就是族群的雜居。

據說直到1920年代前，海南人都稱這個地方爲「龜來」，

因為每當雨季來臨的時候，古來河岸兩邊就河水氾濫，眾多烏龜冒現並爬行到市集避難，因此得名。「龜來」這個名稱曾刻寫在古來火車站的木站牌上，但據說由於「龜」字筆畫多且難寫，因此後來人們就將之改寫成同音但易寫的「古」字（同海南話的龜的音），這個名稱就此沿用至今。1890年前，古來尚是一片蠻荒之地，最早前來探路者為黃國茂，他之後回原鄉帶領同鄉前來開墾。1902年，海南人陳玉芳抵達古來，在這裡開拓了新市集，從馬六甲南來的海南人符文張後來也參與新市集的開發。新市集的出現，象徵了古來逐漸成為農產集散地。1910年，阮萬志來到古來，他先買下三間馬來農民的茅草屋並將之擴建成五間店面，最後演變成十五間單層店屋，主要經營飲食與販售汽油等。可見在新市集開發前，這裡周圍有著零散的馬來農民居住，華人移入後，開始將這地區打造成農產集散地，並逐漸朝商業買賣的鄉鎮發展。1937年，傅德輝及傅德南兄弟在這裡創建十間雙層磚屋及單層店屋，古來市鎮雛形就此形成。1941年，日軍入據前，英國當局實施焦土策略：焚毀所有古來店屋。日軍在古來新街市集投下炸彈，燒毀古來市區。二戰結束後，華人重建古來街場。但直到1980年代，古來大街曾發生了五次火災，燒毀大街上的木板店屋。從古來開發歷史來看，海南人似乎是最早抵達這裡的華人亞群。[4]

　　透過南方學院與客家公會的合作，安煥然（2007）爬梳了柔

4　參考 Majlis Pembandaran Kulai，於 http://www.mpkulai.gov.my/ms/pelawat/info-kulai。有趣的是在這個古來市議會的官方網站上，有關古來名稱以及早期華人移民的歷史片段都有所記載，這或可說明柔佛特殊的族群關係傳統，以及蘇丹對當地歷史傳統的影響，詳細情形將在本文有所敘述。

佛客家人移植史。他的研究指出河婆人大概是在 1920、1930 年代前後才大量遷入柔佛州，一方面是因為「水客」或仲介的移工和親戚網絡的鍊式移民之結果；但有更大部分的客家人是從馬來亞境內如雪蘭莪（蒲種、加影和沙登）和吉隆坡、森美蘭、馬六甲和新加坡，經過多次遷徙而來的內部移民；還有一些則是從印尼勿里洞移民過來。他搜集的資料顯示柔佛河婆人的主要聚居地是沿著內陸山區分布，形成所謂的河婆客家地帶。在這客家地帶中，也有少數惠州、豐順及鶴山的客家人。根據其所搜集的資料，安煥然認為整個河婆人移植柔佛內陸地區必須從柔佛鐵道建設開始談起，[5] 一方面是交通的便利讓人們的遷移更方便；另一方面，鐵道的鋪設讓經濟物產得以更方便方式運往外地市場，因此，吸引了河婆人前來拓墾。他以士乃為例，指出具有商業眼光的黃子松和黃炳南兄弟在移居士乃後，開始投資種植業和運輸業，並引進大量河婆同鄉前來開墾和發展。其他地方如江加埔萊、沙令、泗隆等，以及散布在這個地帶的「新村」幾乎都以河婆人為主。利亮時、楊忠龍（2015）則就柔佛州士乃聚落進行社團、飲食與新加坡因素影響的分析，並從中探討河婆人在這個聚落扮演的角色。他們發現直到二戰前，士乃還是柔佛最重要的商業鄉鎮，也是農產品集散地。當時，農民把農作物透過陸路或水路運到士乃碼頭，然後再轉運到新加坡。此時，在內陸區域（如現今的加拉巴沙威）還是一片荒蕪的原始森林，僅有零星人家散

5　1903年從檳城北賴（Prai）到柔佛新山的鐵路幹線接通，連結馬來半島西海岸南北方的鐵路交通終於完成。參考"Rail Transport in Malaysia"，於 https://en.wikipedia.org/wiki/Rail_transport_in_Malaysia。

居著。隨著對農耕土地需求的增長，有一批共13戶的河婆客家人，在大約1937年，從士乃遷到了24碑，也就是離士乃北方約九英里的地區定居及開墾。之後，其中一戶——黃俊南——再往北搬到26碑的地方開闢農地，隨後，有越來越多人也加入他的行列。當時從24到26碑一帶的河婆人主要種植鳳梨和甘密等經濟作物。如此，24碑逐漸發展成一個小鎮。26碑則形成一個聚落，稱爲長安村。隨著馬來亞歷史進展，戰後英國殖民政府重返執政，與馬來亞共產黨之間的嫌隙和矛盾逐漸明朗化。爲了對付共產黨，英殖民政府宣布戒嚴的緊急狀態（Emergency），並策略性地將散居各處的華人家戶集中起來，以便於管理和監控。24至26碑的河婆農戶就這樣被集中在一起，成爲現今加拉巴沙威新村的居民。[6] 早期加拉巴沙威村的河婆村民主要種植胡椒，興盛時期約有65%的村民都從事胡椒種植。1982年中期，政府農業銷售局宣布將徵收胡椒出口稅，造成農民種植成本提高，許多村民乃轉向其他經濟作物如可可、蔬菜和油棕的種植。[7]

三、程度不一的象徵族群性：城鄉河婆人的族類認同 與族群關係

前述說明古來縣的族群人口比例不同於全國比例，其中馬來人比例略低於全國，而華人及印度人的比例略高於全國，當然人

---

6 加拉巴沙威即是馬來語Kelapa Sawit的譯音，意思是油棕，因爲其附近原本就有一家森那美（Sime Darby）棕櫚油煉油廠之故。參考http://zh.wikipedia.org/wiki/加拉巴沙威。

7 參考https://zh.wikipedia.org/wiki/加拉巴沙威。

口比例上的差異並不必然會讓生活在其中的人們有感受，畢竟那只是統計的數據，真正影響人們的族群態度或行為的則是我們在第一節提到的結構與日常生活層次的各種面向。為了解在古來縣客家帶城鄉地區河婆家庭與社區的族群關係，前述兩種層次的面向都必須被考慮。底下我們針對兩個在不同居住地區的河婆人訪談資料進行分析。

在古來市，都市化的進程使得原有周遭的油棕園地開始被大量翻新為住宅區，其中公主城（Taman Putri，建於1990年代）、優美城（Bandar Indahpura，大約於1980年代中發展起來）和太子城（Bandar Putra，2001年建成）是所謂的衛星新鎮，以容納新增的人口。這些衛星城鎮都是綜合型新市鎮，除了住宅區以外，也開發自身的商業街區、百貨商場等等，成為古來人口聚集的新區域。受訪者Amanda就住在公主城，她表示那裡的華人居民中客家人比較多，這可以從平常長輩多以客家及廣東話聊天看得出來，但年輕一代的華人，無論其祖輩是何種華人亞群，主要還是以華語為溝通語言。[8]就像馬來西亞其他新興住宅區（也稱為花園或馬來語的Taman）一樣，這些住宅區大多在開發過程中，受州政府相關土地開發法律之規範，新建住宅區必須保留若干比例的土著預留單位（Bumi lots），譬如在柔佛州的新

---

8 根據1950年代古來市華人人口統計，客家人佔了六成，第二大的華人亞群則是海南人。惟可能隨著市鎮的發展，來自四周聚落的客家人也逐漸往市鎮遷移。惟我們無法得知目前古來市區的華人人口情形。Amanda此處的說法可能只是她個人印象的總結，並不代表古來市區的華人亞群之真實狀況。感謝本文審查委員的指正。

興住宅區，就必須預留20-40%的單位作爲Bumi lots。[9]根據土地法規定，Bumi lots只開放給身分別爲土著者購買，售價應低於市場價格的15%，以實踐1970年以來新經濟政策下保障土著擁有房地產比例之目標。[10]在公主城，也有Bumi lots，在那裡居住著大多數的馬來人，但其他60-80%的單位就都是華人或印度屋主了。另外，Amanda也指出在公主城附近的一些新村和花園譬如Taman Matahari及Taman Temenggong等，雖然就馬來西亞各州政府皆對新開發之住宅區，進行不同比例的族群混居的搭配，但基本上這些新住宅區內的Bumi lots和non-Bumi Lots還是會在地理位置上有所區隔，因此，不同族群之間的接觸或關係未必因新興住宅區而變得有所不同。對Amanda而言，她所居住的公主城裡，華人還是居於多數，譬如她家前後左右都是華人家庭，可能是因爲大街上的Econ Save超市的關係，而在街道尾端有兩間

9　土著預留單位百分比是按照房屋價格決定，即低於20萬馬幣爲40%，20-30萬馬幣則爲30%，超過30萬馬幣是20%。參考http://static.loanstreet.com.my.s3.amazonaws.com/assets/bumi-status-ms.jpg（Retrieved: 2021.7.8）。

10　參考"第二家園簽證：馬來西亞我的第二家園正規公司"，網址：https://www.cymm2h.com/1898/freehold_leasehold/（瀏覽日期：2021.7.8）這些Bumi lots常會滯銷，建商可以依法申請更改Bumi lots成爲non-Bumi lots，但很多都會被州政府否決，有的則需要多年才獲得批准，並完成憲報上的公告。但成功「釋放」出來的房屋並不意味它已經不是Bumi lot，基本上它還是Bumi lot。若之後需要轉讓或出售，則非土著屋主必須重新申請以取得土地局之同意。同時，在地契上不會標記爲Bumi lot，並且很少會在買賣契約（Sales and Purchase Agreement）上批註。對很多房地產投資人而言，Bumi lots是最不被青睞的房地產類別，因爲它的市場有限，且其房價增值是所有土地所有權類型中最慢的。參考PropertyGuru, "Freehold, Leasehood, Bumi Lot? Know the Differences and Restrictions!" website: https://www.propertyguru.com.my/property-guides/freehold-leasehold-land-title-bumi-lot-malay-reserved-land-malaysia-6946 (Retrieved: 2021.7.8).

超市租賃給外籍移工當宿舍的房子。

　　雖然新建住宅區在馬來西亞各州都有如前述的 Bumi lots 規定，但在一些比較以中產階級家庭爲主的社區如優美城和太子城，則建商不會在建地上先畫出土著與非土著的地段，不同族群購屋者可以任意挑選所要的地段，等到土著購買了，則才將其劃定爲土著預留單位，以滿足州政府對土地的規範。住在優美城的志源就提到他家左右鄰居有馬來人、印度人，當然也少不了華人（志源，2021.3.27）。根據 Amada 的口述，公主城的華人大部分來自古來新村和古來大街附近住民，她自己老家就在古來新村，父母親搬離後，接著伯父一家也離開新村，目前新村老家租給他人住。跟新村相比，公主城的地域範圍比較廣，鄰里之間的熟悉程度比較低，社會與族群關係相對薄弱，大家僅止於點頭之交。在新村的話，她就常去鄰居一位印裔大叔的家裡玩，母親也會跟鄰里搭話聊天。對她來說，印象最深刻的新村生活是每年中秋節，父親會開車載他們兄弟姊妹去觀賞新村家戶點燃的蠟燭燈籠。[11] 搬到公主城後，這類傳統基本上就很難維持了，因爲居民的社會關係以及生活和居住型態已經有所改變。Amanda 提到之前有個住在她家後面的朋友曾經發起中秋聚會，她就會跟其他朋友提著燈籠繞著花園走去參加聚會。

　　Amanda 父親爲潮汕人，母親是廣西人，他們家唯一跟客家有關的是河婆祖籍的祖母。她回憶自己小時候在古來新村裡的狀況：

11　中秋節家戶在戶外點蠟燭燈籠是馬來西亞華人傳統之一，延續至今，惟主要會在一些華人鄉區出現。在都會區，這類的傳統已經逐漸逝去。

【村民講】客家話、福建話和廣東話比較多，其實大人們都好像什麼話都會一點。古來新村比較複雜，不像加拉巴沙威，那兒【以】客家話爲主。但其實也導致一個情況，……我常常聽得懂那句話是什麼意思，但我不知道那是什麼方言。小時候我一直以爲婆婆他們說的是廣東話或福建話，後來【長大後】才知道是客家話，因爲那時候大人只要說祕密就會用方言。（Amanda，2021.3.13）

從這段敘述可以知道古來新村的華人組成比較複雜，即有著各種亞群的華人。另外這新村的優勢語言極可能是客家話，因在她印象中，小時同學中很多在家裡都說客家話；一些則是廣府話，福建話的家庭就很少。不過，她父親雖然是潮汕人，但父母曾經去吉隆坡工作，因而習得一口流利的廣府話，讓她覺得「很多人說的話跟他原本籍貫不同。」（Amanda，2021.3.13）至於小朋友則從日常生活中學習廣府話，特別是1970年代開始流行於馬來西亞的港劇，以及在大人們語言溝通的耳濡目染下逐漸吸收並習得。她自我評估對這些語言的能力如下：「很多語言我仍是會聽不會說。這麼多語言中，由於從小看港劇的習慣，廣東話是聽懂90%（除了一些俚語），而客家話和福建話則是聽懂70%，潮州、廣西和海南話大概聽懂30%。」（Amanda，2021.3.12）

志源居住在優美城，這個新興社區主要也是以華人爲主，這些華人大多來自古來19（碑）哩地區。根據他跟Amanda的判斷，客家人似乎也是公主城及優美城華人人口的大宗，特別是住在這兩個社區的年長者都能以客家話對談，在公主城還有廣東

話，但他們也提到華人年輕一輩碰面大多用華語溝通。志源是執業律師，是典型的中產階級。他本身是惠州客家人（父親是客家人，母親則是廣西人，祖父母則都為客家人），但對於語言的掌握來說，他自承對客家話和廣東話的掌握為六分（若以十分為標準的話），福建話則為三分，這些主要是指說和聽的能力（志源，2021.3.27）。不過對志源來說，他因為執業的關係，大多數的客戶與同事為馬來人跟印度人，因此，使用英語或馬來語反而是日常生活中的必須。Amanda則為華校老師，有大量機會使用華語，但她中學時是在國民中學受教育，學校裡有七成的學生是華人，她還是有比華文中學的朋友更多的機會接觸馬來人和印度人。

> 因為課業上的討論和課外活動的互動，我和大部分馬來同學和印度同學都維持蠻好的友誼關係，雖然不會去探訪對方的家，但在過年過節時，會帶好吃【的】給對方【品嚐】。我和幾位馬來同學會互相交換漫畫，他們還會送我畫像。在中學時期，有幾位不錯的馬來老師，我們當時都會組團去老師家拜年。（Amanda，2021.3.13）[12]

因此，雖然在華校任教，Amanda對異族的態度相當親切。她認為其實大部分人，無論族群背景，都是善良的，甚至「有時候馬來人反而比華人更加熱心助人。」（Amanda，2021.3.

---

12 節慶的時候，老師會開放門戶（open house），邀請學生到家裡來拜年或歡度佳節，這是馬來西亞中小學老師維持至今的傳統。

12）。她對異族的評價如下：

> 馬來人不太會計較，但在共事時，他們會比較懶惰和安逸，等待其他人給與答案，或者巴結老師。而印度朋友的話，他們很極端，家庭背景較好的，就會很積極，什麼事情都想要和別人比，優越感很重。家庭背景比較差的，就會每天活在電影裡，總認為有白馬王子會拯救他們，或者會有奇跡發生在他們身上。以一起共事而言，我會選擇印度朋友和華人朋友，因為他們會比較積極；而馬來人朋友就比較待在舒適圈。某個程度，我蠻羨慕馬來人朋友，因為他們樂天知命。（Amanda，2021.3.12）

　　對 Amanda 跟志源來說，古來的族群關係是融洽的，「大家都活得相安無事，互相尊重。還是會看見華人的檔口或者店面有許多馬來人、印度人；馬來人或印度人的餐廳也很多華人。華校也開始越來越多馬來人和印度人。」（Amanda 2021.3.12）不過，她也補充了在日常生活中，不止一次地聽聞的某種族群刻板印象：

> 很多家庭【在】骨子裡，是不太願意讓孩子和其他種族接觸的，我有時候會聽見一些叔叔阿姨說印度人身上有【股】怪味[13]、馬來人很懶、馬來人很【好】色等等以偏概全的言

---

13 那其實是印度人用於護髮的椰子油、杏仁油或蓖麻油等的味道所造成。

論。（Amanda，2021.3.12）

　　Amanda所描述的這種不經意，人們隨口而說的個人印象式或對異族的個人偏好，正是前述Shamsul或Strauch所指涉的那種維持某種族群關係現狀的日常生活的集體記憶。對於居住在古來或柔佛州的華人來說，這裡族群和諧似乎是大家的共識，當然這跟柔佛蘇丹倡議州層級的「柔佛民族」（Bangsa Johor）之認同有關，這種認同「超越文化與宗教對柔佛州進步的共同承諾」（Hutchinson and Nair，2016：20）。蘇丹透過積極參與柔佛州內各族群的節慶活動，並抑制種族主義在州內的發展，因而成功打造出前殖民時期的歸屬概念：即所有蘇丹臣民都不分族群地被稱為是蘇丹的「人民」（rakyat）。柔佛蘇丹不只透過農業經濟發展及自由移民政策，吸引大量中國和印度、爪哇與蘇門答臘的人口湧入，使得柔佛在二戰後成為全馬人口第二多的州屬，也是擁有大量華人人口的一州。在柔佛蘇丹的統轄下，柔佛州呈現出的族群關係是和諧、平和的，因此對Hutchinson & Nair來說，柔佛蘇丹的言行事實上只是繼承了前殖民時期馬來統治者的領導角色（2016：29）。

　　族群關係的建構來自很多的結構因素之影響，就如前述M. Shamsul所闡述的語言、教育、公部門的行政到各種日常生活中的瑣事。一些日常不過的事情譬如買賣房屋在馬來西亞，華人就會開始意識到土地擁有權的類別，並知道土著預留單位和它低於市場價格15%賣給土著。或是當被問到長輩們對婚配的意見時，Amanda提到她父母比較不希望他們跟馬來人結婚，因為擔心兒女信奉伊斯蘭教。這是馬來西亞華人家庭內長輩對兒女婚配

的普遍看法，這樣的看法其來有自：伊斯蘭教為馬來西亞憲法規定的聯邦的宗教，在憲法上也規範馬來人就是穆斯林，且在伊斯蘭法律中，一旦為馬來穆斯林就不能改宗，否則以叛教論處；且婚娶穆斯林的非穆斯林也必須改宗成穆斯林，其後裔也必然以馬來穆斯林生活方式教養，如此，對於非穆斯林長輩而言，等於斷了兒孫與自身血緣與文化的關係。但也像 Strauch 在山村的研究中指出的，除了那些受馬來西亞政治經濟結構因素影響的日常生活裡的族群關係外，華人內部也還保留了對亞族群的認同，這些認同很多是以對彼此的刻板印象來表達的，在 Amanda 的回覆中也可以發現這層面的敘述：「以前有聽長輩說不能嫁或娶海南人，因為海南人的脾氣很古怪，會很容易發脾氣，但後來我堂嫂就是海南人，所以他們應該只是說說而已。」（Amanda，2021.3.12）儘管 Amanda 輕描淡寫地以「只是【長輩】說說而已」來歸結，但其實這樣的刻板印象在華人之間普遍存在且持續著，這說明了華人亞族群認同其實尚存在的證明外；似乎也隱藏著華人內部的階級性：在馬來西亞，福建人與潮州人一般上都較為富裕，而客家人與海南人則屬於中低下階層的華人，Amanda 家其實是潮州人，故而對海南人有這樣的刻板印象也可能是階級差異的結果。

華人亞群認同的持續運作大多只存在於家庭或日常生活的私領域，但也並非所有私領域的方方面面或無時無刻的存在，同時也受到世代、城鄉、職業別的影響。Amanda 與志源這兩位住在古來市城鎮的受訪者皆表示，他們的長輩（父母輩或包含祖父母輩）彼此之間溝通的語言會以各自的祖籍語言為主，但到他們這一代時，跟自己的長輩以及平輩之間的溝通語言則大部分已經轉

換爲華語。就溝通語言的角度來看，這並不表示祖籍語言已經失去作用，事實上，它們還存在著，雖然像Amanda和志源這一代年輕人對於各自祖籍語言之掌握可能已經剩下六成或會聽不會講的程度。雖然在所搜集的資料中，無法掌握實際場域的日常用語狀況，但根據從對馬來西亞各種日常場域的普遍觀察，可以做成以下有待驗證的論點：華人家庭的語言使用越來越混雜，混雜的語言元素可能包含部分原有的祖籍語言、廣府話（因香港流行文化引入，透過大眾媒體而影響大部分的華人家庭語言）、華語（由於華文教育的發展，以及晚近中國流行文化的推動，不只影響了華語的標準化、一些中國慣用詞彙也開始流行於馬來西亞書寫或口說華語）、馬來語（大環境的國語雖然只有在官方的場合被大量使用，但一些詞彙似乎已經滲入華人亞群語言中成爲替代的字彙，或是句法，抑或是稱謂等）、英語（在馬來語成爲國語後，英語的影響力逐漸減弱）。這種混雜的家庭語言或會是馬來西亞大部分華人家庭內的語言現實，因此，大概不可能要求年輕世代的華人維持純粹的祖籍語言，尤其當這些家庭是位於城鎮中時。Amanda指出在古來新村，她祖母會煮各種客家菜，「比如擂茶、釀豆腐、糍粑、菜板、客家炸肉、豬腳醋等等。」（Amanda，2021.3.12）這些食物顯然是河婆人的傳統食物。她說有一次自己在電視上看到有人在介紹算盤子這道客家菜，然後她記得問過祖母，被告知說算盤子不算是她的家鄉菜，的確算盤子是大埔客家人的菜餚。雖然掌廚的是祖母，但考慮到祖父是潮州人，所以祖母煮的菜偶爾也會出現潮式菜餚如滷鴨、潮州蒸魚等。就跟一般華人家庭一樣，一年中的節慶有農曆新年、端午節、中秋節、中元節、冬至，同時每個月的初一十五也都會有祭

拜祖先的活動。唯一特別的是在農曆新年初七時他們家會一起吃擂茶，「因為那天是人日，要吃七種顏色的食物」，這顯然是河婆人的傳統習俗。在古來新村，Amanda 老家長期都由河婆籍祖母掌廚，祖母過世後，換她二伯母掌廚，二伯母是河婆人，所以老家也就持續吃得到擂茶、豬腳醋、菜板、客家炸肉、釀豆腐等客家菜餚。可是，在搬遷到公主城後，Amanda 的父母之日常甚至節慶中，就不再出現河婆文化元素，換句話說，祖母的河婆飲食文化特色在她父親這一輩就消失了。志源家則因為母親是廣西人，所以家裡或節慶祭拜比較常出現的菜餚是廣西或廣東菜，完全沒有客家菜的影子。

　　華人亞群的語言或家庭日常和祭祀食物隨著老一輩的凋零而逐漸消失，以 Amanda 在教育現場的觀察，發現中小學生幾乎都已經不懂方言了：

> 他們聽不懂，家裡也沒人很他們說，我有時候開【播放】一些影片給他們看，裡面有方言的，他們不了解。其實我這一代，已經不怎麼說方言了，除非家裡長輩只用方言和我們溝通，到了現在的學生，我們這一代也成為父母輩了，而我們本身不會說，孩子們也不會接觸。以前我們還能看電視節目，看香港戲學廣東話、【看台灣電視連續劇學習】福建話之類，但現在小朋友都是看中國的戲，和學網紅抖音那些，他們的中文發音和用詞反而偏向中國腔。（Amanda，2021.3.13）

　　不只如此，她提到有一次自己給班上同學一個活動，即要求

同學們回家尋找自己的根源，要他們回去詢問自己的長輩他們的來源跟故事，結果，「他們沒有一個知道自己是什麼籍貫的人，只知道自己是華人。我那時候有叫他們去問爺爺奶奶，當初是怎麼來到馬來西亞，大部分【學生】回家問了之後，都說大人們忘記了，因爲第一代移民的，大部分都離世了。」（Amanda，2021.3.13）雖然Amanda認爲一旦第一代移民逝去後，那些原本跟亞群認同息息相關的語言、食物、故事、傳統等也都會逐漸消失，惟這些元素的消失並不能證成亞群認同就沒有了，而是形成所謂 Herbert J. Gans（1979）所指稱的象徵族群性（symbolic ethnicity），即個人即便沒有將所有族群的傳統、信仰和價值觀融入其日常生活中，但還是對自身的族群感到自豪的一種認同感。華人的亞群性（sub-ethnicity）在某些情況下就類似 Gans 所謂的象徵族群性。這就是爲何很多城鎮區的受訪者在回答自身的亞群認同及所依據的標準時，可能就是一句簡單的「因爲我是客家人」（志源，2021.3.27），或是如 Amanda 說的她是按照父親的祖籍來歸屬自己的亞群，但她對於該祖籍的各種文化元素，如語言、習俗、傳統等的知識事實上都非常陌生那樣（Amanda，2021.3.12）。

居住在武吉峇都新村（當地人稱爲33哩）的靜萱，老家在加拉巴沙威（當地人叫作26哩）。目前還有兩個叔叔跟一個姑姑與祖母住在這老家，另外一位姑姑則在 Batu Pahat，而伯父搬去了古來市，她父親則前往武吉峇都落腳。武吉峇都新村有一條大馬路，馬路末端再分成三條岔路，住宅就沿著三條岔路邊排列，進入新村的大馬路兩旁是商店。靜萱家是單層排屋，右邊是沒有人住的空屋，左邊及前後的住民都是華人。早期新村裡95%

的華人都是莊姓族人，可謂莊家村，但後來其他姓氏人口陸續遷入，以及莊姓族人遷出，目前村裡還有一半華人姓莊，因此柔佛州莊氏公會（後來改名為莊嚴公會），就座落在這裡。基本上，武吉峇都新村沒有馬來居民，馬來人大多住在32哩的村落裡。雖然32哩跟33哩僅距離1哩，但因中間隔著快速道路，所以彼此間甚少往來。倒是商店街上有些馬來人開設的mamak攤，[14] 其中一家馬來老闆跟靜萱家很熟。[15] 這馬來老闆娶了多個太太，[16] 他的婚宴以及開齋（Buka Puasa）也都會邀請靜萱全家及鎮上其他華人常客到他家裡一起慶祝。但反過來，靜萱表示他們家有活動並沒有邀請馬來人參加（靜萱，2021.3.23）。新村裡的五家mamak攤之顧客倒不是32哩的馬來村民，反而是鎮上的華人以及半夜行走於高速公路需要休息的貨車司機為主。畢竟mamak攤的價格廉宜，且24小時營業。武吉峇都新村的溝通語言以客語為主（靜萱，2021.3.23）。

武吉峇都新村主要是華人居民，且大多為客家人。但也跟古

---

14 Mamak攤原是指涉印度穆斯林所經營的一種路邊食物攤位，販售各種印度烙餅、拉茶等平民食物，是不分族群的馬來西亞人從早餐到宵夜都會光顧的小吃場所。如今販售者不只是印度穆斯林，也有許多馬來人經營這種食物攤位。

15 這間店是Kedai Makan Saim（賽因餐館），以Mee Rojak（羅惹麵）和Mee Rebus著名。店主是72歲的賽因先生，他1971年就搬來Bukit Batu，在村子入口的大街上賣這兩種麵食。羅惹麵的食材有蛋、麵、豆腐和黃瓜，而Mee Rebus的主要食材有豆芽、豆腐、辣椒和雞蛋，兩者醬汁不同。賽因從年輕（21歲）就到Bukit Batu新村，跟村民們很熟，還因此而學請華人村民們日常溝通的客家話。參考劉彥運報導／攝影，〈羅惹麵—好滋味—馬來老闆流利客家話引讚嘆〉，《中國報》，新村尋味，2020.10.22。於 http://johor.chinapress.com.my/20201022/（取用日期：2021年6月30日）。

16 穆斯林男性按照伊斯蘭法可以娶四個太太，當然每個太太都需要經過前任、現任太太的認可，同時，擁有一夫多妻的男性也必須公平對待所有的太太。

來都會區一樣，年輕人的溝通語言大多爲華語，而跟長輩或長輩之間的對話才是客家話。差別在於新村人口大約有 4,000 人，惟無論什麼祖籍的華人甚至馬來人，基本上都習得日常的客家用語，對靜萱而言，如果不熟悉村子裡的親屬關係，可能就很難判斷誰是／不是客家人了。靜萱從小也是使用客家話來跟人溝通，讓她從小以爲自己是客家人，到長大後才被長輩告知她們家不是客家人，而是潮州人，只是她不會聽說任何的潮州話。她這樣敘述家裡的語言實況：

> 在我們家裡，因爲爸爸也不會講潮州話，所以，我們對父母使用的語言主要是華語加客家話（華語爲主，客家話爲輔），兄弟姊妹之間就是純粹華語。家裡也很少開伙，因爲一般上就只有爸媽兩個人吃飯，媽媽就只煮晚餐（爸爸回來吃，或是我們兄弟姐妹回來），她煮的東西也沒有特別強調客家或潮州，所以我很難說明我們家的文化特色，只能説是一般華人的文化。（靜萱，2021.3.23）

雖然靜萱認爲自己不是客家人，但她也跟 Amanda 一樣，有個河婆的祖母。由於祖母不會說其他語言，只會客家話，因而變成子孫必須至少會講一些客家話，才能應付祖孫輩的溝通。她的父母也一樣，跟祖母的用語也是客家話。其他父方的親戚也大多習慣以客家話溝通。在這樣的語言環境下長大，也難怪靜萱過去曾覺得自己是客家人。除了前述的語言使用情形外，靜萱也跟 Amanda 有個類似的點，就是其祖母每年過年初七人日，都會準備七道菜跟擂茶的河婆人過年傳統（靜萱，2021.3.23）。

加拉巴沙威新村人口有約28,000人，其中華人佔了50-60%
（16,000人左右），馬來人有20%（5,600人），印度人更少，
只有5-6%（168人）；另外從20年前開始，村裡也增加了約百
來位的外籍配偶，剛開始是印尼華人婦女，晚近則有越來越多越
南跟中國女性的婚姻移民。在16,000左右的華人中，約70-80%
是客家人（11,000-12,000），其餘為廣府、福建、潮州、廣西以
及海南人（4,000-5,000）；又，在客家人中有70-80%是河婆
人，也就是說加拉巴沙威村裡約有7,000到9,000個河婆客家人，
其餘約2,000-3,000個客家人為惠州、梅州、海陸豐以及鶴山祖
籍的客家人。按照這樣的人口數據，我們可以說大約每四個村民
中就有一個客家人；而在客家人中，每十個裡會有七到八個是河
婆客家人。因此，加拉巴沙威村可以說是河婆人為主的村子。[17]

　　就像武吉峇都村一樣，根據加拉巴沙威村多位受訪長者的說
法，很多村民都會說客家話，「連印度人也會說！」他們會這樣
描述，來表達客家話的普遍。也就是說，村子裡的共通語是客家
話。但這裡所謂的客家話到底是指怎樣的一種語言呢？從人們的
口述中得知其實大家所指涉的客家話似乎並非河婆話，而比較是
一種在馬來西亞普遍流行、標準化並接近惠州人講的惠州客家
話。可是如果加拉巴沙威新村是個以河婆客家人為主的村子，理
論上大家平常接觸的對像主要是河婆客家人，那為何村子裡的語
言使用會捨河婆就惠州呢？為何普遍流行的惠州客家話會成為村
子裡的共通語言呢？當地村民對這樣的現象有以下的解釋：因為

17　相關數據來自李國萍村長之口述，2019.8.25。

河婆話比較難學難懂，所以，為了溝通便利而往比較易學易懂的惠州客家話靠攏。[18]

　　前兩段敘述中，可以知道加拉巴沙威村是個顯著的河婆客家村子。但在村子裡，並非所有的客家家庭都會強調客家語言的傳承。以李村長來說，他是五個孫子的阿公，一家三代全都會聽、會說客家話。根據他的口述，從孩子小時候，他就跟他們說客家話；到了孫子輩，他還是堅持跟孫子們說客家話。綜合研判李村長的各種情況，我們可以推論出以下幾點：

　　（一）由於加拉巴沙威村是個客家為多數的華人新村，客家話是生活在這個村庄環境所必備的共通語言，所以，聽跟說客家話乃是村民們日常生活的必備語言能力。

　　（二）從他口述中，我們也了解另外一個重要的因素，即土地。由於村庄裡大部分人都擁有自己的種植地，很多年輕人繼承父祖輩的種植事業（只是種植的東西可有所改變，譬如從橡膠轉變成油棕），工作機會不怕沒有，生活比較穩定；不像其他的村庄，工作機會不足而無法留住年輕人，最後成為孩童婦孺老人村。換句話說，加拉巴沙威村因家戶擁有土地而留住年輕人，不至於有嚴重年輕人口外流的問題，才會有今天的發展狀況。當然這樣的說法是否能成立還需要更多實證來檢驗。不過，村裡劉氏公會理事們卻有不同的說法：村庄的一些家庭，在第二或第三代就不再會說客家話了，理由是由於祖父無法跟孫子用客家話溝通，造成前者被迫要學習及使用華語；就連劉氏公會開理事會也

18　多位村民的閒聊紀錄，2019.8.25。

多使用華語,一方面是考慮到其會員中有些不是客家人;另一方面,即便是客家人也未必都會聽說客家話。[19]可見兩種情況應該都存在於村庄裡,只是影響家庭內母語傳承的因素很多,除了前述的擁有土地耕植之外,可能還涉及家庭內婚配對象、家庭經濟條件,以及個人對母語的態度和行動等。

有趣的是影響河婆語言保留的因素有下列幾個:

(一)城鄉因素:鄉村地區如文中所描述的加拉巴沙威及武吉峇都新村,由於河婆人為多數,人們在日常生活中多以客家話為主,因此客語得以保留下來;而城市地區則因為華人亞群混居以及商業活動關係,使用共通語言如華語或英語、馬來語就成為主流,客家或其他華人亞群的語言只好靠邊站,這就是Strauch所說的新村裡的優勢華人亞群,其語言自然成為村庄內所有華人亞群的共通語言;但在城市地區裡,特別是新興住宅區,華人亞群混居,加上州政府住宅優惠土著政策的影響,使得城市住宅區不只華人亞群混居,華人跟馬來人及印度人也會同住在一個社區裡。從本文訪談中可以發現:雖然公主城與優美城的部分住民來自客家村庄,如古來新村或加拉巴沙威新村,但這種新市鎮的社會關係等於打掉重練,不同於原有村落綿密的社會關係,尤其是來自各地的華人亞群入住下,河婆人未必是大宗,這也使得客家話也未必是城鎮的優勢共通語言。

(二)通婚因素:跨華人亞群的通婚在城鄉地區都有,但在鄉村地區譬如武吉峇都或加拉巴沙威新村,河婆的傳統、語言跟

---

19 加拉巴沙威村劉氏公會多位理事們的訪談紀錄,2019.8.25。

文化是新村的優勢，即便通婚的非客家／河婆家庭，也因為居住在河婆新村的緣故而習得客家語，甚至後裔都會認為自己為客家人，就像Amanda或靜萱那樣；但在城市地區，除非上一輩的河婆祖母健在或同住，否則極可能在家庭日常與祭祀中不再出現河婆的文化特色。

（三）世代因素：1970年代後因國家實施國語政策，英語教育幾乎被連根拔起，使得不分階層的華人家長大多將孩子送進華文學校唸書，學校成為不同華人亞群與階層互相認識與互動的場域，這時候可以將他們連結起來的共同語言便是華語，因此，許多第二代或第三代的華人子弟都以華語作為他們之間溝通的語言，而不再是父執輩的客家話或其他非客家話的所謂方言。從Amanda在教育現場的觀察可以知道，華語化的趨勢在經過半個世紀以上的華文教育發展下，已經深入這些客家年輕世代的心中，它甚至使得原本不會華語的第一代或第二代阿公阿婆，為了與孫子女溝通而必須習得華語。

（四）新加坡因素：對於靠近新加坡的柔佛華人而言，新加坡的各種華語廣播與電視節目都可以在柔南－古來地區被收視／聽，這影響了這地區人們的華語使用情形；當然，新加坡的華語政策也剛好非有意地配合了馬來西亞這邊的華文教育之提倡與發展，讓人們認為推動華語是作為華人更大的責任與任務，因而讓客家話等「方言」更趨沒落。

（五）農業生活型態因素：以農耕為主的河婆人是農產生產者，他們的農作物必須透過城鎮的商業網絡通路銷售，而控制城鎮經濟網絡的商人大多為非河婆的其他華人亞群，因此，要暢通農作物產的經銷管道就必須使用佔有經濟優勢的其他華人亞群的

語言或華語。

　　柔南地區河婆人，尤其是老一輩的受訪者，對於自身的河婆身分認同似乎有著自卑情結，就如藍清水（2017）的研究，過去非河婆人會以「河婆牛」來稱呼河婆人，主要是因為他們都從事非常勞苦的種植工作之緣故。根據對一些長輩的訪談發現，一方面，他們的先輩大多從事農業，在經濟與社會地位上跟潮州人、福建人等其他非客家人，或是在都市經商的非河婆客家人如惠州、大埔等亞群難以相提並論。由於整體華人社會價值係以財富作為衡量指標，[20] 作為在華人移民社會底層的河婆農工人士，很自然地產生集體自卑感，因此，影響他們對自我族群的信心。另一方面，由於他們的務農屬性，大多住在偏遠地區或靠近山區，在政治動亂的1940-50年代，這些人成為日軍與戰後的英國和馬來亞政府對抗共產黨下的拉鋸對象，職是之故，根據這些河婆長輩的口述，那使得河婆人更不願在公開場合表明自己那被「政治污名化」的身分，連帶也對傳承自身語言文化產生負面影響。他們認為「河婆牛」這樣的偏見，表面上是形容河婆人像牛那樣辛勞工作，但其另一層意思卻是指涉河婆人的社會經濟地位低落。[21] 總之，在種種條件下，使得河婆人成了隱形的族群範疇，他們的語言無法登大堂之雅，而成了人們口中所謂「難學難懂」的語言。

20　陳志明指出東南亞人之所以在經濟上成功，跟他們對財富的極度重視有關，幾乎有關工作、自力更生、節儉等價值都跟追求財富這個社會價值有關。參考Tan Chee-Beng（2004：192）。

21　柔佛州河婆同鄉會理事們的閒聊，2019.8.26。

四、小結

　　顧名思義，客家帶就是客家人口比較聚集的地區，且成一帶狀的分布。在柔佛南部，也就是本文所研究的古來縣，河婆人的確在分布上呈帶狀，聚集在古來縣的一些鄉區，特別是新村以及大小的城鎮中。理論上，人口較爲集中的客家帶中的客家人，比起零散分布的客家，在有關客家認同上有更明顯而突出的表現；且由於客家人口的集中，而使客家成爲華人或非華人之中的族內或族際互動的準繩。本研究從搜集城（古來市）鄉（加拉巴沙威與武吉峇都新村）的資料，並透過比較城鄉區不同的受訪者，得出以下初步的結果：

　　（一）在結構上，柔南客家帶中的河婆人基本上還是受到整體的馬來西亞政治經濟政策的影響，其影響至少是在認知上讓人們跟馬來人之間維持一種「穩定的緊張關係」，如此認知上的族群關係，在城市地區的河婆人尤其顯著，因爲大部分鄉區河婆人在日常生活中可能比較少跟馬來人實際互動的機會；但在城市地區，由於土地與房屋發展政策的影響，使得在城市中的河婆人更能感受到國家／州政府的優惠馬來人政策對他們購屋經驗的影響。除了國家層級的結構因素外，柔南河婆人也受到柔佛族群關係的影響，這裡的族群關係可以分成兩個層面來談：一是在柔佛歷屆蘇丹的治理下，強調一種不分族群背景的「柔佛民族」（Bangsa Johor）、嚴禁分化族群的極端伊斯蘭教在州內的傳播、以及蘇丹以身作則地出席各族群的傳統節慶等，都爲打造柔佛爲族群和諧的州屬有很大的貢獻；二是柔佛境內的華人各亞群之間的關係也有所謂「五幫共和」的傾向，從歷史上來看，許多

華人移工湧入的地區，特別是霹靂與雪蘭莪州的礦區，由於殖民政府無節制的移工政策，透過各亞群的祕密會社從中國華南各地區引入勞動力，造成華人亞群之間的分幫分派，爭奪可耗盡的礦產資源，引起大量的合縱連橫的械鬥，最後並跟當地馬來貴族皇室成員的政治經濟利益鬥爭合流，形成歷史上有名的內戰如拿律（Larut）事件或雪蘭莪戰爭等。在柔佛州，這類的衝突並未出現過，主要原因在於在行政上柔佛蘇丹是自主的，由他一手策劃將華人種植者從新加坡或廖內群島引入，更有趣的是，他認為霹靂或雪蘭莪州的華人械鬥問題乃是讓多個華人祕密會社同時存在於一個區域的結果，因此，柔佛蘇丹在規劃華人移入時採納只認可一家祕密會社，即當時新加坡最大的潮州人會社——義興公司——來簽約，所有被引入柔佛州進行農業種植的華人，都必須是義興公司的成員。P. Lim Pui Huen（1998）對其效果有如下的結論：

（1）使所有移入柔佛的華人都參與義興公司，讓他們都被置於祕密會社的社會控制之下，使得義興有能力規訓所有的華人，並間接強制所有華人幫群必須相互合作。

（2）所有的華人甲必丹與港主都是義興的成員，因而讓華人社會內的權力結構得以整合，也有利於蘇丹對華人移民社群的間接控制。

（3）透過對義興公司的控制，蘇丹將整個甘蜜—胡椒生產整合在一個經濟控制的體系裡。正是這樣的歷史原因，使得柔佛的華人亞群之間維持著和諧共存的關係。

（二）以古來縣客家帶的河婆人來說，由於他們早期是以農耕維生而被他人稱為「河婆牛」，加上共產叛亂使得居住在鄉區的河婆人被污名化為「共產黨的同路人」，在這樣的社會經濟地位低落及政治污名化的雙重不利影響下，過去人們會覺得身為河婆人而自卑，這種自卑感影響了他們對於自身的認同。不過那樣的說法似乎只是當他們面對其他非河婆的華人亞群時才會出現，在古來縣以河婆人為大宗的加拉巴沙威或武吉峇都新村，河婆的文化特徵儼然成為村子裡的優勢，這主要是表現在語言的使用上。就像 Strauch 所說的，當客家成為山村的主要華人亞群時，客家話就自然成為山村各華人亞群的共通語言，表現在古來縣的河婆新村也有類似的情形，因此，本研究的訪談對象中（河婆與非河婆華人亞群通婚的後代），甚至曾經誤認為自己是客家人，因為從小在新村幾乎大家都會聽或說客家話。只是這裡所謂的客家話到底指的是河婆話還是其他的客家話，則需要更進一步釐清。初步的了解是，由於早期河婆人的社會經濟地位與政治污名化，使得人們對於自身的認同產生自卑感，進而可能影響其對河婆語的堅持，加上各種外在情勢的改變所帶來的壓力（譬如學校華文教育的發展、新加坡的華語運動、其他優勢語言如廣府話透過流行文化的傳播等等），讓即便在新村的河婆長者也對河婆話的存續深感擔憂。也許在第一代河婆移民中，河婆話的保留還是比較完整的；但到了第二代，部分非河婆的客家語言（譬如比較接近廣府話的惠州客家話）逐漸取代了被當地人認為「難學難懂」的河婆話；到了第三代之後，河婆話的保留成分可能變得更困難，一些長者不諱言自己必須學習華語來跟孫子女輩溝通。語言的變化需要更進一步的研究，特別是社會語言學的研究，以了

解不同世代的河婆人在語言傳承的異同如何。不過整體來說，新村河婆人的河婆性還是比較強烈，譬如過年初七必須吃擂茶配七種菜餚。但是在古來縣的河婆人也不是都維持靜態的，一些人可能家裡有種植地繼承而留在新村，譬如加拉巴沙威就有許多這樣的例子，但在一些村子裡，譬如古來新村或武吉峇都，由於工作機會不多，年輕人到古來市或居鑾等地受教育後，可能就留在城市裡找工作，甚至有的遠赴新加坡工作；又或者其他謀生的需要而轉戰城市，造成一些新村年輕人的大量流失，只留下老弱婦孺。都會區因外來人口不斷湧入而持續擴大，古來市的周遭也建立起數個住商綜合型衛星城鎮，以容納外來的人口。在都會區，河婆人面對的是更複雜的族群且多元的華人亞群，河婆人不再是大宗。這些遷移都市區的河婆人，等於切斷了原有新村所建立的社會關係，他們必須在都市裡，重新建立新的社會關係。許多移民都市的河婆年輕人，也因為離開了以河婆為大宗、尚保留部分河婆文化特色的新村社會環境，他們在都市裡的優勢語言也就成了華語或英語跟馬來語。也因為在都市地區有更多的機會與其他族群接觸，國家的各種政策與州的土地政策等這些結構的因素，似乎對於他們的影響比他們在新村裡的同胞來得大。初步的訪談中，我們可以看到在都市中的河婆人遠比新村裡的同胞更沒有河婆的文化特色，雖然他們還是可能因為血緣的關係而認可自己的河婆根源，但就語言和其他文化特徵來看，在他們日常生活中不再佔有一席之地，也就是說河婆性對他們而言變成一種象徵的族群性，並沒有對他們生活中的行為有任何的作用。

從研究資料中我們可以發現，當古來河婆人與其他族群如馬來人、印度人等來往時（如果有的話），幾乎都是以「華人的身

分」去做族際接觸，其他族群可能並不了解甚至不想知道河婆人是華人中的「客家人」，雖然一些馬來人或印度人會學習當地的「客家話」，就像在武吉峇都的馬來攤位主賽因先生那樣，「客家話」就是當地華人常用的一種語言。可能他知道跟他的小孩在華文小學學習的「華語」有所不同，但對他來說，不管華語還是客家話都是華人語言的一部分。對其他非河婆的華人亞群而言（包含非河婆的其他客家人或非客家人），在新村地區，由於河婆人居多，整個村落社會的語言環境幾乎是以河婆話爲主（儘管到底是河婆話或其他的客家話或是一種混雜的客家話，還需要社會語言學更深入的調查），在河婆人與非河婆的華人亞群之間日常的互動，基本上就是以河婆話爲主；但在私領域的各自家庭裡，從搜集的資料可以發現，在一些情況下，譬如通婚家庭的後代，河婆客家話已經部分地被內化，但這並不會影響他們對於華人亞群身分（譬如潮州人）的認同，雖然他們未必會潮州話。顯然語言可以是身分認同的重要指標，但並非唯一重要的指標，本研究的例子就說明了父系的「血緣」比語言在界定身分上顯得更具有決定的效果。可是當這些新村的河婆人遷移到都會區時，此時新村的河婆多數被打掉重組，在更爲複雜的華人亞群與多元族群混居的都會區，此時的河婆在與其他華人亞群接觸時，河婆客家話退居家庭私領域，在公共場合中，華語成爲華人亞群間更爲普遍的通用語言，特別是在年輕一輩身上更爲明顯。而由於都會區有更多的機會接觸馬來人或印度人甚至外籍移工，但彼此的關係很表面，也深受國家族群政策的影響，從教育、住居、飲食、宗教等日常生活的方方面面。

就政策面來說，馬來西亞國家優惠馬來人的族群政策，對所

有的華人都影響深遠。在本研究的訪談中，一些客家長輩不諱言馬來西亞族群政策對日常生活影響很深，譬如過去在美食中心，不同族群（特別是馬來人跟華人）都可以彼此同桌共餐；但從1980年代開始，這樣的場景越來越少：華人跟馬來人的美食中心分別設立，吸引不同族群的消費者光顧各自族群的美食中心，且只有華人消費者會跨界到馬來人美食中心，反之是不可能的，這都是因為國家伊斯蘭化政策下，使得「清真」認證的食物變成馬來穆斯林務必遵守的飲食禁忌。這是政策層面對客家或華人的一致影響。但另外一個層面的政策影響則是州層級的，柔佛蘇丹從過去只跟一家祕密會社交易，並要求所有華人移民都加入該會社，使得華人亞群之間的關係是和諧的。另外，柔佛蘇丹亦非常堅持對州內各族群的平等對待，強調柔佛民族的重要性。整體來說，本研究顯示柔佛客家帶河婆家庭與社區中的族內與族際關係如下：

（1）河婆人與其他客家或非客家華人群體的關係是和諧的，即彼此之間是平和、平等以及相互涵化的關係。

（2）河婆人與馬來人的關係則是既和諧（因為柔佛州強調各族和諧關係），又緊張（國家族群政策造成馬來人——華人的穩定緊張關係，彼此間有著隱性的矛盾），且區隔（由於國家族群政策與州屬土地政策關係，使得馬來人與華人有意識的阻隔或孤立，雖然他們可能居住在同一個地區）。

（3）河婆人與原住民的關係是區隔的，畢竟兩者居住的地理空間並無重疊之處，在本研究的訪談資料中，根本沒有出現有關原住民的描述或討論。

（4）河婆人與新移民／工的關係，新移民的部分大多為結
婚進入新村的印尼或越南女性，就初步的了解，河婆
人跟這些新住民的關係是和諧的；至於移工，從訪談
資料可以了解河婆人跟他們的關係比較是區隔的，有
些受訪者甚至不知道這些移工是從哪個國家來的。

參考文獻

安煥然，2007，〈柔佛客家人的移植與拓墾：以「搜集柔佛客家人史料合作計劃」成果論述〉。頁167-199，收錄於於安煥然、劉莉晶編，《柔佛客家人的移植與拓墾》。士古來：南方學院出版社、新山客家公會。

利亮時、楊忠龍，2015，〈二戰後馬國客家聚落的演變——以士乃新村為例〉。《興大人文學報》4：47-77。https://zh.wikipedia.org/wiki/加拉巴威（取用日期：2019年10月10日）。

藍清水，2017，《馬來西亞的河婆人》。台北：國立政治大學民族學系博士論文。

第二家園簽證：馬來西亞我的第二家園正規公司，2020，〈馬來西亞買房要注意的各種地契/產權〉。https://www.cymm2h.com/1898/freehold_leasehold/（取用日期：2021年7月8日）。

中國報，2020，〈羅惹麵—好滋味—馬來老闆流利客家話引讚嘆〉。http://johor.chinapress.com.my/20201022/（取用日期：2021年6月30日）。

Evers, Hans-Dieter, 2014, "Changing Ethni in Peninsular Malaysia." *Kajian Malaysia* 32 (1): 37-53.

Gans, Herbert J., 1979, "Symbolic Ethnicity: The Future of Ethnic Groups and Cultures in America." *Ethnic and Racial Studies* 21: 1-20.

Hutchinson, Francis E. and Nair, Vandana Prakash, 2016, *The Johor Sultanate: Rise or Re-emergence?* Singapore: ISEAS Publishing.

Jabatan Perangkaan Malaysia, 2010, *Taburan Penduduk dan Ciri-ciri Asas Demografi 2010*. Kuala Lumpur: Jabatan Perancangan Malaysia.

M. Shamsul, Haque, 2003, "The Role of the State in Managing Ethnic Tensions in Malaysia." *American Behavioral Scientist* 47 (3): 240-266.

P. Lim, Pui Huen, 1998, "Past and Present Juxtaposed: The Chinese of

Nineteenth Century Johor." *Journal of Social Issues in Southeast Asia* 13 (1): 114-138.

Shamsul, A. B., 2004, "Texts and Collective Memories: The Construction of 'Chinese' and 'Chineseness' from the perspective of a Malay". Pp. 109-144 in *Ethnic Relations and Nation-Building in Southeast Asia: The Case of the Ethnic Chinese,* edited by Leo Suryadinata. Singapore: Institute of Southeast Asian Studies.

Strauch, Judith, 1981, "Multiple Ethnicities in Malaysia: The Shifting Relevance of Alternative Chinese Categories." *Modern Asian Studies* 5 (2): 235-260.

Tan Chee-Beng, 2004, *Chinese Overseas: Comparative Cultural Issues.* Hong Kong: Hong Kong University Press.

"Majlis Pembandaran Kulai", website: http://www.mpkulai.gov.my/ms/pelawat/info-kulai (Retrieved: 2019.10.10)

"Rail Transport in Malaysia", website: https://en.wikipidia.org/wiki/Rail_transport_in_Malaysia (Retrieved: 2021.7.9). http://static.loanstreet.com.my.s3.amazonaws.com/assets/bumi-status-ms.jpg (Retrieved: 2021.7.8)

PropertyGuru, "Freehold, Leasehood, Bumi Lot? Know the Differences and Restrictions!" website: https://www.propertyguru.com.my/property-guides/freehold-leasehold-land-title-bumi-lot-malay-reserved-land-malaysia-6946 (Retrieved: 2021.7.8)

第13章
客家社團的族群關係：以柔佛客家帶爲例

利亮時

摘要

　　大古來區域是馬來半島南部柔佛州的一個縣，古來地區原屬於新山的副縣。2008年1月1日正式成爲獨立的縣，名爲古來再也縣（Daerah Kulaijaya），其包含了士乃（Senai）、古來（Kulai）、加拉巴沙威（Kelapa Sawit）、武吉峇都（Bukit Batu）等城鎮與聚落。依據2010年馬來西亞全國人口普查，該縣總人口204,800人，華人共有78,161人，佔總人口的38.16%，人口數僅次於馬來人。在這個區域內，聚落地方成立的社團，多爲姓氏組織，如劉氏、黃氏、張氏等宗親會，而在市區部分就出現地緣性與族群性的客家組織，如惠州會館、鶴山會館、河婆同鄉會與客家公會等等。從客家組織中，我們看到客家內部以祖籍來區分，而當中如河婆人、惠州人、梅州人等。這個區域中的客家人以河婆人佔多數，然而他們在面對客家內部之時，就會產生一些刻板印象，例如他們會把梅州人視爲「正客」（正宗的客家人）。這裡的河婆人除了以祖籍地來劃分外，亦產生階級的觀念，河婆人認爲自己是務農的，不如飽讀詩書的梅州人。由於存

在祖籍和階級的觀念或界限，河婆人積極籌建河婆同鄉會，並統合聚落各姓氏宗親會的河婆人，集合眾力讓本身在客家人內部和華人社會，形成一股力量。從河婆人作為出發點，看到的是語言、祖籍、階級的存在。近代由於棕櫚油價格上升，河婆人從事種植棕櫚樹的小園主獲利甚豐，這也使得他們出錢出力，推動建立地方與全國的社團，以及籌辦客家文物館，河婆人積極建立本身的社團與推動文化工作，相當值得關注，從中我們可以看到經濟、政治等因素，影響著族群內部與互動之關係。

關鍵字：馬來西亞、客家、河婆人、古來、族群互動。

一、前言

「華人社群」，或因同「鄉」而聚合，或在聚合的同時產生「分」道揚鑣的各類幫群；或者，當各個異地而處的幫群面對共同的利益或困境，例如共同的「華人」利益或雖非關「華人」、但卻涉及幫群間的共同經濟利益，那麼，原本分道揚鑣的幫群有可能因之而再凝聚。直言之，「華人社群」分合的因素與結果，可能跨越「華」的要素，而帶來社群之間或之內的分庭抗禮，因而彰顯「幫群」之間清楚的楚河漢界，使得「幫群」分合的概念大過於「華人」；又或者，在分界跨越明朗後，各幫群又因外部的政治或社會因素而重新凝聚，「華」之概念與內容不僅成為「幫群分而再合」的主要元素，且因時代的改變而重新定位。此時，「華人分合」的概念大過於「幫群」，認同的範疇從原本的「社群」（community），過渡到彰顯個人認同政治（identity politics）的「華人」意識。換句話說，「華人」或「幫群」的分合是「認同選擇」的動態過程，也是各幫群在動態選擇後，所面對外部環境而必須進行的「認同釐清」[1]。這原本單純象徵「華人分合」的因素因「華團」認同的多變而越來越複雜，而由「華人」本身所「選擇」或「釐清」出來的「個人」、「社群」與「國家」認同等三範疇，或彼此交互重疊使因素更複雜，認同交互重疊的結果，所謂「華團」（或「會館」）究竟是為何而存

1　例如2006年，全馬7,900多個「華團」共同舉辦以「團結、革新、發展」為主題的「百年僑團群英會」，企圖重新定位馬來西亞華團的功能，並且減少以往功能單一、組織架構也單一的華團。

在？所謂「會館」，在「華人」、「幫群」與「國家」等三種認同層次當中，究竟會因何種因素、何種立場來扮演「華人會館」的角色？又或者，華人會館可能因三種認同層次的交疊，其「華」之性質逐漸消褪，而會館所具有的「幫群」特質，也跨越了「幫」或「群」的社群性質？在馬來西亞的族群關係底下，仍維持著多元互斥之情況。就華人本身我們也可以看到，其內部是以方言和祖籍來畫分，但當面對馬來族群時，則統合在華人概念之下。

由於研究觀點的轉變，過去著重海外華人在移居社會同化或不被同化的議題（assimilation / resistent people），在 diaspora 的概念下則不復存在。近來海外華人研究也順應這股勢流，從把華人社會視作中國社會的延伸，轉變爲注重華人社會主體性與獨有性，其在地認同及文化衝突與融合成爲新的研究取向。[2] 華人研究的轉向，牽動了客家研究的再思考。以往華人社會視爲均質性，忽略內部方言分群的異質性，故在海外客家研究就不能循著華人研究的軌跡繞轉，應當是立基在華人研究基礎上，另闢屬於客家研究的蹊徑。本文從客家內部的次族群關係作爲出發點，以河婆人爲對象去觀察其內部所形成的姓氏團體，另外則是河婆人與其他客家次族群，如梅縣人、惠州人、大埔人的關係。更進一步的是看客家人與其他華人族群在大古來地區的互動關係。

---

2 透過二度移民（re-immigration）、離鄉（displacement）與離散（diaspora）等移民研究，能夠更貼近華人社會底層心聲，尋回失落的記憶拼圖，褪去中國色彩的糖衣。

二、客家人進入柔佛的歷史

自19世紀以來，華人離鄉背井，前來東南亞謀生，至1937年止，馬來亞[3]（包括馬來半島部分與新加坡）華人達210餘萬人，佔總人口的41.4%，其中華人佔新加坡人口的76.5%，而在馬來半島的21個重要城鎮中，華人人口數超過居民總數50%的就有17個（蕭新煌等，2005：191）。

早期的華人移民大多扮演中間人的角色從事轉口貿易，華商負責將當地土著的產品和其他地區生產的商品進行交換，提供一個交易的管道。此外，華人也在當地進行錫礦的開採和種植業。自馬六甲王朝開始，錫就是其中一種出口商品，馬六甲王朝被西方殖民者消滅後，歷經了葡萄牙人、荷蘭人的殖民統治。1824年，英國人與荷蘭人達致協議，以馬六甲海峽為界，馬來半島歸英國人殖民，而印尼群島則由荷蘭人來統治。

英國成功取得馬來半島的殖民統治之後，重商主義的英國人，把馬來半島塑造成一個良好的投資區域，以便將來英國進行大量的投資，其中包括了開礦和種植經濟作物。華人種植業經營最成功的應該是在柔佛的華人，他們之所以可以成功的大量種植胡椒和甘蜜，是因為馬來統治者實行港主（Kangcgu）的制度，

---

3 「馬來亞」一詞，在二戰前是指當時的英屬馬來亞半島，包括海峽殖民地（新加坡、馬六甲與檳城）、馬來聯邦（雪蘭莪、霹靂、森美蘭及彭亨等四州）和馬來屬邦（吉打、玻璃市、丁加奴、吉蘭丹與柔佛等五州）三區。二次大戰後，殖民政府就政治因素，將新加坡從馬來亞分割出來，變成了兩個政治單位。因此在二戰前，馬來亞是包括新加坡在內。1963年9月16日，馬來亞、沙巴、砂拉越和新加坡合併而稱為馬來西亞，在1963年以前並無「馬來西亞」這個名稱。

馬來統治者給予港主管理河畔村落的權力，但港主要替整個村落繳交租金和稅金，港主擁有行政及執法的權力，他負責維持當地的法律與秩序以及建設當地，並且擁有主管鴉片、賭場的權力等等，而港主所統治的居民稱為港腳，港主制度成功的為華人帶來大量財富，一直到1917年港主制度才被廢止（侯政宏，2002：26-27）。

1946年1月22日公布馬來亞聯邦計畫，英國將戰前間接統治的保護國變成為直接統治的殖民地，目地是加強對當地的控制。至於新加坡與馬來半島分開來治理，目的在將新加坡建成英國在遠東的中心殖民地，並割斷新加坡共產黨勢力對馬來亞的影響，防止華人人數超過馬來人，引起種族騷動。

1948年，英殖民政府為了打擊馬共的力量，「畢里斯計劃」（Briggs Plan），進行人口大遷移，其中有些是按照方言群分配居住的「新村」，相當程度的強化了各方言群、以及華人和馬來人之間的隔閡。通過這個人口遷移的計劃，英殖民政府在1950年至1954年間，強行建立了約500個華人新村，遷移了約57萬華人，華人佔了新村人口的90%（蕭新煌等，2005：192）。1949年2月27日右派及中立的華人就在國民黨及英國的鼓勵及協助之下成立馬華公會（MCA）[4]，領導人為陳禎祿，並與當時巫統主席東姑阿都拉曼合作抵抗馬共。

柔佛州的歷史可以追溯至16世紀。蘇丹馬末沙（Sultan

---

4 馬華公會，全稱為馬來亞華人公會，該會在1949年緊急狀態期間，為了照顧被安置在新村的華人，兼且在英殖民政府的鼓勵下而成立。該會初期是一個福利組織，直至1951年才修改章程成為政治組織。

Mahmud Shah）原是馬六甲的蘇丹，但在1511年馬六甲被葡萄牙人佔領後，蘇丹馬末沙逃至柔佛，並創立了柔佛王朝[5]。柔佛王朝建立後，面臨內憂外患，戰亂不斷，加上英國政府侵逼，[6]直至1885年天猛公阿布巴加（Sultan Abu Bakar，1833年2月3日～1895年6月4日）加冕為柔佛蘇丹。首先，他把新山由一個漁村發展成一個市鎮，接著將發展計畫逐一延伸到其他的小地方。蘇丹阿布巴加引進西方「文職機關」的管理制度來管理內政，也將這先進的管理制度提倡給公眾，阿布巴加也是柔佛州第一位憲法條規的設立者，1895年推行了《1895年柔佛州憲法》，因此他被冠上「現代柔佛之父」的稱號。今日柔佛州經濟迅速發展，其來源自農業、製造業和旅遊業，而當中的農業和製造業則是州內最主要的經濟活動。柔佛州的農業主要有油棕種植業、橡膠種植、蔬菜水果；工業方面有食品加工業、橡木加工業及電子電器業等。

柔佛州以下分十個行政區或縣（daerah）：新山（Johor Bahru）、古來再也（Kulaijaya）、峇株巴轄（Batu Pahat）、居鑾（Kluang）、哥打丁宜（Kota Tinggi）、禮讓（Ledang）、豐盛港（Mersing）、麻坡（Muar）、笨珍（Pontian）及昔加末（Segamat）等區域。古來再也縣位置處於柔佛州南部，古來再

---

5 柔佛王朝創始人一說是蘇丹馬末沙，另一說是馬末沙的幼子蘇丹阿拉烏丁二世（Sultan Alauddin Riayat Shah II）創立。

6 英國人萊佛士（Raffles）進入新加坡後，英國勢力便逐漸掌控新加坡及其周遭範圍，1824年英荷條約劃分兩國勢力範圍，1855年柔佛統治權交予天猛公阿都拉曼之子達因依布拉欣（Daeng Ibrahim），1866年達因依布拉欣之子阿布巴加繼任。

也縣涵蓋的有古來（Kulai）、亞逸文滿（Ayer Bemban）、武吉峇都（Bukit Batu）、江加蒲萊（Kangkar Pulai）、加拉巴沙威（Kelapa Sawit）、沙令（Saleng）、士年納（Sedenak）、泗隆（Seelong）、士乃（Senai）和新港（Sengkang）等九個縣屬城鎮。

馬來西亞華人人口中，[7]客家人的人口比例一般介於20%上下。1911年以前，客家人佔華人各方言群人口的第三位。至此之後，人數日增。1957年至1980年的四次人口普查，客家人已成為西馬的第二大華人方言群。19世紀末，馬來聯邦（四州府：雪蘭莪、霹靂、森美蘭與彭亨）的客家人最多（佔38.56%）。1911年至1921年，馬來屬邦（五州府：柔佛、吉蘭丹、丁加奴、吉打、玻璃市）的客家人也大幅增長。尤其是柔佛客家人，在此十年間竟迅速增長了80.6%。根據《南洋年鑑》的數據，1931年柔佛境內以潮州人居多（35,935人，佔21.6%），其次即為客家人（33,588人），佔柔佛華人總人口的20.2%。1947年，柔佛潮州人退居第三，福建人則躍升首位，佔33.9%（117,304人），然而，客家人數77,109人，仍是排第二位，維持於22.3%。至1980年，在柔佛華人社會中，仍然是福建人最多，客籍居次。柔佛客家人119,195名，佔20.07%。客家人在柔佛實是一個相當重要的族群（安煥然，2011：185）。

根據安煥然等人的考察，客家人之大量移殖柔佛，年代稍晚，大概是在20世紀20年代前後，而且除「水客」和鄉人親戚

---

7 馬來西亞以馬來語作為官方語言，英語為特定官方語。

之牽引,很大部分是馬來亞境內多次遷徙的移殖,例如雪蘭莪、吉隆坡、森美蘭以及馬六甲的南下移民。此外,印尼勿里洞有不少從事開採錫礦的客家人,後來彼等一些亦相繼移殖柔佛南部(安煥然,2007:V)。

一個特殊現象是,若以柔佛客家人的主要聚居地區來觀察,城市(尤其是沿海城鎮)客家人並不多,僅比較集中在市區的幾條街,從事小本生意。這些客家人的傳統行業包括洋貨、布疋、白鐵、打黑鐵、當舖、藥材業等,而且多為大埔及嘉應客籍人士經營。然而,在柔佛內陸山區的開芭(開墾),則頗多客家人移殖,有者甚至是客家村,尤其是古來轄區,更是客家人的天下。早期他們多是割膠、種黃梨(鳳梨)、養豬、種菜。惟這些客家人主要是河婆客、惠州客和豐順客,鶴山客也有一些,反而大埔客較少。柔佛內陸郊區,特別是包括士乃、沙令、泗隆、加拉巴沙威、士年納、亞逸文滿、武吉峇都等地的古來轄區,以及居鑾的拉央拉央、令金和新邦令金等地,是客家人的主要拓殖和聚居地,有者甚至是以客家人為主的聚落。

三、從自然村到新村

二次大戰之後,馬來半島脫離日本的控制,重新回到英國殖民政府的管理,在1948年英國殖民政府執意推動不利非馬來人的「馬來亞聯合邦」(The Federation of Malaya)憲法,引起了許多華人的不滿和抗議,尤其以馬來西亞共產黨(後稱馬共)手段最為激烈,他們採取武力抗爭,隨即英國殖民政府宣布《緊急法令》(Emergency Ordinance)。馬共成員多數為華人,他們在

山區進行游擊戰，吸收或是利用居住在偏僻山區或森林邊緣的華人墾民（Victor Purcell 著，張奕善譯，1972：100-101），以壯大聲勢或是獲取物資。起初，《緊急法令》成果不彰，英國殖民政府為了防止這些墾民繼續加入馬共的行列或是被強迫輸送物資給馬共，實施了「畢里斯計劃」，遷移這些墾民到新居地，新居地就是後來的新村，希望可以減少這些墾民與馬共接觸的機會（安煥然，2011：200）。

不論是馬共或是墾民的成員都是華人為多數，這說明了為什麼大多數的新村都是以華人為主。新村計劃基本上是一種強迫移民的舉措。英殖民政府一方面「建村」，另一方面則進行焦土政策，郊區散居之華人被逼遷移到所謂的「新村」中來。日夜有警衛的站崗，出入和日常生活均受到監控，新村居民猶如生活在「集中營」一般（安煥然，2011：200）。這種集中營式的控制，是為了完全杜絕新村居民與馬共的接觸，新村居民的一舉一動都受到嚴密的監控，包括吃飯也必須受到控管，譬如集體吃飯、外出新村工作攜帶的食物要接受檢查和買米糧要控管數量，為的就是避免居民提供食物給馬共。「被遷徙到新村居住的居民開始過著一種『半開放半管制』的生活型態。首先，新村的周邊都圍有帶刺的鐵絲網籬笆（barbed-wire fence），有的新村甚至在數十尺外的範圍重圍一層，以避免物資從「笆內」傳／擲出。」（潘婉明，2002：8）某種程度上來說，新村華人居民是被「關」在新村內，切斷他們與外界的接觸，待在新村內可以獲得比較多的自由，相對地如果要外出新村，就必須接受嚴格的檢查和限制。

以士乃新村為例，1950年士乃新村建置時，村內約有3,200

人，90%以上是客家人。整個村內只有120位是馬來人，馬來人多半不住在村內，少數住在崗哨附近，他們擔任監視的警察或政府職員。村子四周設置雙重籬笆，防止內外華人互通物資。村民依據產業別分配土地，例如養豬業有60呎至120呎，膠業30呎至50呎。村民要自己組建屋子，與昔日舊聚落景觀不同。

《緊急法令》時期，士乃是英國殖民政府所劃定的馬共活動黑區（活躍地區）。躲藏在森林中的馬共和受委於英政府的當地自衛團長時間對峙，被遷移至新村的士乃居民亦不得不遵從宵禁、糧食限制等對抗馬共政策，全村人每日同吃大鍋飯。當時有部分馬共向英政府投降，假稱告密，卻冤枉了許多在地的非馬共居民。告密的馬共通常會被英政府軍警人員安排坐在一黑車廂內，接著該輛黑車會在村內緩緩而行，黑車廂內的告密人從細縫間見到疑是馬共的成員，就會敲打車廂，軍警人員便將路上所見的人逮捕。被逮捕的馬共成員或受冤枉者，有的會被監禁在哥打路的集中營四星期至四個月，有的則會被限制居留在士乃外的其他地方，更有的被遣送至吉隆坡受進一步調查（安煥然，2007）。

現今士乃新村主要以河婆客家人為主，河婆人比例超過70%。士乃新村有四大姓，分別是黃、蔡、張、劉等四姓，因此有柔南江夏堂黃氏公會、古城會等姓氏宗親會組織。士乃多河婆人主因是開墾者來自河婆。士乃在1900年開埠，1915年左右，客屬人士已陸續移殖士乃。其中有兩位河婆客家先賢：黃子松和黃炳南，他們率眾引領客籍人士開芭墾殖，貢獻尤大。士乃客家，原與黃姓河婆客家人之移殖有關。江夏堂和三山國王廟是士乃客家人（尤其是河婆客）的重要地標，社群凝聚的核心。研究

者年輕時就多次到過士乃，多年的觀察士乃自開埠以來就是南下的交通要道（馬來西亞南北高速公路尚未開通之時），加上近數十年來的發展，新山飛機場建竣於士乃，以及士乃工業局的興建，城市化改變了士乃居民的生活。現今的士乃已成為工業區，為士乃帶來了很多移民，大致上一間大工廠就有三、四千人的工作人員，小工廠則有兩、三百人。

客家人在士乃開墾一段時間後，逐步向北移動尋找其他可供耕作的地方。第一批從士乃向北遷移的河婆客家人共13戶人家。他們是在大約1937年左右，在黃子松的安排下搬到24碑，即離士乃北上九英里的附近落戶。客家移民們陸續遷北上墾荒開芭，其中尤以河婆客家人為多，24碑逐漸形成一個小鎮。客家移民們在士乃以北一帶主要從事種植黃梨和甘蜜等農作物。當時該地有數千英畝的農耕地，其中除了客家人張清和擁有700英畝、李子明500英畝、福建人王源成近千畝（一些客家人也有移入住下）。

在日軍佔領馬來亞時期（1941-1945），黃子松也向當時的日軍總部申請土地予鄉親種植農作物。加拉巴沙威建村及名稱的由來早在新村建立以前，其實原名為「長安村」，「加拉巴沙威」之名則起於1949年《緊急法令》新村設立之時。1948年6月，英殖民地政府為了對付馬來亞共產進入《緊急法令》戒嚴狀態以切斷馬共支持者與馬共游擊隊之間的聯繫，原先居住24碑至26碑一帶的居民被迫遷入新村內居住。新建聚落設有一間警察局、一間華文小學、小型診所及民眾會堂等。新村周圍用有刺的鐵絲網圍起來，村前、村後各設有一個進出口，讓村民在宵禁令期間開放的時段出入，宵禁令執行時間則為傍晚六時至翌日上

午六時，村民活動受到極大的限制，宵禁令時不得任意出入，亦管制燈火及食物。這個新村就被當時殖民官員稱為加拉巴沙威，馬來文Kelapa Sawit 油棕之意，其因為附近有間油棕廠的緣故。村民的房屋全是用木板和亞答築成，沒有自來水、電源供應。村內的道路全是紅土道路，飲用水源靠村內的公共水井，村民的生活相當貧苦，英殖民政府安排村民割膠、種菜或到附近的園丘當散工來維持生計。在大古來地區，形成多個新村，本文只舉其中兩個人口較多，以及範圍大的新村作為例子來進行介紹。

四、古來地區的客家社團

人在互動的過程中有一個重要的行為就是集社，集社可能是為了爭奪利益、興趣驅使、相互幫助或是文化傳承等，參加同一社團的人往往都有相同的目標，社團的活動往往就可以顯示出這些目標以及與其他社團的關係，從社團的對內活動可以得知大古來地區客家人族內及與華人間的關係。社團也不只是在區內活動，一定也會跨到其他地區，因為特定事件或是固定例行交往，與一些區外的社團產生了活動，從這些活動我們可以看出當地客家人與其他華人次族群間的關係。在大古來地區的客家人團體，除了客家、惠州、河婆等來自中國原鄉的地緣社團，許多的客家聚落更有不少的血緣性組織。以下將就各血緣與地緣團體作一概略性的介紹。

（一）柔南黃氏公會
黃氏公會成立於1947年，會所設在士乃，前身是互助會。

1970 年代互助會正式命名爲柔南黃氏公會，會員來自柔佛州四大縣，從新山、哥打丁宜、居鑾到笨珍。每當有活動，各地會員都會聚集在這裡。

（二）蔡氏濟陽堂

1963年蔡氏濟陽堂註冊成立，目前濟陽堂會員大概是500到600人之間，會員大部分來自新山、古來區一帶，主要是加拉巴沙威。蔡氏會所位在大古來19哩，公會資產有會所、一間店屋出租及十多英畝油棕園。蔡氏公會是少數古來地區的血緣團體，其會所不設在聚落裡頭，而是設在古來的市區與商業中心。據會中耆老表示，主要是讓大古來地區的河婆蔡氏宗親都可以方便來參與，而且也不要給人一種該公會屬於某個聚落的感覺，因爲這樣可能會產生一些排他性，從而失去團結區內蔡氏宗親的原意。

（三）柔佛州劉氏公會

劉氏公會倡於1964年間，當時加拉巴沙威於鄉村農舍階段，生活起居儉樸無華，村內方圓數里並無具規模的酒樓餐廳，每當公會成員聚會用餐時，須從各處商借碗筷、桌椅及烹飪用具，故籌組「碗筷宗親會」，並命名爲「彭城堂碗具會」，此爲劉氏公會的前身。1966年柔佛州社團註冊局批准「柔佛州古來區劉氏公會（The Kulai District Liew Clan Association）」，成爲合法的註冊團體。1982年3月社團註冊局正式批准將「柔佛州古來區劉氏公會」更名爲「柔佛州劉氏公會 Persatuan Keturunan Liew Negeri Johor（The Johor Liew Clan Association）」（柔佛州劉氏公會成立40周年紀念特刊，2008：36-39）。

（四）劉關張趙古城會

劉關張趙古城會，成立於1967年，會所設在士乃的大街，顧名思義是追溯東漢末年蜀國劉備、關羽、張飛與趙雲之古城相會，因此聯合劉、關、張、趙等四姓成立士乃劉關張趙古城會。劉關張趙古城會設有獎助學金，給予資優成績子女。會長任期三年，連選連任一次，平日會務收入靠會員捐款。例祭在一樓宗祠牌位舉辦，二樓作為開會場所。清明與冬至則是例祭節日，春祭會前往義山祭拜，冬祭在會所舉辦。

（五）村民協會

士乃的村民協會乍聽之下猶如是一個地方公民社會組織，實際上仍是一個姓氏宗親聯合會。前面所提到士乃新村四大姓之外的小眾因無法加入其組織，便聯合組織成一個村民協會。1973年跨籍貫、跨姓氏的村民協會成立，成員有300～400人之間。現在則有250人左右，年齡結構偏向65歲以上。主席與理事會均由會員們直選，三年一任，得連選連任。村民協會成員結構有來自河婆、大埔、陸豐、廣府等縣分，溝通語言可用客家話或河婆話溝通。

（六）柔南曾氏宗親聯誼會

曾氏公會會所設在士乃，而接納的會員是包含士乃與加拉巴沙威的曾氏族人。成員來自各行各業，目前已發展到第五代曾氏成員。曾氏公會起源於1982年籌備，1989年註冊，1990年12月成立，1994年10月購買舊會所，2000年再購置今日會所及樓下店鋪，起初都是靠會員募捐維持會務，待購置店鋪提供出租便有

固定收益，現今會所的樓下是租給馬來人經營洗車店。曾氏公會一年二次祭祖（分爲春秋兩祭），新春團拜均在三樓祠堂。例年5月舉行常年大會，公會每年發放70歲以上老人敬老金及子女教育獎助學金（獎金發到第二代，會員第三代不領取；倘若第二代是會員，第三代可領取）[8]。凡曾氏者即可入會，會員年紀階層主要爲40歲至60歲區塊，繳交一千令吉可成爲永久會員。會員必須爲曾姓，外姓不能加入。理事會三年一任，採複選制。先由會員大會選舉21位理事，再由理事會選舉一位主席及兩位副主席，此外設置外協理事。

（七）柔南張氏公會

1996年7月7日由六位倡議人召集宗親，在加拉巴沙威洪仙大帝廟召開座談會，針對籌組張姓宗親會事，作深一層的正式商討及作出決定，在取得絕大多數宗親的贊同及支持下，成立15人籌備委員會，籌委會將有關章程呈上社團註冊局申請註冊，當年是以「古來縣張氏公會」之名稱作出申請。在眾宗親引頸期盼下，於1998年6月獲社團註冊局正式批准。籌委會隨即展開廣招會員的工作，並於同年12月12日召開會員大會選出首屆理事會。

1999年6月間理事會成功購置一間雙層店屋，經裝修後一樓作爲會議廳，底層作爲宗祠堂，安奉列先祖牌座。由於會務進展順利，會員逐年增加，加上散居於古來縣以外之宗親希望加入成

---

8 母親爲曾氏公會成員，子女一樣可以領取助學金。

爲會員及參與公會的活動。另一方面，理事會認爲有必要擴大公
會的組織範圍，隨後，通過大會決定申請，更名爲「柔佛州柔南
張氏公會」並修改章程（柔南五縣即新山、哥打丁宜縣、笨珍
縣、居鑾縣及古來縣），申請函件於2002年12月9日獲得政府
有關當局的正式批准。由於公會組織擴大，會員又激增而會務也
趨繁重。因此，公會於2003年2月16日決定成立青年團及婦女
組，協助公會推動更全面性的會務發展。2008年柔佛州柔南張
氏公會的會員名錄顯示644名會員中，加拉巴沙威有256名會
員，其次爲古來115名，接下來是新山81名、士乃68名、居鑾
31名、沙令29名、亞逸文滿17名、武吉峇都16名、笨珍14名
及哥打丁宜7名，前述數據得知張氏公會會員集中在加拉巴沙威
及其周邊，有地理位置上的趨向性，客家亞族群劃分並不明顯。

（八）古來客家公會

　　古來客家公會在1937年成立，當時該公會會所設立在古來
大街59號2樓，戴子良先生爲首任會長，繼之則有黃國政、黃子
松及戴順等。1951年該會遷至古來大街81號繼續展開會務活
動，之後受《緊急法令》影響及新馬分家，公會會務一度沉寂，
1965年客家公會重新開幕。古來客家公會創立初期與新加坡南
洋客屬總會有密切關係，南洋客屬總會胡文虎爲抗衡福建幫陳嘉
庚，與湯湘霖等人組建南洋客屬總會。客屬總會創會典故之一爲
胡文虎是福建永定人，表面上也是屬於福建，但福建會館不讓胡
文虎入會員，因胡文虎講客家話，閩會館不承認他是福建人，所
以胡文虎組織客屬公會來維護客族權益。

（九）柔佛鶴山會館

1937年鶴山人在古來街場成立籌組鶴山會館委員會，1941年，古來柔佛鶴山會館正式成立，會所設在古來大街40號。

（十）柔佛州古來惠州會館

古來惠州會館成立於1946年，主要在於讓惠州同鄉有一個互通訊息的場所。1960年代在同鄉的支持下成立銅樂隊，而且接受非惠州人也可以加入。該銅樂隊代表會館在官方慶典、喜慶場所都提供表演的項目，讓會館在古來的知名度逐漸提高（惠州會館編委會，1980：13-19）。

（十一）柔佛州河婆同鄉會

柔佛州河婆同鄉會創立與當年胡文虎有類似境遇，河婆人不能進潮州公會，入客家公會又彆扭，便籌建河婆同鄉會，此等想法是一種創造，也是一種反抗。

> 爲什麼要組織這個河婆同鄉會，因爲我們是屬於潮州屬下一個縣，以前叫揭陽縣，河婆是揭陽縣裡面一個區。我們是屬於潮州人，沒有組織河婆同鄉會的時候就遇到一些困難。我們要去參加潮州會館，那麼你又不會講潮州話，你講客話，所以他說我介紹你去參加客家公會。去到客家公會要參加會員的時候，你是潮州揭陽人，揭陽是屬於潮州的，你進潮州公會，兩邊都不給你進。後來有一個士乃的姓黃的組織黃氏公會，自己照顧自己的人。姓蔡的也是說，我也組織一個蔡氏公會，照顧自己的人，後來說，既然河婆人沒有人要，我

們自己組織公會。（蔡少華，2019）[9]

正因爲客家公會與潮州公會的對於河婆人的加入表現相對的消極，河婆同鄉會便應運而生。柔佛州河婆同鄉會之發起，有成果之倡議是在1972年，鑒於在柔佛州之河婆同鄉人口眾多，居於境內各地，但未有一個聯絡與互動交流訊息處所，需要組織成一同鄉會來聯繫鄉親，促進團結、爲同鄉謀求福利。籌組河婆同鄉會的契機是在1974年，當時吉隆坡發展商蔡家象規劃古來南達花園發展時，幾位倡議人徵求在其發展藍圖內撥一地段捐獻作爲推動籌備成立河婆同鄉會，蔡家象慷慨答應捐獻二間店位之地段，作爲建築柔佛州河婆同鄉會會所用途。從此便有了推動體系籌備基礎，奠下建立柔佛州河婆同鄉會之長遠目標。

1976年9月柔佛州河婆同鄉會正式獲得社團註冊局批准成立，鄉會辦事處暫租古來大街北京茶室樓上，聘有駐辦事處職員處理日常事務，接著籌備建設會所，分頭向鄉人募捐會所基金，反應熱烈，獲得同鄉的支持，今日之會所於1981年落成啓用。1979年間成立會員福利香儀金小組，以應期香儀方式，對會員同鄉逝世表示哀悼，鄰近居住的理事，皆必須到場代表鄉會向死者致哀吊唁；1980年會慶三周年紀念及第二屆新理事就職典禮期間，大會決議設立成立青年團（河青團）；1981年設立會員子女學業優良獎勵金；1986年8月3日婦女組成立並展開多項活動，先後有家政班、文教班、舞蹈和健身班等；1993年4月16

---

9 蔡少華所言，有部分須修正的是潮州公會，並沒有拒絕河婆人入會，往往是因爲族群經濟力量的強弱，而讓部分河婆人加入潮州公會的意願不高。

日青年及文化組（青年團）開辦了水墨畫班，為喜愛丹青之同鄉，提供練習場所（柔佛州河婆客家會，2009：816-817）。

　　古來地區成立的客家團體，其所呈現的特色有別於新馬其他區域。在新馬其他地區，通常是地緣組織先成立，例如嘉應會館、惠州會館等，之後是血緣組織，再晚些才是以客家或客屬二字為名的團體。在古來客家人所成立的年份順序來看，先有客家公會，之後才有地緣社團，如鶴山與惠州等，以及血緣社團，如黃氏、劉氏等。

　　從社團發展來看，這跟客家人移入這個區域的時間有關，由於古來地區的開發，大部分落在20世紀初期，再加上部分客家人是在馬來半島的二次移民，如1930年代，一批來自蒲種（Puchong）、加影（Kajang）、沙登（Serdang）等雪蘭莪州和吉隆坡市一帶的客家人陸續南遷移殖古來這片土地（安煥然，2011：195）。由於移入都是從事農業的工作，再加上是宗族與同鄉的集體移入，因此在開始之初並沒有成立社團的需要。客家公會的成立，主要是順應胡文虎的號召，再加上後來的二次大戰，以及戰後英殖民政府要圍堵馬來亞共產黨，而推行的緊急狀態。時局的動盪都不利社團的成立。直到古來地區的緊急狀態逐步解除，社團才慢慢的出現。在進入1960年代中晚期以後，客家社團陸續成立，這跟族群內部的經濟力量逐漸增強有著莫大的關係，尤其是血緣社團的設立，也代表河婆客家人各姓氏力量。

五、客家人內外的族群關係

　　從上述的客家社團可以看到，客家人的地緣組織多設在古來

市區，而在新村則多爲血緣組織。柔佛血緣性的宗親組織全是戰後才成立。這種客家人崇祖建宗祠的「傳統」，應視爲「傳統」的「再造」，而非戰前既存之「傳統」。而且很多是以「柔佛」、「柔南」等州級性的性質存在。反映的是當代柔佛客家人認同的多重，以及客家社群的分立。黃、劉、蔡、張是古來地區河婆客家人的四大姓氏，各姓氏後裔因本身的血緣關係，基於服務宗親的精神，陸續於本村成立各自的宗親會。各姓氏公會的成立，主要是爲了加強本身宗親間的聯誼，敦睦宗親關係。血緣社團形成跟河婆客家人的開墾，有著密切的關係。在柔佛內陸山區的開芭（開墾），則頗多河婆客家人，尤其是古來轄區，更是河婆客家人的天下。早期他們多是割膠、種黃梨（鳳梨）、養豬、種菜。

> 我們河婆人都是務農，起初種黃梨，後來種胡椒，後來又改種可可，可可又改種樹膠，現在又改種棕油，就是跟那種市場的需求啦。好像說以前是種黃梨，後來種樹膠，後來樹膠不好價，又講可可好價，可可曾經起到 10,000 多塊一噸，所以那麼大家又種可可。可可不好價，又講棕油好價，又種棕油，一路變啦。（劉紹基，2019）

以其中一個河婆人聚居的加拉巴沙威新村爲例，居民主要從事耕種，爲了集合彼此的力量而成立「古來縣茶農聯合會」，傳聞單一茶農跟政府申請農業地較不易通過，所以茶農公會的成立有助於村民申請農業地。

當年主要是種蔬菜跟稻，在日本時代有種稻，後來轉為種胡椒，更早是種黃梨，新村時代每一家每一戶都有種菜養豬，有些人做豆腐。2014年是蔬菜為主，河婆人在加拉巴沙威有20家收菜的，但是我們姓蔡的差不多佔了四分之一。（蔡少華，2019）

　　河婆客家人作為區域內客家內部的最大族群，其在2016年7月，耗資馬幣三十萬在會所闢一空間建立柔佛州河婆文物館（河婆同鄉會特刊編委會，2016：103）。文物館展示文物、資料與昔日河婆先輩的生活用品等。此外文物館也展示古來八個華人新村開埠經過與簡史。有一點相當值得注意的是，在文物館的入口處，把中華文明的源頭三皇五帝作為開端，並一路連結到河婆在柔佛的開墾史。從中我們可以看到河婆人一直被視為客家旁支，他們也自嘲自己不是「正客」（正宗的客家人），透過文物館的成立與陳設，河婆人也在強調本身與中原文化的連接。

　　柔佛州河婆同鄉會除了建立文物館外，其在同一時間由當時的會長黃福庭（在柔佛州河婆同鄉會文物館開幕後就離世）籌組「古來華團探緬南僑二戰抗日機工史實籌委會」，其目的是籌建「南僑二戰抗日機工罹難同胞紀念碑」。柔佛州河婆同鄉會會長黃福庭這項建碑行動，獲得古來27個華人社團的響應，其包括了古來中華公會、古來加也中華公會、廣西會館、福建會館、柔南曾氏宗親聯誼會、豐順會館、惠州會館、客家公會、海南會館、柔佛鶴山會館、沙威黃氏公會、戴氏宗親會、柔佛州劉氏公會、古來縣李氏公會、柔南張氏公會、柔南彭氏宗親會、柔佛州莊嚴公會、蔡氏濟陽堂、柔州穎川陳氏公會、古來韓何宗親會、

劉關張趙古城會、士乃中華商會、柔南黃氏公會、柔佛楊氏公會與馬來西亞區巫氏宗親聯誼會（探緬南僑機工史實籌委會，2013：44）。2013年8月12日紀念碑舉行竣工謝土大典，當時除了古來華人社團領袖的出席外，也包括了柔南區的國州議員，台灣駐吉隆坡公使，中國昆明南僑機工眷屬聯誼會秘書長等（探緬南僑機工史實籌委會，2013：82）。這項紀念活動十分盛大，作為倡議者的柔佛州河婆同鄉會，其在古來區的社團地位，其實是有所提升的。

　　台灣的社區營造的成功亦對大古來的客家聚落帶來正面的意義。在加拉巴沙威居民一方面為了慶祝國慶，一方面體認到新村文化活力漸失，著手聯合執政黨、在野黨、各姓氏宗親會、家長與教師協會（簡稱家教協會）等27個團體籌組「沙威政黨社團聯合會」，聯合會每一年都會辦一些慶典，2014年由榮農公會主辦，並推展「沙威文化藝術季」。活動內容主要有房子壁畫，請一些畫家進來寫生，把一些老房子用畫筆記錄下來，另外有攝影比賽拍攝新村人物及景物。

> 我們利用藝術這種東西，轉換成一種力量，這些力量它可以讓整個社區復活起來。有些老的社區、舊的社區、被廢棄的、年輕人一直外流的社區，灌入了藝術元素，讓這個社區復活起來；也利用藝術的方式來對執政的、掌權的做一些控訴。那我覺得是非常有意義的。（鄭凱聰，2019）

　　藝術季行動團隊亦派每個家戶一張畫布，透過全民參與，每一家戶貢獻一幅畫，之後拼湊成百家畫，這屬於新村居民的一個

集體創作，代表群體意識及共同記憶的塑造，但僅停留在「新村」底層意義，尚未看到有任何發展河婆客家的族群意識。從加拉巴沙威聚落的活動中，我們也可以看到兩個華基政黨，即馬華公會（純華人黨員）與民主行動黨[10]（以華人為主幹，也有其他族群加入）在村中的政治爭角，以及爭取村民的支持。

客家人的組織與其他華人組織亦有其他合作關係。古來華人義山管理委員會由12個地緣性社團（包括了福建、客家、廣東、潮州與海南）組成，專責處理當地土葬的事情。這種形式的合作，讓逝世的華人有一長眠之地。整體而言，河婆客家人在區域華人社團的地位，基本上在近二十年來是日漸提升。

由於柔佛州的特殊歷史發展，該州的華人社會發展不同於馬來半島其他州屬。柔佛州蘇丹在華人移入該州時，就只批准華人祕密組織義興為唯一合法的社團。華人都在義興旗幟下進行協商，而讓該州的華人社會沒有產生類似其他州屬的械鬥。蘇丹的高度介入，讓柔佛州的社會維持和諧和穩定，這也讓我們看到古來的華人社團，雖然暗中有些競爭的關係，但是基本上都保持著和諧的關係。

六、結語

馬來西亞的新村是反共歷史的產物，1948年英國殖民政府

---

10 民主行動黨（Democratic Action Party, DAP）源於新加坡人民行動黨（People Action Party, PAP）。當新加坡在1965年8月9日脫離馬來西亞獨立後，新加坡人民行動黨留在馬來西亞的分部組織為了繼續生存，而轉化成民主行動黨。

宣布《緊急法令》，1950年代更爲了阻絕共產黨勢力在當地的發展，並強制將居民遷居至新村聚落，新村居民之一舉一動是受到當時政府當局的嚴密監控和管制。馬來亞共產黨勢力消失匿跡後，新村聚落並未馬上撤除藩籬（鐵絲網），華人依舊生活在高牆之內。雖然今已不復見這種極端的手段，然設置新村的影響力卻持續至今，深受其影響的以華人爲主，因爲被強制遷移的居民大都爲華人，大部分州屬的新村，其居住者以華人爲主，其比例高達或者是超過70%（鄒雁慧，2008：2；林廷輝、方天養，2005：54）。新村的人口組成是以華人亞群的客家爲主，新村發展史可以說是華人於二次大戰之後在馬來西亞發展的另一種奮鬥史。

昔日新村地緣政治不借托上層統治權力，今日新村政治卻已改變，國家力量不斷滲透至新村內部政治，而當地的經濟與社會又影響其政治變化，種植園主雖仍然佔一席之地，但是工商業企業家地位日漸提升；國家法律與行政限制新村政治的範圍，外圍權力（如馬華公會、民主行動黨）持續參與地方活動，形成無窮盡的政治遊戲。村內領導人向來依賴於爭取外部資源和操控，早期的商人領袖是憑藉財富，透過經濟擴大參與並累積民眾支持。《緊急法令》頒布後，個人政治不再依存於經濟勢力，而是來自於中央權力與國家制度。村內華人政治文化雖然佔據高位，但仍從屬於國家馬來政治文化底下。村內中層政治人物試圖在政黨資源底下獲取某些利益，而政黨基於支持度也透過中層領袖吸引選民，現在華人新村內部的認同與政治參與從族群政治轉變爲階級政治。

在古來區的客家社團，從田野中觀察到由於該地區以新村爲

主，社團最早形成反而是胡文虎鼓吹的客家社團，而非地緣性或血緣性的組織。原因在於該地區是聚落為主，城鎮的發展尚處於初步階段，再加上1948年的新村建置，讓社團沒有成立的時機。從社團發展來看，城鎮先有客家公會，之後有其他的地緣（惠州、鶴山等）社團。而在聚落的河婆客家人，直至馬來亞於1957年獨立之後，再加上經濟步上正軌才成立血緣團體，而到1970年代才有河婆同鄉會的成立。從今天的發展來看，河婆客家人在聚落出現了許多血緣組織，各自代表某一姓氏的族群。

從社團來看，河婆客家人在古來地區的經濟勢力是有顯著提升，主要在於工商業的發展，以及之前油棕價格的攀升，讓小園主獲利不少。然而，從社團當中也看到河婆客家人山頭林立，彼此有著合作，也有競爭的關係。

在現實政治環境中，整體華人面對的是馬來政治的壓迫，華人無法在政治取得應有的地位，經濟優勢不斷被削弱，需要尋找一個壓力宣洩出口，用以證明自我存在，故與中國的聯結成為一種象徵式的依靠。從建立南僑機工紀念碑，可以看到在展現地區華人大團結的同時，也在向馬來西亞政府傳達華人在抗日戰爭的貢獻，另一方面則是與中國進行聯結。這項活動其實是深具意義，在柔佛州河婆同鄉會的領導下，讓河婆人在區域內的地位有所提升。在馬來政治的框架下，古來的客家社團，基本上是與其他華人社團，形成各種不同的合作關係，例如義山和最近建立的南僑紀念碑。在柔佛州蘇丹對華人社團的寬容態度下，客家社團與其他華人社團的競逐關係並不明顯。我們不能忽略歷代柔佛蘇丹在維護族群間和諧與政治穩定的努力，就如同2021年8月，馬國中央政治出現動盪，柔佛蘇丹放話，如果州內的議員效法中央

推翻執政方，並引起政治紛爭，他將會立即解散州議會還政於民。因此歷代柔佛州蘇丹的治理精神，讓州內較少出現衝突的情形。

參考文獻

文平強等著，2004，《馬來西亞華人人口趨勢與議題》。吉隆坡：華社
　　研究中心。

王明珂，1997，《華夏邊緣——歷史記憶與族群認同》。台北：允晨文
　　化。

安煥然，2009，〈馬來西亞柔佛客家人的移植及其族群認同探悉〉。
　　《台灣東南亞學刊》6.1：81-108。

安煥然，2011，〈馬來西亞柔佛古來客家聚落〉。頁185-219，收錄於蕭
　　新煌主編，《東南亞客家的變貌：新加坡與馬來西亞》。台北：亞太
　　區域研究專題中心。

安煥然、劉莉晶編，2007，《柔佛客家人的移植與拓墾》。新山：南方
　　學院出版社、新山客家公會。

吳華，1980，《馬來西亞華族會館史》。新加坡：新加坡東南亞研究
　　所。

李亦園，1985，《一個移殖的市鎮：馬來亞華人市鎮生活的調查研
　　究》。台北：正中書局。

李國鼎，1966，《第一個馬來西亞計畫（1966-70年）》。台北：國際
　　經濟資料中心。

李寶鑽，1997，《馬來西亞華人涵化之研究——以馬六甲為中心》。台
　　北：國立師範大學歷史系碩士論文。

李豐楙，2008，〈文化識別：從事馬來西亞華人宗教研究的經驗〉。
　　《亞太研究論壇》41：1-30。

房學嘉，1994，《客家源流探奧》。廣州：廣東高等教育出版社。

林水檺、駱靜山，1984，《馬來西亞華人史》。馬來西亞：馬來西亞留
　　台校友會聯合總會。

林廷輝、方天養，2005，《馬來西亞新村：邁向新旅程》。吉隆坡：策
　　略分析與政策研究所。

林廷輝、宋婉瑩，2002，《馬來西亞華人新村50年》。吉隆坡：華社研究中心。

林媛婷，2007，《五一三事件華人之集體記憶探討》。南投：國立暨南國際大學東南亞研究所碩士論文。

河婆同鄉會特刊編委會，2016，《柔佛州河婆同鄉會四十周年會慶暨文物館開幕紀念特刊》。柔佛：柔佛州河婆同鄉會。

柔佛州河婆同鄉會，2009，〈桑梓根緣〉。頁816-817，《馬來西亞河婆同鄉會聯合總會第十三屆代表大會暨柔佛州河婆同鄉會卅周年紀念特刊》。柔佛：柔佛州河婆同鄉會。

侯政宏，2002，《馬來西亞華人政治參與之研究──兼論華人政治上的地位與角色》。台北：淡江大學東南亞研究所碩士論文。

探緬南僑機工史實籌委會編，2013，《古來南僑二戰抗日機工暨罹難同胞紀念碑特刊》。柔佛：探緬南僑機工史實籌委會。

黃應貴主編，1999，《時間、歷史與記憶》。台北：中研院民族所。

黃應貴，2006，《人類學的視野》。台北：群學出版社。

張曉威，1998，《馬來西亞華人公會與馬來西亞華人社會之研究》。桃園：國立中央大學歷史研究所碩士論文。

張曉威、黃文斌，2013，《柔佛州華人地方誌：古來再也縣新村（第一冊）》。吉隆坡：拉曼大學中華研究中心。

曾少聰，2004，《漂泊與根植：當代東南亞華人族群關係研究》。北京：中國社會科學出版社。

惠州會館編委會，1980，《柔佛州古來惠州會館銅樂隊慶祝成立二十周年紀念刊》。柔佛：惠州會館銅樂隊。

楊建成，1988，《華人與馬來亞之建國（一九四六至一九五七年）》。台北：文史哲出版社。

鄒雁慧，2008，《馬來西亞華人新村文化景觀的變遷：增江新村之研究》。台北：國立臺灣師範大學地理學系碩士論文。

劉文榮，1988，《馬來西亞華人經濟地位之演變》。台北：世華經濟。

劉氏公會編委會，2008，《柔佛州劉氏公會成立40周年紀念特刊1967-2007》。柔佛：劉氏公會。

潘明智編，1996，《華人社會與宗鄉會館》。新加坡：玲子大眾傳播中

心。

潘婉明，2001，《一個新村，一種華人？——重建馬來（西）亞華人新村的集體回憶》。南投：國立暨南國際大學歷史研究所碩士論文。

韓方明，2002，《華人與馬來西亞現代化進程》。北京：商務印書館。

謝劍，2006，〈東南亞華人的認同問題：對 R. J. Coughling 雙重認同理論的再思考〉。《台灣東南亞學刊》3（2）：3-18。

鄭良樹，2004，《柔佛州潮人拓殖與發展史稿》。新山：南方學院。

鄭赤琰編，2002，《客家與東南亞》。香港：三聯書店。

Anderson, Benedict 著，吳叡人譯，1999，《想像的共同體：民族主義的起源與散布》。台北：時報文化。

Barth, Fredrik, 1998, *Ethnic Groups and Boundaries*. USA: Waveland Press.

Carstens, Sharon, 1980, *A Images of Community in A Chinese Malaysian Settlement*. Ithaca: Cornell University.

Clarkson, James D., 1968, *The Cultural Ecology of a Chinese Village: Cameron Highlands, Malaysia*. Chicago: University of Chicago.

Danny Wong Tze Ken, 1998, *The transformation of an immigrant Society A Study of the Chinese of Sabah*. London: Asean Academic.

Delai Zhang, 2002, *The Hakkas of Sabah: A Survey of Their Impact on the Modernization of the Bornean Malaysian State*. Sabah: Sabah Theological Seminary.

Freedman, Maurice, 1994, *The Study of Chinese Society: Essays by Maurice Freedman*. Taipei: SMG. Press.

Heng Pek Koon, 1988, *Chinese Politics in Malaysia: A History of the Malaysian Chinese Association*. Singapore: Oxford University Press.

Khay-Thiong, Lim, Hsin-Huang Michael Hsiao, 2009, "Is There a Transnational Hakka Identity?: Examining Hakka Youth Ethnic Consciousness in Malaysia." *Taiwan Journal of Southeast Asian Studies*, 6 (1): 49-80.

Maurice Halbwachs 著，華然、郭金華譯，2002，《論集體記憶》。上海：上海人民出版社。

Nyce, Ray, 1973, *Chinese New Villages in Malaya: A community Study*.

Singapore: Malaysian Sociological Research Institute Ltd.

Richard Winstedt, 1932, "A history of Johore（1365-1895）." *Journal of the Malayan Branch of the Royal Asiatic Society.* X (3).

———, 1982, *A history of Malaya*, Kuala Lumpar: Marican.

Saskia Sassen 著，黃克先譯，2006，《Guests and Aliens ——客人？外人？遷移在歐洲（1800-）》。台北：國立編譯館與巨流圖書公司。

Victor Purcell 著，張奕善譯，1966，《近代馬來亞華人》。台北：台灣商務印書館。

William H. Newell, 1962, *Treacherous River: A Study of Rural Chinese In North Malaya*, Kuala Lumpur: University Of Malaya Press.

Zonabend, Francoise, 1985, *The Enduring Memory: Time and History in a French Village.* U.S.A.: Manchester University Press.

口述訪談

受訪人為蔡少華先生，訪談日期為2019年8月26日。

受訪人為劉紹基先生，訪談日期為2019年8月26日。

受訪人為鄭凱聰先生，訪談日期為2019年8月27日。

第 14 章
柔佛客家帶河婆客家人宗教信仰與族群關係

林本炫

摘要

　　本研究探討河婆客家帶的客家宗教信仰之認同形成和變化過程，研究場域是馬來西亞柔佛州，從新山市郊區到古來縣一帶，由於這一帶居住著說河婆客家話的客家人，所以本研究稱之為「河婆客家帶」。田野調查地點在古來和加拉巴沙威。在這個以河婆客家人為主的區域，但從廟宇數量和規模來看，三山國王並非最重要的宗教信仰。反而洪仙大帝才是居民最主要的信仰。而在加拉巴沙威，甚至沒有三山國王廟。

　　過去認為緣起於河婆的三山國王是客家人的保護神，客家人都拜三山國王。但柔佛州南部「河婆客家帶」的客家人，不是以三山國王為主要信仰，而是以新馬本地誕生的神格洪仙大帝為主要信仰。緣起於新加坡的洪仙大帝信仰，因為開墾的信仰需求，以及洪仙大帝對民眾而言的靈驗性，跨越不同的幫群，一路傳播到柔佛州南部，成為主要的宗教信仰。

關鍵字：馬來西亞、柔佛州、客家帶、三山國王、洪仙大帝

一、前言

　　本研究探討河婆客家帶的宗教信仰之認同形成和變化過程，扣緊客家帶族群關係作為情境，以了解族群關係對客家帶範圍內河婆客家人宗教之影響。研究場域是馬來西亞柔佛州，從新山市郊區到士乃、士姑來（主要在古來縣）一帶，這一帶居住著說河婆客家話的客家人，所以本研究稱之為「河婆客家帶」。這地帶的河婆客家人絕大多從事農耕，當初移民抵達這地區時，尚是蠻荒地帶。由於本區河婆客家帶的地理範圍極廣，本研究將實際田野調查地點集中在古來（Kulai）、加拉巴沙威（Kelapa Sawit）與武吉峇都（Bukit Batu）三個城鎮。選擇標準在於，兼顧這個客家帶的範圍，從北、中到南，各選一個研究點，分別是武吉峇都、加拉巴沙威和古來。這三個研究地點各有特色，武吉峇都是較偏鄉，河婆人數過半，加拉巴沙威是種植經濟作物的重鎮，河婆人超過八成，而古來是一個城鎮，河婆人與其他華人族群混居。在整個研究設計上，河婆人佔不同人口比例的城鎮，河婆客家人最具有特色的三山國王信仰是否有不同的發展狀況？三個城鎮也代表不同都市化程度，對於此區的宗教信仰發展，尤其三山國王信仰和其他信仰的關係，有什麼樣不同的發展？

二、什麼是客家帶？為什麼要研究客家帶？

　　「客家帶」這是一個新的名詞，在討論為什麼要研究客家帶之前，先瞭解這個新的名詞。蕭新煌和黃世明（2001）在《台灣客家族群史・政治篇》，曾經提出「客家莊縱橫又勢眾區」，和

「客家帶」這個概念有接近的意思。依照蕭新煌和黃世明對「縱橫又勢眾區」的定義，「客家族群在桃竹苗地區的政治發展過程中，不但足以與其他族群相抗衡，同時也是在台灣地方社會中，唯一人多勢眾而居優勢的地區。」在這個定義中，首要條件是客家人「人多勢眾」可以居優勢。其他的類型如「客家莊集中卻孤立」如六堆，「客家聚落分立明顯」如台東花蓮，「客家族群被隱形化」如台北市、高雄市都會區，「客家族群被福佬化」如上述四類型以外，閩、客混居融合縣市鄉鎮傳統聚落。在這些不同類型的客家地區，客家人和其他族群的關係皆有所不同。唯一只有「客家勢眾區」內部，客家人可以發展獨特的在地社會特質並且有機會持續存續。

2010年1月27日立法通過的《客家基本法》第四條規定：「客家人口達三分之一以上之鄉（鎮、市、區），應以客語為通行語之一，並由客家委員會將其列為客家文化重點發展區，加強客家語言、文化與文化產業之傳承及發揚。」《客家基本法》規定客家人口三分之一為客家文化重點發展區之要件，較為寬鬆，並未達到「勢眾」的要件，純粹是基於保障客語、保護客家文化發展的出發點，並且以鄉鎮為單位，實際上和勢眾的「客家帶」有所不同。

根據蕭新煌（2019）對「客家帶」的定義，客家帶是指「1.聚居一定數量或密度的客家人口，並大致形成帶狀分布的區域；2.為一「族群空間」，於其中可觀察到客家與其他族群之間進行互動的場域；3.有相近的客家遷移歷史；4.可辨識的獨特經濟產業及維生方式；5.更於其中形塑出在地化的客家文化，如語言、家庭、宗教、社團組織等現象。」在定義的第一要件，雖沒

有明說是「勢眾」，但顯然這個要件是必須的。至於是不是一定要「帶狀」，圓形或者方形可不可以？「帶」應該只是一個形容。第二個要件是一個「族群空間」，就是指這個帶或者區域要夠大，能夠觀察客家人內部（不同群體之間）以及客家人和其他族群的互動，這個互動當然是足以產生制度性、群體性的、具有模式的互動，如果範圍太小，只有零星的互動，談不上群體間的互動模式，就談不上是客家帶。第三、四和五要件，則更呼應到必須要夠大到足以產生特有的社會文化經濟特性。

以上的要件組合起來就是，客家帶必須是客家族群「勢眾」的地區，而且勢眾到足以形成特有的語言、家庭、文化、宗教、產業等，並且在這個範圍內和其他族群形成族群間的有模式的互動。如同蕭新煌和黃世明（2001）指出的桃竹苗地區，也就是目前常常受到討論的「浪漫台三線」最精華的區段，而本文所要探討的馬來西亞柔佛州南部，從士古來、士乃到新山郊外地區，以河婆客家人為主的區域，構成了我們所稱的「河婆客家帶」。

至於為什麼要研究「客家帶」呢？首先，客家帶的研究和「區域研究」（area studies）有什麼不同？初看之下，客家帶的研究似乎就是區域研究。但一般所說的區域研究，興起於二次大戰之後，以美國學界帶頭的知識活動。是一種西方想要瞭解非西方的嘗試與努力，結合國家資源、私人基金與學院體制，同時具有「跨學科」（interdisciplinary）或「多學科」（multidisciplinary）的特質（張世澤、張世強，2008）。儘管如此，美國式區域研究主要以國家為分析單位，橫向進行各國之間的比較，雖然也有其他學科的學者投入，常常是法政和經濟學科為主。客家帶的研究不以國家為單位，因為不會有整個國家都是客家人的

國家，並且區域研究也較少從事族群和族群關係的研究。莊英章（2005）也提出對於漢人研究領域而言，跨區域比較研究的重視，因爲唯有如此才有可能掌握漢人社會文化的基本特質，以及所謂的「漢人」在不同時空的變異。「客家帶」的研究，以致於進一步地，「客家帶」和「客家帶」之間的比較研究，乃是一個「客家的區域研究」所必要的策略。

如同林本炫（2020）所指出的，科學知識的產生，除了歸納法之外，比較法也是知識產生的重要來源。僅只對於一個客家地區的田野調查研究，經由「歸納」所得出的研究發現，往往可能只是該地的特性，未必能夠說是所有客家人的共性。唯有經由比較，找出不同地區客家人的特性和共性，才能確認哪些是客家人共有的文化。進一步說，將客家地區的研究發現和「非客家地區」的研究發現相互比較，更能確立哪些文化特徵是客家人所特有。然而要進行這樣的比較，一個村落一個村落的研究，一個村落一個村落的比較，顯然是不切實際並且範圍太小。以「客家帶」爲研究範圍並且進行比較，更能符合比較研究和區域研究的精神。

「客家帶」的區域研究，可以讓我們看到以客家爲勢衆的一定範圍地區內，客家族群如何因爲地理特性和歷史條件，形成怎樣的語言、宗教、產經、家庭和社團組織等方面的特有樣態，並且發展出和其他族群的特有關係。如果我們不以「本質論」的觀點，認爲所有各地的客家文化都會一樣，那麼客家帶的研究，可以讓我們發掘這樣的差異，並且推敲這些差異所顯示的意義。

馬來西亞的「河婆客家帶」以河婆人佔多數，那麼在這個「客家帶」裡，宗教信仰呈現怎樣的面貌？是不是河婆客家人從

中國大陸原鄉帶來三山國王信仰？三山國王信仰是否為這裡河婆客家人的主要信仰？如果是，佔有什麼樣的重要性？有沒有向其他幫屬的客家人或非客家人擴散？如果有擴散，這種擴散的動力是什麼？和潮州河婆原鄉的擴展動力有沒有不同？如果三山國王信仰不是這個客家帶裡河婆客家人的主要信仰，那麼是什麼原因造成這樣的現象？又是哪一個神明信仰成為主要的信仰？這樣的相互擴散現象，說明了河婆客家帶裡的客家人內部之間、以及客家人和非客家人彼此之間，是怎樣的族群內關係和族群間關係？

三、文獻探討

　　過去認為三山國王是客家人的保護神和主要信仰，但是台灣學者的最新研究卻發現，三山國王廟最多的地方是宜蘭縣，卻不是客家人主要聚居區（邱彥貴，2003；劉還月，2004：219）。客家人主要聚居區桃竹苗，三山國王信仰不一定很多。其中原因，說法很多。但一般認為，這和三山國王是源起於河婆客家人有關。而後從河婆傳到潮州其他地區，乃至於如梅縣等其他客家區。根據劉麗川的研究（轉引自張維安、張容嘉，2010），三山國王最早供奉於廣東省揭陽縣，為潮州府的代表信仰，日後並傳播至惠州、嘉應等地區，由於這幾個地區客家人較多，因而漸漸有將客家人與三山國王劃上等號。有關三山國王的研究，於是進到了「見山不是山」的階段，三山國王僅只是潮州河婆地區客家人的自然崇拜神祇，不必然是客家人的信仰，也不是一般認為的客家人的保護神。基本上是一個信仰的傳播擴散的過程。

　　於是，台灣的三山國王廟宇分布的矛盾現象，就得到了合理

的說明。這同時也打破了過去將客家看作是一體的，本質論的看法。這種看法將三山國王信仰和所有的客家人連結起來，並且認為是本質性地，三山國王就內在本質爲客家人必然崇拜的神明信仰，忽略了宗教信仰會在不同地區傳播，在不同族群之間相互傳播，在相同的族群「內部」之間相互傳播的過程。過去以三山國王爲客家人的保護神，以三山國王爲客家人宗教信仰的代表，而在30年的客家運動和客家研究之後，三山國王和客家人的連結有了新的認識，並且在運動的象徵上，也以具有英靈崇拜、能夠彰顯客家人集體意識的義民爺信仰，作爲客家人新的宗教信仰代表。

全台灣以三山國王爲主祀神明的廟宇約有120餘座，其具體數目，依1930年（昭和5年）的「社寺台帳」爲121座，2004年（民國93年），內政部根據10年一次寺廟總登記資料出版《全國寺廟名冊》統計全台有159座，其中以宜蘭縣（38座）最多、屏東縣（25座）次之、彰化縣（21座）又次之，其他有新竹縣14座、台中縣12座較多，且全台約有120多座廟宇已加入「三山國王聯誼會」（黃運喜，2007：163-164）。現今根據內政部建置的「全國宗教資訊網」，查詢主祀「三山國王」的廟宇，則一共有182座。其中宜蘭縣仍然最多，有39座。

過去一般認爲三山國王廟的建立，即代表有客家人來此開發，三山國王因此被視爲「客家移民的守護神」（劉還月，2004）。台灣三山國王信仰現象，慣常被視爲客家族群的索引工具，但邱彥貴（2008）認爲這種過於簡化的方式需要深思與討論，並將台灣的三山國王信仰分四類，分別是1.會館型、2.客底型、3.防番型和4.潮州福佬型，說明了三山國王信仰的多樣和複

雜性。三山國王信仰並未出現在客家人較多的地區，反而是沒有客家人或者客家人較少的地區，出現了三山國王廟，就被認爲這些有三山國王廟宇的福佬村落一定是福佬客，或者認爲這座三山國王廟原來必定是客家人所奉祀，客家人離開之後，廟和神被遺留下來讓福佬人接收，把三山國王廟看成是客家人開發移動的證據（李國銘，2000）。這個命題最先由邱彥貴（1992）提出新的看法，隨著越來越多新的研究證據，這樣的傳統看法已經受到挑戰。

三山國王信仰中的所謂「三山是指潮州府揭陽縣霖田都河婆墟（今揭陽市揭西縣河婆鎮）西面的三座高山，曰明山、巾山和獨山。三山國王信仰的起源，已不可考（陳春聲，2005）。三山國王是潮州的山神，是民衆對巾山、明山和獨山這三座山的自然崇拜，但是這樣的自然崇拜的神格成立過程，陳春聲（2005）認爲是「肇跡於隋，顯靈於唐，受封於宋」（黃運喜，2007：166）。根據元代劉希孟〈明祝廟記〉分析也指出，三山國王爲起源於隋代的山神信仰，是從上古時代諸侯祭「名山大川」發展出來的自然崇拜的遺緒，秦漢時期，許多民衆開發山地時，會立石爲界，標示土地四至，並勒石記載所得之地爲向山神或土地所購買，引文「共尊爲界石之神」之語，也透露出此種訊息。至於三位神人及陳姓鄉民的故事，應是將界石之神擬人化後的結果，就如同原本是星辰信仰的玄天上帝，被創造出「屠夫自新」的故事一樣。

周建新也指出，粵東是個族群多元且混雜的地區，潮汕族群和客家族群共存於此，在不少地方兩個族群是相互錯雜，形成獨特的文化風貌，三山國王就是一種流傳廣、影響大的神明崇拜，

在客家和潮汕這兩大族群中都有廣泛影響（周建新，2006）。可見，在廣東原鄉，三山國王和潮汕及客家的關係就極為複雜，很難斷定就是只有客家人在崇祀，因此到了台灣之後也無法以三山國王信仰作為客家人的索引指標。

即便是信奉三山國王者以客家人居多，也並不表示客家人一定奉祀三山國王。呂仁偉和洪櫻芬（2002：12）在屏東的研究顯示，村民的信仰並不集中在三山國王上，內埔鄉14個村有10個村沒有設立三山國王廟，就整個內埔地區來說，三山國王並未成為當地客家人最主要的神明信仰。內埔地區地方上拜新丁結合土地伯公的祭祀活動，由於有全村落的客家人共同參與，反而是統合村落主要的動力。當然，這還涉及到三山國王的祭祀層次，是和土地伯公一樣的村落層次（村落級祭祀圈）共同奉祀的神明，或者是跨村落乃至於鄉鎮層級的神明。如果三山國王不是村落層級的祭祀神明，也就不一定會出現在每個村落。

劉還月（2004：218-223）也指出，苗栗的南庄、獅潭、大湖，以及屏東的長治、麟洛等地，都找不到三山國王的崇祀。而在接近原住民的近山地帶，以及客家和福佬族群關係較緊張的地區，三山國王廟反而較多。這是因為三山國王的山神形象，被認為可以鎮壓原住民和福佬人。由以上說法也可以發現，只有客家人才祭祀三山國王，以及客家人是否都祭祀三山國王，是兩個相關但卻不一樣的命題。最新的研究成果顯示，似乎這兩個命題都不能成立。

藍清水（2012）研究1945至1949年間，因原鄉謀生不易而志願移民到台灣竹東和屏東的大陸河婆客家人，他們在台灣被認為是「外省人」，但是又認同自己是「客家人」，形成獨特的

「外省客家人」。河婆移民於經濟條件改善後,在屏東市林仔內建有「三山古廟」崇祀三山國王,這是第一座由台灣河婆移民自力興建的三山國王廟,也可能是外省人在台灣獨力建立的第一座廟宇。這座廟宇的興建過程是因初代河婆移民韓毫光,自揭陽縣河婆墟的「霖田祖廟」承領三山國王香火,帶到台灣來,初期在自己家中祭拜,後來因為三山國王非常靈顯,河婆同鄉紛紛來祭拜,因地方狹窄,乃移到蔡姓同鄉家中供奉,之後又再恭塑三山國王金身,並覓得一空地搭建簡陋之棚子,並將三山國王金身移置其中,繼續供大家膜拜。

後來在1988年建廟落成,即目前之「三山古廟」。自廟建成後,全省各地鄉親便不遠千里地來參拜,並藉此聯誼。到目前為止,每年元宵節當日,竹東河婆鄉親仍會組團南下,與其他分散在全省各地的河婆鄉親一起參與三山國王巡境以及「攑王爺」燃放竹竿砲的民俗儀式,會後則聚餐並選舉竹東地區次年爐主等相關輪值人員。三山國王信仰不但延續了原鄉的信仰傳統,也促進河婆移民之間的凝聚與認同以及和地方社會的互動關係(藍清水,2012:143)。

四、河婆客家帶的地理位置

本研究所謂的馬來西亞柔佛河婆客家分布地帶,即是指沿著新山市郊的萬孚(Ban Foo)、烏魯地南(Ulu Tiram)、江加埔萊(Kangkar Pulai)一路往北到古來的士乃(Senai)、沙令(Saleng)、泗隆(Seelong)、加拉巴沙威、士年納(Sedenak)、亞逸文滿(Air Bemban)、武吉峇都,以及居鑾的拉央

拉央（Layang-Layang）、令金（Renggam）及新邦令金（Simpang Rengam）等沿著鐵道分布的地區。在這個以河婆客家為主的地帶裡，我們可以發現有小鎮和新村（new village）兩種類型的聚落。所謂的客家帶指的是沿著這些市鎮或村落的河婆客家人的人口數量佔了一半以上；且在這個地帶的河婆客家人都有著類似的遷移歷史，他們抑或從原鄉或馬來亞半島其他地區或是印尼群島遷移過來（林開忠，2019），如下圖1和圖2所示。

安煥然（2007）針對柔佛客家人移殖史，透過南方學院與客家公會的合作，進行了爬梳。他的研究指出河婆客家人大概是在1920、1930年代前後大量遷入柔佛州，一方面是因為「水客」或仲介和親人的鍊式移民之結果，但有更大部分的客家人是從馬來亞境內如雪蘭莪和吉隆坡（蒲種、加影和沙登等）、森美蘭、馬六甲和新加坡，經過多次遷徙而來的移民；還有一些則是從印尼勿里洞移過來。他的研究顯示柔佛客家人的聚居地主要是沿著內陸山區分布，形成所謂的客家地帶。這些客家人的祖籍主要是河婆，但也有少數惠州、豐順及鶴山客家人。安煥然根據其所蒐集的資料，認為整個河婆客家人移植柔佛內陸地區必須從柔佛鐵道的建設開始談起，一方面是交通的便利讓人們的遷移更方便；另一方面，鐵道的鋪設也讓經濟物產得以更方便運往外地的市場，因此吸引了河婆客家人前來開拓（引自林開忠，2019）。

（一）河婆的起源和信仰

1. 河婆的起源和名稱

河婆係廣東揭陽縣5個行政區之一，舊稱霖田都，明朝中葉或更早時期，在揭陽縣的縣志中，霖田都的地圖上有「河婆埠」

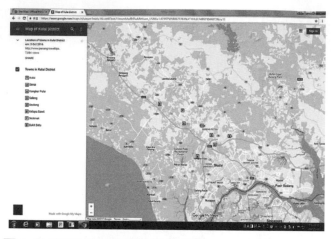

圖 1 柔佛州古來縣河婆客家帶範圍（地圖上標誌 1 至 8）

註：1.古來 2.士乃 3.沙令 4.江加埔萊 5.泗隆 6.加拉巴沙威 7.士年納
8.武吉峇都

資料來源：引自林開忠，2019

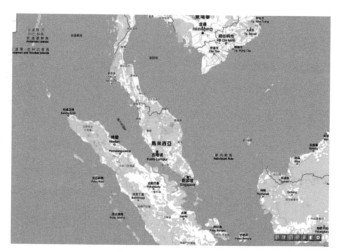

圖 2 柔佛州河婆客家帶的位置

資料來源：https://www.google.com.tw/maps/@4.0623433,103.0725507,6.25z

一名。河婆何以取代霖田的稱呼？據說是，河婆埠有一道南關城圍繞，於清朝順治3年，九軍首領劉公顯與清兵對抗時被毀，於是河婆聲名大噪，才取替霖田，民國以後就很少人稱霖田。而河婆名稱的由來，相傳有一位姓何的老婆婆（通稱何婆太），在市集的必經之路賣茶水為生，待人慈祥，受鄉民尊敬，於是該地因她而得名，又依其地理環境，河婆埠位於南和市的渡頭處，是橫江溪與海豐溪的交流點，故將「何」字寫成水邊的「河」（劉伯奎，2009）。

2. 河婆的三山國王祖廟

位於河婆鎮西約2公里的玉峰山（俗稱大廟山，海拔422米）下的三山祖廟，又名「三山國王廟」、「霖田祖廟」，俗稱「大廟」，有1,400多年歷史，是粵東地區最古老的神廟，也是全世界三山國王神文化的發祥地。三山，是指距揭西縣城東10公里的巾山（俗稱金山，海拔627米）、城南3公里的明山（俗稱銀山，海拔483米）、城北15公里的獨山（海拔789米）。相傳三山祖廟「肇跡於隋，靈顯於唐，受封於宋」，到清康熙22年（1683年），河婆人劉昆蘭捐施鉅資，大規模擴建三山祖廟，並將廟址向山下偏南移動一點，方向改為坐北向南，廟門正對明山主峰。1950年代，此廟因年久破舊，又歷經「破除迷信」和「大躍進」時期改為養豬場，後於風雨中坍塌，歷經270多年。1980年代中國政府為保存古蹟，促進海內外同胞的聯繫，揭西縣著手進行修復三山祖廟，投資300多萬人民幣，依原貌在原址上修復，廟前門坪中間有一57平方米的小池，小池中有石拱小橋，小橋兩端各有石雕獅、象一對，祖廟大殿懸掛宋朝皇帝「敕封三山國王神位」聖旨牌，另有抗日戰爭時期國民革命

軍陸軍85軍副軍長蔡英元將軍奉贈的「佑我軍民」匾。1989年，縣政府將三山祖廟列為第三批縣級文物保護單位（柔佛州河婆同鄉會，2009）。

藍清水根據2008年9月29日訪談大陸揭西霖田都三山國王祖廟管理人劉志仁的說法，三山國王祖廟在河婆六約地區，於每年農曆正月初2日開始的「攑王爺」，是由三山國王座前的木坑公王及指揮大使兩尊神像代替三山國王出巡，到河婆六約地區的每個村落遶境接受祭拜，時間長達一個月左右，在接受信眾祭拜，焚燒紙錢時，兩尊神轎會於其上稍事停留，謂之「攑王爺」（藍清水，2019）。

（二）柔佛州與河婆客家

1. 柔佛州的人口與信仰

柔佛州是馬來西亞13個州屬之一，位於馬來西亞西部的最南端，東為南中國海，西為馬六甲海峽，南隔柔佛海峽與新加坡相鄰，首府為新山，該州分有10個縣（Daerah）、103個巫金（Mukim）和16個地方政府。依2017年馬來西亞人口普查顯示，柔佛人口有3,697,000人，在馬來西亞各州排名第三，馬來西亞公民中，1,996,667人（59.7%）是馬來人，1,093,651人（32.7%）是華人，234,115人（7.0%）是印度人，20,067人（0.6%）是其他土著。又依據2010年馬來西亞人口普查，柔佛州的各宗教信仰中，伊斯蘭教佔58.2%，佛教佔29.6%，印度教佔6.6%，基督教佔3.3%，0.8%信奉道教或中國民間信仰，無信仰者佔0.3%。柔佛的華人人口當中，89.8%是佛教徒，6.8%是基督徒，2.1%的人信奉中國民間信仰，以及0.4%是穆斯林。柔

佛州的農業有油棕、橡樹等，工業有食品加工、橡木加工等（柔佛州劉氏公會，2008；維基百科）。不過，由於華人常會將佛教、道教和民間信仰混淆，尤其是很多崇祀各種神明，屬於民間信仰的民眾，會自稱是信仰「佛教」（張茂桂、林本炫，1993），所以這裡說「89.8%是佛教徒」，應該是嚴重高估的結果，其中有不少應該是民間信仰者。

2. 柔佛州古來縣的人口與信仰

古來縣是馬來西亞柔佛州南部的一個縣。古來縣除了縣府古來外，還有亞逸文滿、武吉峇都、江加埔萊、加拉巴沙威、沙令、士年納、泗隆、士乃和新港等市鎮。人口於2010年為251,650人，110,724人（44%）是馬來人，84,058人（33.4%）是華人，24,208人（9.62%）是印度人，而3,181人（1.26%）是其他土著，另有非馬來西亞公民28,344人（11.26%）。約1910年時期，士乃河流域一帶，有不少客家人從廣東、潮州、揭陽、河婆陸續來開墾，直到第二次世界大戰之前，士乃成為柔佛最重要的商業鄉鎮，也是農業產品的集散地，農民把收成的農作物由陸地、水路用舢板或小型羅里運到士乃碼頭，然後再轉運至新加坡（柔佛州劉氏公會，2008；維基百科）。

3. 加拉巴沙威

加拉巴沙威是馬來西亞柔佛州古來縣北部的一個小鎮，它是英殖民政府1948年頒布《緊急法令》進入「馬來亞緊急狀態」（1948-1960）時，居民全集中在26碑（鐵路24哩處），所成立的新村。此地原是散居的村落，約在1937年左右，從士乃移入第一批河婆客家人共13戶到24碑，後來，越來越多的移民進入，在24碑至27碑開墾，有割樹膠、養豬、種胡椒、油棕和蔬

萊等，逐漸形成一個小鎮，商業活動活躍。此地曾經有過八間華文學校，惟於《緊急法令》遷村時，合併為一間（現今四維華小）。加拉巴沙威人口現約兩萬人，其中華裔佔95%，並以客家河婆人為主，居民都以河婆話溝通。張、蔡、劉、黃是加拉巴沙威的四大姓氏，並成立許多宗親會，如柔南張氏公會、蔡氏濟陽培訓中心、柔佛劉氏公會、黃氏宗親會等。洪仙大帝廟是加拉巴沙威最具代表性的一個神廟組織，也是該地方的社區交誼中心，1976年設立了四維幼稚園，1986年成立加拉巴沙威洪仙大帝廟信託理事會，1992年辦理書法班，1993年頒發會員獎學金，1998年成立沙威圖書館，1999年申請義山獲批准，2009重建該廟。著名的客家食物有萊粄、河婆擂茶及釀豆腐等（柔佛州劉氏公會，2008；維基百科）。

五、河婆客家帶的宗教信仰狀態

本研究從2019年8月開始執行，8月份曾到古來和加拉巴沙威實際進行過一次田野調查，但是2020年1月新冠肺炎爆發，無法再到柔佛州進行田野調查，武吉峇都尚未實際進行田野調查，本文以討論古來和加拉巴沙威為主。根據在古來和加拉巴沙威的耆老訪談，關於河婆人是否拜三山國王，過年過節時，河婆人會拜三山國王，小孩有問題時，也會去拜三山國王。士乃的三山國王廟每三年舉辦一次遊神，其遊神時，不分是否為客家人，整個村子的人都會拜，印度人也會去拜這裡的三山國王廟。也有說古來的河婆人不拜三山國王，可能是因為古來比較晚發展，之前士乃、江加埔萊和居鑾已各有一間三山國王廟，都是公眾廟，也就

沒有再設立三山國王廟。

古來、加拉巴沙威這一帶沒有比較大的廟會等慶典活動，只有洪仙大帝、三山國王等神明的誕辰比較多人去祈求保佑。通常都是年頭、正月初8許願，年尾（農曆12月）還願，古來市區的萬仙廟以齊天大聖為主神，裡面拜很多神，包括觀音。在馬來西亞常見的大伯公信仰方面，每個義山都有大伯公廟，但對於大伯公是什麼神格，多半答不出來，但也有說大伯公管土地，即土地神。一般的神廟也會拜大伯公，但是不一定是主祀。但在加拉巴沙威新村已有在地神明洪仙大帝，拜大伯公的並不多，也沒有人供奉福德正神，而現代的年輕人多半是在家裡拜觀音，以前河婆客家人很少在家裡供奉神明，福建人比較多。

「后土」就是個人墳墓的伯公（是管家裡墳墓的伯公），而一座義山就有一個「大伯公」，即祖神，是管理義山全部墳墓的公廟，所以俗語說「伯公多過鬼」，其他在29英里的亞逸文滿有個比較大的大伯公廟。本村祭拜拿督公的是工廠，現在越來越多的工廠旁邊都是拿督公。古來也有拿督廟，通常都是小小的一間，在福德廟或樹的旁邊。拿督公不可以拜豬肉，一般是拜水果，拿督公有很多種，有白面拿督公、紅面拿督公，紅面的稱「拿啅公」，戴馬來帽，白面的叫「藍卓公」，帽子類似紅毛兵、英國兵戴的那種。河婆客家人不拜福德正神，開新工廠一定會拜拿督公，類似土地神。現在拜拿督公的越來越多，小園丘的主人通常也會拜拿督公。

至於在吉隆坡很多人祭拜的仙四師爺，古來的惠州人不拜仙師爺。古來不少人家裡有神位，其中拜觀音的較多。曾有來自印度廟的印度人，每年一整班、一百多人，來古來太上老君的龍巖

廟拜拜，但近三、四年已沒有了。而馬來人則從來沒有來過這裡拜拜，客家人也從來不會去印度廟拜拜。

根據耆老的說法，這一帶在宗教信仰上主要是拜英雄人物，如洪仙大帝、趙大元帥等四大神明，洪仙大帝廟是本地最多人信仰的廟宇，有說其祭拜的可能就是太平天國的洪秀全，但當時不敢公開明講，因為他已稱帝，他的信徒就奉稱為洪仙大帝，其生日為農曆11月22日。本地的洪仙大帝據說是清朝中期由中國潮州揭陽的移民帶過來的神，此說可能為受訪者誤認，也反映某種認知。加拉巴沙威新村的洪仙大帝廟，本來是在附近，因為新村成立，而把廟遷過來，原本那個洪仙大帝廟在新港，在河流的另外一邊。現在供奉的神明越來越多。在洪仙大帝廟的重建捐款碑銘上，出現了幾間村子周圍的廟宇：亞逸文滿大伯公廟、西南宮（張天師廟）、謝聖娘娘、海南觀音慈善堂、沙威關帝廟、古來善靈宮五殿。顯示洪仙大帝廟在這一帶廟宇間的地位。

洪仙大帝信仰從古來、峇株巴轄、新山到居鑾等南馬一帶，過了麻坡就沒有了，新加坡也有洪仙大帝。關於古來比較多人祭拜洪仙大帝的說法是：南馬華人在森林裡做工較多，常有老虎，而洪仙大帝可制虎，洪仙大帝的座騎是老虎，信仰者禁食牛肉。據說洪仙有紅、綠和黑臉，其誕辰是農曆11月21日。古來有兩間洪仙大帝廟，在新山有分五大邦群拜不同的神，這邊則不分，都一起拜洪仙大帝。而柔佛古廟的五尊神，只有洪仙大帝來源不明。

訪談耆老提到一個有趣的故事是，新港（21哩）是這一帶最早的洪仙大帝古廟，祭拜洪仙大帝已有百年以上的歷史，廟裡的主神洪仙大帝據說被加拉巴沙威新村的人所偷，因此造成加拉

巴沙威新村的洪仙大帝廟香火鼎盛，新港這間古廟後來只好再到中國買來金身。農曆正月14日是新港洪仙大帝的出巡日子，有舉辦遊神、作戲活動，但現在沒有這麼旺了。新港地區客家人較多，其廟已經改建，是從私廟轉變爲公廟。改建後的新港洪仙大帝廟佔地面積不小，但是廟宇本身仍然無法和加拉巴沙威新村的洪仙大帝廟相比。

在族群關係上，因爲宗教因素，無法相互接受，且馬國不允許改變宗教，所以河婆客和馬來、印度族很少通婚。只有一兩位，但不久又離婚了。這裡周圍有幾個馬來村落，馬來人在村外有個小吃中心，通常華人會到那裡用餐，但可能是因爲食物的清眞要求，馬來人不會到華人的飲食店吃飯。

在中國或台灣的神明中，並沒有洪仙大帝的記載。洪仙大帝神源的流行說法有三種（杜玉瑩、李亦靜，2014：172）。目前比較確定的事實是，新加坡是最早有祭拜洪仙大帝的廟宇，是在新加坡創造出來的神明，隨著從新加坡遷來柔佛南部地區開墾的潮州人，將這神明也帶了過來。洪仙大帝腳踩三腳白虎，據說跟當時潮州人南來開墾新加坡，因時常發生老虎傷人有關，人們自從膜拜洪仙大帝後，虎患才開始減少。

（一）士乃的三山國王廟

士乃三山國王廟於1946年開始籌建，當時的發起人爲張智海、黃順庭及黃博平等人，後因某些緣故而暫時擱置建廟計畫。又適逢士乃華小發起籌建校舍運動，在黃國政、蔡月初、黃順庭等人的倡議下，該廟籌委會決定將所籌募到的建廟基金撥出2,000令吉捐士乃華小作爲建校基金。而因此士乃華小董事會將

該校分校的校地（即士乃三山國王廟現址）捐獻予該廟籌建委員會，作為廟地，在士乃人的支持下，於1947年正式動工興建，同年完成建廟工程。

後來，第一任廟祝黃順庭從河婆三山祖廟裡，用布袋裝了祖廟裡的香灰，把香火請到士乃三山國王廟來供奉，開始時，三山國王廟供奉的是大王爺、二王爺及三王爺。到80年代，該廟的善男信女又在正殿的左邊供奉三位王爺夫人的金身，據說，有一年該廟的善信到河婆三山祖廟進香時，發現祖廟後堂供奉三位王爺夫人的金身，於是就在中國訂製三位夫人的金身，轉回士乃供奉。

到三山國王廟膜拜的主要是河婆人，後來香火越來越鼎盛，士乃各籍村民也前來膜拜，該廟重建前，山門是由一位印裔信徒出錢興建，山門上印有其名字。1993年士乃三山國王廟理事會正式註冊成立，並於1996年起每隔三年舉辦一次遊神活動。遊神活動中有邀請龍隊、獅隊、大鑼鼓隊、多個團體的舞蹈組等，主神除三王爺外，也增加玉皇大帝及哪吒（以上三段引自柔佛州河婆同鄉會，2009）。

（二）洪仙大帝神明歷史

依據「柔佛古來區洪仙大帝信仰理事會」網頁的資料，洪仙大帝也稱三腳白虎，其典故相傳與華人南來開墾時常發生老虎傷人有關，自人民膜拜洪仙大帝後，虎患才減少。有學者猜疑，洪仙與洪門會有關，但中國各地並未有洪仙公廟及洪仙公的相關記載，故無所佐證。

據傳說，洪仙公是廣東省大埔縣人，姓洪，善習拳棒，受僱

於某富翁家教導拳術，並兼職收田租，因生性耿直，鋤強扶弱，深受鄉民尊敬。有一次，他下鄉收租時，遇一佃戶窮困無力繳納田租，欲作罷離去，卻碰上大雨，洪仙在該戶老媼的勸說下，暫留休息，竟夢見一位跛腳老漢，說洪仙是伏虎羅漢出世，老漢引領一位穿黑衣的老太婆，自稱是佃戶飼養的雞，請求洪仙莫讓老媼殺她……洪仙被一陣雞叫驚醒，正好見到老媼想殺一隻黑色的母雞作菜，招待洪仙，洪仙告訴老媼此母雞永遠不可殺，田租他會替老媼代繳。

洪仙隨即啓程返家，穿越森林時，竟遇見一頭斑額大虎，漫步走來，跪在地上，洪仙定神一看，原來是三隻腳老虎，猛然想起夢中之事，頓有所悟，騎上虎背，就坐化成仙，時爲11月21日。鄉民知道後，希望他的英靈能永遠保護他們，因此到處建廟祭祀，以求合境平安。洪仙大帝的封號出自何朝代，尚無從稽考，其造像有文身與武身兩型，武身者，騎虎，手執寶劍；文身者則坐蓮花，手拿仙佛。正月21日爲其誕辰，11月21日爲其成道紀念日（柔佛古來區洪仙大帝信仰理事會網頁）。

關於洪仙大帝的來歷，文獻記載非常少。根據新加坡學者邱新民的說法，新馬華人所崇奉神明，絕大部分是從中國原籍帶過來，唯有大伯公、九皇爺和洪仙大帝，卻是新馬本地自創（引自安煥然、蕭開富，2020），而且目前爲止，除了前述傳說之外，尚未見其確實來歷。一般認爲，洪仙大帝信仰源自新加坡順興港的順興古廟，而後往北傳播到馬來半島南端的柔佛，尤其是柔佛州的南部。洪仙大帝廟的創建和擴展，大體都和鎮壓虎患的靈驗性有關。而洪仙大帝廟的分布，也因爲這樣的靈驗性擴展到不同華人社區，包括客家、福建和潮州（安煥然、蕭開富，2020）。

柔佛州新山市著名的「柔佛古廟」，供奉五尊神明，由五個幫群分別負責供奉，其中洪仙大帝由福建公會負責。在宗教信仰上，呈現五個幫群合作共榮的景象。根據安煥然和蕭開富的調查研究，柔佛州1920年之前港主時代創建的洪仙大帝廟有8座，另有15座洪仙大帝廟創建於1920年代後，有不少是從柔佛古廟分香而來（安煥然、蕭開富，2020）。

（三）古來新港洪仙大帝廟

　　古來新港洪仙大帝古廟，是一座道教寺廟，遠近馳名。一百多年前，由一位信眾從恆順港請至古來24哩的新港花沙園的樹膠園內安奉，後由蔡武勝、李亞景、蔡景元、白文墨、張招等人推動興建廟寺供奉。

　　英殖民時代，因交通不便，福首理事經會議決議，由廟方負責人拜訪火車局局長，建議在廟地附近的火車軌道旁，興建一座臨時月台，以方便善信參拜，但未獲批准，數日後，發生火車出軌翻覆事件，火車局長終於接納建議興建臨時月台。後囿於政府頒發全國《緊急法令》，不許在新港辦理洪仙大帝的寶誕活動，經古來及新港的善眾商議，將活動移至古來慶祝。每年慶祝寶誕時，由古來派出數輛羅哩車、醒獅數隊至新港洪仙大帝廟，將洪仙大帝請至古來區曠地神廠進行慶祝，數日後儀式完畢，再將洪仙大帝奉返古廟安座。

　　迄至70年代，慶委會主席張鴻禧（已故），召集古來13社團單位（中華商會、惠州會館、鶴山會館、海南會館、廣西會館、廣肇會館、福建會館、河婆同鄉會、豐順會館、客家公會、潮州會館、大埔同鄉、蔡世濟陽堂）商議有關洪仙大帝酬神事

宜，並成立古來洪仙大帝廟管理委員會。之後，將每年慶寶盈餘之款項移交至洪仙大帝廟管理委員會保管，並遵行社團註冊新法，進行委員會的註冊事宜。

1994年4月，古來區洪仙大帝信仰理事會獲政府批准註冊，同年由張震亮在縣議會大力爭取在古來公主城附近空地列為廟地新址。其後，古來13社團組成古來洪仙大帝廟管理委員會，由主席彭志、總務巫俊武、財政蔡子良移交予古來區洪仙大帝信仰理事會，見證人為拿督丘自發州議員。2003年政府頒發廟地批准公文予古來區洪仙大帝信仰理事會，作為建廟用途，後於2010年10月7日動工興建古來洪仙大帝信廟。2015年9月，在總務羅永權的引薦及主席潘樹銘、眾理事的配合下，該廟全面邁入電腦化作業，同時設立官方網頁，並將廟宇的歷史資料重新修整（以上數段引自柔佛古來區洪仙大帝信仰理事會網頁）。

（四）加拉巴沙威洪仙大帝廟

從加拉巴沙威洪仙大帝廟信託理事會於2009年建廟募款網頁上的資料顯示，1949年政府實施《緊急法令》，當時居住於24碑洪仙公路、黃源城芭、五百畝、七百畝、27碑，茭園的居民，被集中遷移至加拉巴沙威新村。而被供奉在附近的洪仙大帝，隨後於1952年也被接奉在現今原址上，提供居民宗教信仰需求，每逢農曆11月21日、22日、23日，居民也會聘請潮劇為洪仙大帝熱鬧一番。

1969年，福首們為了子女教育開設幼稚園，早期囿於經費，設在店面樓上，歷經多次搬遷，最後在2002年申請了一片2萬餘方英尺的土地，建蓋8間教室與禮堂的優美校園。幼稚園寬

闊的場地也提供居民作爲打太極拳健身運動的場所，與居民共享學校資源。

1976年，福首們將洪仙大帝廟信託理事會註冊爲社團，以推動各項廟宇的福利事務，1985年，成立書法班，近十位老師每星期一天義務教導書法，培育了許多書法人才。1992年成立沙威圖書館，提供中小學生與社會人士學習與閱讀的場所，提升當地學習與閱讀風氣。1996年成立外丹功班，爲居民尤其是年長者提供一個強身健體的休閒活動。

廟宇歷經半個世紀，日漸老舊，雖經多次修繕，仍逢雨必漏，故信託理事會決定拆除，在原址重建一座新廟宇。費用約達130餘萬馬幣，2009年由各界善信樂捐的款項僅有80餘萬，於是信託理事會透過網路向全世界各地募款（以上引自加拉巴沙威洪仙大帝廟信託理事會，2009年）。

六、結論

本研究以馬來西亞柔佛州「河婆客家帶」爲研究範圍，田野調查地點在古來和加拉巴沙威。

在馬來西亞，由於從殖民到後殖民的威權體制，持續以種族主義的排他政策對待少數族群，客家人以及各種其他的華人語言群，必須持續保持他們的隱形狀態：隱沒在一個以華人作爲號召及族群認同的大傘之下，以跟排他的種族主義對抗。因此，馬來西亞華人的認同以「華族」種族爲主要認同，往下一層的「族群」認同尚難以形成，更遑論以客家形成集體行動（參見林開忠、周錦宏、蕭新煌，本書第3章）。

譬如馬來西亞柔佛州客家人認爲河婆是潮州人，請河婆人加入潮州公會，而潮州人則認爲河婆講客語，請河婆人加入客家公會（參看利亮時，本書第13章）。最後柔佛州河婆人自組公會，名稱則爲「柔佛州河婆同鄉會」，以地名爲公會名稱，而非以「客家公會」爲名稱。而田野調查訪談也顯示，柔佛州的河婆人，過往在主觀上也未必認同自己是客家人。

　　過去認爲三山國王是客家人的保護神，客家人都拜三山國王。最近的研究則顯示，三山國王是河婆客家人的信仰，有其特定歷史地理條件，並非所有客家人都拜三山國王。在柔佛客家帶這個以河婆人爲主的區域，三山國王雖然也受到崇拜，但從廟宇數量和規模來看，三山國王並非最重要的宗教信仰，在加拉巴沙威，甚至沒有三山國王廟，反而洪仙大帝才是居民最主要的信仰。

　　由於洪仙大帝的信仰係起源於華人開墾時的虎患，故其信仰緊扣著華人各族群的移民歷史。而從洪仙大帝酬神活動，以及古來洪仙大帝廟管理委員會的成立涵蓋13個社團單位，更顯見洪仙大帝的信仰是跨族群的、跨會館的整合式信仰。洪仙大帝源起於新加坡，雖然目前對其來歷尚未釐清，但綜合各種傳說，乃是因鎮壓虎患的靈驗性而獲得民眾崇祀並不斷擴展，從新加坡一路擴展到柔佛州南部。柔佛客家帶的河婆客家人接納了緣起於新加坡的洪仙大帝信仰，成爲主要的信仰，並且新山市的福建幫群也是以洪仙大帝爲主要信仰，洪仙大帝成爲柔佛州南部一帶，跨越華人內部次族群的主要共同信仰，某種程度也反映這一帶華人內部不同族群（幫群）之間的和諧關係。

　　總結來說，宗教和族群的關係，大體上可以分成三種類型。

第一個類型是宗教信仰作為族群的身分認同。第二個類型是宗教信仰幫助族群融合，這通常是指少數族群，透過宗教信仰而融入主流社會。第三個類型是宗教信仰在不同族群之間相互影響、傳播。某種程度上來說，宗教信仰在族群間的分布和傳散情形，可以作為族群關係的一種指標。柔佛州河婆客家人不以三山國王為主要信仰，說明了宗教信仰在此不能作為族群身分的象徵。

從新加坡擴散到柔佛南部的洪仙大帝信仰，因其靈驗性而在華人內部跨族群（幫群）地傳播，說明了宗教的靈驗性打破了族群的界限，以及各華人族群（幫群）面對共同環境挑戰的需要。由於宗教信仰上的嚴明界限，馬來人不可能來此崇拜洪仙大帝，而印度人則曾有崇拜的紀錄，宗教信仰上的族群關係，華人和馬來人之間有明顯的緊張和區隔，和印度人之間有區隔但尚未達到緊張的程度。華人內部各族群則呈現和諧的狀態，有共同的宗教信仰。

參考文獻

古來華人義山管理委員會，2014，《古來華人義山管理委員會44年篳路
　　藍縷紀念特刊》。古來：古來華人義山管理委員會。

安煥然、蕭開富，2020，〈新馬洪仙大帝信仰的歷史與現狀〉。頁25-
　　52，收錄於安煥然主編，《新史料、新視角：青年學者論新山》。新
　　山：南方大學學院出版社。

杜玉瑩、李亦靜，2014，《洪仙大帝》。新加坡：新加坡玄夫仙廟。

呂仁偉、洪櫻芬，2002，〈從社會與文化面向看民間信仰——以內埔地
　　區的三山國王廟為例〉。《屏東文獻》6：2-15。

利亮時，2022，〈客家社團的族群關係：以柔佛客家帶為例〉。收錄於
　　蕭新煌、張翰璧主編，《台馬客家帶的族群關係》。桃園：國立中央
　　大學出版中心。

李國銘，2000，〈三山國王與甌駱人〉。《屏東文獻》1：3-8。

邱彥貴，2003，〈台灣客屬三山國王信仰淵源新論〉。頁175-225，收錄
　　於張珣、江燦騰主編，《台灣本土宗教研究的新視野和新思維》。台
　　北：南天書局。

邱彥貴，2008，〈三山國王信仰：一個台灣研究者的當下體認〉。《客
　　家研究輯刊》2：37-55。

林開忠，2019，《馬來半島南部河婆客家帶的族群關係》。申請客委會
　　整合型研究計畫之計畫書。

林本炫，2020，〈打破客家刻板特色與比較研究的挑戰〉。頁295-308，
　　收錄於張翰璧、楊昊主編，《進步與正義的時代》。台北：巨流圖書
　　公司。

柔佛古來區洪仙大帝信仰理事會，2015，〈柔佛古來區洪仙大帝信仰理
　　事會簡介〉。http://hongsiantaitee.gbs2u.com/bd/index3.asp?userid=
　　86456949&idno=1（取用日期2020年8月17日）。

洪仙大帝廟，2009，〈馬來西亞柔佛古來縣加拉巴沙威　洪仙大帝廟信

託理事會　需要您的捐款〉。https://hongxiandadi.wordpress.com/（取用日期：2020年8月17日）。

柔佛州河婆同鄉會，2009，〈揭西三山祖廟專記〉。頁1349-1355，收錄於柔佛州河婆同鄉會編，《柔佛州河婆同鄉會卅周年紀念特刊》。柔佛：柔佛州河婆同鄉會。

柔佛州河婆同鄉會，2009，〈士乃三山國王廟緣起〉。頁488-491，收錄於柔佛州河婆同鄉會編，《柔佛州河婆同鄉會卅周年紀念特刊》。柔佛：柔佛州河婆同鄉會。

柔佛州劉氏公會，2008，《柔佛州劉氏公會成立40周年紀念特刊》。柔佛：柔佛州劉氏公會。

陳春聲，2005，〈民間信仰與宋元以來韓江中下游地方社會的變遷〉。《東吳歷史學報》14：37-75。

張世澤、張世強，2008，〈區域研究之下的南亞視野──從美國學院體制中南亞研究的發展與困境談起〉。《問題與研究》47（1）：87-126。

張維安、張容嘉，2010，〈馬來西亞客家族群信仰〉。論文發表於「新馬客家人的社會與文化研討會」。新加坡：新加坡茶陽會館。4月17日。

張茂桂、林本炫，1993，〈宗教的社會意象──一個知識社會學的課題〉。《中央研究院民族學研究所集刊》74：95-123。

莊英章，2005，〈歷史人類學與華南區域研究若干理論範式的建構與思考〉。《歷史人類學刊》3（1）：155-169

莊青祥，2017，〈福老客？廣東福老？三山國王信仰與堆外粵人廣東移民屬性研究──以廣東崇蘭、海豐、九如為例〉。《屏東文獻》21：125-152。

曾慶國，2011，《彰化縣三山國王廟》。台北：台灣書房。

黃運喜，2007，〈新竹縣的三山國王信仰〉。《宗教哲學》40：163-173。

維基百科，2019，〈柔佛〉。https://zh.wikipedia.org/wiki/%E6%9F%94%E4%BD%9B#%E8%A1%8C%E6%94%BF%E5%8C%BA%E5%88%92

維基百科，2019，〈古來縣〉。https://zh.wikipedia.org/wiki/%E5%8F%A

4%E6%9D%A5%E5%8E%BF

維基百科，2019，〈加拉巴沙威〉。https://zh.wikipedia.org/wiki/%E5%8
A%A0%E6%8B%89%E5%B7%B4%E6%B2%99%E5%A8%81

劉還月，2004，《台灣的客家族群與信仰》。台北：常民文化。

劉伯奎，2009，〈河婆史話全文〉。頁1066-1126，收錄於柔佛州河婆同
鄉會編，《柔佛州河婆同鄉會卅周年紀念特刊》。柔佛：柔佛州河婆
同鄉會。

藍清水，2012，〈生活情境、歷史記憶與族群認同──台灣河婆客家移
民的遊移身份〉。《歷史人類學學刊》10（2）：129-158。

藍清水，2019，〈擇王爺──台灣河婆客家人的特有民俗活動〉。http://
blog.sina.com.tw/johnson/article.php?entryid=674547（取用日期：2020
年8月17日）。

蕭新煌、黃世明，2001，《台灣客家族群史・政治篇（下）》。南投：
台灣省文獻委員會。

蕭新煌，2019，〈初探台馬客家文化帶族群關係的比較：東南亞客家研
究第三部曲〉。論文發表於「台灣客家研究學會」。台北：台北市客
家文化會館。11月30日。

第 15 章
印尼西加里曼丹客家帶田野紀要

張翰璧、蔡芬芳、張維安

摘要

印尼西加里曼丹因爲開採金礦需要大量勞力，從 18 世紀開始客家人自中國廣東陸續移出，希冀擺脫在原鄉的貧困，前往當地尋求新生活。在異鄉，雖有「公司」鄉團組織協助並凝聚彼此力量，但亦須面對群體內部衝突，同時因受到當地歷史脈絡、政治制度、經濟活動影響，在與周邊其他群體的互動所形成的關係之中，可觀察到客家人在當地的社會形成「自治但邊緣的群體」。雖然當地客家人的經濟狀況欠佳，仍與其他華人容易被視爲「自私的經濟動物」。由於西加里曼丹客家人之前述特質，可從坤甸到三發所構成的客家帶中，觀察到客家人透過孔教總會、義塚、羅芳伯事蹟、廟宇、宗教信仰與文化實踐等建構客家／華人族群認同，以在長期被視爲「他者」的環境中定位「我群」。

關鍵字：印尼西加里曼丹、客家帶、族群關係、自治但邊緣的群
　　　體

一、前言

　　2010年桃園楊梅市與西加里曼丹（Kat）山口洋市（Sing-kawang）簽訂締結姐妹市瞭解備忘錄，除了自1990年代開始有許多兩地的聯姻之外，山口洋市華人多爲客家人也是原因，出席的代表黃少凡（Hasan Karman）市長本身也是出生於山口洋的客家人。[1]山口洋市爲西加里曼丹客家帶中的一個城鎮，從坤甸（Potianak）沿著西加里曼丹西岸一路到北邊的三發（Sambas），實際上還可以往北連接到馬來西亞砂拉越州的古晉（Kuching）等地的居民，有許多是客裔華人。

　　雖然本文以印尼西加里曼丹客家帶爲內容，然其族群關係形成的歷史脈絡、政治條件、產業經濟、社會互動與文化實踐得以與台馬客家帶互相參照。印尼與馬來西亞之相似性在於今日客家人及其他華人與當地其他族群，特別是與馬來人的關係多爲競爭性質，此與殖民統治之下的制度安排與資源分配有關，客家與其他華人大部分在政治上的權力受限[2]，經濟上較有成就，因此成爲馬來人眼中「自私的經濟動物」。不過，此地區客家與其他華人大多居住於鄉村且經濟狀況不佳，雖然如此，仍承受印尼長期以來不平等的族群政治之社會結果。這同時也限縮了在社會層面

1　〈楊梅市與三口洋市簽訂締結姐妹市瞭解備忘錄〉，http://blog.udn.com/yangmei320/4652199（取用日期：2021年7月31日）。本文統一爲山口洋，然此處引用的是報紙報導標題，因此不作變更而維持原標題。

2　雖然華人在印尼社會中整體地位自2000年提升，且因2004年第32號法令與2005年開始地方直選之後，華人參政機會增多，然而在敏感的宗教與族群議題上仍須謹慎，否則如曾任雅加達省長的鍾萬學因宗教議題而身陷囹圄。

的交友與通婚，尤其是與穆斯林之關係，雖有與穆斯林通婚或改信伊斯蘭之情形，然並不多。但是與在信仰上與生活習慣上較為相近的達雅人則較多雇傭與其他來往關係。由此可知西加里曼丹客家帶中客家人與周邊族群的關係不一，需視關係形成的歷史、政治、經濟與社會脈絡而定。

近年來西加里曼丹客家歷史或社群的研究逐漸的增加，除了能見度和論述的深度增加之外，也有一些新的歷史資料的發現和歷史現場建設的增加，本文作者因為不同的計劃分別各自或共同去過西加里曼丹客家帶多次。西加里曼丹客家帶田野觀察是以過去的田野考察紀錄為基礎寫作，至於最近新的發展例如東萬律（Mandor）「蘭芳園」的建造，新增加的「羅芳伯宮」（Tempat Ibadah Tri Dharma），並未包括在我們的考察之列。本文除了介紹西加里曼丹客家帶的形成，並說明客家人在此地作為一個自治但邊緣的墾殖群體之特質外，也將討論當地客家與周邊族群的關係及其在地的政經脈絡，例如孔教總會、義塚等。最後，帶領讀者走一遍從坤甸到三發這條「西加里曼丹客家帶」。

二、西加里曼丹客家帶的形成

一般認為印尼是東南亞華人最多的地區，其中有不少是客家人。客家人在東南亞分布的地區很廣，同樣的也是以印尼為最多，其次是新加坡與馬來西亞，再次是泰國和緬甸、越南，少數在柬埔寨和寮國。印尼客家人主要集中在蘇門答臘北部、邦加島（Bangka）、勿里洞島（Belitung）、西加里曼丹及西爪哇（雅加達等地）等地。其中，住在外島的（爪哇島以外的島嶼俗稱外

島）又要比爪哇島的多。例如，1930年在外島的客家人有125,548人，而在爪哇島有75,188人，分別佔華人總人口的21%及13%（黃昆章，1996）。

現今在印尼的 600 萬華人中客裔約佔了150萬人左右（王東，1998）。客家人在印尼當地群居形成聚落，彼此溝通時使用客家話，久而久之客家話成為優勢語言（黃惠珍，2008）。本文中的西加里曼丹客家人之生命歷程則是在不斷地移動當中成形，而他們的祖先從中國移民到印尼的經歷在其血液中留下遷移的因子。大多數從廣東移民至西加里曼丹的客家人，係大規模下南洋最早的一批華人（湯錦台，2014：208）。

印尼的西加里曼丹居民中，有相當比例的客裔華人，形成了獨特的客家帶。西加里曼丹島（舊稱西婆羅洲），其海岸線長達三、四百公里，分布著幾十個大小城市，西海岸公路上名為百富院（Sungai Duri）的小鎮中的一座橋被認為是兩種客家話的分水嶺，[3] 南岸面向坤甸市一帶是講梅縣等地區的坤甸式客家話，北岸面向山口洋市的另一邊開始直至三發縣地區都是講陸豐客家話的客家人。坤甸市是西加里曼丹的首府，卡江（Kapuas River）以東是老埠頭，卡江以西是新埠頭，分為兩個地區。老埠頭幾乎全講潮州話，就連客家人也不例外，相反的，在新埠頭所聽到的都是坤甸式的客家話。離開坤甸，沿卡江流域上行，幾百公里長的兩岸有大小十幾個城市，居住在這一帶的華人，大概90%是

---

3 2017年11月23日客委會楊長鎮（副）主委曾經探訪原生家庭在百富院的台灣新住民李娟妹兄長（百富院觀音廟主人），欣賞了百富院業餘八音班現場表演，指出與台灣客家八音稍有不同，沒有嗩吶、鑼、鼓，發展出在地獨特性（楊長鎮等，2017）。

客家人，都講坤甸式的客家話。這些客家人，祖祖輩輩，世世代代，土生土長，但還能一直保留著自己祖籍語言。這些祖籍語言之所以能被保留與使用，正好是因為華人之間沒有使用通用的華語作為溝通媒介，因此客家社群相當程度還保留著客語的使用。以職業而言，住在城市裡的客家人大都從商做生意，經營土產出口，開雜貨店、金鋪、鞋業、小五金兼建築原料等，而住在鄉下的客家人都以務農、割膠、管理椰園等為主，對西加里曼丹的椰乾、橡膠、木材等出口作出了不小的貢獻（無作者，2007）。[4]

基督教傳教士郭實獵（又譯為郭士立，Karl Frederick August Gützlaff，又名 Charles Gützlaff，1803-1851）在 *Journal of Two Voyages along the Coast of China in 1831 & 1832* 中提到，他在海豐與當地人相遇的情形，「我們和一群衣衫襤褸，連生活必需品都匱乏卻陽光、健談的貧苦人家交流了很長的時間。據說他們來自 "Kea"[5]，講的話聽起來比廣東其他任何地方的語言都更加接近北京官話〔……〕由於當地人口過於稠密，他們會移民到異國他鄉去謀生，特別是印度群島[6]常能見到這群人的身影。他們在邦加島和婆羅洲主要做礦工，在新加坡、巴達維亞則是普通工廠工人」（轉引自飯島典子，2013：24）。從郭實獵在中國的航行記中，得知粵東人民在原鄉的生活貧困，再加上人口過多，因此向海外移動謀求生計，特別提到前往印尼邦加島和婆羅洲（Borneo，印尼稱之加里曼丹）從事礦業。

---

4 印尼客家人概況 http://www.qiaou.com/uhaiqiao51/4004-27670.aspx（取用日期：2021年7月30日）。
5 飯島典子注「嘉應州」（飯島典子，2013：24）。
6 飯島典子注「Indian Archipelago，今印度尼西亞」（飯島典子，2013：24）。

早在郭實獵於1830年代注意到粵東移民之前，或是如《中國叢報》（*China Repository*）於1836年登載婆羅洲當地約有35,000到200,000來自粵東移民的報導（飯島典子，2013：25），事實上華工約於1740年代已到當地採礦。因為邦加島錫礦業興起的刺激，南吧哇（Mampawa）或是三發當地馬來統治者招募華工前來開採金礦，首先開採的地區為百富院（Heidhues，2003：51）。首批可能來自於汶萊或邦加島的華工於1755年抵達，之後陸續前往三發、山口洋、打勞鹿（鹿邑，Montrado）、東萬律、萬那（Landak）、坤甸發展（湯錦台，2014：210）。根據至少從1808年就住在坤甸的英國船長（或是貿易商）J. Burn記載（1811），之所以需要引進華人礦工的原因，係因華人的採礦技術、毅力、專注力遠遠超過當地以種稻維生的達雅人（Heidhues，2003：48）。再加上華人曉得使用機器，並用水力補充工人勞動力，且有資本以及有組織的運作，因此他們能比當地人挖出更多的金礦。

　　來自廣東華人礦工技術先進，本文認為此與其中國原鄉環境即為礦區有關。客家人居多的粵東北部的特點即為礦山特多（飯島典子，2013：85），該區與粵北相同，屬礦產資源豐富地區（飯島典子，2013：103）。清代該地礦工暴動之持續發生是主要社會特徵，有「礦賊」出沒，造成社會動亂。如此的爭鬥亦出現在客家人移居至西加里曼丹之後，由於該地金礦耗盡，1770到1854年之間，發生了21次「最重要」的衝突，其中只有6次是對抗荷蘭殖民政府，其餘15次之中的6次是「公司」（Kongsis）（Heidhues，2003：54-55）之間的衝突，另外9次則是與當地人之衝突，尚有許多其他衝突未被記載（Heidhues，

2003：77）。當地充滿暴力的氛圍，係因當地缺乏強而有力權威導致，如同華工之中國家鄉一樣，氏族、村際之間的械鬥比比皆是（Heidhues，2003：77）。由上觀之，華工至印尼擔任礦工，並非偶然，與其中國原鄉環境相似，同時社會氛圍亦然，不僅面對自身群體內部的衝突，亦在與其他群體互動過程之中，形成關係。前往西加里曼丹的華人以客家人居多，他們採礦之後留在當地聚居，形成「華人區」（"Chinese Districts"）（Heidhues，2003：13；Carstens，2006：89）。客家人除了擔任礦工之外，還有販售農作物與商品給「公司」的農夫與小商人（Heidhues，2003：72-73）。[7]

三、自治但邊緣的客家墾殖群體

西加里曼丹客家人在與當地及印尼其他地區華人相較之下，可說是一個特殊鮮明的墾殖群體（Heidhues，2003；Carstens，2006；Kuhn，2008；Chan，2009）。Philip A. Kuhn（2008）將西加里曼丹客家人稱之為「邊緣地帶拓荒者」（Borderland Frontiersmen），因為他們在中國原鄉同樣身處艱困地區，同時也是統治者鞭長莫及之處，一方面自我管理，另外一方面為了抵抗來自周邊族群的威脅，必須自我防衛，如此傳統延續至與原鄉類似的西加里曼丹，俾利安身立命（Kuhn，2008：39、81）。西加

---

7 相形之下，潮州人則居住在城市，多為商人、工匠與勞工，大部分住在坤甸與三發的華人村內，有些住在萬那Ngabang小鎮，他們來往對象包括住在城市的其他族群，有時也會與採礦社群進行交易（Heidhues，2003：72-73）。

里曼丹的地理位置具有空間孤立的特色（Heidhues，2003；Kuhn，2008），這也是客家人之所以能夠維持獨特性的原因之一。荷蘭政府於1880年派到西加里曼丹的人類學家 Jan Jakob Maria de Groot 指出，由於客家人運用本質上為共和、傳統的鄉村社會模式，因此在經濟、社會與政治上能夠成功（Yuan，2000：5-11；Chan，2009：108），且在教育、家庭與公開宗教慶典儀式中維繫傳統與語言，因此文化得以維持自主性（Heidhues，2003）。蘭芳共和國的故事，就是在這個脈絡中被講述的。

由於西加里曼丹華人係具有獨特性的外來移民，再加上荷蘭、日本時期與印尼統治者的政策使其成為當地的「陌生人」（Hui，2011）。華人歷經1740年紅溪慘案，日軍在1942-1944年間屠殺犯行，蘇哈托（Soeharto，1967-1998）為了推翻蘇卡諾（Soekarno，1945-1967）所發生之九三○事件（Gerakan 30 September，1965），以及蘇哈托新秩序時期內（1966-1998）長期壓抑甚或消滅華人性、文化、宗教與教育，這些再再都使得華人成為身處邊緣的「外國人」（Coppel，2005：1）。

1965年九三○事件造成許多華人離開印尼，西加里曼丹華人更因在1967年的紅頭事件大規模被殺害而離鄉。[8] 1967年紅頭事件的起因可溯及印尼與馬來西亞於1962年之後開始的緊張對峙關係，而且又涉及反對英國殖民統治以及成立馬來西亞聯邦的砂拉越人民游擊隊（PGRS, Pasukan Gerilya Rakyat Sarawak,

---

8 1965與1967年的事件不僅造成印尼華人離鄉，也促成了台灣男性與印尼女性通婚的開始，印尼華人認為台灣同為華人國度，能夠確保其後代安全。

Sarawak Guerrilla Force）和北加里曼丹人民部隊（Paraku, Pasukan Gerilya Kalimantan Utara, Guerrila Force of North Borneo）成員因在沙巴、砂拉越和汶萊起義失敗而逃到西加里曼丹，其中成員多爲華人與共產黨員，但也有印尼的馬來人與達雅人。蘇哈托政權延續1965年的九三〇事件對華人的態度，同時因爲1966年8月印馬簽署和平協議，對於原來被印尼政府要求協助爭取沙巴和砂拉越的獨立的華人，卻在印尼政府1967年繼續剿共的作爲下，反而被追捕和通緝（Suhaeri，2008/2/12）[9]。印尼政府在此過程中，於1967年9月開始攻擊達雅人村子、燒毀房屋、綁架與殺害達雅人，同時以達雅酋長被共黨殺害的說法分化華人游擊隊與達雅人，讓達雅人相信應該要把華人趕出西加里曼丹（Heidhues，2003：245）[10]，此即紅頭事件。

值得注意的是，西加里曼丹華人與達雅人向來關係友好，且居於內陸的華人的生活水準與達雅人相近，甚至向達雅人租地耕種，因此如同 Hui（2011：131）的一位研究對象指出，紅頭事件中達雅人對華人的暴力展現是矛盾的，因爲達雅人在執行過程中似乎是不確定的、遲疑的，甚至是沒有任何理由的。達雅人在「殺害好朋友」（"bunuh sahabat"）之前，警告華人離開（Hui，2011：131）。Hui（2011）以1967年11月27日在東萬律發生的事件爲例，說明這確實是一場戰爭，因爲達雅人沒有對

9　〈西加華人"失去的一代"〉係由印尼文記者 Muhlis Suhaeri 撰寫，刊登在坤甸《婆羅洲紀事報》（*Harian Borneo Tribune*）的長篇報導，一共19節，刊載時間爲2008年2月10日至28日。中文由小豐翻譯，在此感謝林世芳老師提供資料。

10　Heidhues引用不同的學者觀點，說明達雅人被殺事件實爲印尼軍方策動（Heidhues，2003：245-246，註釋37）。

華人做出任何警告，隨即攻擊，但某個程度來說，似乎又不像戰爭，因為只傷財而未傷及華人體膚（Hui，2011：134）。此外，印尼政府瞭解華人與達雅人之間的友誼關係，因此透過其他地方的達雅人來攻擊他們素昧平生的華人，因為他們清楚倘若是同一聚落的達雅人是無法對同為鄰居的華人下手。儘管達雅人與華人之間關係友好，但在紅頭事件中約50,000華人生命財產受到巨大傷害。自「公司」時代在西加里曼丹內陸的華人地區完全因此清空，華人因而成為難民，後多被安置在山口洋、坤甸、松柏港（Sungai Pinyuh）。

四、西加里曼丹客家與周邊族群

（一）西加里曼丹孔教華社

　　本文筆者之一張維安曾經於2009年訪問西加里曼丹孔教華社總會，由李其麟總主席負責接待。李主席強調在坤甸60多萬人口中，華人約佔20萬左右。族群相處之道就是「以和為貴」，但過去因為印尼政府反對共產黨，對華人採取許多不利的政策，有些朋友也因此犧牲。在一個對華人不利的環境之下，許多社團的主持人放棄了社團，後來由華社來接手（包括天后宮），該社的主要目標是救災、慈善，但是避開政治不談。總會於1978年成立，今日會址之總會則於1992年完成，一共有58個團體會員，採取民主投票方式選出總主席。李主席指出，印尼當局在2006年1月24日才正式承認孔教的存在，亦即作為一種宗教的選項，因為根據1945年印尼憲法，在印尼每個人都必須有一個宗教信仰，政府雖保障人民有宗教信仰自由，但僅承認六個

宗教信仰，分別是伊斯蘭、基督新教、天主教、印度教、佛教與孔教，不過這項規定在2017年廢止，以重新符合1945年憲法之宗教信仰自由，同時亦避免迫害少數族群宗教。

　　尊稱孔子學說爲孔教，然其更像是統合華人宗教的一支大傘，例如馬來西亞的大伯公信仰，希望發展成在政府的宗教分類中的一個類別。其中孔教主席朱必琳（Sutadi, SH），本身是一位律師，已經擔任多年主席，無法口說華語，但卻能夠說著一口流利的客家話和潮州話等華人方言，但是他表示他並不懂孔子。46歲[11]的朱主席的出生與成長年代正逢印尼禁止華文教育，因此不諳華語，也無法了解孔子，但是他的孩子們都在補習研讀華語。

　　孔教華社總會有自己的義塚（見圖1）。筆者訪問時，觀察到當地人士已經準備一條「洋船」，以在中元節焚燒，如同台灣燒王船的儀式，差別僅在於目的地不同。據了解，過去燒船的目的是要超渡此地移民的鬼魂，因爲他們未能葬於原鄉，而王船就是要把這些鬼魂載回故鄉。值得注意的是，隨著時代變化，今日說法則轉變爲將這些鬼魂載往西方極樂世界。在義塚的最前面幾個墓碑，可以發現許多建於1968年的墓碑（見圖2），這可能跟九三〇事件有關。另外，墓碑隱約可見其客家籍貫。

（二）西加里曼丹自私的經濟動物

　　基本上說來，印尼華人多被印尼原住民（pribumi，或譯爲

11　當時2009年，朱主席46歲。

圖 1 孔教華社義塚

（張維安拍攝）

圖 2 1968 年華社義塚墓碑

（張維安拍攝）

本土族群）視爲「自私的經濟動物」，以及因爲華人被刻意排除在政治與公共事務之外，而只能在經濟領域發展，再加上多數華人像早期移民般僅能在地方鄉鎮從事零售業，雖然華人經濟狀況不見得比原住民好，但是因爲零售雜貨店隨處可見，加深了「華人控制經濟」的刻板印象（孫采薇，2014：147）。

　　然而在西加里曼丹的客家人並非如一般刻板印象中所呈現的「有錢人」，而是「［住在］農村的與貧窮的」（rural and poor）［小店主］，在鄉村職業多爲農夫與勞工（Heidhues，2003：37）。西加里曼丹的經濟活動以商人、小貿易商、自營商店、農漁民爲主，該地經濟跨界至新加坡、砂拉越或其他外國地區，不以爪哇爲導向，這是和印尼中央政府產生衝突的原因之一（Heidhues，2003：13）。此外，值得注意的是，西加里曼丹各族群——華人／客家人、達雅族人、馬來人與其他族群以職業做區分，經濟與文化活動界線分明，因此難以找到涵化於當地社會的基礎。尤以華人／客家人爲甚，住在以華人墾殖鄉村之華人，鄰居大多又爲華人，他們極力維繫其文化、傳統及經濟上的特殊性，其相對的孤立情況讓他們成爲一個獨特的群體。

　　西加里曼丹從1860年代到1940年代歷經了人口與經濟的變化，當地客家人從原來的採金礦的礦工轉變爲定居者以及商人（Heidhues，2003：127-161）。這當中與蘭芳公司被荷蘭人武力征服有關（袁冰陵，1996：51），還有因爲採金礦場資源耗盡，故許多客家人轉向務農或是從商，或是搬離前往他處；蘭芳共和國倒數第三任總長劉阿生任期內（1848-1876），其健康不佳，無法好好管理，並向馬來人舉債，失去鴉片田（Heidhues，2003：105）。袁冰陵引用與蘭芳公司接觸三年（1880-1883）的

荷蘭漢學教授高延（J. J. M. de Groot，1854-1921）所言，「婆羅洲歷史上的華人時代，甚至婆羅洲的繁榮時代，從此一去不復返了」（袁冰陵，1996：51）。歐洲大規模近代企業掌控了金礦業，客家人時代的礦業榮景不再，農業也因為客家移民大批回歸中國而凋零（袁冰陵，1996：51）。

客家人在西加里曼丹經濟中扮演著掌控的角色，這也是西加里曼丹經濟的特色（Heidhues，2003：128），在19世紀中期的觀察或報導證實了華人的重要性（Heidhues，2003：127）。例如1866年，一名觀察者提到：

> 華人控制了婆羅洲幾乎所有的工業，唯有透過他們，外國統治者才能有所斬獲……在華人所及之處，他們都能夠將荒地變良田，也為當地運輸在地產品建立了通道，同時還以勤勉與毅力挖掘金礦。（Kloos，1866，轉引自Heidhues，2003：127）

此外，1925年，一名作家則寫道：

> 華人因為長期在當地居住，因此認識當地的人們以及清楚他們的需求；華人帶著較為進步的技術與制度持續與當地人接觸，而且在內陸物物交換之交易都讓華人比歐洲人更具優勢；再加上，工人係因賒欠華人債務而付出勞力，然而其他人雇用的卻是價格高、自由但卻通常是意願低落的苦力。（Uljée，1925，轉引自Heidhues，2003：127）

由上述兩則當時的紀錄觀之，西加里曼丹客家人在當地的優勢除了是較爲先進的挖礦技術與從商技巧之外，尚因與當地人熟稔，明白其需求，而能夠掌握西加里曼丹經濟；不過，客家人也因此被認爲要承擔起爲何西加里曼丹一般人的收入仍然不如預期的責任，事實上當地的土壤貧瘠，農業潛力、自然資源甚至人口皆並非如想像中豐富（Heidhues，2003：128）。雖然客家人在西加里曼丹經濟中舉足輕重，但是其並未受益於如1980年代、1990年代的伐木、棕櫚油等出口生意的獲利，這些反而都進了與印尼政界有良好關係的雅加達大商人的口袋中（Heidhues，2003：264）。與其他省份相比，西加里曼丹可說是印尼最爲貧窮的省份之一，以1980年代爲例，80%的人口皆以務農維生，雖然農業持續衰退中，但僅10%的人從事非農業活動，例如貿易、建築業、金融等（Heidhues，2003：262）。因此，從1980年代開始，許多客家人離開西加里曼丹，絕大部分前往雅加達尋求新生活（Heidhues，2003：262）。[12]

五、西加里曼丹客家帶：從坤甸到三發

（一）坤甸

1. 從古晉到坤甸

2009年8月22日筆者之一張維安從古晉與詩巫永安亭大伯

---

12 筆者在與當地人聊天或訪談時，常常聽到他們有親戚住在雅加達，或是他們先在雅加達工作，之後向外移民。

公廟團隊搭車前往坤甸。這趟旅程途經熱帶雨林，有助於實地了解西加里曼丹的環境。從古晉出發約一小時半之後，過境海關前往坤甸[13]，印尼海關先是親切的替大家量體溫，然後才過海關。通關處有許多兌換服務，據說兌換率雖比在城裡還要好，但是也有一定程度的風險。在前往坤甸的路途中，通過火耕仍然盛行的婆羅洲熱帶雨林區，在缺乏水電與交通系統的情況下，可以想像當地人生活相當不易。由於路程耗時，遇有午餐時間，有些人吃當地的食物，但是也有朋友建議吃杯麵可能比較衛生。當中經過一個休息站停下來喝咖啡，商店提供的咖啡是沒有濾紙過濾的咖啡，咖啡豆打碎之後直接沖水飲用。

　　沿途可以看見，火耕的方式在當地仍然相當盛行，我們見到許多當地居民，先將工作面積的樹木砍下來，有些比較有用的木頭可能做成其他的木板，當地雖然沒有電，但是有許多發電機，也有些用來作爲店鋪的照明，有些則可能用來提供處理木材的電力，這種情形可以在住屋旁邊到處散布木板的現象得到說明。火耕之後用來種植玉米或一些農作物，幾年之後再更換一個地方繼續耕作，就觀察的現象來看，廢耕之後的耕地，很快就長起當地的樹木，這在當地應該是行之多年的生活方式，在人口稀少的婆羅洲不失爲一個方法，只是有時候會將整片森林都燒焦。

　　沿路看見騎著摩托車的年輕人，在我們的車子前面很長一段距離，因爲是泥土路所以摩托車無法跟在汽車的後面，必須要離

---

13 台灣護照可在此處落地簽證（Visa on arrival）前往印尼，停留七天的費用爲 10
　　美元。

開車輛很遠的後面或到前面，交通著實很不方便，也難怪年輕人離開當地選擇外移。沿途沒有加油站，只看見一些簡易的塑膠桶裝著汽油，在路邊販售，這應可以算是簡易的加油站。最後經過八個小時的車程，來到坤甸市區，住進一個還算乾淨高雅的旅館，但旅館的水有鹹味，據了解是因為這個時間是當地旱季的最後一個月，長期乾旱後地下水變成鹹水。

2. 坤甸

坤甸建市於1771年，印度尼西亞語：Kota Pontianak，簡稱坤甸（Pontianak或Khuntien），是印度尼西亞西加里曼丹省的首府，臨近赤道，該市被卡普阿斯河分隔兩岸。該市總人口約達62.8萬人，華人人口佔三分之一，為西加里曼丹省的經濟、政治中心和最大城市。[14] 按照發展的時間，坤甸有新、老埠頭之分，本文討論的客家人主要是分布在新埠頭，傳說中的羅芳伯總部之一也是在新埠頭，居住在老埠頭的主要是使用潮州語的華人。在參訪坤甸的天后宮時，有一位經營文化書局的曾女士在自我介紹時提到自己常到台灣，並負責布置該廟裝飾及神像金身之整修，這座廟位於老埠頭，該地華人居民主要是潮州人；在河的對面則為新埠頭，傳統上已經是城外了，主要居民為河婆客家人[15]。

在這裡的廟宇中可以看到「大伯公在上面，神桌下面另外有土地伯公」的現象。在幾個地方見到相同現象，類似的現象可以說明大伯公並不是由土地公「升級而來的」，大伯公應該被視為

14　〈坤甸〉https://zh.wikipedia.org/wiki/坤甸（取用日期：2021年8月2日）。

15　田野紀錄如此。這與整體觀察坤甸式客語以梅縣腔為主有所差異。

當地神祇的一種新的發展，亦可說是信仰在地化的表現。無法得知原因，可以見到有很多土地公的神像，有些就放在置物架的上方，和其他雜物擺在一起，這種現象和台灣苗栗獅潭所看到的土地公「聯合辦公的現象」極為相近，相同的，在馬來西亞檳城浮羅山背的水口大伯公廟，也發現有許多的神像被集中在破廟裡，東倒西歪的或坐或倒。不過就觀察所得，我們發現到處都有新建的廟宇，只可惜這些舊的神像，沒機會在新的廟中被收留，只好流落到置物架上。

3. 坤甸新埠頭

筆者於2011年再訪西加里曼丹，8月2日在前往山口洋途中，拜訪在坤甸新埠頭伯公溝的羅芳副廳。在雅加達時，余建民先生介紹拜訪關帝廟旁的「白頭髮」的老人家謝官友先生。正在午睡的謝先生在家人告知後，很熱情的接待我們一行五人。

據謝先生告知，羅芳伯名為「羅芳」，在關帝廟有兩個牌位，左邊是關帝，右邊所奉祀的牌位為「羅芳大伯」，牌位仍新，牌位右上角有一張羅芳伯的黑白照片（見圖3）。

由謝先生處得知羅芳伯實名為羅芳，但在東萬律的羅芳柏之墓，卻多出了「柏」字，此與常見的「羅芳伯」稱呼的「伯」字又有所不同。根據我們在山口洋福律伯公廟所採訪到的資料，許多牌位是該廟的廟公之牌位，上面都是些某某伯之神位，依推測是以身前所稱作為牌位之稱呼。此羅芳伯，以羅芳為名，被稱為羅大伯（當地人稱之），因此稱之為羅芳伯是可能的。關於羅芳伯的名稱，坤甸附近的人在詢問是否聽過羅芳伯的歷史時，常得到的反應是：「喔！你是說『羅大伯』！」當地故事中所稱之「羅大伯」，與在坤甸新埠頭羅芳伯副廳舊址的關帝中的牌位稱

圖 3　關帝廟中的羅芳大伯神位

（張維安拍攝）

呼相同。

　　位於新埠頭「伯公溝」旁的關帝廟裡有兩個神牌，左邊是關帝的神像，右邊是「羅芳大伯」，合理的推測是後來的人直接將對他的稱呼寫在神牌上，相似的個案見諸於三山洋福律大伯公旁的一個小廟，在那裡有七個有「伯」字稱謂的牌位（見圖4）。經了解這些人乃是該廟的廟祝，去世之後被供奉在廟裡，分別稱呼爲陳相伯、義拉伯、南秀伯等。

　　由於羅芳伯在西加里曼丹的貢獻，使得其被賦予傳奇色彩，例如在新埠頭，聽到當地人認爲羅芳伯開運河破壞當地土皇家的風水，從地形上來看，將當地土皇家風水中的龜頭切斷了。另外，也有羅芳伯法力高強的故事，例如鱷魚與剪刀鬥法的傳說。

圖4 七個有「伯」字牌位

（張維安拍攝）

（二）淡水港與東萬律

1. 淡水港

2009年8月25日下午在淡水港參訪「蘭芳公館」。[16] 從坤甸去大約一小時車程，前述孔教朱主席開車帶我們去，另外還有兩位《國際日報》的記者帶路。從淡水港的路牌進去，只有小車才能進去，大約五分鐘，可以看到一枝旗杆，上面並沒有旗幟，旗杆是原木色，沒有油漆，倒是基座似乎是剛剛整修過，漆上了紅色的油漆，刻在上面的字也因為油漆的關係，而無法清楚辨認

---

16 當時的田野調查是張維安任職於清華大學社會學所時執行的「季風亞洲計畫第二期計畫先期考察：古晉與坤甸」，出國期間為2009年8月20日至26日。

（似乎可以看到清同治等字樣）。2011年再訪時，當地情景依舊。

旗杆的位址正好是在蘭芳公館大門的左前方，蘭芳公館由當地標準的廟宇顏色（紅色和黃色相間）所構成，掛在門口的「蘭芳公館」四個字，看起來像是新的。進入大門是一座跨越半月池的拱橋，這是到西加里曼丹來第一次看到「半月池」。根據內部的照片來看，這座半月池和拱橋是在2009年2到3月之間新建完成的，我們還沒有確定在這之前是不是有舊的拱橋和半月池，但可以肯定的是這座廟宇最近剛完成整修。

蘭芳公館裡面神桌上供奉著羅芳伯的畫像，上聯寫著「浩氣長存」，我們給他上了一炷香，心情複雜，凝視著這位傳奇的石扇堡客家人，迴響著張永和等羅芳伯傳裡面的對話，想像著和荷蘭人對手的艱辛。畫像兩邊的對聯說明了他的心情，「逢迎遠近逍遙過　進退過還道遠通」。

參觀蘭芳公館後，我們和附近的住家進行一些交談，當地居民仍然熟悉使用客家話交談，其中有一位宋先生向我們招手，並提供我們一些他所收藏的資料，可見當地人對於羅芳伯仍然感到興趣，雖然他們就住在蘭芳公館旁邊，但是他們並沒有關於羅芳伯的第一手資料，也無法詳細的敘述羅芳伯的故事，就是連已經成為家常的說法，也無法說得出來。

我們順便考察了蘭芳公館的後邊，不但沒有五星石，同時也沒有化胎，沒有想像中的梅州客家建築元素。當地人說，這個地方原來是用來當倉庫，或者用來關人犯的，後來才變成了紀念羅芳伯的地方。離開蘭芳公館後，接著參觀了椒港福德祠，我們很幸運的訪問到媽祖廟裡的蔡先生，他將傳抄的羅芳伯資料，借

給我們拍照。該資料一開頭就提到羅芳伯有72個墳墓，令人印象深刻（見圖5）。

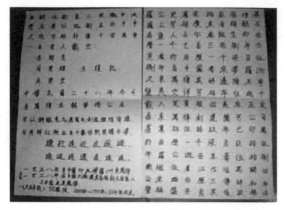

圖5 羅芳伯事跡抄本

（張維安拍攝）

2. 東萬律

除了淡水港之外，據說在松柏港和東萬律還有一些和羅芳伯有關的歷史遺跡，例如墳墓，聽說羅芳伯有72個墳墓，甚至傳說幫他建墓的都沒有活口，此種耳語，和大唐總長的印象相差甚遠。有關芳伯墓的數目說法不一：有人說3個、8個或72個，也有人說墓都是假的，羅芳伯帶著黃金回中國去了。

東萬律位於坤甸市的東北邊，從坤甸往山口洋方向到「松柏港」往東去30多公里，這個蘭芳公司「建都」所在地，目前已經沒有華人居住，往羅芳柏之墓所經過的兩邊店舍雖破舊，但仍然維持著華人建築的式樣，目前已非華人所有，所有的華人都被當地原住民趕走或殺害，整個東萬律據說剩下兩位華人，一位剛去世不久，一位是與達雅族人通婚的婦女。東萬律在當年採金礦

圖 6 東萬律羅芳柏之墓

（張維安拍攝）

盛行的年代之所以重要，今天依稀可以看見其蛛絲馬跡，當地採金留下的痕跡還有含金砂的沙土仍然可以辨認。從松柏港過去，建築物之外的山形與紅土和嘉應地區所見有幾分相似，所不同的是有金砂。東萬律雖然曾經爲華人在海外發展重要的地方，也是在華人血淚史中，相當悲戚的地方，首先是蘭芳公司爲荷蘭人殲滅；其次是華人（多數是客家人）被日本軍大屠殺；再下來是當地的客家被原住民達雅族和曼都拉族驅趕與屠殺，目前已無華人居住於此。

淡水港的蘭芳公館，據說是蘭芳公司的「法庭」，也是三個副廳之一。羅芳伯蘭芳公司共有三個副廳：關帝廟所在地，爲羅芳伯三個副廳之一，在某一年的七月爲大火焚毀，原址目前除關

帝廟外，廟後房舍與一個籃球場，據說仍是「芳伯」的財產。羅芳伯正廳在東萬律（見圖6，傳說中的首都，此處有羅芳柏之墓，最近重建蘭芳園），三個副廳分別在新埠頭（目前所見）、舊埠頭（河的對岸，未尋得）和淡水港的蘭芳公館。

（三）山口洋

　　2009年8月23日首次拜訪山口洋，位於坤甸北邊，車程約三個小時。該城華人佔多數，這裡的華人多數是從河婆來的客家人，當時是出生於山口洋的客家人黃少凡（任期 2007-2012）擔任市長，他也是印尼首位華人市長。沿途看見許多培養燕窩的建築物，使用科學的方式，製造燕子的聲音，吸引牠們來築巢。道路的兩旁，有水稻、椰子、香蕉、可可、紅毛丹、榴槤，以及各種熱帶水果，這真是一個物質豐富的人間天堂。在坤甸與山口洋之間，據說沒有定期的公共汽車，但是有民營、沿路攬乘客、而且可以隨時下車的「客運」交通工具。

　　山口洋（60%爲華人，其中90%爲河婆客）是一個介於群山和海洋之間的平原，和沿途其他村落比較起來，較爲整潔也更衛生，在車上看過去，除了廟（如湄洲古廟），還有偶然間在房子外面看到的天公爐外，已經無法從外表看出華人居住形式的特色。沿途所見房屋多數是鐵皮屋（一些是生鏽的，一些是新的，也有一些是防鏽處理過，而具有瓦的波浪表面的鐵皮屋）。在當地，除了湄洲古廟之外，因爲河婆客家人多，所以有兩個三山國王廟，另外還有媽祖廟、觀音廟，三保（鄭和），但是據說沒有孔廟。

　　有些資料顯示，這裡每五個女孩子就有一位嫁到台灣。因此

我們也做了一點非正式的訪查，得到的回應確實有許多人的小孩都在台灣，更巧的是同行的劉阿榮教授在出發前一天，就在中壢載了一位去拜訪姐姐的山口洋女子，歡迎會的主席黃錦陵先生自己便有三個孩子在台灣。關於嫁到台灣的山口洋小姐，命運不一，有人幸福，也有不幸，聽說有一些偷偷的跑回來山口洋，因為丈夫愛喝酒打老婆（過去也有一些學者來這裡做過研究，其中李金鎮先生提供了來這裡做過研究的相關學者名單）。

由於山口洋廟宇分布密度極高，隨處可見祭拜不同神明[17]的廟宇或神壇，因此素有「千廟之城」（Kota Seribu Klenteng）之稱。根據2019年統計，佛寺廟宇（Vihara）計60間、神壇或佛堂（Cetya）789間、華人廟宇佛塔（Klenteng）92座（Badan Pusat Statistik，Kota Singkawang，2020：235）。山口洋的廟宇中，位於市中心的中央大伯公廟（Vihara Tri Dharma Bumi Raya Pusat Kota Singkawang）可說是當地信仰中心。根據中央大伯公廟特刊記載，該廟建於1878年，不幸在1930年遭受祝融之災。由於山口洋河婆客家人佔多數，該廟主祀福德正神伯公伯婆，副祀神明為福建人所供奉之廣澤尊王，以及潮州人尊崇的安濟聖王。在中央大伯公廟觀察到有民眾前來求「迎貴人符」、「祈福消災化難生恩迎祥」。在建於民國六年的福律水口大伯公廟亦見到民眾求問孩子出國簽證是否能夠順利辦理。當地民眾求神時，在一剛開始，一名廟方人員會敲擊高掛於殿內（面對神明）右方的鼓，以稟告神明，另一名廟方人員則在神桌旁為跪在下方的信

---

17 例如大伯公、關帝聖君、媽祖及觀音、鄭和、天師、玉皇大帝、石古大王等神明。

眾與神明溝通。由此觀察到山口洋華人求神主要目的不外乎求平安、順利，以及消災解厄，不過，在儀式上，需要透過廟方人員協助，並非如在台灣所見到的由信眾自己向神明祈求。

　　廟宇除了提供精神支持的力量外，還有其他社會功能，例如三條港伯公廟（Cetya Tri Dharma Bumi Raya）廟旁設有「三條港互助社」（Yayasan Pemakaman TULUS BUDI，設於1999年），協助處理喪葬事宜。此外，在由新加坡華人建造的濟公廟（Vihara Cikung）一旁亦有新光明老人院，內住有40餘位老人。值得注意的是，濟公廟的牌樓上方牌子寫著「濟公扶慈之家」，下方則為「新光明互助社」。除了救助之外，廟宇亦是當地學子學習華文之所在，例如在三尊雷藏寺亦有華文補習班。

　　此外，我們也在2016年的田野中觀察到當地廟宇外觀與規模的變化。例如福律水口大伯公廟現正在舊址入口的右側興建新的廟殿。這一方面更加應證當地居民對信仰的重視，以及信仰在其生活中所扮演的角色，另一方面，是否反映人們在精神層面更加需要神明的護持，透過擴建以求滿足內心需求。福律水口大伯公廟的左邊供奉一些牌位，上頭寫著「榮光伯一位」、「王康伯一位」、「明生伯一位」、「德貴伯一位」，在這些牌位的兩邊分別放著「沒苦勞有功勞」的木製立牌，前面有一個香爐，說明了移民在異鄉生活的艱辛。

　　昔日山口洋華人透過宗教信仰作為在異鄉求生存的精神憑藉，在西加里曼丹開採金礦的過程中，宗教不僅團結華人社群內部，並且結合經濟、政治與管理的功能（Chan，2014：143）。尤其與「公司」關係緊密，例如在打勞鹿對抗荷蘭人、馬來人與達雅人的歷史紀錄中（1850-1854），透過乩童召喚神靈，因此

獲得勝利（Hui，2011：181-182；Heidhues，2003；Yuan，2000；Chan，2014）。此外，宗教儀式也可能出現在與荷蘭人進行和平交涉之時，如在1850年期間，打勞鹿大港公司（Thai-kong Kongsi at Monterado）五位代表到坤甸會見荷蘭代表時，將紅絲帶繫上荷蘭旗杆，插香並點上蠟燭，跪膝朝拜荷蘭旗幟（Yuan，2000：181；Hui，2011：181）。此外，在山口洋隨處可見的大伯公（Dabogong）廟與西加里曼丹客家人開拓過程息息相關，因為大伯公的意涵之一即是早期移民的先鋒精神，除了能夠克服異鄉的水土不服，還要面臨異族且在帶有敵意的環境下存活，實屬不易（Hui，2011：194）。時至今日，宗教已轉變為族群關係交融的觸媒。例如自2008年山口洋開始大規模舉行的元宵節（Cap Go Meh）遊行，其中絕大多數參加的乩童為華人，但亦有達雅人與馬來人擔任乩童，參與的觀眾中亦可見到穆斯林，因此今日的宗教實踐可說是華人、達雅人與馬來人兄弟情誼的展現（Chan，2009；2014）。除了有馬來人與達雅人擔任乩童之外，當地廟宇中亦可見在地元素，例如在山口洋北部的邦嘎（Pemangkat）大伯公廟的龍柱下，以熱帶水果榴槤、楊桃、龍眼作為裝飾（見圖7），非常具有東南亞的特性。

在山口洋，客語仍是在地華人主要的使用語言。本文筆者曾遇有無法與對方溝通的情形，例如以為對方是馬來人，應該只能用印尼文溝通，但後來發現只要是華人，幾乎都可以用客家話溝通，例如點菜或是與司機溝通。不過，亦有例外，例如本文筆者遇有因1998年雅加達排華事件而回到山口洋的潮州人，則不以客家話對話，而是用英文溝通。不過，在2016年的田野調查中，我們在當地居民家或是老人院中，都發現中國媒體影響極

圖 7 邦嘎大伯公廟龍柱

（張維安拍攝）

大，他們所收看的是中國的節目。再加上，中國近年來亦投入資金贊助山口洋學生（包括華人與印尼原住民）至中國學習華語。當然，亦有當地華人收看台灣民視，由於該節目是以閩南語發音，所以是潮州人收看的節目。如此的華語傳播情形，再加上學校的印尼文教育，值得我們注意身處華語及印尼文之間的客家話未來發展。

　　田野調查中，我們特別注意到當地客家人家中的飲食習慣與

用料方式，發現香料確爲菜餚主角。這表示當地客家在飲食方面受到印尼使用香料的習慣而入菜，例如坐月子時用的雞酒，在當地即加入益母草（加青麻，曬乾後的綠色香料）。此外，班蘭葉亦是常用香料之一，加入綠豆湯或冰品之中，增加食物香氣。

（四）三發與邦嘎

三發是砂拉越古晉通往山口洋的必經之地，邦嘎則在兩個城市之間，同屬大山口洋生活圈，山口洋是他們的社會經濟中心，華人不論祖籍原鄉是哪裡，主要是以河婆腔的客家話爲主要使用語言。[18]

2016年7月6日（星期三）我們從山口洋搭車前往邦嘎、三發（車程兩小時）。在這裡我們針對有親友嫁到台灣的人員進行訪問，特別是了解一般人對於有女嫁到台灣的家庭的印象。普遍說來正反面都有，有一些家庭建新房子的經費來自於台灣女婿的支援令人羨慕，也有一些嫁到台灣的客家女性婚姻並不幸福，逃回家鄉的。大山口洋地區與台灣有婚姻關係的歷史要拉長到1960年代，當時仲介的對象是台灣的「老兵」，我們認爲山口洋與台灣的兩地情要追溯到更早的時期，而兩代人的對象也要更加擴大，甚至可以說有了第三代，這部分可在台灣繼續訪問。關於這一代的兩地婚姻，也有些人嫁到台灣之後一直沒有與故鄉聯繫的，當地人有協尋服務的需求。由於適逢當地穆斯林的開齋

18　梁心俞（2006）研究認爲，印尼地區並無海／陸豐腔的稱呼，只以山口洋或是三發客語分類。根據定義，這種特殊在當地自然演化形成的混合語言以「山口洋話」、「三發話」稱呼最爲恰當。

日，一些有名望的地方領袖提供開放參觀（open house），本文筆者也訪問了兩家，一位是前縣長、一位是現任的警察局長，對於當地華人所生活的多元文化社會有所體驗與理解。回程，在邦嘎拜訪華人信仰重鎮：「中央大伯公廟」，是一座座落於山腳下的伯公廟，這樣的信仰建築在這裡似乎是一個特色，山口洋的濟公廟也是相似的信仰建築。[19]

五、結語

William Skinner 於 1961 年估計印尼華人約有 230 萬至 260 萬之間（廖建裕，2007：9），其中包括不同語言和文化特質的次團體。印尼獨立前，華人就分成三派：（一）傾向「祖國中國」；（二）認爲自己是東印度公司／荷蘭公民；（三）與印尼知識份子合作爭取獨立。獨立以後，華人的政治轉變成三派：認同中華人民共和國的「紅派」，認同中華民國的「藍派」和選擇與印尼融合的第三派，三派中紅派佔多數（賴劍文，2014）。

二戰以後，印尼採取種族主義的民族國家觀，而華人在印尼的經濟成就，使得許多政黨將上述的民族國家概念轉化成「經濟民族主義」。政治人物 Mohammad Hatta 甚至在 1956 年在泗水舉行的「全印度尼西亞民族經濟大會」上，提出犧牲華人經濟，以創建一個強大的原住民中產階級的演說（廖建裕，2007：48-49）。雖然後來的歷史證實排華經濟的失敗，但是華人作爲印尼

---

19 張維安、張翰璧、蔡芬芳，2017，《兩代人兩地情結案報告》（未出版）。

國族主義建構過程中的「他者」角色，一直延續到20世紀末的排華暴動，甚至到今天都有零星的事件發生。這些現象也同樣發生在西加里曼丹客家帶地區。

印尼華人的處境在1965年政變失敗後，當權者與民眾對於華人的不信任感極為普遍。許多將領從經濟的角度出發，認為華人應該停止敗壞印尼人品德的各種社會活動，也呼籲公民不要再舉行外籍人的華人新年活動，為的是「在我們的國度裡消除我們本民族（印尼原住民）自卑感和有關集團（當地華人）的優越感……」（廖建裕，2007：67）。軍方的種種發言，以及經濟環境的惡化，促使排華攻擊的矛頭集中於具有外僑身分的華人。在1958年至1965年間，數以萬計的華僑[20]被驅趕回中國（莊國土，2001：308-309），筆者曾經在廣東的「華僑農場」訪問過一些從印尼回中國的「華僑」，他們有許多人來自西加里曼丹，而且小時候還熟知羅芳伯的故事。同一個時間也有不少印尼客家人選擇定居台灣，民國52（1963）年統計共有56戶約有267位印尼

20　在當時的時空背景之下，稱之為「華僑」，帶有以中國為出發點的稱呼，之所以為「僑」，有旅居當地之意，且日後有返回中國的可能，例如在正文中所提到的因排華而由中國接回或是到台灣的「華僑」。蘇哈托新秩序進入尾聲之前（1998年），大多數印尼華人擁有印尼國籍、公民身分與投票權，但是在1979年印尼政府開始針對華人申請公民身分有所刁難，申請程序不僅有別於印尼原住民，而且在華人的身分證上標示特殊記號，華人身分為「WNI」（Warga Negara Indonesia，印度尼西亞公民），使其因此遭受不公平待遇（孫采薇，2014：145）。直到政治改革（reformasi）進入民主化的階段，開放華人參政權，印尼華人公民權得以落實。相對於帶有旅居者意涵的「華僑」，「華人」則具有成為印尼公民之意涵，而且這個概念在2006年國籍法廢除原住民（pribumi）與非原住民之間區別之後，華人身為印尼的一份子之意義更加凸顯。

客家華僑遷至長治鄉各村（李允斐，2005：7）；同一個時間也有不少印尼客家華僑遷移到桃園市龍潭區的九龍里。

　　雖然自後蘇哈托時代至今印尼華人已獲得參政權，特別是客家人居多的山口洋之前的黃少凡市長與現任的蔡翠媚市長皆為客家人。然而自開採金礦的歷史觀之，殖民者和印尼政府政策與制度致使客家人和馬來人處於衝突與緊張的關係。縱使有少數人改信伊斯蘭或與馬來人通婚，但在日常生活上大多處於區隔狀態。與達雅人之間則因為生活水準、習慣與信仰相近，因而在日常生活上維繫著和諧關係，然值得注意的是，1967年紅頭事件卻是在印尼政府操控下而導致達雅人攻擊客家人與其他華人。由此觀之，客家人與馬來人、達雅人的關係受到制度或政策影響甚深，西加里曼丹客家與其他華人在如此環境下，信仰則成為能夠讓身心安頓之重要的慰藉。

　　因為金礦開採的關係，18世紀有大量客家人從中國原鄉移民到西加里曼丹，經歷世界經濟的洗禮、當地政權的轉移，此地客裔華人充分體驗到「世外無桃源」，西加里曼丹華人歷史也就逐漸為人所知，此地客家華人的歷史能見度亦開始受到重視，近年來隨著羅芳伯故事的詮釋，漸漸有一些海外華人，特別是泰國的羅氏宗親會投入西加里曼丹，甚至重建一些歷史現場。在這個客家帶上，除70年代一些客家華人選擇定居台灣之外，至少分別有1960年代與1990年代兩波客家女性因為婚姻的關係和台灣締結了多世代的情誼，成為許多台灣客家人的「親家的故鄉」，很值得客家研究者持續關注。

參考文獻

王東，1998，《客家學導論》。台北：南天書局。

利亮時，2013，〈走過移民崎嶇路的社團：曼谷客家總會與山口洋地區鄉親會之比較〉。頁102-113，收錄於林開忠編，《客居他鄉——東南亞客家族群的生活與文化》。苗栗：客家委員會客家文化發展中心。

李允斐，2005，《移動與定居的經驗：長治鄉印尼客家移民的生活形態與社會結構》。https://www.hakka.gov.tw/file/Attach/1990/1/9111214584971.pdf（取用日期：2020年8月3日）。

孫采薇，2014，〈制度與族群關係：論國家制度與政策對印尼本土族群與華人關係的影響〉。頁131-182，收錄於蕭新煌、邱炫元編，《印尼的政治、族群、宗教與藝術》。台北：中央研究院人文社會科學研究中心、亞太區域研究專題中心。

袁冰陵，1996，《婆羅洲華人公司制度》。台北：中央研究院近代史研究所。

張維安、張容嘉，2009，〈客家人的大伯公：蘭芳公司的羅芳伯及其事業〉。《客家研究》3（1）：57-89。

張翰璧，2007，《東南亞女性移民與台灣客家社會》。台北：中央研究院亞太區域研究專題中心。

張翰璧、柯瓊芳，2005，〈經濟與文化全球化下的語言與族群建構：以桃竹苗地區客家族群為例〉。論文發表於「2005年全國客家學術研討會」。桃園：國立中央大學。5月26-27日

梁心俞，2006，《印尼西加地區海陸客語接觸研究》。新北：輔仁大學語言學研究所碩士論文。

莊國土，2001，《華僑、華人與中國的關係》。慶州：廣東高等教育出版社。

陳秀琴，2013，《河婆客家話研究》。桃園：國立中央大學客家碩士在職專班碩士論文。

湯錦台，2014，《千年客家》。台北：如果出版。

飯島典子，2013，《近代客家社會的形成：在"他稱"與"自稱"之間》。廣州：暨南大學出版社。

黃昆章，1996，〈印尼客家人的地位與作用〉。《八桂僑史》32：24-30。

黃惠珍，2008，《印尼山口洋客家話研究》。桃園：國立中央大學客家語文所碩士論文。

楊長鎮等，2017，《越南、新加坡及印尼客家文化交流考察報告》。行政院及所屬各機關出國報告。

楊聰榮、藍清水，2006，〈從歸僑到外籍：印尼台灣人移民的歷史過程〉。論文發表於「第三屆「『跨界流離』國際學術研討會」。台北：世新大學。10月7-8日。

廖建裕，2007，《印尼原住民、華人與中國》。新加坡：青年書局。

蔡芬芳，2016，《走向伊斯蘭：印尼客家華人成為穆斯林之經驗與過程》。桃園：國立中央大學出版中心、台北：遠流出版公司。

鄧采妍，2016，《桃竹苗地區印尼客家外籍配偶的認同變遷》。桃園：國立中央大學客家語文暨社會科學系碩士論文。

賴劍文，2014，《印尼對中國的政策論述與對華人的身分建構：1950-2012》。台北：台灣大學政治學研究所碩士論文。

瀨川昌久，2013，《客家：華南漢族的族群性及其邊界》。上海：社會科學文獻出版社。

Carstens, Sharon A., 2006, *Histories, Cultures, Identities: Studies in Malaysian Chinese Worlds*. Singapore: Singapore University Press.

Chan, Margaret, 2009, "Chinese New Year in West Kalimantan: Ritual Theatre and Political Circus." *Chinese Southern Diaspora Studies*（南方華裔研究雜誌）3: 106-142.

Chan, Margaret, 2014, "The Spirit-mediums of Singkawang: Performing 'Peoplehood'." Pp. 138-158 in *Chinese Indonesians Reassessed: History, Religion and Belonging*, edited by Siew-Min Sai and Chang-Yau Hoon. London and New York: Routledge.

Coppel, Charles A., 2005, "Introduction: Researching the Margins." Pp. 1-13 in *Chinese Indonesians: Remembering, Distorting, Forgetting*, edited by Tim Lindsey and Helen Pausacker. Singapore: Institute of Southeast Asian Studies.

Heidhues, Mary Somers, 2003, *Golddiggers, Farmers, and Traders in the "Chinese Districts" of West Kalimantan, Indonesia*. Ithaca, New York: Cornell University.

Hui, Yew-Foong, 2011, *Stranger at Home: History and Subjectivity among the Chinese Communities of West Kalimantan, Indonesia*. Leiden and Boston: Brill.

Kuhn, Philip A. 著，李明歡譯 ，2008，《他者中的華人：中國近現代移民史》（*Chinese Among Others. Emigration in Modern Times*）。南京：江蘇人民出版社。

Suhaeri, Muhlis 著，小豐譯， 2008，〈西加華人"失去的一代"〉。《婆羅洲紀事報》。

Yuan, Bingling, 2000, *Chinese Democracies: A Study of the Kongsis of West Borneo (1776-1884)*. Leiden: Research School of Asian, African and Amerindian Studies CNWS, Universiteit Leiden.

國家圖書館出版品預行編目（CIP）資料

台馬客家帶的族群關係：和諧、區隔、緊張與衝突 /
蕭新煌, 張翰璧主編 .-- 初版 .-- 桃園市：國立中央
大學出版中心出版；臺北市：遠流出版事業股份有
限公司發行, 2022.06
　　面；　　公分 .--（海外客家研究叢書）
ISBN 978-986-5659-43-1（平裝）

1.CST: 客家　2.CST: 民族文化　3.CST: 區域研究
4.CST: 文集　5.CST: 臺灣　6.CST: 馬來西亞

536.21107　　　　　　　　　　　111005485

【海外客家研究叢書】

台馬客家帶的族群關係：和諧、區隔、緊張與衝突

編者：蕭新煌、張翰璧
執行編輯：王怡靜

出版單位：國立中央大學出版中心
　　　　　桃園市中壢區中大路 300 號

　　　　　遠流出版事業股份有限公司
　　　　　台北市中山北路一段 11 號 13 樓

發行單位 / 展售處：遠流出版事業股份有限公司
地址：台北市中山北路一段 11 號 13 樓
電話：(02) 25710297　傳眞：(02) 25710197
劃撥帳號：0189456-1

著作權顧問：蕭雄淋律師
2022 年 6 月 初版一刷
售價：新台幣 600 元

YLib 遠流博識網 http://www.ylib.com　E-mail: ylib@ylib.com